U0611595

区域与城市规划

张 贵 李 峰 主编

经济科学出版社

图书在版编目（CIP）数据

区域与城市规划/张贵，李峰主编．—北京：经济科学出版社，2012.10

ISBN 978 - 7 - 5141 - 2529 - 0

Ⅰ.①区…　Ⅱ.①张…②李…　Ⅲ.①地区经济 - 经济规划 - 研究 - 中国②城市经济 - 经济规划 - 研究 - 中国　Ⅳ.①F127②F299.2

中国版本图书馆 CIP 数据核字（2012）第 246233 号

责任编辑：柳　敏　李一心
责任校对：郑淑艳　杨　海
版式设计：代小卫
责任印制：李　鹏

区域与城市规划

张　贵　李　峰　主编

经济科学出版社出版、发行　新华书店经销

社址：北京市海淀区阜成路甲 28 号　邮编：100142

总编部电话：88191217　发行部电话：88191537

网址：www.esp.com.cn

电子邮件：esp@esp.com.cn

北京京鲁创业科贸有限公司印装

787×1092　16 开　32 印张　530000 字

2012 年 12 月第 1 版　2012 年 12 月第 1 次印刷

ISBN 978 - 7 - 5141 - 2529 - 0　定价：55.00 元

前　　言

　　随着经济与社会的纵深发展，"规划"（planning 或 program）一词越来越受到各界重视，特别是近几年我国兴起了"规划热"。在这一潮流的背后，隐含着规划的重要作用和实践意义。早在"十一五"规划制订之初，新华社就撰文"计划"变"规划"，虽然"一字之差"，却传递出中国经济社会发展的三大信号："计划"让位于"规划"，凸显政府更加注重发挥市场对资源配置的基础性作用；过多过细的量化指标将被淡化，政府更加注重对经济社会发展的宏观把握和调控；克服"越位"和"缺位"，政府职能转变迈出新步伐。由此可见，规划与计划之间的重大区别，规划更具有战略性、全局性、长远性和能动性。

　　在众多规划中，区域与城市规划独树一帜，它以一定空间范围为对象，进行总体设计与部署，实现该区域经济和社会的快速、全面和可持续发展。其规划的核心任务是立足地域实际，发挥比较优势，综合利用各种资源，发展区域与城市经济，促进社会和生态的可持续、和谐发展。

　　早期的区域与城市规划是在城市和工矿区的规划基础上发展起来的。如霍华德的"花园城市"、美国的田纳西河流域地区规划、英国的大伦敦区域规划。第二次世界大战后，许多国家在大城市地区、工矿地区开展了大量区域规划工作，开展战后的经济复苏和发展。而我国的区域规划是从新中国的第一个五年计划开始的。20 世纪 60 年代后，随着世界范围内工业化和城市化进程加速，区域与城市经济规划受到诸多国家重视，规划进入新的发展阶段。但是，我国长期以来把区域与城市规划放置在一个薄弱环节上。进入 21 世纪后，区域与城市经济规划的作用越来越凸显，它逐渐成为政府宏观调控的重要内容和重要依据，我国也随之密集地出台了一系列的区域与城市规划，如 2009 年前后，国务院划定了 8 大经济圈、13 个区域发展规划，2010 年年底又印发了《全国主体功能区规划》，这是中国第一个国土空间开发规划，是战略性、基础性、约束性的规划。

区域是一个开放的系统，要受到内外环境和多种因素的影响。所以，规划就是要在研究影响区域系统发展变化的诸多因素和条件的基础上，探讨区域未来变化的各种可能和多种多样的方案。而一个好的规划必须同时具备四个要件：一是要有好的制订规划的指导思想，它将影响规划的目标方向和制订过程；二是要有好的制订规划方法和手段，它将直接决定规划的内容和质量；三是要有好的规划执行机构和执行能力，规划必须执行，否则就是图画，这是规划的使命和任务；四是要有好的反馈和监督机制，这是好的规划生命力所在，通过反馈机制不断更新规划，通过监督机制促进规划的执行。这四个要件相互促进、共同作用。可见，区域与城市规划不是纯粹的指导和预测，而是对整个规划地区相关经济与社会发展中的建设布局问题做出的战略决策。由此，在规划方案实施过程中，必然会遇到许多未发现的新问题或认识不足之处，从而要对原来规划进行调整或进行新的规划，这就出现了规划的"周而复始"。总之，一个好的规划，是一个不断完善的过程，也需要一本好的规划教材来不断充实理论，提升规划编制能力，这就是本书编著的目的所在。

规划已经成为我国经济与社会发展中不可或缺的组成部分。作为高等教育的教学来讲，迫切需要一本比较全面、科学，既实用又体现时代特色的区域与城市规划类教程。

为此，作者汇聚 10 余年规划编制经历和设计心得，以及多年的教学经验，兼顾理论与实践、继承与创新，撰写了本书。

本书共分十一章，第一章为导论，主要概述区域与城市规划的基本内涵、功能和任务、规划的主要内容、规划的研究方法，以及交代本书的整体架构和使用说明。

　　第二章重点介绍国内外区域与城市规划的发展与趋势，侧重介绍经验和归纳特点，并对我国内区域与城市规划的实践做出合理评价，指出规划的发展趋势。

　　第三章～第五章是区域与城市的基础理论内容，主要包括空间布局理论、结构优化理论，以及社会经济发展理论等。结合规划案例解析相关理论是如何应用到规划实践中，或从规划本身如何寻找到理论影响，特别强调新理论的新应用。

　　第六章～第十章分别对国民经济与社会发展规划、产业规划、科技规划、社会规划、空间规划和环境规划作了专题描述。既侧重规划的战略性，又突出规划的地域性；既强调各种规划文本的特殊性，又重视规划实施的可行性。每一种规划都有专栏专题和案例解析，帮助学生理解和掌握。

　　第十一章为本书最后一章，主要内容为规划的组织保障与实施，这是从规划的实施机制、规划的管理体制，以及优化市场机制和改善社会环境角度，回答规划编制完成后的后续工作，这是一个好规划必需的保障。

　　本书的特色和创新点在于它的实用性。本书以专栏的形式重点介绍了国民经济与社会发展规划、产业规划、科技规划和空间规划，以翔实的实例展现规划编制过程中的核心内容，探讨规划制订过程中应把握的要点，以及应避免的问题，对一个初学者来说，这些介绍都是必要的，也是基本的。当然，为了增加对规划的深层认识，作者设计了案例讨论。

　　本书由张贵负责框架设计，具体分工为第一章：张贵；第二章：李峰、赵菲菲；第三章：李峰、赵菲菲；第四章：李峰、郭亚静、王天玮；第五章：李峰、王天玮；第六章：张贵、张蕾蕾；第七章：张贵、张蕾蕾；第八章：张贵、张佳利；第九章：张贵、张佳利；第十章：张贵、程鹏；第十一章：张贵；刘洋完成第一章、第十一章的部分专栏；张贵审定第一章、第六章到第十一章的内容，李峰审定第二章到第五章内容。

本书得到河北工业大学经济管理学院的出版资助，也得到经济科学出版社责任编辑李一心的大力帮助。本书在撰写过程中引用了大量实例和数据，参考了很多理论观点和同类教程，在这里对这些资料的原作者表示诚挚的谢意。

由于时间仓促，撰写任务艰巨，难免有不妥之处，敬请读者谅解并予以指正！

作　者
2012 年 11 月

目　录

第一章 导 论

区域规划本质上是一个制度设计和要素安排，这种战略决策越来越影响着每一个利益相关者。[①] 它不仅为国家和地区的经济、社会发展描绘未来的蓝图，而且已成为所有利益相关者社会福利提升的助推力。

第一节 区域规划的基本内涵

区域问题是国民经济与社会发展的重要内容，规划作为协调区域发展的有效调控方式，其发展越来越受到社会各界高度重视。规划也随着社会、经济发展不断演进和调整。

一、区域规划的概念

最早的区域规划主要是针对城市和工矿区而言的，如 20 世纪 20 年代英国的当卡斯特煤矿区规划（1922 ~ 1923 年）和美国纽约的城市区域规划（1929 年），严格地讲这些规划都是对建筑面积较大的平面布局，在此基础上，与城市经济、区域经济相结合，并遵循相关的理论，才逐渐发展成为当今的区域规划。

区域规划的产生与区域、规划密不可分。区域是基于描述、分析、管理、计划或确定政策等目的而作为一个应用性整体加以考虑的一片地区。它是按照内部的同质性或功能一体化原则划分的（E. M. Hoover, 1970）。也就是说作为一个区域应该具备三个最基本属性（E. M. Hoover, 1975）：生产要素的不完全流动性，强调劳动力、资本和技术等的地域性，是在一定地理范

---

① 特别说明：虽然本书书名为《区域与城市规划》，但整本书主要讨论的是区域规划。

围内的生产要素，由此形成产业集群；生产活动的不完全可分性，侧重的是要素整体性，具有资产专用性，由此形成产业链条；产品与服务的不完全流动性，强调生产过程和产品售后等经济活动的完整性，由此形成供应链。

区域规划的对象就是基于一片特定的地域空间，对其未来经济建设、社会发展的总体谋划和部署，它是经济、社会、科技和环境的空间统一形式，是区域产业规划、社会规划、科技规划、环境规划和空间规划的融合，是一定时期内区域经济发展战略、国民经济和社会发展计划在地域空间的落实和体现（刘秉镰，2007）。

当然，区域规划本身就是考虑如何处理现在发生和未来发生的事情的一种认知过程①，对规划对象的了解、认识和掌握与规划本身同等重要。

总之，区域规划伴随着人们对经济与社会发展的认识而日益凸显，是一个历史进步的产物。它是按照规划目标，遵循一定规则，从战略、全局、长远和能动等角度，对整个规划区域内的各种经济和社会要素进行整合重组的战略决策。

规划与计划、规制、战略的关联

规划：规划活动的过程必须通过预先性的活动（调查、起草文件、民主商讨、审议等）形成具有指导意义的方案、步骤、规则、政策等。具体来看，第一，就规划本身而言，规划是对事情的认知过程，而且这一过程应具有超前性和对未来的指导性；第二，规划的过程是对特定目标进行思路设计、规则和政策编订、实施步骤制订的认知过程；第三，规划活动的结果必然形成具有一定权威的成果，包括规划文件、规划方案等。规划包括区域规划、城市规划、土地规划、产业规划、交通规划等各种专项规划。

计划：从英文词源上来看，规划和计划都是一个英文单词（Planning），应该说从英文意义上看，这两个词是相同的。但我国对规划和计划的使用存在较大差别：首先，从制订和执行程序上来看，计划是一种严格的自上而下命令和传达的过程，执行者或者权威部门根据自身意志和以

---

① A. S. Hornby：Oxford advance learner's dictionary, The Oxford University Press, 1997：Planning is the cognitive process of thinking about what you will do in the event of something happening.

往经验进行制订；规划则强调自下而上的民主决策和多方参与过程，减少强势集团的垄断，增强决策的科学性。其次，从侧重点来看，计划虽然也包含宏观调控，但是主要侧重于政府主体对经济的直接干预。而规划主要侧重于战略性和指导性。再次，从法律保障角度来看，计划主要是通过政府权威来进行制订和实施，具有较大的随意性和主观性，很难排除人为的干扰因素。最后，从主体来看，计划的主体主要是各级政府，主要包括中央政府和地方政府。而规划应是一个民主参与的过程，因此，主体应该多样化，包括政府、中介、专家、民众等。

规制：规划和规制这两个词的英文分别是 Planning 和 Regulation。规制是政府或社会为实现某些社会经济目标而对经济主体做出的各种直接和间接的具有法律约束力和准法律约束力的限制、约束、规范，以及由此引起的政府或社会为监督经济主体活动符合这些限制、约束、规范而采取的行动和措施（苏东水，2000）。规划和规制的共同点主要包括以下几个方面：从产生原因来看，二者都是由市场失灵引发的，他们的出现都是为了实现对市场失灵的矫正；从执行主体来看，主要以政府为主体；从内容来看，二者都体现了一种规范、规则、措施等；从作用范围来看，二者均是既包括经济方面也包括社会方面，如经济规制和社会规制，经济与社会规划等。但是二者也存很多差异，主要包括：（1）规划虽带有约束性但更侧重于预期性、前瞻性和指导性，而规制则主要以约束和监管为主。（2）作用对象不同。规划侧重于宏观层次的战略、政策、规划等，对于企业的具体行为或活动不加干预。而规制则侧重对中观产业和微观主体（如企业）的规制，特别是对影响产业、企业的要素进行限制、约束和规范，如价格规制、进入门槛规制等。

战略：战略（Strategy）是对全局进行的总体筹划和布局，是根据现状和对未来的预测，结合自身的资源状况，对谋划主体的目标、发展步骤、实现途径而作的规划。战略具有指导性、全局性、长远性、竞争性、系统性、风险性六大主要特征。战略不仅是规划的内容而且也体现了规划的性质，规划一般应具有战略性，也就是说规划具有对未来的前瞻性和谋划性。如西部大开发战略、中部崛起战略、振兴东北老工业基地战略等。

资料来源：刘秉镰、韩晶：《区域经济与社会发展规划的理论与方法研究》，经济科学出版社 2007 年版，第 2～4 页。

二、区域与城市规划的基本特征

区域规划显然是对一定地域范围内区域经济和社会发展的战略策划，

包括方案设计、空间布局和实施对策。它主要有以下几点特征：

1. 综合性

区域规划是一项系统工程，涉及区域内的各种因素和各部门，综合了区域在发展经济过程中的思路、目标和政策。

（1）规划内容广泛。规划综合考虑区域内各系统、各组成要素，是对社会经济各部门进行统筹的战略安排。

（2）规划方案全面。规划方案从设计到实施，包括了区域内科技、产业、社会、生态等方面，涉及发展、协调、布局等层次。

（3）规划方法多样。由于规划内容的广泛性，对其考察和测算也相应采取多样的规划方法；加之，科技、社会、规划理论的发展，都会带来规划方法的更新和发展。没有最好的规划方法，只有最适合的规划方法。

2. 战略性

区域规划都是站在全局的角度上考虑问题，带有强烈的目的性，是对未来的一种战略部署，它主要体现在：

（1）规划跨度长期性。区域规划期限都比较长。国民经济与社会发展规划期限一般是 5 年，产业规划也一般是 5 年，科技中长期规划是 15 年左右，空间规划一般也在 15 年到 20 年，环境规划时间会更长，港口规划要长达六七十年，有的规划甚至更长的时间。

（2）规划方案前瞻性。由于规划期限一般较长，必然要求规划方案要超前，但又要有近期实施重点，使规划方案既能指导近期的国民经济和社会建设，又可保持与长远规划相结合，实现可持续发展。

（3）规划范围全局性。区域规划是从长远着眼，从宏观着手，既要从区域的整体利益出发，又要兼顾各个地方、各个部门的利益；讲求区域的局部利益服从整体效益。

（4）规划内容调整性。由于区域规划是基于现在对未来的较长一段时间的规划，种种不确定因素会使规划目标的预测难以完全准确，所以规划中对区域社会经济的发展方向、目标、结构、布局和资源利用等只能做出粗线条的描述。随着社会和经济发展，时局变化，规划内容可能做出适度调整、删减和增加。

3. 地域性

区域规划是建立在特定地理空间之上的战略部署，所以地域性是区域规划的本质属性，它包含以下两方面的含义：

（1）规划地方特色性。由于区域自然资源、经济基础和社会文化条件存在差异性，各区域未来的发展目标、地域特征、产业结构、各种基础设施和服务设施的建设也就不会相同。规划就要因地制宜，扬长避短，反映出规划区域的特色性，设计不同的规划方案。

（2）规划范围完整性。规划要按照要素属性、经济活动的不可分割性，把规划区域作为一个整体加以考虑，体现规划在区域空间上的完整性。

4. 权威性

规划的目的是解决区域经济发展和社会进步中的问题，所以，区域规划要能够代表区域的根本利益，并为该地区人民利益服务，这就要求区域规划必须具备权威性。

（1）规划的权威来自于规划部门的权力。规划都是规划者意志和思想的反映，代表的是规划者的利益。目前，我国的各种规划制订者基本上是政府部门。从中央到地方的各种规划，代表的是区域内大众的利益，有的规划要通过同级人民代表大会审议，具有合法性和权威性。

（2）规划的权威来自于规划人员的权威。规划编制人员是由相关专家、规划师和政府人员组成的。规划编制人员特别是规划专家是区域规划权威性的另一个重要来源。就一般而言，规划的科学性是权威性的基础。规划专家的作用就在于解决规划的技术难题，并对规划的科学性进行论证。规划专家的权威决定了规划的权威。一个权威的规划一定是一个科学的、符合区域经济发展实际的、能够付诸实施并指导区域经济未来发展的规划（孙久文，2007）。

专栏 1-2

什么样的规划是科学的呢？

规划的科学性首先是指规划过程的科学性，然后是规划方案本身的科学性。规划的过程是建立一种思路、确定一种模式的过程，需要有科学的态度和精神，以及先进的规划方法和手段。

那么，如何才能证明我们的规划是科学的呢？换句话说，是否需要检验规划的结果呢？很显然，规划的结果是不能检验的。因为当你检验完成的时候，规划已实施完毕，无论是好是坏，都成为我们必须接受的一个结果，检验结果对于规划本身来说已经没有意义。剩下的是总结经验，或对规划进行评价，对今后有一定的参考价值。

由于结果不能检验，能够检验的就剩下过程。英国哲学家穆尔凯曾经提出五条检验过程科学性的原则，现在我们将其应用到区域经济规划当中，它们是：①独创性原则。通过发现区域经济发展的新资料来推进规划的进步，新的规划思路和政策可以促进区域经济的发展。②集体性原则。一切知识都是共享的，区域经济规划的方案如果能够获得更多的人的赞同和认可，那么这个规划常常是合理的。③无私性原则。没有个人利益参与其中的区域经济规划，才是科学的规划。区域经济发展是为大多数人谋福利，规划应当能够代表大多数人的利益和要求。④普遍性原则。对区域发展中的现实材料的把握应当具有普遍的科学性，包括地区统计资料的准确性、预测指标统计检验的正确性和合理性等等。⑤更替性原则。在区域经济规划的过程中，需要不断更新和不断修正规划者的观念，规划实施的过程是可以证伪的。按照波普尔的观点，能够证伪的东西才是科学的。如果我们的区域经济规划在规划中的第一阶段就被证明是错误的，那么我们就必须去更新和修正这个规划，以期接近真正的科学规划。

资料来源：孙久文：《区域经济规划》，商务印书馆 2005 年版，第 7～9 页。

第二节　区域与城市规划的功能和任务

区域与城市规划是政府意志和相关集团利益的体现，为完成这一使命，规划要有合理的理论基础，明确的功能定位。

一、区域与城市规划产生的理论基础

从我国现行的规划文本来看，似乎看不出什么高深的，或者明确的理论，所以，有人认为做规划不需要理论。这是一种极其危险的认识。从理论上讲，任何规划的出现都有其必然的合理性。一般而言，规划产生主要源于以下几个方面的原因：第一，市场失灵导致资源配置的无效率存在，需要政府通过规划来矫正；第二，非均衡的区域发展客观要求通过规划进行合理地协调；第三，经济的非持续、非平稳的发展要求通过规划提供保障。

1. 市场失灵导致资源配置的无效率存在

（1）经济外部性。外部性的概念是由马歇尔（1890）[1]和庇古（1924）[2]在20世纪初提出的，是指一个经济主体在自己的活动中对旁观者的福利产生了一种有利影响或不利影响，这种有利影响带来的利益或不利影响带来的损失，都不是生产者或消费者本人所获得或承担的，是一种经济力量对另一种经济力量"非市场性"的附带影响。萨缪尔森则定义为："当生产或消费对其他人产生附带的成本或效益时，外部经济效果便产生了；也就是说，成本或收益附加于他人身上，而产生这种影响的人并没有因此而付出代价或报酬；更为确切地说，外部经济效果是一个经济主体的行为对另一个经济主体的福利所产生的效果，而这种效果并没有从货币或市场交易中反映出来。"

经济外部性分为正外部性（positive externality，或外部经济）和负外部性（negative externality，或外部不经济）。正外部性是某个经济行为个体的活动使他人或社会受益，而受益者无须花费代价，负外部性是某个经济行为个体的活动使他人或社会受损，而造成外部不经济的人却没有为此承担成本。例如某地区在经济发展过程中，投资某大型项目，就可能产生外部性问题：一是"搭便车"——即为项目上马付出努力的人不能获得相应的全部报酬；二是"牺牲者"——即在项目投产中某些人承担了别人应该承担的污染成本。

经济外部性的产生是一个制度性问题（朱中彬，2003）：第一，制度是一种公共物品，本身极易产生外部性；第二，在一种制度下存在、在另一种制度下无法获得的利益（或反之），这是制度变迁所带来的外部经济或外部不经济；第三，在一定的制度安排下，由于禁止自愿谈判或自愿谈判的成本极高，经济个体得到的收益与其付出的成本不一致，从而存在着外部收益或外部成本。所以，经济外部性的存在必须加以规制，使经济主体各得其所，区域规划就是一个集中体现。

（2）公共物品。公共物品（public good）是与私人物品相对应的一个概念，它是指公共使用或消费的物品。公共物品具有非竞争性和非排他性。

---

[1] Marshall. A., Principles of Economics, London: Macmillan, 1920, P.266.
[2] 庇古著，陆民仁译：《福利经济学》，"台湾银行经济研究室"编印，1971年，第111页。

前者是指某人对公共物品的消费并不会影响他人同时消费该产品及其从中获得的效用。后者是指某人在消费一种公共物品时，不能排除其他人消费这一物品（不论他们是否付费），或者排除的成本很高。公共物品通常不能或不能有效通过市场机制由企业和个人来提供，主要由政府来提供。

但是，政府在提供公共物品方面有两个问题必须解决：一是决定公共物品的最优供给量。供需平衡是政府提供公共物品的最优供给量，公共物品供给曲线由生产公共物品的边际成本决定，通过收益与成本的对比，就可以确定公共物品的最优供给量。而公共物品的总体需求曲线是个人需求曲线的垂直加总，必须了解每个人对增加一个单位产出的估价。公共物品的消费不是按照市场价格机制进行的，没有确切的需求信号传递过程，生产者不知道消费者的有效需求，同样对政府而言，是个极大的难题。二是供给公共物品效率低下。政府在提供公共物品时一般都采取垄断营运方式，缺乏提高效率的竞争机制；加之政绩考核机制、腐败现象等原因，导致公共物品提供过程中也会出现一系列问题。

为此，规划作为协调资源配置的一种手段，有其必然合理性，如政府提供公共基础设施、交通、医疗、教育、文化，以及保护生态环境等。

（3）不完全竞争。不完全竞争（imperfect competition）最早是由美国经济学家 M. 克拉克针对完全竞争概念的非现实性而提出来的。他认为完全竞争在现实世界中不可能且从来没有存在过。只要完全竞争的任何一个条件不具备，就不可能实现完全竞争。克拉克认为，产品的同质性或非同质性、生产者的数量及其规模结构、价格制订的方式、交易的方式、市场信息传递的特征和手段、生产者和消费者的地理分布、工厂或企业规模的差异等都可能导致竞争的多样性。

不完全竞争是市场中存在着一定程度的垄断，某些经济主体对市场价格具有一定的影响力。依据经济学家张伯伦（1933）的《垄断竞争理论》和琼·罗宾逊夫人（1933）的《不完全竞争经济学》的理论，按照竞争的由弱到强程度，不完全竞争市场分为垄断竞争、寡头垄断、完全垄断市场。

在我国的实践中，由于各个行政主体的利益约束，导致市场分割，于是形成了诸多不完全竞争市场，经济要素的流动和集结，经济活动和市场销售都受到这种不完全竞争的影响，市场不能出清，经济不可持续发展。这就需要政府或更高级政府通过规划调控，通过政府的强制力拆除行政和经济壁垒，改变对资源的过度集中、市场价格的控制，对未来较长时间的区域发展提供具有全局性、战略性、前瞻性和权威性的方案。

2. 地区之间的非平衡发展需要规划进行协调

区域发展主要围绕均衡与非均衡发展。以均衡概念为基础形成的新古典区域增长理论，长期在区域经济增长分析中占有统治地位，该理论认为，给定一个不均衡的区域经济状态，只要存在完全的竞争市场，仅依靠市场即可实现区域的共同增长。

1957 年，瑞典经济学家缪尔达尔在《经济理论和不发达地区》一书中，首次提出"循环累积因果论"，他认为"市场经济的力量正常趋势与其说是缩小区域间差异，不如说是扩大区域间的差异。"缪尔达尔认为发达地区和欠发达地区之间存在扩散和回流两种不同效应的循环过程。扩散效应是指发达区域到不发达区域的投资活动，包括供给不发达区域发展的原材料或购买其原料和产品；回流效应是由不发达区域流入发达区域的劳动力和资本，它将引起不发达区域经济活动的衰退。在循环累积因果过程中，回流效应总是大于扩散效应，因此区域差异在市场力量作用下会不断增大。①

美国经济学家赫尔希曼提出与缪尔达尔回流和扩散效应相对应的极化和涓流效应。他认为在市场力量作用下，极化效应总是居于主导地位，如果政策干预，区域间差异会不断扩大（后人把他俩的理论合称为缪尔达尔—赫尔希曼理论）。

1965 年，美国经济学家威廉姆斯研究了 24 个国家的资料，对区域增长的趋势进行了系统的实证分析，他认为随着国家经济发展，区域间增长差异呈倒"U"型变化：在经济发展初级阶段，随着经济总体增长，区域差异逐渐扩大，然后区域差异保持稳定，但当经济进入成熟增长阶段后，区域差异随着经济总体增长而逐渐减小。

区域规划就是政府通过产业政策、财政政策引导资源的空间有效配置，促进扩散效应（或者涓流效应）发挥，尽可能缩小区域内与区域间的差异。例如，20 世纪 90 年代以来，我国政府先后推出的振兴东北老工业基地、西部大开发、中部崛起等战略规划，就是这一背景下的产物。

3. 经济的持续快速发展要求规划的保障

首先，先污染后治理的道路，以巨大的环境牺牲为代价，需要通过规

---

① 王述英：《现代产业经济理论与政策》，山西经济出版社 1999 年版，第 234~235 页。

划实现良性发展。从近代工业革命，特别是第二次世界大战以来，西方发达国家的工业化、城市化，在创造了巨大物质财富的同时，也付出了沉重的环境代价。如从 20 世纪 30 年代到 60 年代间，发生了震惊世界的八大环境公害。当然，当前的我国经济建设中也存在着重发展轻治理，重经济轻环境，重眼前轻长远，重私利轻整体等现象。我们要通过科学规划及其实施，吸取发达国家的经验和教训，走一条"科技含量高、经济效益好、资源消耗低、环境污染少、人力资源优势得到充分发挥的新型工业化"道路。

其次，经济发展的重复性建设，形成资源浪费和恶性竞争，需要通过规划实现资源的有效配置。在经济建设中，互相排斥、恶性竞争、重复建设成为我国区域经济发展中的痼疾。从体制上看，这与我们长期形成的条块式行政管理模式和以 GDP 论英雄的政绩观有关。但是，经济发展和产业结构的同质性也是形成这种弊端、导致区域之间合理的经济和产业分工体系难以建立的客观原因。区域规划借助其权威性和综合性，打破这种体制弊端，在区域内外形成合作，发挥市场在区域资源配置中的作用，建立区域之间经济和产业分工体系，才能克服相互排斥、恶性竞争和重复建设的现象。

最后，经济发展的浩劫性开发，无法维持可持续发展，需要通过规划推动科学发展。据中科院测算，2003 年，环境污染和生态破坏造成的损失占中国 GDP 的 15%；而这一年，中国消耗了全球 31% 的原煤、30% 的铁矿石、27% 的钢材和 40% 的水泥，创造出的 GDP 却不足全球的 4%。按照汇率法测算综合评价，2003 年我国消耗了全世界约 25% 的工业原料，却只创造了占全世界 4% 的 GDP（潘珣，2004）。这种粗放式增长方式长时间持续下去将对我国经济发展带来无穷后患。据世界银行按照目前发展趋势所做的预计，2020 年中国仅燃煤污染一项导致的疾病，需付出的经济代价就高达 3900 亿美元，占国内生产总值的 13%。在全球强劲的增长需求刺激下，世界范围内的资源储量和产量虽然有所增长，但这只是相对地缓和资源对我国产业发展造成严格约束的时间，不可能从根本上打破这种约束。估计到 2020 年，我国 45 种主要矿产资源只有 9 种能依靠国内保障供应；到 2030 年，则可能只有 2～3 种。中国和其他国家的发展已经和正在引起世界范围的能源和资源价格的持续走高，中国不可能再拥有第二次世界大战后日本和东亚"四小龙"崛起时的低能源和原材料价格的优势了。所以，规划作为政府宏观调控的重要手段，能够实现有效配置公共资源，有效弥补"市场失灵"，进而共同富裕。

我们生活在一个规划时代

2009 年以来，从国家层面制订出台的区域经济政策呈现全面开花之势。仅 2009 年一年批复的国家战略区域经济发展规划数量就是过去三四年的总和，无论是出台速度还是力度都是前所未有。

自 2009 年 1 月初，国务院正式通过《珠江三角洲地区改革发展规划纲要》以来，短短一年多时间里，海西、江苏沿海、关中—天水等 10 多个区域经济规划陆续获批。根据已经批复的区域经济发展规划，包括了以下经济区域：长三角、珠三角、北部湾、环渤海、海峡西岸、东北三省、中部和西部，再加上刚刚获批的黄三角，我国新的区域经济版图逐渐成形。

与此同时，2009 年，国务院还推出了一系列综合配套改革试验区政策，如深圳综合配套改革方案、成渝统筹城乡综合配套改革区、浦东综合配套改革试点等。

区域发展规划密集出台背后，折射出的是国家对推动区域协调发展的精心布局和应对金融危机的重大举措。近两年来，国家加强了对区域发展的指导，主要包括促进区域发展的指导意见和促进区域发展的规划两种类型，这体现出中央对区域发展规划加强的趋势。区域政策已逐渐成为宏观调控的新手段，通过实施积极区域政策，将有利于培育经济新增长极。从产业发展角度看，国家一系列区域规划的推出结构升级带动意义明显，尤其是现代服务业和高技术产业。其中，珠三角发展规划就提出，争取到 2020 年现代服务业增加值占服务业增加值的比重超过 60%，高技术制造业增加值占工业增加值的比重达 30%。

今后各阶段地区经济工作的一大思路是继续选择部分重点地区开展区域规划工作，将围绕重点地区开发开放，继续组织编制重点地区区域规划和政策文件，使区域空间开发格局更加系统和完善。

随着区域规划的陆续出台，针对规划内容，涉及到的各省份已经紧锣密鼓地制订和完善相关配套措施，加强对规划实施的督促和指导。但专家同时提醒，尽管区域规划"热度"再次上升，但更多的区域规划仍然停留在纸面上，能否在实际操作中发挥出人们期待的作用，要受到多种因素的制约。而各地区经济水平也有高有低，如何通过这一轮调整布局，实现均衡发展值得关注和期待。

资料来源：新华网，《我国勾画出"区域经济"新版图，培育经济新增长极》，http：//news. xinhuanet. com/fortune/2010 - 01/22/content_12853854. htm。

二、区域与城市规划的功能定位

区域规划在现代经济社会发展中发挥着越来越重要的作用。通过区域规划把政府和市场两种资源配置的机制有机地结合起来，也就是说，区域规划功能定位是要处理好政府与市场、效率与公平的关系问题，能动地发挥其在区域发展中的宏观调控和管理作用。

从前面的论述中，理论者们更多地解释了把区域发展问题表象归结于均衡与非均衡，但其实质是公平与效率的关系问题，即空间公平与总体效率的兼容与选择问题，为此，有的学者从公平与效率关系来分析区域规划功能定位的理论依据。[①]

区域经济中存在一个公平与效率的两难选择。一般而言，效率是指资源的有效使用与有效配置，包括时间和空间的资源配置效率，前者是单纯经济学意义上的投入与产出比值，后者则从空间角度论证投入同一资源在不同地域有不同的产出。

公平是一个价值判断，既有起点公平，也有结果公平，还有过程公平（或程序公平）。就空间资源配置角度看，空间公平是最终结果公平，以何种方式何种过程取得空间公平则是次要的，这里面实际包含了对非均衡发展最后达到公平的认可。结果公平不是绝对公平，空间地理差异资源禀赋差异以及人文差异形成的结果只能是相对的公平。

通过区域规划，既要实现国家整体实力的增强，即总体效率的提高，又要实现区域协调均衡发展，即空间公平。由于资源的有限性使得资源必须得到合理配置，资源配置不仅有生产过程的配置，还包括地域的配置，如何实现有效的地域配置就是区域总体效率问题。衡量区域总体效率的指标主要是一国宏观经济目标，如经济增长速度、国民生产总值、国民收入等指标。单纯从效率角度考虑，如果经济增长速度越快，国民生产总值越大，国民收入提高越快，这就表明区域总体效率越高。一般而言，形成有效率的区域资源配置在市场竞争条件下会是个自发的过程，不同的区域条件形成各自的区域配置，在没有干预的情况下，这种配置将是有效率的。

[①] 王述英：《现代产业经济理论与政策》，山西经济出版社1999年版，第237～243页。

但是有效率的区域配置并不能完全带来空间的均衡协调，有效率的资源配置在利益的驱动下通常会造成资源的不均衡分布，从而造成区域的不均衡，也即空间不公平。单从公平角度考虑，区域空间公平只能是结果公平，在发展过程中必然经过不公平的阵痛（王述英，1999）。

在工业化任何时期，公平与效率二者之间必然存在一定的矛盾，要么以一定的非效率换取公平，要么以一定的非公平换取效率。在加快区域发展过程中，就需要我们继续发挥市场机制的基础性配置资源作用，同时要更加关注公平问题，政府要更加积极主动、深入地参与一些经济活动，这其中就包括做好区域规划，促进区域经济协调发展。

专栏1-4

我们需要一个什么样的区域规划?

"在国际大都市北京和天津周围，环绕着3798个贫困村、32个贫困县，272.6万贫困人口。"这是2005年8月17日，亚洲开发银行公布的《河北省经济发展战略研究》报告首次提出的。该报告认为，这会对京津冀地区的现代化和生态安全造成一系列负面影响。

从"环京津贫困带"提出后，河北高层和有关部门都在积极行动，也很快做出了一系列应对方案，欲将"环京津贫困带"打造成"环京津生态圈"。

在河北省与京津接壤的6个设区市中，有3798个贫困村，32个贫困县，占该地区县（区）总数的44%，贫困人口272.6万。一方面，为保护首都及其他城市的水源和防止风沙危害，国家和地方政府不断加大对这一地区资源开发和工农业生产的限制，不断提高水源保护标准。另一方面，"环京津贫困带"又有着敏感的区位条件。这一地区大规模压缩工农业用水，关停众多效益可观而耗水严重和排污标准低的企业。

报告显示，在承德潮白河流域，迄今为止，先后禁止的工业项目达800多项，造成每年损失利税10多亿元。同时，作为京津的风沙源治理区，为保护京津大气环境而实施的封山育林、退耕还林还草工程也使得环京津贫困带的农业和畜牧业蒙受了巨大的损失。

2005年9月，河北省政府和国家环保总局联合举办《河北生态省建设规划纲要》论证会，由全国顶尖的10多位院士、专家组成的专家组对《纲要》进行论证。《纲要》共筛选、规划了1015项重点工程建设项目，总投资达 4188 亿元人民币。按照该《纲要》总体目标，到 2030 年，河北省将形成产业结构优化，经济布局合理，符合可持续发展要求，与资源环境承载力相适应，具有较强科技创新和国内外市场竞争能力的生态经济体系，经济发展水平跃居全国前列；城市和乡村天蓝、水清、地绿、气爽，山川秀美，生态环境良性循环；全社会文明程度、国民素质和创新能力达到较高水平。

河北省将在京津周围地区新建 47 个自然保护区，使河北自然保护区数量达到 63 个，自然保护区面积达到全省总面积的 10% 左右。以此恢复和发展珍稀物种，增加水源涵养能力，改善京津周边生态环境。并将在 2015 年之前在京津周围地区的拒马河和易水源头、大南湖、永年洼新建 3 个湿地公园，建设兼有生态保护、生态旅游和生态环境教育功能的湿地景观。

资料来源：鲁达、潘海涛：《综述："环京津贫困带"欲变"环京津生态圈"》，新浪财经，http://finance.sina.com.cn/roll/20051023/1418361252.shtml。

三、区域与城市规划的任务

区域规划的任务就是因地制宜、统筹兼顾、综合协调，实现整体与长远利益相结合，局部与全局利益相结合，有效地利用资源，合理地配置生产活动，建设最优的生产环境、生活环境和生态环境。为此区域规划应包括以下几个主要方面的任务。

1. 全面掌握区域基本情况

区域规划是在一定地区范围内对整个经济和社会建设进行总体的战略部署。要全面掌握区域内的土地、水、气候、生物、矿产、天然风景等自然条件，工农业生产、交通运输、水利能源、城乡建设等经济基础，以及人口数量、年龄构成、就业比重、劳动技能、文化教育水平等社会状况。并对本区域的资源作全面分析与评价。

区域规划就是以这些区内现有的自然条件、经济基础和社会状况为依据，结合地区发展优劣势，研究确定区域发展方向、规模和结构，合理配置工业和城镇居民点，统一安排区域性交通运输、能源供应、水利建设、建筑基地和环境保护等设施，为生产和生活创造最有利的环境。

2. 提出规划区域发展目标

区域发展目标是规划期限内对区域发展合理的预期。发展目标可分为总体目标和阶段目标。总体目标是区域整体发展未来蓝图的高度概括，阶段目标是在总体目标下的划分阶段实施的具体目标。总体目标是定性与定量结合的，而阶段目标最好是由定量指标体系来体现，如人口自然增长率、国民生产总值、财税收入、固定投资、单位生产总值能源消耗等指标。这些指标中有的是约束性的，有的是预期性的，一般要依靠预测模型计算结果。

3. 确定区域规划重点项目

为了使区域规划方案能够落实并实施，找到政府的"抓手"，必须确定区域发展重点，集中区域内的产业要素、社会资源和经济活动，形成若干个推动整个区域发展的增长极（点）。区域规划重点包括产业、居民、基础设施等多个方面。产业项目一般都是关联度高、经济效益好，影响全局发展的。城镇发展涉及居住社区和农业发展的问题，要合理布局不同等级、不能功能的城镇。基础设施的构成、布局必须同产业发展和城镇体系的布局互相协调配合。

规划重点项目要处理好人与自然关系，应力求减轻或免除对自然的威胁，形成良性生态循环；在改善和美化环境的同时，丰富文化设施，建设宜居生态环境。

4. 制订区域规划实施方案

要作多套方案的技术经济论证与比较，选择经济上合理、技术上先进、建设上可行的最佳方案，对产业布局、科技发展、项目建设、城镇建设和生态环保等提出具体的建议，既要有政策对策，又要有保障措施。在区域经济规划当中，各种类型地区的发展条件、资源状况、经济特征不一样，因此要求通过规划解决的关键问题也不相同。所以，不同类型区域的规划任务也就应该有所差别，以求达到最佳的经济效益、社会效益和生态效益。

专栏 1-5

天津市空间发展战略规划（节选）

以深化落实国务院确定的"国际港口城市、北方经济中心和生态城市"的城市定位为目标，依托京津冀，服务环渤海，面向东北亚，用区域和国际视野，着眼天津未来长远发展，着力优化空间布局、提升城市功能，提出了"双城双港、相向拓展、一轴两带、南北生态"的总体战略。

1. 双城双港

双城是指中心城区和滨海新区核心区，是天津城市功能的核心载体。

双港是指天津港的北港区和南港区，是城市发展的核心战略资源，是天津发展的独特优势。

通过"双城"战略，加快滨海新区核心区建设，与中心城区分工协作、功能互补，实现市域空间组织主体由"主副中心"向"双中心"结构转换提升，构成双城发展的城市格局，促进北方经济中心建设。

通过"双港"战略，加快南港区建设，扩大天津港口规模，培育壮大临港产业，调整优化铁路、公路集疏运体系，促进港城协调发展，更好地发挥欧亚大陆桥优势，进一步密切与"三北"腹地和中西亚地区的交通联系，加快建设成为我国北方国际航运中心和国际物流中心，增强港口对城市和区域的辐射带动功能。

2. 相向拓展

相向拓展是指双城及双港相向发展，是城市发展的主导方向。

中心城区沿海河向下游区域主动对接，为滨海新区提供智力支持和服务保障。滨海新区核心区沿海河向上游区域扩展，放大对中心城区的辐射带动效应，实现优势互补，联动发展。

处于双城相向拓展方向的海河中游地带，是天津极具增长潜力的发展空间。通过重点开发，使之成为承接"双城"产业及功能外溢的重要载体，逐步发展成为天津市的行政文化中心和我国北方重要国际交流中心。同时，统筹推进双港开发建设，相向发展，实现双港分工协作，临港产业集聚，南北功能互补，做大做强天津的港口优势。

通过双城及双港相向拓展，引导城市轴向组团式发展，在海河两岸集聚会展、教育、旅游、研发、商贸等现代服务业和高新技术产业。形成老区支持新区率先发展、新区带动老区加快发展，海河上、中、下游区域协调发展、良性互动、多极增长的新格局。

3. 一轴两带

一轴是指"京滨综合发展轴"，依次连接武清区、中心城区、海河中游地区和滨海新区核心区，有效聚集先进生产要素，承载高端生产和服务职能，实现与北京的战略对接。

两带是指"东部滨海发展带"和"西部城镇发展带"。

"东部滨海发展带"贯穿宁河、汉沽、滨海新区核心区、大港等区县，向南辐射河北南部及山东半岛沿海地区，向北与曹妃甸和辽东半岛沿海地区呼应互动。

"西部城镇发展带"贯穿蓟县、宝坻、中心城区、西青和静海，向北对接北京并向河北北部、内蒙古延伸，向西南辐射河北中南部，并向中西部地区拓展。

4. 南北生态

南生态是指京滨综合发展轴以南的"团泊洼水库——北大港水库"湿地生态环境建设和保护区，以及正在规划建设的子牙循环经济产业园区等。

北生态是指京滨综合发展轴以北的蓟县山地生态环境建设和保护区、"七里海——大黄堡洼"湿地生态环境建设和保护区，以及中新天津生态城、北疆电厂等循环经济产业示范区。

资料来源：北方网，http://news.enorth.com.cn/system/2009/06/03/004072496_04.shtm2009 - 06 - 03。

第三节 区域与城市规划的分类与内容

区域规划是描绘区域发展的远景蓝图，是经济建设的总体部署，涉及面十分广，内容庞杂，区域规划的内容与其分类有密切关系。

一、按规划对象分类与规划内容

按照区划的性质和地域属性不同，通常把区域分成自然区、经济区、行政区和社会区。由于区域属性不同，各类区域在规划中所要着重解决的问题不尽相同，因此会有不同的区域规划类型。从区域经济发展的需要出发，根据规划的对象和范围的不同，区域经济规划可以划分为区域发展战略规划、区域开发规划和区域空间规划三类，每一类又是由若干不同内容的规划构成，适用不同的情况和地区。①

---

① 孙久文：《区域经济规划》，商务印书馆 2005 年版，第 13 ~ 22 页。

1. 区域发展战略规划

区域经济发展战略规划是概念规划，包括制订战略的依据、战略目标、战略重点、战略措施等主要内容。区域发展战略规划是区域经济总体发展的战略，适用于对区域总体发展进行的整体谋划。在实践当中，又可以针对不同的地域，进行具体的规划。

（1）泛区域规划。由于我国特定的体制特点，目前的区域经济发展战略规划都是按照行政区进行的。例如，根据我国目前的情况，泛区域规划是：①沿海发达地区：注重外向型，发展高技术产业，提高科技贡献率，提升经济发展的水平，参与国际分工等。②沿海不发达地区：解决发展的最基础的问题即增长问题，要区别沿海平原地区和沿海山区，注重区域合作，抓住产业转移的机遇，发展现代制造业。③中部地区：加强农业基础，发展现代制造业，解决产业素质低下、产品竞争力不强的问题，争取成为东部的产业和技术转移接受地区。④西北内陆地区：加强基础设施建设，加强环境保护，大力发展能源重化工产业和新材料产业，提升产业结构。⑤西南内陆地区：加强基础设施建设，努力发展特色产业，尤其是旅游业，建设西南能源重化工产业基地。

（2）县域规划。由于县级地区是我国发展经济的最基本的地域单元，所以县域规划是一个综合的、具有基础性质的、指导一个独立运行地区的区域经济规划。县域规划是依据县域经济的基本运行规律，总体把握县域经济发展的指导思想，把确立远景发展目标和分阶段的目标，构建县域产业结构，树立主导产业和地方性产业部门作为规划的重点。县域规划与一般发展战略的主要区别是规划的内容相对具体，融入了许多部门发展的规划内容，既有主导产业部门的远景发展目标和主导产业部门与其他经济部门之间的结构目标，也提出各部门的重点建设项目。

2. 区域开发规划

区域开发规划是具体的行动规划，要制订规划的目标，设计发展的途径，论证重点项目的可行性，提出可操作的政策建议。区域开发规划可以归纳为以下三类：

（1）区域国土规划。区域国土规划就是狭义上的区域规划。国土规划的内容很详细，包含的内容很广，甚至可以把区域经济规划的所有内容都包括在内。其主要的任务是解决全国各区域的资源分布和利用问题、区域经济发展的基础设施建设问题和城镇体系的布局问题等。

（2）区域产业规划。产业发展规划是区域经济规划的中心内容。产业发展规划往往是对具体产业部门的中长期发展的设计，包括产业选择、产业发展的条件分析、未来发展的目标定位、产业竞争力分析、产业发展指标预测、重点企业培育和集群的构建、产业发展的政策环境设计等。

（3）区域布局规划。区域布局规划是对一个地区社会经济发展的内容进行区域配置，是区域发展规划本质的内容。在一个特定的区域内，发展哪些产业，发展到多大规模和在什么地方发展，是产业发展中要解决的三个基本问题。区域布局规划有三个重点：①确定开发方式。包括增长极核或同心圆的开发方式、点轴或带状开发方式、网络开发方式等。开发方式要符合各地区的地理特点，从实际出发，不能追求形式。②确定重点开发地区。重点开发地区也有多种类型，有的是点状的（如一个工业区），有的是轴状或带状的（如沿交通干线两侧狭长形开发区），有的是片状的（如几个城镇连成一块，或一个开发区）等。重点开发区的选择与开发方式密切相关，互相衔接。③确定区域的开发策略与开发措施。除政策性的规定外，关键是要解决好区域内的近期开发建设项目的配置、重点开发区与一般地区的关系。

3. 区域空间规划

区域空间规划的目的是在一个特定的地区建立合理的地域空间结构。它的编制涉及城市、乡村、产业、基础设施和区域环境等。其中比较重要的有：

（1）城市规划、城镇体系规划与乡村居民点规划。城市规划通过对城市空间的建设安排，达到有序控制城市建设规模和发展方向的目的。城镇体系规划是区域生产要素和城镇人口在地域空间组合方式的具体形式，也是产业布局当中产业和人口聚集的类型之一。城镇体系规划的具体内容包括：①评价区域城镇发展的条件与环境，制订区域城市化的奋斗目标。②制订规划区域的城市化发展战略，选择与区域发展现状相适应的城市化道路，提出不同时期的城市化水平指标。③确定城镇体系的职能结构，明确各城镇的性质，明确各城镇之间的合理分工与地域联系方式。④确定城镇体系的规模结构，预测各时期城镇的人口发展规模、用地规模和各级中心城镇的规模。⑤确定城镇体系的空间结构，做好各城镇的总体布局，在空间上安排好大中小城市和小城镇的分布形态，提出中心城市的区位和重点发展的地区以及这些地区重点发展的城镇数量。⑥提出实现城市化需要的基础设施保障体系，确定与城市化发展水平相适应的基础设施建设项目。⑦提出实现城镇体系规划的政策建议，要重视建议的可操作性。

（2）基础设施规划。基础设施大体上可分为生产性基础设施、生活性基础设施和社会性基础设施三大类：①生产性基础设施。生产性基础设施基本上是为生产运行直接服务的基础设施，包括能源供应、交通运输、邮电通信、金融、信息等设施。②生活性基础设施。生活性基础设施基本上是为区域内人民生活服务的基础设施，包括商业、餐饮、服务、社区、旅游、医疗等设施。③社会性基础设施。社会性基础设施是为全社会的生产和生活服务的社会事业、福利事业等设施，包括教育、科研、文化、体育、园林绿化和社会安全等方面的设施。区域经济规划要对各种基础设施的现状进行分析，预测未来发展对各种设施的需求量，确定各种设施的建设数量、规模、工程项目及地区分布。鉴于社会发展过程中突发性灾害对区域经济发展的影响越来越大，建设应对突发性灾害的基础设施体系成为当务之急。

（3）环境治理和保护规划。广义的环境包括自然环境、生产环境和生活环境，狭义的环境仅指自然环境而言。区域经济规划着重于自然环境的保护和治理问题，同时侧重于良好的人居环境的建设。区域经济规划中的环境治理和保护的内容主要是：提出保护大气、水体、生物、土壤的措施，以及防止污染的对策；对保护自然、治理污染、恢复生态的重大工程进行具体的规划；提出丰富自然景观、美化生活环境的措施，包括工程措施和生物措施等；制订建立良好人居环境的经济和社会发展的途径。

专栏 1-6

2010 年国务院发布《全国主体功能区规划》

《全国主体功能区规划》（以下简称《规划》）是我国国土空间开发的战略性、基础性和约束性规划。编制实施《规划》，是深入贯彻落实科学发展观的重大战略举措，对于推进形成人口、经济和资源环境相协调的国土空间开发格局，加快转变经济发展方式，促进经济长期平稳较快发展和社会和谐稳定，实现全面建设小康社会目标和社会主义现代化建设长远目标，具有重要战略意义。

　　根据《规划》的开发定义和开发理念，本规划将我国国土空间分为以下主体功能区：按开发方式，分为优化开发区域、重点开发区域、限制开发区域和禁止开发区域；按开发内容，分为城市化地区、农产品主产区和重点生态功能区；按层级分为国家和省级两个层面，如图1-1所示。

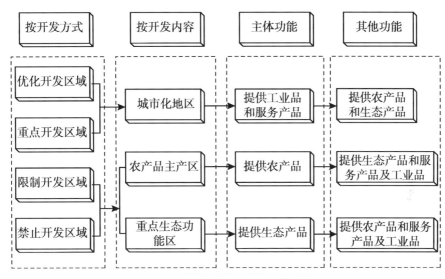

图1-1　主体功能区分类及其功能

　　优化开发区域、重点开发区域、限制开发区域和禁止开发区域，是基于不同区域的资源环境承载能力、现有开发强度和未来发展潜力，以是否适宜或如何进行大规模高强度工业化城镇化开发为基准划分的。

　　城市化地区、农产品主产区和重点生态功能区，是以提供主体产品的类型为基准划分的。城市化地区是以提供工业品和服务产品为主体功能的地区，也提供农产品和生态产品；农产品主产区是以提供农产品为主体功能的地区，也提供生态产品、服务产品和部分工业品；重点生态功能区是以提供生态产品为主体功能的地区，也提供一定的农产品、服务产品和工业品。

　　优化开发区域是经济比较发达、人口比较密集、开发强度较高、资源环境问题更加突出，从而应该优化进行工业化城镇化开发的城市化地区。

　　重点开发区域是有一定经济基础、资源环境承载能力较强、发展潜力较大、集聚人口和经济的条件较好，从而应该重点进行工业化城镇化开发的城市化地区。优化开发和重点开发区域都属于城市化地区，开发内容总体上相同，开发强度和开发方式不同。

限制开发区域分为两类：一类是农产品主产区，耕地较多、农业发展条件较好，尽管也适宜工业化城镇化开发，但从保障国家农产品安全以及中华民族永续发展的需要出发，必须把增强农业综合生产能力作为发展的首要任务，从而应该限制进行大规模高强度工业化城镇化开发的地区；另一类是重点生态功能区，即生态系统脆弱或生态功能重要，资源环境承载能力较低，不具备大规模高强度工业化城镇化开发的条件，必须把增强生态产品生产能力作为首要任务，从而应该限制进行大规模高强度工业化城镇化开发的地区。

禁止开发区域是依法设立的各级各类自然文化资源保护区域，以及其他禁止进行工业化城镇化开发、需要特殊保护的重点生态功能区。国家层面禁止开发区域，包括国家级自然保护区、世界文化自然遗产、国家级风景名胜区、国家森林公园和国家地质公园。省级层面的禁止开发区域，包括省级及以下各级各类自然文化资源保护区域、重要水源地以及其他省级人民政府根据需要确定的禁止开发区域。

资料来源：国务院关于印发全国主体功能区规划的通知，《全国主体功能区规划》，国发〔2010〕46号。

二、按规划约束型分类与规划内容

从规划的约束型来看，目前世界上的区域规划基本存在着三种类型，它们分别是自上而下强制型、自下而上放任型和控制与引导双轨型。[1]

1. 自上而下强制型

在实行计划经济的苏联及存在东方集权色彩的某些资本主义国家（如日本、新加坡），规划基本是计划的代名词，国家具有完善的区域规划编制体系及保障体系。区域规划的强烈指令性使其成为一种绝对的政府行为，规划成为国家干预、调控地方发展的有力工具。实际情况是除了少数国家较为成功外，这些规划虽然表面上具有强大的权威，但大多由于难以调动地方的主动性，往往缺乏可操作性。

---

[1] 刘秉镰、韩晶：《区域经济与社会发展规划的理论与方法研究》，经济科学出版社2007年版，第22~23页。

2. 自下而上放任型

由于自由经济意识形态在政治、文化领域的全面渗透，"控制"的观念在一些国家并不受欢迎。市场的盲动性和生产的无政府状态使规划缺乏稳定的地位，时而被政府当做防止市场失效的工具，时而被视为避免经济危机、政治危机发生的临时权宜之计。综合性区域经济与社会发展规划在发达国家（如美国）基本不能真正开展。"区域性的规划"实际是为无数单项的规划、契约或法规所取代。美国国家级规划管理机构的主要职能是通过制订全国或全区的立法和分配国家对区域建设的财政补助（联邦基金），来干预影响地方。因此，美国对区域物质环境发展和变化的管理能力要比许多欧洲国家薄弱得多。

3. 控制与引导双轨型

在奉行"第三条道路"的西欧国家，其相对集权的价值观及并不宽裕的生存空间，使得区域经济与社会发展规划不仅成为政府的一项重要工作，亦能基本得到整个社会的认同。政府通过权威的规划、完备的法规、开放的规划体系、市场化的经济手段等，将控制与引导较好地结合起来，基本保证了区域经济与社会发展规划由编制到实施的一致性。

专栏 1-7

纽约都市圈规划

纽约都市圈位于美国经济最发达的东海岸，北起缅因州，南至弗吉尼亚州，跨越了 10 个州，包括纽约、波士顿、华盛顿、费城、巴尔的摩 5 个大城市，以及 40 个 10 万人以上的中小城市，总面积 13.8 万平方公里，总人口达到 6500 万，城市化水平达到 90% 以上。

纽约都市圈以曼哈顿岛为核心，然后逐渐向外蔓延和扩散，在空间结构上形成了四个圈层：一是核心圈，主要包括曼哈顿地区，是典型的中央商务区（CBD）。二是纽约市（城区），主要包括纽约市辖的曼哈顿、皇后、斯塔腾岛、布朗克斯、布鲁克林 5 个自治区，总面积约 830 平方公里。三是纽约大都市区，是指由纽约市区及其周边若干郊区相连接、经济联系紧密的区域所组成，总面积为 10202 平方公里。四是纽约大都市圈，即上述所界定的"跨越 10 个州、包括五大中心城市"的空间范围，包括纽约大都市区加上纽约大都市圈的外圈，总面积为 13.8 万平方公里。

纽约都市圈是美国经济的核心地带，也是世界上经济最发达、功能最完善的大都市圈。纽约都市圈以占美国 1.5% 的国土面积和 20% 的人口创造了占全国 24% 的经济产值。纽约都市圈最突出的特色是圈内各中心城市之间形成了功能互补、错位发展的格局。其中，纽约作为首屈一指的国际金融中心，不仅是美国经济的"神经中枢"，也是全球经济的"心脏"，发达的总部经济和种类齐全的高级专业服务部门，使纽约成为控制国内、影响世界的经济管理与服务中心。同时，借助纽约的资本优势，都市圈内的其他核心城市也都根据自身特点，寻找着与纽约的错位发展之路，分别形成了各自的产业亮点，如波士顿的高科技产业、费城的国防及航空工业、巴尔的摩的矿产冶炼工业以及作为首都的华盛顿政治中心及其发达的旅游业，而这些城市各自的发展始终离不开纽约金融中心的辐射作用。孤立地看，每座城市的主导产业都是单一的，但放眼整个都市圈，多样化、综合性的整体功能远远大于单个城市功能的简单叠加，圈内产业分布呈现出多元及互补的格局。

综观整个纽约都市圈，其层级结构犹如一座大金字塔：塔尖是纽约，第二层是波士顿、费城、巴尔的摩、华盛顿 4 大城市，再下则是围绕在 5 个核心城市周围的 40 多个中小城市，五大核心城市各具特色，错位发展，相互补充，纽约与周围城市合理的地域分工格局和产业链的深度融合，形成了世界上产业分工布局最完善、城市功能分异最明显、城市竞合运行最有序的大都市圈。

资料来源：张强：《全球五大都市圈的特点、做法及经验》，载《城市观察》2009年第 2 期。

三、按规划专业性分类与主要内容

规划工作不可能将有关区域发展和经济建设的问题全部包揽起来，区域规划的内容归纳起来，按规划的专业性可概括为五个主要方面：区域经济与社会发展规划、区域产业规划、区域科技规划、区域空间规划、区域环境规划。本书采用了这种分类方法，并在后面的章节中就每一种规划做详尽的论述。

1. 区域经济与社会发展规划

区域经济与社会发展规划主要描述区域经济与社会发展的未来方向区域发展的纲领性文件。它涉及经济建设（现代产业体系、一二三次产业、主导产业、经贸投资、国际贸易、城乡建设、文教体卫，以及党政团体、生态环境等），包括了经济社会的方方面面，规划文本包括战略依据、战略目标、战略方针、战略重点、战略措施等内容。它可以进一步细分出区域产业、区域科技、区域空间和区域环境等规划。

区域经济与社会发展规划的工作：一是综合评价区域发展基础，明确区域发展阶段和战略地位；二是确定区域发展方向和发展目标；三是确定区域发展重点；四是制订区域发展政策措施。

2. 区域产业规划

区域产业发展是区域经济发展的主要内容，区域产业布局规划的重点习惯上放在三次产业和现代产业体系空间布局上。首先，确定本区域的主导产业。主导产业是对区域发展具有战略性影响的，能带动整个区域产业发展的产业或产业群体。其次，优化区域产业结构和布局。把握产业结构演进规律与发展趋势，合理调整产业结构，协调主导产业与辅助产业、基础产业之间的比例关系。从区域全局上，对主导企业和相关企业的区位选择、各建设项目的规模配套和建设时序进行协调安排。[1] 最后，构建现代产业体系。从技术链、产业链出发，在区域内（尤其是省级行政单位的规划）形成较为完整的产业链条。

3. 区域科技规划

区域科技规划对于区域科学技术水平的提高，创新能力的增强，实现区域可持续发展具有重要意义。科技规划一般是在《国家中长期科学和技术发展规划》的总方针指导下进行的。科技规划的主要内容包括：区域科技发展战略目标和战略思路、战略重点和主要任务，战略举措和政策措施。规划特色在于对本地区具有优势的重大前沿性科技项目的研发投入，国家级层面会更多强调自主创新、基础性研究和构建创新体系，而省市级多是强调引进、转移、创新扩散和人才建设。科技规划为实现经济建设的

---

① 李树桂：《区域经济规划的理论与方法》，载《合肥联合大学学报》2001 年第 1 期。

目标、构建社会主义和谐社会提供强有力的科技支撑。

4. 区域空间规划

区域空间规划是在特定的地区建立合理的地域空间组织结构。它涉及建设城镇体系和乡村居民点体系、基础设施和土地利用。城镇体系（包括农村居民点）是区域布局的深化，它是协调各项专业规划的重要载体。基础设施是社会经济发展的重要基础支撑，主要包括交通、邮电、供水供电、商业服务、园林绿化、环境保护等技术性工程设施和社会性服务设施，具有先导性、基础性、公用性等特点。土地利用是对我国相对缺乏耕地而言，要形成合理的土地利用结构，提高土地生产力，实现区域战略目标。

5. 区域环境规划

随着经济纵深发展，环境问题日益突出，由此环境规划也越来越受到相关部门重视。区域环境规划是综合区域社会发展状况、环境特征及其环境发展趋势，对本区域社会、经济、环境状况做出评价和预测，提出区域环境规划的目标、指标及指标体系，以及污染综合防治措施，对本区域经济社会活动和环境建设在时间和空间上做出合理安排。由于区域环境规划是一个多目标、多层次、多个子系统的研究与技术开发工作，要求按行政隶属关系、部门行业构成一个多层次的网络组织结构。

第四节　本书的研究方法与使用说明

一、本书的研究方法

为更好地使本书的撰写达到预期目标，笔者采用了理论与实际相结合，重在实际；规范分析与实证分析相结合，以实证分析为主；系统分析与案例分析相结合，侧重系统性；国内外比较分析，突出借鉴与启示。在此基础上，强调理论分析的科学性、实证分析的现实性、系统分析的针对性、规划设计的可行性和模式选择的可操作性、前瞻性。主要方法如下：

1. 归纳与演绎

归纳和演绎是科学研究中运用得较为广泛的方法。归纳是从个别到一般的推理方法，即从许多个别事实中概括出一般原理。与之相反的另一方法是演绎，即是从一般到个别的推理方法，用已知的一般原理考察某一特殊的对象，推演出有关这个对象的结论。归纳和演绎相互之间存在辩证关系，归纳是演绎的基础；演绎是归纳的前导。我们研究的区域规划本身就是归纳和演绎辩证统一的产物，离开演绎的归纳和离开归纳的演绎，都不能达到科学的真理。

2. 实证研究

本书将在综合运用各种数理模型、博弈理论等分析工具，综合将产业经济学、区域经济学、城市经济学、社会学、政治学、美学等其最新进展进行研究，应用到规划的编制方法、经济预测、环境预测、社会预测等方面，以求使研究内容更富有科学性、规范性。

3. 案例解释

规划工作是一个实用性极强的活动，本书采用由"问题"及"主义"，带着现实中规划存在的问题，或引用经典案例，或采用笔者自己撰写的案例，从理论到撰写，以及规划文本背后的技巧和沟通，做深度揭示、广度分析、宽度联系，特别是对那些初学者来说，这既是必要的又是可行的。

4. 比较分析

该方法也称对比分析法，是把两个相关的研究对象，按照一定的标准加以比较，以便对研究对象做出正确的评价。在比较分析中，选择合适的比较标准是关键所在，不同的标准其比较结果也不尽相同。在本书中，尽可能选择成功实例和经典案例，对研究对象具有启示和经验借鉴。

二、本书的使用说明

本书的使用方法与范围，是一个宽泛的问题。虽然本书定位于经济学专业的本科生教材，但是要求读者既要具备广泛的人文社科知识背景，又要掌握一定的数理分析工具；既要有坚持原则，实事求是贯彻规划的精神，又要有勇于创新，拓展规划的战略性和前瞻性，如图 1－2所示。

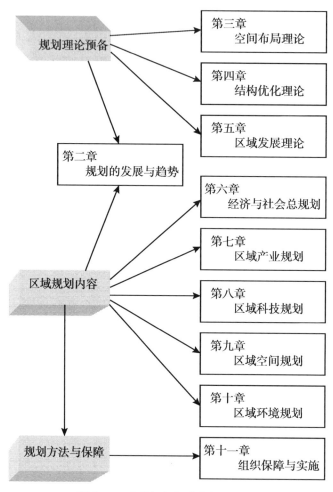

图 1－2　本书框架与读者使用说明

1. 规划理论预备

本书在编排过程中也注意到了不同读者的需求，第二章到第五章侧重理论介绍，有空间布局理论、结构优化理论、区域发展理论。如果学过区域经济学的读者，可以略去本部分。

当然，一个好的规划必然后面有若干好的理论支撑，所以建议没有相关理论的读者，还是耐着性子阅读前面的理论，切记"工欲善其事必先利其器"，理论就是我们规划编制者的"利器"，这是被实践检验过的真理，可以加深对规划的理解。

2. 区域规划内容

第六章到第十章主要是介绍区域经济与社会总规划、区域产业规划、区域科技规划、区域空间规划、区域环境规划的编制，侧重于实践。本部分主要包括那些从事规划设计的读者，需要掌握相关规划的文本和撰写技巧。

3. 区域规划方法与保障

为增加规划的实用性，本书增加了第十一章的编制方法和流程，第十二章的组织保障与实施。这两个章节特别有利于实际工作者使用，从中可以找到规划撰写过程中需要的方法，以及政策的"抓手"。

4. 专栏解释

规划对初学者来说，是一个既简单又难以琢磨的问题。其主要原因是没有参与规划的实践经验，为尽可能弥补这方面缺陷，本书在相关知识点后面配备了专栏，以求通过多样的解释、经典的案例和故事，以及富有针对性的思考，来激发读者的阅读兴趣，增加读者的知识广度，提升读者对规划的认识高度。

5. 练习题和案例

为加强读者对相关章节的理解，每章都配备了思考与练习题。这些有针对性的习题可以巩固相关知识的学习和理解。同时，有些章节配备了具有典型性、权威性的案例，以便从这些生动的案例中，寻找到解决问题的真谛。

6. 延伸阅读文献

任何理论出现和规划撰写都受到诸多要素的制约，也就是说某种规划最终胜出的版本是一个，可是理论解释却有若干个。由此，本书为读者更好地理解相关规划内容，在每章节后，都提供了延伸性的具有代表性的读物，供有能力的读者参考。

□ 思考与练习题

1. 区域规划的含义，以及与计划、规制和战略的区别是什么？
2. 什么样的区域规划是科学的呢？
3. 当前，我们国家需要什么样的区域规划？
4. 区域规划的功能与定位是什么？
5. 区域规划的主要任务有哪些？
6. 区域规划有哪些主要类型？

□ 延伸阅读文献

1. 刘秉镰、韩晶：《区域经济与社会发展规划的理论与方法研究》，经济科学出版社2007年版。

2. 孙久文：《区域经济规划》，商务印书馆2005年版。

3. 陈秀山、张可云：《区域经济理论》，商务印书馆2003年版。

4. 周一星：《城市地理学》，商务印书馆1995年版。

5. 同济大学主编：《城市规划原理》，中国建筑工业出版社1991年版。

6.［英］彼得·霍尔：《城市和区域规划》，中国建筑工业出版社1985年版。

7.［美］郭彦弘：《城市规划概论》，中国建筑工业出版社1992年版。

8.［美］约翰·利维：《现代城市规划》，中国人民大学出版社2003年版。

9. Robert B. Ekelund, Jr. , The Foundations of Regulatory Economics, Vol. 1 – 3, Published by Edward Elgar Publishing, Inc. , 1998.

10. Steven K. , Vogel Freer Markets, More Rules：Regulatory Reform in Advanced Industrial Countries, Cornell University Press, 1996.

11. Demsetz, H. , The Private Production of Public Goods, Journal of Law and Economics, 1970, 13（October）.

第二章 区域与城市经济 规划的发展历程

第一节 国外区域与城市经济规划的发展历程

区域规划被认为产生于工业革命之后，是为了解决工业化引发的一系列城市问题而产生的。实际上，区域规划的思想可以追溯到更久之前，明晰区域规划的产生背景和发展历程有助于进一步理解规划的内涵。

一、区域规划的产生

区域规划的思想萌芽可以追溯到人类文明的古代社会。公元前 3 世纪古代中国就有了将黄河流域、长江流域等中华民族的栖居地划分为九个区域——九州的实践，最早的记录是古代名著《尚书·禹贡》，该书对各州的水土、物产、税赋等进行了论述，体现了古代以农业生产为核心的朴素的区域发展意图，可以说这是世界区域规划思想的萌芽。这一思想的产生大约要比欧洲早 600 年。

工业革命之前，世界出现了一系列规模巨大的重要城市，而要解决这种大型城市内部经济及与周边地区的关系等问题，必然也会涉及城市与区域规划的内容。如公元 3 世纪古罗马城的供水从很远地方通过引水渠道供应，14 世纪伦敦城的煤是由 270 英里以外的煤田来供应，这些必然是在一定的规划与计划的基础上进行的。另外，古代和中世纪的很多城市的形式和位置也是有意识布置的，但这种规划仅仅只是考虑到如何突出表现君主权力及政权的强大，只是一种形式上的规划，或者称为几何规划，是用几何图形来规划城市的街道与布局。

现代意义上的区域与城市规划是为解决工业革命引起的社会问题和经济问题而产生的，主要起源于西方的城市规划和工矿区规划。由于第一次工业革命在初期并没有显著影响城市的发展，所以这一阶段区域规划的思想虽然取得了一定程度的发展，但是成果并不是特别突出。通常认为现代意义的区域规划诞生于19世纪末的第二次工业革命之后，其标志就是1898年田园城市理论的提出。

田园城市理论是城市规划的第一个里程碑，该理论由英国著名城市学家、风景规划与设计师、"花园城市"之父，"田园城市"运动创始人埃比尼泽·霍华德（Ebenezer Howard，1850~1928），在其著作《明日的田园城市》中提出。霍华德吸收乌托邦思想和空想社会主义的合理成分，提出在伦敦市区周边建设新型城市，以解决伦敦城市发展面临的问题。① 这种将城市置于区域之中的规划思想，对以城市为中心而进行的区域规划具有很大的影响。

继霍华德提出现代意义上的区域规划思想之后，另一位先驱者盖迪斯（Patrick Geddes，1854~1932）于1915年出版了《演变中的城市》一书，他发展了霍华德的区域规划思想。盖迪斯认为城市规划实际上正在或者应该成为城市和乡村结合在一起的"区域规划"，他称这种规划方法是"调查——分析——实际的规划"的城市规划体系（崔功豪等，2006）。盖迪斯特别强调城市的发展要同周围地区的环境联系起来进行统一规划，并从生态学说的角度解释了城市与区域经济发展的关系。他创造性地论证了城市与所在地区的内在联系，认为周密的分析地域环境的潜力和限度对于人类居住地的布局形式和地方经济的关系是城市规划的前提和基础。同时，他强调应把"自然地区"作为规划的基本框架，把人文地理学与城市规划紧密地结合在一起，② 这种理念直到今天仍然是西方城市规划的一个独立传统。

盖迪斯的规划思想突破了城市的常规，使西方城市研究由分散走向综合，并且他强调区域规划工作要进行区域调查和全面分析，了解该区域的特征和趋势后才能进行规划的设想，这也是首次对区域发展规划明确了大致的地域范围和目的要求。

---

① 谢鹏飞：《第一座田园城市莱奇沃思》，载《2010城市发展与规划国际大会论文集》。
② 王中：《城市规划的三位人本主义大师——霍华德、盖迪斯、芒福德》，载《建筑设计管理》2007年第4期。

专栏 2 –1

霍华德的"三种磁力"图解

　　霍华德认为，城市和农村各自有着有利和不利条件。城市远离自然；富于社会机遇；人们互相隔阂；有娱乐场所；上班距离远；高工资；高租金，高物价；就业机会多；过多消耗时间；失业大军；烟雾和缺水；排水代价高；污浊的空气；朦胧的天空；照明良好的街道；贫民窟与豪华酒店；宏伟的大厦。农村则缺乏社会性；具有自然美；工作不足；土地闲置；要提防非法侵入；树木、草地、森林；工作时间长；工资低；空气新鲜；低租金；缺少排水系统；丰富的水；缺乏娱乐；明亮的阳光；没有集体精神；需要革新；低密度的居住；荒芜的村庄。城市与农村的结合具有自然美；富于社会机遇；接近田野和公园；低租金；高工资；低税；有充裕的工作可做；低物价；没有繁重劳动；企业有发展场所；资金周转快，干净的空气饮水；排水良好；明亮的住宅和花园；无烟尘；无贫民窟；自由；协作。

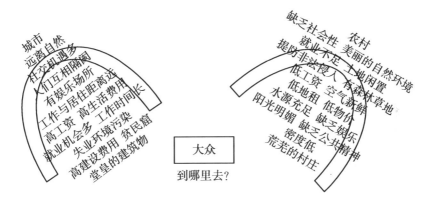

图 2 –1　霍华德的"三种磁力"

在《明日的田园城市》一书中，霍华德通过图解论证了田园城市这种新型的居住环境，还对如何建设这种城市的细节进行详细的说明。如城市要：（1）永久地保留空旷地带，用于发展农业并成为城市的组成部分，限制建筑物向这一地带扩展；（2）市政府永远拥有城市土地的所有权和管理权，但可把土地租给私人使用；（3）人口规模不超过三万人；（4）拥有维持人口就业和生活的能力；（5）预留社区发展用地；（6）安排好社会服务设施。

资料来源：孙久文：《区域经济规划》，商务印书馆2005年版。

二、国外区域规划的发展历程

自霍华德和盖迪斯之后，区域规划的思想得到了较为充分的发展，规划实践开始陆续展开，尤其是在第二次世界大战之后，区域规划开始在全球范围广泛实践。区域规划的实践是具有鲜明的时代色彩，并随着时代的发展而不断丰富和完善。如今，伴随着资本、土地、劳动力、技术诸要素在城市内部和城市之间快速流动以及先进技术的不断涌现，规划实践也不断结合新时代的特点、应用新技术，使得区域规划从封闭到开放，从点到线到面再到区域，不断延伸扩散。这些新的区域发展背景给区域规划注入了新活力，促使区域规划蓬勃发展。

1. 第二次世界大战及之前的区域规划

19世纪发生的工业革命对于城市的发展产生了重要的影响。工业革命促进了社会生产力的迅速发展，手工工场过渡到大机器生产的工厂。伴随着工业生产的迅速发展，工业企业集中的地方出现了人口的集聚，并导致了这些地区的进一步城市化。但在工业社会之初，这种自由的集聚过程因为缺乏规划和控制也引起了一系列的问题：如城市人口迅速增长、生态环境恶化、城乡发展失衡等。城市问题的解决迫切需要跳出城市自身的限制，与周围更广阔的区域综合起来进行规划。这一阶段规划的内容主要包括区域性质的城市规划和工矿区规划两大部分。如1920年5月，德国成立的鲁尔煤矿居民点协会是德国区域规划开始的标志。1920年，苏联开展了以区域为对象的综合性区域研究，制订了"全俄电气化计划"，又于1921年在全国进行了经济区划，成为在国家计划指导下有组织、有步骤地对全国进行分区开发的典范。① 1923 年，英国和联邦德国分别开展了当卡斯特煤矿区规划和鲁尔地区区域总体规划；美国则于 1929 年开展了纽约城市区域规划；英国于 1934 年制订了"特别区法案"等。

2. 第二次世界大战后区域规划的蓬勃发展

第二次世界大战后恢复和重建时期，西方区域规划和相关区域政策的重点在于促进基础工业区的建设。这是全球性区域发展规划演变史上的重要转折点。第二次世界大战使许多国家的城市、经济遭到严重破坏，这一时间的区域规划便与家园重建和经济复苏紧密联系在一起。因为重建城市的需要，规划活动得到了高度的重视，使得城市区域规划进入旺盛时期。参照巴洛关于从更大地区范围进行工业和人口的合理分布的建议，1944年，巴罗委员会成员之一的艾伯克隆比（Patrick Abercrombie）编制了大伦敦规划方案，成为以大城市为中心进行区域发展规划的大胆尝试。② 这一方案将霍华德与盖迪斯的思想融合在一起，其主要思想是以伦敦城为中心沿着各个方向向外延伸 30 英里，并通过在伦敦四周设立一条绿带来解决过剩人口问题，同时可以有效制止城市的蔓延。大伦敦规划方案是第二次世界大战期间应该规划发展历程的代表，标志着田园城市思想被采纳和区域发展规划被付诸实践。这一规划方案也被认为是"霍华德之后最杰出的规划方案"。这一时期，苏联以及欧美等许多国家开展了大量以工业和城镇布局为主体内容的区域发展规划工作。联邦德国着手编制了涉及全国及各个州县的区域规划；法国也有计划地开发整治了罗纳河流域等地区；苏联的顿巴斯、伏尔加河流域的重要工矿区都先后开展了区域规划；瑞典斯德哥尔摩于 1952 年编制了综合规划；荷兰全国性的区域规划，对国家经济的恢复和发展也起到了积极的作用。

3. 区域规划的延续

20 世纪 60 年代，西方区域规划的重点主要在于缩小地区之间的差别，这表现在区域规划的政策关注于如何缓和区域发展不平衡问题和缓解社会矛盾、促进经济的持续增长。在 60 年代，整个欧洲资本主义经济进入了繁荣期，使发达地区和原本不发达的边缘地区差别更加扩大，发达地区和

---

① 孙娟、崔功豪：《国外区域规划发展与动态》，载《城市规划汇刊》2002 年第 2 期。
② 方创琳：《国外区域发展规划的全新审视及对中国的借鉴》，载《地理研究》1999 年第 18 卷第 1 期。

"边缘区"的差别，造成了社会结构的不稳定。法国为了实现地区的平衡发展，有计划地制订了一系列国土整治"指导方案"和区域经济发展"远景规划"，并在全国范围内执行，先后确定了法国西部、西南部、中央高原以及东北老工业区"优先"整治方案，以及"布列塔尼公路网建设规划"、"中央高原开发计划"、"南方滨海旅游区开发与生态保护计划"等。① 美国自 60 年代开始，相继颁布了一系列促进地区开发的法案，对于落后地区开发给予格外重视。日本从第二次世界大战后到 20 世纪 80 年代末期，共进行了 4 次以整个国家为对象的全国综合开发规划纲要（简称"四全综"）。韩国、荷兰在此期间都开始着手全国国土规划等。

4. 区域规划的调整

20 世纪 90 年代，许多国家由物质建设规划开始转向社会发展规划，规划中的社会因素与生态环境因素越来越受到重视，生态最佳化成了未来区域发展规划的新方向。其主要原因是全球性人口、资源、环境与经济社会发展问题日益突出；同时，区域规划继承了新自由主义思想的平等、环境保护等，不再单纯地仅从经济的角度考虑区域规划，联合国也于 1992年颁布了《21 世纪议程》，将可持续发展的观念融入规划思想，这时的区域发展规划在内容、范围、理论研究、方法技术等方面均发生了巨大变化。德国等开始用编制《21 世纪议程》替代区域发展规划。美国在 20 世纪 90 年代就开始有针对性地，有所侧重地进行区域规划，如洛杉矶地区进行了以解决空气污染为主要内容的区域规划，佛蒙特州进行了土壤侵蚀规划。哥本哈根和斯德哥尔摩提出区域性地铁的概念，为长期发展提供支撑。

这个阶段的规划另一个特征是更加重视以整个国家为对象的区域发展规划，如荷兰、英国、泰国、德国、马来西亚的区域发展规划，尼日利亚的全国农业发展规划，秘鲁综合农业发展规划和匈牙利区域规划等，甚至开始制订跨国、国家之间或以大洲为对象的区域发展规划，如拉丁美洲安第斯山周围地区的区域发展规划（以玻利维亚、哥伦比亚和秘鲁为例）、欧洲区域规划和东欧 8 国空间规划等。②

---

① 沈玉芳：《论国外区域发展与规划的实践》，载《世界地理研究》1999 年第 1 期。
② 方创琳：《国外区域发展规划的全新审视及对中国的借鉴》，载《地理研究》1999 年第 1 期。

5. 新世纪区域规划的新发展

进入 21 世纪，经济全球化发展的趋势使得区域规划的重要性得到高度重视。城市、区域经济结构、社会结构等相应变化，导致了城市、区域空间结构的变异，一个范围更宽广、经济比较密集的大区域联系在一起的需求越来越强烈。于是近年来，后现代城市形态已经开始形成蔚为壮观的局面，城市体系将不再是传统的行政区相连模式，而是构建在中心城市和发展轴上的商品流、人流、资金流、信息流的流动（顾朝林，1999）。孤立的城镇规划已经无法满足新时期的要求，区域规划的价值逐渐体现出来。新时代的发展特点对于区域规划的发展提供了机会，但如何应对传统区域规划模式的挑战却更值得关注。新世纪的区域规划对于理论和方法等各方面的要求都不同于传统的区域规划，出现了整体协调发展、可持续发展、以人为本等新理念。

专栏 2-2

艾伯克隆比与大伦敦规划

1937 年，英国政府为解决伦敦经济低迷，人口过于密集等问题，成立了一个研究工业人口地理分布的皇家委员会——"巴罗委员会"，由 A. M. 巴罗爵士任主管。艾伯克隆比即为该委员会的成员之一。

巴罗委员会对当时伦敦存在的问题进行了深入研究，并提交了一份极有权威并令人信服的报告。该报告指出：伦敦地区工业与人口不断聚集，是由于工业所引起的吸引作用，因而提出了疏散伦敦中心区工业和人口的建议。

艾伯克隆比大胆接受和落实了巴罗委员会关于控制工业布局的建议，于 1944 年完成了大伦敦规划的制订。在进行大伦敦区域规划时，艾伯克隆比运用了盖迪斯所提倡的规划方法：先进行地区调查，包括历史上可以看到的发展趋向，接着是对问题的系统分析，然后是方案的制订。当时被纳入大伦敦地区的面积为 6731 平方公里，人口为 1250 万人。规划方案在距伦敦中心半径约为 48 千米的范围内，由内到外划分了四层地域圈，即内圈、近郊圈、绿带圈与外圈。大伦敦的规划结构为单中心同心圆封闭式系统，其交通组织采取放射路与同心环路直交的交通网。伦敦郡人均规划绿地面积大幅提高，重点绿化泰晤士河两岸。中心区改造重点在西区与河南岸，并对其作了详细规划。

关于同心圆布局模式：

（1）城市内环。包括伦敦郡和部分邻近地区。该地区现状特点是密度过大，规划建议要从这里疏散出 40 万~50 万人口，也迁出相应数量的工作岗位，进行全面的城市更新，使居住用地的人口净密度降至每公顷 190 人至 250 人。

（2）郊区环。这里现存有相当数量在第一次和第二次世界大战期间建设的住房，这一地区的人口密度不是很高，规划建议今后不再在这里增加人口，但需要对该地区进行重新组织，应提供合适的舒适环境。居住用地的人口净密度控制在每公顷 125 人。

（3）绿带环。这里是由国家 1938 年《绿带法》所规定的绿带用地，规划建议将围绕原有城市的绿带进一步拓宽，在整个建成区外围将绿带环扩展至 16 千米宽，规划设置森林公园、大型公园绿地以及各种游憩运动场地，以阻止伦敦扩展到 1939 年达到的边界以外，同时为整个地区提供休闲活动场所。

（4）乡村环。这个地区要接受伦敦内环疏散出来的大部分人口。规划建议在这个地区内开发新的中心，但开发的方式不应采用郊区似的居住区方式，而是要有计划地集中建设一系列的卫星城。规划设置 8 个卫星城，可以安置迁入 50 万人口。每个卫星城人口规模应在 6 万~8 万人，使每个卫星城均具有一定的吸引力，满足其自身发展的需要，同时容纳伦敦前来的人口。

整个城市的结构以新的快速道路网为基础，这些向外辐射的道路网覆盖了整个地区，为整个地区提供了较好的通达条件。同时，这些放射路汇集在由内环和外环所形成的环形地带内，处在绿带和乡村环之间，从而避免了外来交通流向城市中心地区的集聚。在城市内部的交通组织中，运用了特里普的研究成果，按道路功能对道路网进行划区，使不同等级的道路自成体系。

该项规划把城市的发展与区域的发展结合在一起，通过对城市交通的分区和社区的划分而重组内部空间结构，对到此为止的城市规划理论进行了全面的总结与运用，成为现代城市规划史上的一个重要的里程碑，标志着现代城市规划的成熟，同时也为战后城市规划提供了可以参照的基本模式。

资料来源：彼得·霍尔：《城市和区域规划》（原著第四版），中国建筑工业出版社 2008 年版，第 60~71 页。

三、国外区域规划理论的主要流派

区域规划是时代的产物，它随着工业化产生，并随着工业化的深入而进一步发展。不同的社会现象、思维方式和阶级立场等都会对规划理论和方法产生不同的影响。因此，区域规划也有不同的流派。

1. 理性科学规划理论

20 世纪 50 年代，第二次世界大战后修复政策的实施使得各个工业国的人口迅速激增，社会供给失衡现象严重；人们改造自然的能力得到了空前提高，环境变化的剧烈程度和复杂程度都大大超出了美术学院派规划师们的逻辑思维能力。只有科学才是解决它们的最终途径，因而城市规划不是什么艺术或手艺，应该是一门科学即系统科学。系统工程的导入和数理分析为大量的数据调查提供了可能，理性规划理论开始登上规划理论舞台。[①] 当然，现代城市规划中的理性主义主要有三个来源：古希腊朴素的哲学思想，它是理性主义的最早的根源；欧洲世纪的启蒙运动；马克斯·韦伯发展起来又为世纪中叶的芝加哥学派壮大的理性理论。特别是 19 世纪以来，理性主义逐渐作为一种价值观念深入人心，而其含义随着现代化进程也在逐渐发生转变，理性化与现代化成为不可分割的整体，马克斯·韦伯甚至将理性化过程视为现代化过程的核心，但此时理性的核心已经成为形式理性。这些关于理性主义的学说直接导致了 20 世纪 60 年代规划中的理性主义的兴起。[②]

理性规划理论在战后西方规划理论中颇有影响力。该理论的代表人物是安德鲁斯·法卢迪（Andreas Faludi），其代表作是 1973 年出版的《规划原理》。法卢迪更多的讨论规划的方法论和哲学观以及规划本身代表的含义；他把规划作为一个决策的过程来理性对待，认为规划最本质的目的应该是推动人类的进步和发展，同时又关乎未来发展的决策过程。法卢迪把"理性"作为规划方法的中心准则，并将其运用于他的规划实践。

另一个代表人物是刘易斯·凯博，他于 1952 年出版的《城乡规划的原则与实践》系统阐述了理性主义的规划理论，认为规划方案是对城市现

---

　　① 刘秉镰、韩晶：《区域经济与社会发展规划的理论与方法研究》，经济科学出版社 2007 年版。

　　② 曹康、吴丽娅：《西方现代城市规划思想的哲学传统》，载《城市规划学刊》2005 年第 2 期。

状问题的理性分析和推导的必然结果。1961 年，《美国城市的生与死》的出版标志着系统方法、理性决策和控制论等开始广泛地应用于城市规划。1969 年出版的《系统方法在城市与区域规划中的应用》一书中也强调了"理性的分析，结构的控制和系统的战略"的重要性。

理性主义的规划师从系统的观点出发，把城市规划看作是一种操纵和管理系统的持续过程。在这种观点下，只有能被时间和金钱度量的因素才是可靠的，应该给予重视并纳入系统因素，而不能被度量的因素则不予考虑，如社会公平等因素。技术的能力被理性主义者认为是最重要的东西，通过技术性的规划是科学的，一切的拆除和更新都有了科学依据，因而可以创造出一种公平美好的景象。因此，理性规划的方法主要为：界定规划的对象和目标；分析对象和目标，并将其分解为一组问题和目标；提出若干选择方案；选择相对最佳方案；实施最佳方案；不断对结果进行检查；反馈实施检查建议，调整方案。①

2. 倡导型规划理论

20 世纪 60 年代，西方社会充斥着反贫困斗争、反越战游行和言论自由运动，民权运动不断高涨。社会问题的不断激化使得"政府是社会公正代表"这一传统规划理论中所隐含的假设开始遭到怀疑。在这样的背景下，倡导型的规划理论在美国出现，该理论号召实现"自下而上"的规划，否定了城市规划师救苦救难的"圣者"形象。

倡导型的规划理论的代表人物是戴维多夫（Davies），他于 1965 年在《美国规划师协会》发表了一篇名为"规划中的倡导和多元主义"的论文，开创了倡导型的城市规划理论。

20 世纪 60 年代，美国的种族矛盾激化、城市贫困加剧，"种族"、"民权"、"反战"、"学生运动"成为这个时代的主题。在这种背景下，戴维多夫主张规划师应该作为倡导者，作为政府利益、集团利益、组织利益或政策可能影响到的社区个人利益的代表，参与到政治进程中去。② 他认为规划师这样的角色能够使公众在民主进程中发挥真正的作用。戴维多夫指出平等和公正应该是人类社会和政治发展的共同目标，而未来的社会是一个城市社会，人类的各种理想和目标都将在城市中产生和实现。因而作

---

① 刘佳宁、李明科：《论西方"理性规划"对我国城市规划实践的影响》，载《中外建筑》2005 年第 4 期。
② 王凯：《从西方规划理论看我国规划理论建设之不足》，载《国外规划研究》2003 年第 27 卷第 6 期。

为城市的安排者，规划师承担的不仅是城市建设任务，而且是对人类社会的美好未来承担义务，因此推动平等与公正成为规划师义不容辞的责任。戴维多夫敏锐地注意到解决问题的办法不能只是单纯理性的技术，应该具有社会属性。既然规划师不能保证自己立场的客观、合理和全面，不能保证完全没有偏见，那么索性就回避规划师恒定和唯一的是非标准，剥除那种公众代言人和技术权威的形象，放弃高度自信、充满优越感的价值标尺，把科学和技术作为工具，将规划作为一种社会服务提供给大众。① 通过吸取社会各阶层、各利益集团的意见进行平衡，从而达成一个大家共同遵守的"契约"，获得了社会普遍认可后，再通过舆论宣传、政府和立法干预，引导社会向新的社会价值准则和行为方式转移，从而达到对整个社会环境质量的改善。

倡导型理论的价值观是"平等和反贫困"，认为人权和民主是解决一切问题的前提，所以强调城市规划师需要考虑所有利益团体的需要，尤其是弱势团体的需要。目的是用规划来支持最需要支持的人，使处于政治劣势的公民在政策决策过程中扮演更积极的角色。核心精神是为公民在多元化政治结构中争取更多的权利和更高的地位，从而建立一个完善的民主政治体制。

3. 新马克思主义规划理论

20 世纪 30 年代的经济危机使西方社会陷入萧条，强调国家干预的凯恩斯主义产生，自此之后，国家干预在调整收入、财富和就业机会等方面都起到了很好的效果，整个经济在增长从而掩盖了分配的矛盾。然而，到 20 世纪 70 年代，西方经济开始衰落，出现了大批失业现象以及人均收入下降的现象，这使资本主义潜在的矛盾变得明显。理论家们开始重新发现马克思主义，并在马克思主义的基础上提出了新的规划理论来适应当时西方社会的发展，新马克思主义规划理论开始走上舞台。

大卫·哈维（D. Harvey）是新马克思主义规划理论的代表人物。哈维把 20 世纪 70 年代西方城市的反抗运动看做是传统的工人与资本家之间阶级斗争的一个延续部分，而这种斗争的强烈程度和力量，还不足以摧毁整个现代资本主义。他更相信资本家之间的激烈竞争，远比工人与资本家之间的斗争更加有可能和希望摧毁整个现代资本主义制度。哈维认为，资本

---

① 于泓：《Davidoff 的倡导性城市规划理论》，载《国外城市规划》2000 年第 1 期。

的积聚和城市化是同时出现的：资本流向的地方城市就兴旺；资本流出的地方城市就萧条。这就是新马克思主义解释城市及其规划应用的观点，即城市是在资本主义社会中产生和形成的，是资本主义生产关系的表现。

有些学者认为，大多数规划是倾向于市场的要求，公共利益的决策深藏在市场机制的逻辑后面。而新马克思主义规划理论认为对于城市的理解要从资本主义体系这一背景出发，而不是独立地看待城市。城市与规划是资本主义的反映，同时帮助构成资本主义。按照新马克思主义观点，没有所谓的"公共利益"，只有资本的利益。资本的利益通过诸如规划这样的手段，形成国家的机制，实现对公众控制。按照新马克思主义的理解，规划是一个集中调整空间和土地使用临时发展的方法（Dear and Scott, 1981）。规划是国家利益的延伸，通过使命反映资本的需求，对于那些投入很多的基础设施，更需要国家干预。所以，这也为提供一定形式的国家干预（土地、资本）创造了必要的条件。如果说可持续发展是一个真正想要执行的政策目标，那么，更多合理的规划方法应该被采用，对市场力量也应该有更多的强有力的反对意见。

4. 人本主义规划理论

人本主义思想可以追溯到古希腊时期；但是中世纪封建时期，宗教和神学的异化使得人本主义的发展受到极大的打击；文艺复兴时期，人本主义思想开始应用到规划之中。但在此之后，人本主义的思想应用过程经历了曲折的发展。

工业革命后，人口迅速向城市集聚，城市建设难以满足要求，城市环境恶劣，社会矛盾也趋于尖锐。针对这些问题，西方近现代人本主义规划大师霍华德、盖迪斯和芒福德把城市规划和建设与社会改革联系起来，把关心人和陶冶人作为城市规划与建设的指导思想。

盖迪斯把自然地域作为规划的基础框架，强调按事物的本来面貌去认识它、创造它，并制订了"调查—分析—规划"的标准程序。他认为只有在认真调查分析的基础上，充分利用当地和区域的条件，表现当地和区域的个性，才能做出成功的规划。盖迪斯强调的调查研究是从生物学、社会学的角度，用有机联系、时空统一的观点来理解城市，既要重视物质环境，更要注重文化传统与社会问题。他还进一步提出了自然融合城市的优托邦城市规划观念。盖迪斯的优托邦概念，与那个年代许多思想家提出的乌托邦概念截然不同："乌托邦"意指"不存在的地方"，是人类社会不断追求但永远无法企及的梦想；"优托邦"意指"美好的"地方，可以通过理想与现实不断辩证的过程来达成。在此，我们看到了人文主义规划传统最原创的精神所在。盖迪斯的城市区域自然观念，与大约同一时期的霍华德及其田园城市规划论述相互呼应，均强调以区域观点来解决城市规划问题。为了解决城市无止境向周边环境扩张蔓延所衍生的问题，城市应反向纳入自然，建立城乡复合的区域空间单元。刘易斯·芒福德评价盖迪斯的思想为"在苏格兰思想中包含了欧洲，在欧洲思想中包含了世界"。[①]

芒福德是人本主义的集大成者，被认为是"站在巨人的肩膀上"。他继承和发展了盖迪斯的理论，又有所创新。他把社会学的知识与城市规划结合在一起进行了深入的思考和研究，把人本主义规划思想推进到了一个发展的巅峰；他还从历史的角度来挖掘城市更深层次的精神内涵，试图越过物质空间的范畴来解释城市的存在。芒福德将盖迪斯的三阶段规划方法发展为"调查——评估——规划编制——接受审查、修改"四阶段规划方法，并经不断的修改、完善，构成了现代城市规划的理论体系。此外，芒德福还认为规划必须要以城市的需要为出发点，他认为不考虑社会需要的城市布局为"非城市"，这样的规划称为"非规划"。[②]

概括起来讲，人本主义规划思想强调公众参与规划而不是政府的管理，通过大众自下而上的管理使得规划可以最大限度地满足市民的意愿和城市自身的需求，这对于提高城市规划的可行性与科学性十分重要；强调向城市过去的建设经验学习，连续的、渐进的发展和建设城市；强调在融合各种文化的同时，要保护原有的历史遗产，着力形成具有自身文化特色的城市。

5. 实用主义规划理论

实用主义是产生于 19 世纪 70 年代的现代哲学派别，在 20 世纪的北美成为一种主流思潮。早期的皮尔士、詹姆士、杜威以及新实用主义的倡导者普特南和罗蒂等都是颇具影响力的实用主义哲学家。实用主义把实证主义强调的经验和人本主义强调的非理性的人结合在一起，强调知识与实际经验的重要性，认为知识是控制现实的工具，实际经验要比原则和推理

---

① 信丽平、姚亦锋：《西方人本主义规划思想发展简述》，载《城市问题》2006 年第 7 期；王中：《城市规划的三位人本主义大师——霍华德、盖迪斯、芒福德》，载《建筑设计管理》2007 年第 4 期。

② 王中：《让人本主义在现代城市规划中闪光——中西方人本主义规划对现代城市的影响》，载《北京规划建设》2007 年第 2 期。

更重要。

哈里森认为实用主义可为规划师提供反省自身及其行动的观察角度；规划不是在寻求揭示现实，而是为我们所理解的实用性目标而服务；实用主义关注规划实践，这重新引起了在规划实践中对微观政治的兴趣；实用主义集中于选择和或然率，而非强调道德伦理审议的抽象基础主义。对应于90年代出现的"新实用主义"倾向，规划中需要遵循两个原则：争论与辨析须在自由主义的背景下进行；在思想与立场各异的情况下需遵循多样性原则。①

实用主义哲学家们认为"问题只有和实践相关，才有探索的意义"，他们关注人类的现实生活，而对抽象和无直接实际价值的理论则表现出不予重视的态度。实用主义重视具体的事实，抛弃了形而上学的许多积习，使得城市设计研究变得越来越现实，能否有效解决客观问题，促进设计构想的具体落实成为判定城市设计成败的标准。② 它奉行"成事"观念，认为要从"能否有效解决客观问题，促进设计构想的具体落实"这个角度去考虑判断规划的成败。

6. 渐进主义规划理论

20世纪60年代，在城市规划界对理性规划理论的争论中，林德布鲁姆从理论上对综合理性发动了攻击，开创了渐进主义理论。与戴维多夫不同，林德布鲁姆是从政治决策过程这一角度对综合理性进行了批评，他认为从逻辑上讲都是"正确"和"明智"的决策方法并不一定可以应用到现实中。现实的社会错综复杂，一个广博到力图面面俱到的决策往往会使得决策者焦头烂额，难以对价值的重要性排序。另外，不同决策者对于规划的目标有不同的预期。这些因素使得理性规划的可操作性大大降低。

林德布鲁姆认为远景的规划政策不可能被一次制订出来，而是在一个基本的框架下不断地修改从而接近目标的连续渐进过程。在这个过程中，可能会因为一些新事物、新方法、新想法的出现，或者一些超出预料的实践结果，使得最初的目标也被修正。因此，林德布鲁姆用这样一个连续渐进的方法来代替一次性的、激进的社会变革方式，认为政策的制订过程是

① 曹康、吴丽娅：《西方现代城市规划思想的哲学传统》，载《城市规划学刊》2005年第2期。
② 唐燕：《"实用主义"哲学影响下的城市设计》，载《和谐城市规划——2007中国城市规划年会论文集》。

一个不断"试错"，在尝试与探索中前进的过程，通过连续的有限比较的方法，使得规划决策从近期推向远期。

林德布鲁姆将统计决策理论、系统分析理论等当时流行的理论称为是治标的方法。他认为这种完全依靠技术的决策模式在实践中是没有可行性的，有时，治标的方法同样可以达到目的。他提出了连续有限比较的方法，也就是渐进主义的方法作为治本的方法。在这种方法下，就是公共政策（包括规划）的要旨不在于确定宏伟的目标，并且对这一目标做周详完备的理性分析，而只需要根据过去的经验对现行的政策做出局部的边际性的修改，从边缘的改进最终趋向一种整体的和谐。[①]

渐进主义重视多元化的利益主体，用务实的态度来处理现实问题。它体现的是一种有限理性的思想，认为每一个规划方案代表着一定的利益集团，对所有可能的规划方案进行分析和比较是不切实际的，而是要通过相互协商、妥协、让步，使得这些利益集团最终在某一个水平上达成共识。渐进主义者的"共识"主张其实体现了一种"双赢"的理念。渐进主义为规划决策的非正式形式敞开了大门，如果现实中正式的规则和管制失效，非正式的协商过程可以发挥重要的作用。[②]

以上各种理论争论的主要焦点就是对公共利益、合理性和政治的理解迥然不同，到底要制订什么样的规划、由谁参与、为谁服务以及怎样制订等问题。没有一个学派可以圆满地回答这个问题，但如果广引博采，实现多元化规划理论的大融合，可以看出各家学派的共通之处。实际上，规划不仅是一项技术过程，而且也是一项政治过程；规划不仅是一种国家行为，而且也是一种社会行为；不仅代表国家利益，而且反映公众利益。规划的制订，不仅要求政府参与，而且要求公众参与，单靠一方无法制订出科学可行的规划。规划不仅是一种科学规划，而且也是一种实用可行的规划，二者必须同时兼顾，才能真正成为防止市场失效，促进经济发展的工具（刘秉镰，2007）。

第二节　主要经济发达国家的区域与城市规划比较

近代区域规划是为了解决工业化带来的问题而产生的，因此工业化的

---

① 于泓、吴志强：《Lindblom 与渐进决策理论》，载《国外城市规划》2002 年第 2 期。
② 李强、杨开忠、张鲸：《西方现代城市规划模式变迁》，载《城市问题》2004 年第 3 期。

程度在某种意义上可以反映该国家或地区的区域规划实践情况。此外，区域特点也是影响规划的一个重要因素。所以理解、学习经济发达国家的规划实践有助于后发展国家结合自身进行借鉴。

一、英国的区域规划

英国是近代区域规划的发源地，其区域规划理论与实践都具有代表意义。1898 年，田园城市理论的提出，以及 1915 年盖迪斯对该理论做的进一步修正与发展都对当时的区域规划起到了重要的引导和开创作用。

1. 英国区域规划概述

第二次世界大战后，英国开始大规模进行城乡发展的一体化规划，疏散大城市中心区的人口，在周边地区建立卫星城，在农村地带则建成了一系列的新城。与此同时，人们的观念从地方规划延伸到范围更广泛的国家规划。为了实现这一目标，英国成立了一系列的城市规划机构，其中著名的包括巴罗委员会。巴罗委员会通过实际调查而编订的巴罗报告对于解决当时英国的战后规划问题起到了重要作用。第二次世界大战之后的 30 年间，英国区域规划发展分为两个层面：第一个层面是以解决城市问题、促进大城市健康成长为目的的城市区域规划；第二个层面是以复兴区域经济，平衡区域发展为目的的国家层面的规划。前者以艾伯克隆比编制的大伦敦规划方案为代表，后者可以在巴罗报告之后的《东南部研究》中得到印证。由于缺乏拥有实际权力的地方政府的参与，并且地方政府也不需要对区域议会负责，因此，区域经济规划委员会和区域议会更像是凌驾于郡和郡属区政府之上的研究机构，没有任何权力来实施规划方案。①

20 世纪 70 年代末 80 年代初是英国区域规划的低谷时段。当时正值里根—撒切尔主义盛行，当时政策鼓励私有企业和中小公司的发展，削弱中央政府机构的权力。因此，规划政策的推广受到反干涉主义的强烈影响，规划行为作为权力与官僚主义的象征被摒弃。1985 年大伦敦议会和大都市郡议会被废除后，英国国家层面上的区域规划行为几乎陷入了停滞状态，这不仅对区域规划本身产生了不利影响，也对投资和环境保护等其他方面

---

① 包晓雯：《英国区域规划的发展及其启示》，载《上海城市规划》2006 年第 4 期。

产生了一些负面效应。

自 20 世纪 90 年代开始，一些曾受益于区域规划的地方机构、私有团体和公众，开始呼吁复兴区域规划；除此之外，政府也意识到放任自由的市场经济有其自身的弊端，区域发展失衡问题无法避免，区域协调的重要性开始受到关注。在这种背景下，英国政府迫于现实需要，引进了区域规划指引作为战略层次规划，这是英国区域规划复兴的标志，其中具有代表性的是大伦敦及其他大都市地区的战略规划指引。

在 20 世纪 80 年代末 90 年代初，区域规划、管理和发展制度的结构与 1979 年之前相比有很大不同。例如在英格兰，统一规定区域规划机构的区域联合会负责准备区域规划建议，中央政府在此基础之上再制订。此外还有由中央政府统一管理的政府区域办公室网络以及通过一系列准自治的区域组织管理欧盟区域项目或者吸引投资。①

2. 英国区域规划的制度与法律保障

在英国的区域规划过程中，规划法的演进标志着英国规划体系的不断完善。自从 1909 年的第一部城市规划法实行以来，英国先后颁布了 20 多部规划法。其中，1932 年、1947 年、1962 年、1971 年和 1990 年的规划法称为核心法，其他的规划法则是修正或补充法。英国的相关法律规定，英国的规划权力属于地方议会或者议会间的联合，区域规划的制订一般采用联合规划委员会的方式，区域规划经过中央政府掌管规划的大臣批准之后即成为组成地区的法律文件，其委员会的组成方式、规划程序、内容、核准过程、委员会的职责等都有法律规定。②

1909 年的《住宅与城市规划诸法》是英国城市规划的第一部正式法典。1925 年，英国颁布了《城市规划法》。1932 年，《城乡规划法》的出台取代了之前的规划法，将规划的范围扩大到城市之外的乡村，自此之后，《城乡规划法》不断地修正调整，但一直是英国区域规划强有力的法律保障。此外，英国 1945 年的《工业配置法》、1966 年的《工业发展法》、1967 年的《特别地区开发方案》、1995 年的《环境法》等一系列法律法规，对英国不同时期的区域规划工作起着重要的规范和指导作用。

---

① 许莉俊：《英国区域规划、管理和发展制度的演变》，载《国外城市规划》2000 年第2 期。
② 唐子来：《英国城市规划核心法的历史演进过程》，载《国外城市规划》2000 年第 1 期。

二、美国的区域规划

美国的区域规划是国家"不统不控＋政策当先"体制下区域规划的生产模式。这种模式的特点是国家一般不对规划做集中统一管理，也不强调区域安排，各种规划由区域或城市自行编制，虽然设有国家级规划管理机构，但其职能主要是制订全国或全区性的立法和分配国家对区域建设的财政补助，以此制订并执行政府的政策。

1. 美国区域规划概述

自 1916 年纽约的分区规划开始，美国开始了分区规划的时代；1922年洛杉矶县设立的县规划署具有开创性意义；1924 年，巴萨特为美国商务部起草了分区规划条例蓝本。

第二次世界大战前，美国政府为解决区域发展不协调等问题，在规划中有意识地援助落后地区发展，缓解落后地区的高失业率和生态恶化状况，重视公共工程的实施，缩小地区发展差距。其中，最具代表性和最成功的规划是田纳西流域开发法案。开发前的田纳西河流域生态环境严重恶化，作为美国最贫困的地区，当时人均国民收入只有全国平均水平的45%。《田纳西流域法案》1933 年开始实施，涉及七个州。该法案主要有防洪、疏浚河道和发电三个方面的任务，并且延续至今。

20 世纪 60 年代后期，为了更好地解决区域发展问题和协调城市与区域发展之间的关系，区域规划在美国开始形成高潮。1968 年至 1970 年期间，作为区域规划机构的地方政府协会数目从 100 个增加为 220 个。全美233 个大都会区都设立了各种不同类型的区域规划机构。

1980 年，美国城市人口为 2.2 亿多人，城市化率高达 76%。都会区的发展成为美国城市发展的主要形式。随着计算机和信息技术的广泛应用，城市规划有了新的发展方向。地理信息系统、遥感、卫星定位系统成为城市规划中十分重要的手段；城市规划的数量分析和定量化成为发展的新趋势。

1990 年以来可持续城市发展战略的提出和实施成为美国城市发展一个重要的趋势，环境影响评估成为规划过程中必不可少的一环。目前美国城市规划学的一个重要趋势就是将传统的规划理论同政策分析和城市开发有机地结合起来。美国大学的规划系纷纷同公共行政管理、地理、房地产开发和社会政策等科系等进行合并。①

　　目前，美国的城市规划经过不断地发展、演进，最终形成了州政府、区域部门和地方政府三级管理模式。在这种模式下，由于各级管理机构分工不同，上级对下级提供的指导和支持也不同。州政府负责提出执行方案，并对下级提供技术和财务支持；区域部门承担州政府指派的任务，并作为上下级的桥梁，起到沟通和协调各级政府及其制订计划的作用；地方政府则是按照上级的政策，负责拟订具体发展计划，如公共设施建设计划等。

2. 美国区域规划的制度与法律保障

　　美国是在自由化市场经济体制基础上发展工业经济，遭遇到了工业经济自由发展所带来的各种城市问题和区域问题，并付出了惨痛的代价，使得美国联邦政府深刻领悟到了区域规划的重要性和必要性。所以，美国城市规划自倡导之日起，就有了强烈的区域整体意识，并且联邦政府以强大的经济资助来推动综合规划的开展，从而使美国城市规划步入了良性循环的轨道。美国城市规划的区域思想体现在编制、管理和实施等各个环节中。一方面，可以指导各地方政府的规划，另一方面，可以促进州、区域、地方在政策上的协调统一。在编制过程中，美国城市规划充分体现了经营和管理的思想，具有很强的可操作性。②

　　在美国，联邦、州和地方等各级政府都采用了立法、行政、司法"三权分立"的模式，各级政府的规划活动都深深地扎根于这个政治体系之中。"三权分立"的运作机制，不仅把美国城市规划中的法规制订、行政管理和执法监督及相互制约的因素紧密地联系起来，而且使得规划活动在联邦、州和地方的每一个层面内，都能进行有效的自我修正和调整，形成良好的内部运行循环，不需要很多自上而下的行政监督和强制干预。③

　　从 1900 年到 1920 年之间，美国一些城市和州自发地进行了总体规划和分区规划。其中芝加哥市规划、洛杉矶区划法令、纽约区划法令和威斯康星州的《城市规划授权法案》是早期比较著名的。这些规划引发了不少城市和州来效仿。在 20 世纪 20 年代，从有利于经济发展的角度出发，美国的商业部推动了两部法案的出台，即 1922 年的《州分区规划授权法案

---

　　① 陈雪明：《美国城市规划的历史沿革和未来发展趋势》，载《国外城市规划》2003 年第 4 期。

　　② 曹传新：《美国现代城市规划思维理念体系与借鉴与启示》，载《人文地理》2003 年第 3 期。

　　③ 孙晖、梁江：《美国的城市规划法规体系》，载《国外城市规划》2000 年第 1 期。

标准》和 1928 年的《城市规划授权法案标准》。多年来，这两个法案成为美国城市规划的法律依据和基础。《1949 年住房法案》要求州和地方政府在申请联邦政府的城市再开发基金时，必须有总体规划作参考。《1957 年住房法案》对申请联邦的都市复兴基金也提出了类似的附加条件。在争取联邦住房基金的利益驱使下，各地方城市掀起了制订总体规划的浪潮。除了住房政策以外，联邦政府还出台了一系列环境政策法规，其中对城市规划影响最大的是 1969 年的《国家环境政策法案》，该法案把环境规划的概念引入到了传统的规划活动中。之后，为了开发西部，支持落后地区发展，实现区域之间的均衡协调，美国在 20 世纪 60 年代至 80 年代先后颁布了《地区再开发法》、《公共工程与经济发展法》和《阿巴拉契亚区域发展法》等多个法案。

专栏 2 - 3

北美五大湖都市圈

北美五大湖都市圈是世界五大都市圈之一，主要泛指北美五大湖（苏必利尔湖、休伦湖、密歇根湖、伊利湖和安大略湖）周围的城市和区域所组成的都市圈。主要城市包括芝加哥、底特律、匹兹堡、印第安纳波利斯和哥伦布。

五大湖区都市圈是美国的制造业中心，在 20 世纪为美国经济的发展提供了源源不断的动力。然而，随着科技的进步，特别是第二次世界大战后的新兴产业的发展，造成了人工成本的上升。1993 年，克林顿政府实施的信息高速公路计划将电子信息产业推向了高潮。为了摆脱制造业高成本的影响，重振五大湖都市圈的经济，政府制订了一系列政策，其中包括交通规划。五大湖区都市区的航空、公路、铁路运输系统都比较完善。但是当时的交通运输基础设施无法满足需求。

美国汽车普及率不断提高，交通拥堵现象严重。相比公路运输，铁路运输在燃料消耗和运输能力上都更有优势。为了缓解交通压力，提高铁路客运的效率，建设交通便利型地区，1996 年，五大湖区的伊利诺伊州、印第安纳州、爱荷华州等的交通部门联合成立了美国中西部地区高速铁路启动小组，负责启动中西部地区高速铁路系统的计划。中西部地区高速铁路系统计划在 10 年内在美国中西部地区建立以芝加哥为枢纽的高速铁路运输网络。

高速铁路建成后，列车运行时间大大缩短，日往返次数大幅增加。这对于五大湖都市圈的经济发展有重要意义。同时，中西部高速铁路网的建设除了缓解当地交通压力、促进经济繁荣外，还会减少污染，促进当地旅游娱乐业发展，为当地的旅游娱乐业带来新的增长点。

资料来源：梁蓓：《区域经济规划与投资环境分析》，对外经济贸易大学出版社2011年版，第176~197页。

三、德国的区域规划

联邦德国实行联邦制国体，因此德国的区域规划由上到下可以分为三个层次：联邦、州、市镇。联邦政府的区域规划主要是从宏观角度起到管理和指挥作用，通常根据国家发展的总体方针与政策制订。州政府的区域规划一般是通过制订州发展计划实施的，州发展计划负责规划和实施州的空间发展策略，其宗旨是挖掘经济发展迟缓地区经济增长的潜力，尽量缩小地区间经济发展差距，主要包括大中城市、工业、农业、金融、贸易、旅游区、绿化区、住宅区和交通运输布局等。[①] 市镇是基层的县市以下的区域规划，是联邦政府和州政府的实施性规划，比较具体而且易于操作。

1. 德国区域规划概述

1920年，鲁尔工业区成立了"鲁尔煤炭工业区居民点协会"作为鲁尔煤田城镇聚集区的实际执行机构。该机构曾编制过一个详细的地区规划，在煤矿衰退之前，该规划曾对鲁尔煤田地区的发展起到了重要作用。1929年德国成立了以汉堡为中心的"汉堡—普鲁斯国土规划常设委员会"来解决汉堡与相邻城镇的空间与土地发展规划问题。

20世纪50年代，第二次世界大战给城市带来了巨大的破坏，如何重建城市，成了这一时期规划的主要任务。60年代，经济迅猛发展，城市核心区膨胀，交通和城市基础设施不堪重负，规划的重点转向了旧城整治。70年代初，重视环境日益凸显，一种"小步伐规划"开始替代那些豪迈壮观的未来蓝图，公众参与和公众积极性开始在城市的规划整治中发挥重要作用。直至今天，德国的规划仍是一种小心谨慎的继续发展，这种发

---

① 曲卫东：《联邦德国空间规划研究》，载《中国土地科学》2004年第2期。

展不是在空间上的扩展，而是通过城市更新和城市改建以改善城市结构。[①]

2. 德国区域规划的制度与法律保障

德国区域规划的协调主要通过部长联席会议机制进行，联邦政府负责空间规划的部长和各州负责空间规划的部长定期就空间规划问题召开会议。部长联席会议下属若干专门委员会，负责一些规划专题的协调，几乎所有规划涉及的问题都在委员会进行充分讨论，包括联邦层面的和各州的规划草案或法案。[②] 按联邦政府规定，州与州之间的空间规划必须进行协调。空间规划的决策权在内阁，但必须征得议会同意。议会是站在人民代表的立场来审查规划，而不是站在立法机构的立场来审批规划。联邦政府可以对空间规划提出意见，但没有批准权或否决权。州的规划一旦通过，联邦政府也受此约束。行政区的规划必须得到州政府的批准，但州政府一般不审定规划的具体内容，主要审查规划编制程序的合法性。

依托于联邦、州和市镇的三级行政管理体系，德国的区域规划形成了一个从上到下、从宏观到具体的完整法律体系。联邦层级的宏观空间规划法主要有《空间规划法》及配套的《空间规划条例》；州层级则有《州规划法》和《州建筑条例》对规划进行规范和调整；微观的建筑施工层面，则需要遵从《州建筑条例》等。

四、法国的区域规划

法国的区域规划独具特色。其中一个重要原因是它与众不同的地方行政管理体系。法国在地方上实施双重的行政管理，即代表国家整体利益的由上至下的地方政府和代表居民集体利益的由居民直选的"地方集体"共同管理地方事务。

1. 法国区域规划概述

法国的区域规划经历了三个历史时期：第一阶段是从 1919～1967 年，以《土地指导法》为代表的中央集权时期，在这一时期，法国政府曾采取了一系列措施强化中央权力，但因此压抑了地方的积极性，造成了地区之

---

① 格·艾伯斯：《联邦德国城市规划的现实问题》，载《世界建筑》1986 年第 6 期。
② 谢敏：《德国空间规划体系概述及其对我国国土规划的借鉴》，载《国土资源情报》2009 年第 11 期。

间的条块分割；第二阶段是以《地方分权法》为代表的中央地方发展合作伙伴关系时期，时间上是从 1967 ~ 1983 年，法国政府在这一时期开始实施向地方分权的政策，中央的部分权力开始下放到大区和省；第三阶段是以《城市互助更新法》为代表的中央地方整合时期，1983 ~ 2000 年，法国政府进一步下放权力，实行自治管理体制，扩大地方的自主权，各地区可按本地区的特点和需要制订发展规划。

从总体上来说，法国的区域规划演化过程是连续的、渐进的。以巴黎地区区域规划为例，20 世纪初，针对的问题主要是控制郊区蔓延，50 年代注重区域均衡发展，1964 年中央政府决定在全国建立八座"平衡大城市"，使它们逐步形成地方行政与经济中心，以扭转地方人口向巴黎过度聚集的趋势；同时，为了削弱中心城区功能过于集中，控制城市规模和改善生活环境，巴黎也制订了《巴黎地区整治远景规划》，先后在巴黎周围城郊建立了五座新型卫星城和九个副中心，通过开辟新的高速公路、高速地铁和火车等交通干线同市区相连接，促进了巴黎周边地区繁荣发展。90 年代则是要把巴黎建设成所有人的城市以及欧洲中心和世界城市。可以说，区域规划的出现是解决巴黎城市发展问题的实际需求，通过区域城市化缓解单一中心过度城市化造成区域不平衡发展的尝试。

2. 法国区域规划的法律和制度保障

法国区域规划有明确的法律以保证其实施。法国在早期实施领土整治计划中就制订了不少法令，最早的规划法为《土地指导法》。

法国从中央至地方各级政府，都建立有相应的规划机构，这从管理体制上保证了区域规划工作的顺利落实。法国的法律规定，城市规划权力属于最基层的市镇，区域规划的权力则主要集中在中央、大区、省级政府。《国土协调纲要》是法国区域规划中具有最高地位的法律，地方政府在编制城市规划时必须执行这一规划。

20 世纪末，法国的区域规划开始从单纯主动的土地旧观念中脱离出来，加强了对区域协调发展与居民生活环境的关注。为了适应这一改变，法国议会又制订了一系列法律以保障政策的有力贯彻。1995 年，法国议会通过了《领土整治与开发指导法》；1999 年，法国颁布了《地域规划与可持续发展指导法》；2000 年，议会又通过了《城市互助与更新法》。

大巴黎地区城市规划

　　大巴黎地区总面积 12072 平方公里，占全国国土面积的 2.2%。它位于巴黎盆地中心，具有独特的地形地貌和气候特征，在经济与人口方面是法国 22 个行政区中最重要的地区。

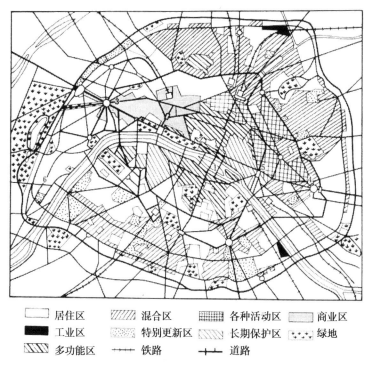

　　居住区　　混合区　　各种活动区　　商业区
　　工业区　　特别更新区　长期保护区　绿地
　　多功能区　铁路　　道路

1. 城岛　2. 卢浮宫　3. 星形广场　4. 民族广场
5. 巴士底广场　6. 埃菲尔铁塔

图 2-2　巴黎规划图

　　大巴黎地区经历了以下几个重要规划阶段：

1. 战后重建阶段

　　第二次世界大战之后法国同欧洲各国一样，城市规划建设工作的重点是战后重建。这一时期法国人口大幅度提高，从 1946~1975 年，人口总量净增加 1200 万，从 1946 年的 4000 万人提高到 1975 年的 5200 万人。由于该阶段正处于战后过渡转折时期，社会发展的各方面均呈波动状态，行政干预力量非常微弱，这一时期巴黎地区的发展便明显呈松散式管理状态，尤其是巴黎塞纳区以外，区域发展严重失控，同时整个地区的发展也缺乏系统性配合建设。城市的建设发展主要集中在巴黎周边 10～15 千米范围左右的内外郊区，这使巴黎地区在 20 世纪 60 年代面临严峻困难，如人口增长、住房危机、交通设施落后、缺乏公共设施等问题。

1956 年，《巴黎地区国土开发计划》继承 PROST 规划的思想，提出降低巴黎中心区密度，提高郊区密度的新观点，建议积极疏散中心区人口和不适宜在中心区发展的工业企业，在近郊区建设相对独立的大型住宅区，在城市建成区边缘建设卫星城。

2. 20 世纪 60 年代巴黎地区总体规划与实践

从 1960 年开始，整个巴黎地区的城乡规划政策发生了根本性改变。1963 年巴黎地区 20 年发展规划草案初步形成，并形成了 1965 年巴黎地区《城市规划和地区整治战略规划》的核心内容。该规划首先考虑了到 2000 年的人口规模问题，并由此对 40 年之后的区域性城市发展状态做了预测性展望。提出要建设 5 座新城，远期人口规模平均达到 20 万人至 30 万人，与巴黎的距离为 25～30 千米。这些新城并不脱离巴黎而独立发展，而是与市区互为补充，构成统一的城市体系。20 世纪 70 年代前后，这五座新城开始投入了建设。巴黎这些新城的规模一般比其他国家的卫星城规模大。每个新城的人口规模平均达到 30 万人，新城极力寻求就业、住宅和人口之间的平衡，不搞单一的工业城市，情报、通信、行政管理、文化、商业和娱乐等设施被安排在了新城的中心区，使得新城居民能在工作、生活和文化娱乐方面享有与巴黎老城同等的水平。

3. 20 世纪 80 年代规划管理模式的方向以及规划实践的调整

进入 80 年代以后，随着全球经济重建与信息技术的应用发展以及大巴黎地区区域性城市的形成，城市发展状况与发展态势不断变化，原有城市规划管理模式、城市发展方向以及城市规划实践都面临着新的问题。特别是 80 年代后期世界经济的复苏振兴使城市发展的动力从传统制造业转向第三产业，在此形势下为了争取强有力的国际竞争地位，大巴黎地区即时调整了区域性城市发展的规划管理模式、规划方向与规划实践活动。1976 年，大巴黎地区的成立代替了原来的巴黎地区行政区。1982 年，巴黎地区将原指派地区最高行政长官改为由民众选举的地区委员会主席，成立地区委员会，对地方财政地区规划评审、交通政策确定、设立开放空间、鼓励地区发展以及环境保护等方面拥有表决权，对地区规划与发展的职责范围主要包括交通基础设施的发展、社会与健康设施环境等进行保护。

4. 新世纪可持续发展的主要措施

自 1992 年地球高峰会议以来，可持续发展思潮成为全球发展趋势。为了以持续方式管理区域空间，政府当局采取了一系列战略措施来保护地区自然环境、农业发展以及城市综合环境等。如建立区域性土地利用与管理模型、实施绿色空间计划、区域自然公园废弃物管理、给排水管理、城市交通出行规划以及城市偏僻地带发展计划等。

在巴黎卫星新城的建设过程中，国家保证新城政策的连续性，这使新城建设按计划有条不紊地进行。财政上的大力支持，负担了新城的大部分开发，同时政府下放权力到地区，使地区在新城建设中有自主权，充分发挥了地区的建设积极性。

资料来源：曲凌雁：《大巴黎地区的形成与其整体规划发展》，载《世界地理研究》2000 年第 4 期；白旭飞、刘春成、侯汉坡：《大都市卫星城空间布局模式的启示》，载《科技管理研究》2007 年第 10 期。

五、日本的区域规划

日本是一个自然资源稀缺的国家，对于合理规划非常重要。但同时日本又是一个有深厚的中央集权传统的国家，区域规划属于强调调控模式的区域规划，规划权力相对集中，掌握在中央政府及各级政府手中。

1. 日本区域规划概述

第二次世界大战前，日本已经开始了初步的城市化，基本形成了以东西两极为特征的国土结构。第二次世界大战后，日本为了尽快从战争的阴霾中走出，制订了一系列的政策措施。而与此同时，美苏冷战的开始使得美国放松对日本的管制，并将日本作为后方军需基地。在这样的背景下，日本的工业生产迅速恢复，开始步入经济高速发展期。太平洋沿岸集聚了大量的投资、产业、人口。20 世纪后半叶，日本政府将大都市概念的核心思想引入到经济建设中，提出了"大都市圈"概念，并开始着手都市圈的规划建设（王玉婧，顾京津，2010）。从 1958 年到 2000 年，日本共组织编制和实施了五次都市圈规划。第一次都市圈规划是以东京火车站为中心、半径为 100 千米的地区之外，其他四次都市圈规划都是包括"一都七县"的全部区域，其中一都是指东京都，七县则包括神奈川、千叶、埼玉、群马、枥木、茨城、山梨。

在区域规划的发展过程中，日本一直十分重视区域经济平衡发展问题，并根据国内的实际情况在不同时期制订了不同的区域经济规划策略。1950 年颁布了"特定地区开发计划"，希望借鉴美国田纳西流域开发的成功经验，但因资金短缺而以失败告终。1962 年又颁布了"全国综合开发计划"，随后 1969 年，政府颁布的"新全国综合开发计划"将东京等大都市连接形成日本的主轴并以此为核心，建设"广域生活圈"。在 1977 年"第三次全国综合开发计划"和 1987 年的"第四次全国综合开发计划"中，政府致力于解决经济发展失衡情况（张玉亮，2010）。

2. 日本区域规划的法律和制度保障

完备的法律体系是都市圈规划得以成功的一大保障。都市圈规划初期，日本政府对社会经济的发展制订指导政策，各级按照政策去落实具体的规划内容，这在推动大都市圈发展的过程中发挥了重要作用。但实施都市圈规划，仅靠行政体制和政府职能难以实现。在政府干预无法更好地指导日本的区域规划时，政府便开始放宽规制，让具体的规划部门和机构在法律的约束范围内最大程度的发挥自主能力，同时制订了一系列相应的法律，保障规划顺利有效的实施，促进经济的发展和地区经济的融合。法律保障机制在日本规划实践中起着重要作用。

日本每次综合规划都通过了相应的立法，以法制手段来制订规划、实施规划，因此避免了行政长官个人意志和换届的干扰，规划具有很好的连贯性。1950 年，日本制订了《首都圈建设法》并成立了"首都建设委员会"，1956 年《首都圈整备法》出台，并把首都建设委员会变更为"首都圈整备委员会"，以此为基础，日本的首都圈规划正式启动，这两部法律可以被认为是首都圈规划的基本大法。在第一次基本规划中，为推进市街地开发区域构想，1958 年制订了《首都圈市街地开发区域整备法》；1959 年制订了《首都圈建成区工业限制法》。1965 年修改了《首都圈整备法》，设置近郊整备地带代替绿地带，并将市街地开发区域改为都市开发区域。可见，在规划实施中根据实际情况及时更正法律也是其一大特点。[①] 此外日本还有完备的国土法律体系，对于地域开发、土地、水资源、交通、生

活环境整备等各个方面都有所涉及（见表2-1）。

表2-1   日本首都圈规划相关法律统计

时间	法律名称
1950	首都圈建设法
1956	首都圈整备法
1958	首都圈市街地开发区域整备法
1959	首都圈建成区工业限制法
1962	首都圈市街地开发区域整备法改正
1965	首都圈整备法改正、首都圈市街地开发区域整备法改正
1966	首都圈近郊绿地保全法、近郊整备地带财政特别措施法
1974	国土利用规划法
1988	多级分散型国土形成促进法

资料来源：日本国土交通省国土规划局《大都市圈建设规划制度沿革》。

专栏2-5

日本五次都市圈规划

    三大都市圈规划最早开始于20世纪50年代，是日本对最重要的城市化区域所进行的战略性空间发展部署，对太平洋沿岸密集的城市带发展起引导作用的规划。该规划迄今已经进行了五轮，这五次规划大致可以分为三个时期：20世纪50~60年代为早期规划时代，关注的是解决或者缓解城市化快速进程中的发展不平衡问题，以及所带来的经济、社会、环境风险，规划以抑制大城市的过度发展为目标；20世纪70~80年代为中期，为适应经济发展，从单纯的大都市抑制转变为培育多核心城市群，进一步促进地方城市的发展，以此促进都市圈的均衡发展；20世纪末期进行了最新一轮的规划，由于原来经济高速发展所带来的问题均不同程度的显现，提出了调整城市的发展战略和产业结构以适应全球化带来的影响，提高区域竞争力，并且引入了环境安全、共生等理念。

    五次规划概括如下：

    第一次首都圈规划，主要仿照1944年大伦敦规划，希望通过在建成区外围设置绿环，以防止东京规模过大和建成区过密。但由于绿地带中的各个利益集团的联合反对，以及国家直属城市开发机构带头在规划绿地带中开展住宅开发活动，所以建成区周围设立绿化带的设想并未实现。

第二次首都圈规划，将规划范围扩展至"一都七县"的全部区域。主要提出了将东京作为经济高速增长的全国枢纽，实施以合理中枢功能为目标的城市改造；在距中心50千米的地域设立新的近郊整备地带代替第一次规划中的近郊绿地带，对中心城区进行大规模城市改造活动的同时，开始开发城市外围绿化带。

第三次首都圈规划，为了改变城市功能向东京都中心地区集中的"一极依存形态"，提出在首都圈中分散中枢管理功能，建立区域多中心城市"分散型网络结构"的设想。在培育都市圈核心区、形成多级结构的广域城市复合体的同时，周边地域在发展原有农业、工业生产的基础上，充实其教育和文化等功能。

第四次首都圈规划，在进一步强化中心区的国际金融职能和高层次中枢管理功能的同时，对周边核心城市进行了调整，要将它们建成具有较强都市圈集聚功能的次中心城市，尤其是积极发展政务及企业业务管理、城市服务等功能，同时加强农村建设，保护自然环境，形成与中心区功能分担、相互提携又有地区自主性的格局。

第五次首都圈规划，面对全球化、老龄化、信息化时代的到来，提出重振首都圈。其发展目标是将首都圈建设为更具经济活力、充满个性与环境共生、具备安全舒适高品质生活环境的可持续发展区域。实现这一目标的战略思路是通过培育、利用业务核心城市，推进广域交通、通信等基础设施的整治改造和都市空间职能的重组，实现以据点城市为中心、彼此相对独立并能方便交流的自立、互补、高密度的"分散型网络区域空间结构"。

　　资料来源：许浩：《日本三大都市圈规划及其对我国区域规划的借鉴意义》，载《城市规划会刊》2004年第5期；张良、吕斌：《日本首都圈规划的主要进程及其历史经验》，载《城市发展研究》2009年第12期。

六、主要发达国家区域规划的特点

1. 对于社会与生态环境问题越来越重视

区域规划的产生是为了解决城市病及区域经济发展问题，但是20世纪70年代以来，随着城市发展，其内容并不再仅仅局限于此，而是开始解决社会与生态环境问题，并将社会发展和环境保护视为规划的重要目标，对生活福利、生活环境、就业等非生产领域中的问题越来越重视。

2. 重视政府职能的发挥

芒福德曾指出"如果区域想发展得更好，就必须设立有法定资格、有规划和投资权利的区域权威机构。"作为一项具有公共物品属性的活动，区域规划是一项涉及范围广，具有整体性的活动，政府参与是保证其顺利进行的必要因素，因此设置专门的管理机构是必要手段。从现实来看，多数国家都在国家一级设部管理，各级行政部门和地方政府都设有专管职能机构。法国设立的领土整治与区域开发机构，负责组织协调解决国家与部门、地区之间的领土整治资金问题并负责签署协议；德国在联邦、州、管理区及市县都设有区域规划管理机构；日本设立有国土厅，负责国土整治及区域规划工作等。①

3. 既强调规划的综合性和战略性又重视解决核心问题

西方的区域规划经历了由物质建设规划向经济发展规划的转变。在这个转变的过程当中，规划的任务从解决资源的合理开发和利用问题上升到了调节国家经济发展这一更具综合性的问题。区域经济发展规划的任务是依照各个地区存在的主要矛盾与问题，因地制宜，制订合适的发展目标，然后通过相应的规划政策加以指导和保障。因此，西方的规划强调在一个综合的、具有战略意义的宏观规划下制订弹性目标，以防范各种风险与被动的境况。此外，针对核心问题，要在综合目标之外给予更多的关注。国外的区域规划逐步强调针对每个规划的特定区域、特定时段、特定背景要求，抓住区域规划真正能发挥作用的内容进行规划，力戒面面俱到、泛而无物，以此提高区域规划的编制效率与效果，力求通过空间规划的调控功能，适时开展全国性的区域（空间）规划，统筹经济和社会、城乡和区域协调发展。

4. 强调编制方法的科学性

在区域规划的编制和实施过程中，运用现代信息技术及科学的调查方法收集、存储、分析各种经济、社会方面的资料。各国在区域规划中充分运用了 RS、GIS、GPS 等高新技术和以计算机作为主要工具的数学建模技术。一方面，便于公众快捷、方便地参与规划，了解规划结果；另一方面，改变了以往以定性研究为主的规划方法，对区域进行定量研究，使区

① 杨洁：《对区域规划工作的回顾与展望》，载《科技导报》1998 年第 8 期。

域规划的发展目标尽可能接近区域实际发展。

5. 强调社会的全面参与

区域规划的目的是实现该地区的公共利益，而非统治阶级或者管理层的利益，若想真正实现这一目的，必须使得区域中的各个阶层都理解并重视区域规划，亲自参与到规划之中。国外的区域规划，尤其是自倡导型规划理论的出现，提出要使得各种各样的社会团体可以公开地参与规划的制订。在发达国家的规划实践中，规划制订的各个阶段均允许各方人士参与，使规划保持了较高的透明度和参与度。英国 1965 年规划顾问小组中就提出，要让广大公众参与规划过程。在美国 1968 年开始的新社区计划和以后的示范城市计划中，联邦政府在审批援助款项时的条件就是要证明市民真正有效地参加了规划。[①] 德国规定区域规划草案要向公众公开，听取意见。日本国土计划草案则要听取行政机关意见和国土审议会的意见。不同的社会阶层代表着不同的利益，全社会的广泛参与才能最大限度地避免区域规划出现只为某些利益集团服务的不公平现象，才能使区域的整体利益最大化。

6. 重视制度与法律保障

在区域规划的发展过程中，发达国家会依自身特色建立完善的城市规划职能机构体系，协调中央与地方的利益冲突与执行情况，而实施中的具体法律与政策作为编制区域规划和综合开发计划的依据，为区域规划提供了强有力的保障。如德国制订的《联邦改善区域结构共同任务法》、《国土规划法》、《国土整治法》和《联邦空间布局法》等，通过行使土地管理和审查权控制某些企业的发展；日本制订的《国土综合开发法》、《首都圈整备法》、《首都圈工业配置控制法》等，为整个日本的区域发展格局奠定了基础（杨丙红，2011）；法国在早期实施领土整治计划中制订的《国土规划法》、《领土整治与开发指导法》等；美国并没有明确的区域规划法，但《地区复兴法》、《城市增长与社区发展法》等，也有一定的区域性管理效力，即使用联邦政府资金款项直接帮扶贫困地区。

7. 中央与地方政府职责明确

多数国家中央与地方政府在区域规划体系中的职责分工比较明确。中

---

① 萌丹、陈建新：《论公众参与城市规划》，载《科技进步与对策》2003 年第 5 期。

央政府编制的区域规划起着统领全局的导向作用；地方的区域规划更有操作性和执行力。如德国联邦政府主要负责跨区域的交通规划，负责提出空间结构改善的原则；州政府负责落实联邦政府的交通规划和行政区域内轨道交通等方面的规划，负责制订空间规划法和编制州的空间规划，县镇等地方政府负责建筑物或其他基础设施的具体布局。美国联邦政府通过跨州的区域规划间接干预州级规划，主要涉及跨州的公共工程项目、资源的开发利用和保护，环境评价与保护重大项目的技术援助等。州级区域规划调整本州的产业结构，协调对本州经济社会发展产生影响的各种矛盾。县级规划则主要是实施州级规划的具体项目、措施和管理系统（胡勇，2005）。

第三节　国内区域与城市规划的实践与评价

一、国内区域经济规划的演变

区域规划是具有鲜明时代色彩的产物，不同的国家在不同的时期，因为文化、经济发展状况等不同导致区域规划思想也各不相同。我国区域经济规划的演变，与我国的经济发展进程密切相关，按照时间序列可以分为以下几个阶段：

1. 新中国成立初期的区域规划

新中国成立前，我国近现代工业的70%主要集中在东部沿海地区和为数不多的几个铁路沿线上的大城市，而占全国面积70%的广大中西部地区，其工业产值仅占全国的10%左右，工业的区域布局不合理。新中国成立之初，为保证国家经济建设的顺利进行，区域经济规划成为国家指导经济建设的重要手段，并从客观上对各地区的经济发展进行指挥。

中国最早的区域规划开始于"一五"期间，是为了解决联合选厂问题而发展起来的。1956年，国务院印发了《关于加强新工业区和新工业城市建设工作几个问题的决定》，其中明确提出了我国要积极开展区域规划。这一时期，我国以特定工业城市地区的产业、劳动力、交通、邮电、水利、农业、矿业和居民点为重点规划对象，依托国家政策与计划，采取联合选厂、成组布局等方式进行规划。规划基本出发点是：优先发展重工业，建立战略防御型经济布局，注重功能分区，采取重视统筹规划。另外，鉴于新中国成立前我国的工业布局主要集中在沿海地区的不合理情况，在生产力的布局上实行了均衡发展的方针。

中国政府把苏联援建的156项工程和其他限额以上项目中的相当大的一部分放在了工业基础相对薄弱的内地。考虑到资源等因素，将钢铁企业、有色金属冶炼企业、化工企业等，选在矿产资源丰富及能源供应充足的中西部地区；将机械加工企业设置在原材料生产基地附近。

"一五"、"二五"期间苏联援建的项目开始实施，工业企业联合选厂的客观形势迫切要求我国开展区域规划工作。其中，出于国防安全的考虑，"一五"期间，我国156项大型工业项目主要布局在东北和内陆，尤其是工业基础薄弱的中部地区最多；而钢铁企业、有色金属冶炼企业等则选择在矿产资源丰富的中西部地区。"二五"期间，在继续加强东北工业基地建设的同时，加强华北、华东、中南沿海城市的工业建设，积极进行西南、西北和三门峡附近的新基地建设。这一时期可以看做是新中国区域经济规划的第一次高潮，工业布局不平衡的局面有所缓解。

这一时期规划的特点是：①按行政区划系统来组织国民经济生产。这种形式可以充分调动各级政府的积极性，但是这种人为划分的行政区容易割裂区际经济联系，不利于在全国范围内实现合理的劳动力流动。②按沿海与内地两大块来安排区域分布格局。在20世纪50年代，特别是"一五"时期，沿海和内地的区内一致性与区际差异性比较明显，按这种划分来安排地区布局起到过一定的作用。③按六大协作区来安排地区布局，组织国民经济建设。1958年最早提出的是七大经济协作区，1962年把华中区和华南区并为中南区，成为六大经济协作区，即东北区、华北区、华东区、中南区、西南区和西北区（见表2-2）。最初六大经济协作区的划分，本意是想作为综合经济区以贯彻国家的经济发展计划，但后来没有真正起到综合经济区的作用。

表2-2　　　　　　　　　　六大经济协作区的构成

大区	东北	华北	华东	中南	西南	西北
省份	辽宁、吉林、黑龙江	北京、天津、山西、河北、内蒙古	山东、江苏、上海、浙江、安徽、福建、江西、台湾	河南、湖北、湖南、广东、广西、香港、澳门	四川、贵州、云南、西藏	陕西、甘肃、青海、宁夏、新疆

2. 20 世纪 60 年代区域规划的低谷

1966 年起，我国进入"三线"建设紧张进行的时期，并做出暂不搞规划的决定，区域规划进入低谷。这一时期的规划中，城市规划工作的主要指导思想为城市规划是"国民经济计划工作的继续和具体化"，生产力布局和城乡居民点布局是规划的核心（冯建喜，2008）。"三线"建设一定程度上改变了以沿海地区为主的区域经济结构，但效果并不理想。大规模的经济建设，许多重点项目纷纷上马，新的工业区和新的城市也在西部地区出现。但是，由于没有严格的规划，缺乏科学态度，区域发展出现了很大的盲目性，一些项目仓促上马，项目布局的盲目性，造成很大浪费。这一时期我国的区域经济规划与其他经济事业一样，处于停顿状态。

3. 改革开放之后区域经济规划的蓬勃发展

改革开放以来，中国的区域经济规划开始走上正轨，相继开展了全国性、跨省区和地区性的规划工作，我国区域规划和区域政策以非均衡发展战略为标志，实施沿海发展战略，设立了经济特区、沿海开放城市和沿海经济开放区；"七五"计划提出"东、中、西"三大地带划分的思想，提出要正确处理东部沿海、中部、西部三个经济地带的关系，通过点、线、面的结合与推进，实现了我国由南向北、由东到西的经济梯度转移（魏立桥，2008）。

1981 年，国土局的成立使得我国区域规划的重心转移到国土规划上来。20 世纪 80 年代中期，经济建设中心和改革重心从农村转移到城市，能源、交通、原材料的短缺导致供需矛盾日渐紧张，加之国土局的成立，国土规划问题受到了重视。如何在区域总体上协调国土资源开发利用和治理保护的关系，如何协调人口、资源、环境的关系成为当时面临的重大问题，也逐渐成为国土规划的重点。

同时期，我国开始了以城镇规划为主的规划体系，并于 1989 年将城镇体系规划纳入《城市规划法》体系中，其中规定"全国和各省、直辖市都要编制城镇体系规划，用以指导城市规划的编制"，"设市城市和县城的总体规划应有包括市和县的行政区域的规划体系"。城镇体系规划比较重视资源的区域流动与配置对城镇体系发展的影响，以及城镇体系发展的社会效益、经济效益和环境生态效益的综合平衡。

4. 20 世纪 90 年代区域规划的新发展

1991 年，国土规划司与地区经济司合并为国土地区司，以此为契机，我国的区域规划逐步转向以区域发展战略和发展规划为重点（胡序威，2006）。此时，随着社会主义市场经济体制的最终确立，地区之间的贫富差距进一步拉大，经济发展不平衡现象严重。区域规划和区域经济政策的制订开始强调区域规划和区域政策必须以市场配置资源为基础，重视地区经济的协调发展。在 20 世纪 80 年代沿海地区开放的基础上，90 年代国家又将对外开放扩大到沿边、沿江和内陆地区。1992 年以来，我国先后开放了 13 个沿边城市，8 个沿江城市和 18 个内陆城市。特殊经济区在 1989 年时全部设在东部地区，到 2000 年时发展为东部占 62.1%，中部占 20.2%，西部占 17.7%。① 强调开展以经济的自然联系和资源、区位优势互补为主导的、跨省区的区域经济工作，打破行政区划界限，在这种思想的指导下，编制了长江三角洲和长江沿江地区、西南和华南部分省区、西北地区、环渤海地区、东北地区、中部五省及京九铁路沿线地区和东南沿海地区等七大区域发展规划。②

20 世纪 90 年代后期，开展了新型城镇体系规划，强调从实际出发，以经济建设为中心，为区域和城市经济发展和区域产业结构调整服务。城镇体系规划的目标是：加快城市化进程，加强中心城市建设，集约发展小城镇，优化城镇体系结构和城乡经济结构，带动区域社会经济全面发展。这种变化主要源于，经济的网络化及迅速发展的交通、技术体系支撑，城镇发展的日益区域化、区域发展的日益城镇化、城乡一体化，由此带来了对区域整体发展、城乡协调发展、生态共存共生、设施共享共建等多方面的需求。③

5. 21 世纪区域规划的新趋势

进入 21 世纪后，以都市区规划、都市圈规划和城镇密集区规划为代表的新型区域规划正在不断兴起，出现了多主体、多类型、多层次、多目标并以城市区域类型为中心的新形势。如新一轮的国土规划、区域规划、跨地区的区域开发规划、市县域总体规划、跨地域的城镇群规划、都市圈规划、城乡一体化规划、省市城镇体系规划、都市区规划、城市交通通勤圈等（冯建喜，2008）。

"十五"期间，区域规划和区域政策主要是加强区域的协调发展，积极推进西部大开发，有效地发挥中部地区综合优势，支持中西部地区加快

① 金相郁：《中国区域经济不平衡与协调发展》，上海人民出版社 2007 年版。
② 陈宣庆：《关于我国区域问题的探讨》，载《宏观经济管理》2005 年第 7 期。
③ 陈之钦：《新时期我国区域规划中的新发展和新问题》，载《北方经济》2008 年第 2 期。

改革发展，振兴东北地区等老工业基地，鼓励东部有条件地区率先实现现代化。

"十一五"期间，区域规划贯彻落实"五个统筹""以人为本"的科学发展观，统一规划、统筹协调、突出重点、发挥优势、分工合作、共同发展，从宏观、长远和空间的视角"协调人口增长、资源开发、环境保护与经济社会发展之间的关系"，努力提高区域创新能力和竞争能力"促进区域可持续发展"。

其中，2009年，在中国改革开放30周年的重要历史节点上，为了适应我国布局区域经济的步伐明显加快，一系列国家层面的区域经济政策被制订出来。仅2009年一年批复的国家战略区域经济发展规划数量就是过去三四年的总和，出台速度和力度都是前所未有的水平。新近获批的黄三角，加上原有的长三角、珠三角、北部湾、环渤海、海峡西岸、东北三省、中部和西部，我国新的区域经济版图逐渐成形，区域政策已逐渐成为宏观调控的新手段。

"十二五"规划纲要则指出："实施区域发展总体战略和主体功能区域战略、构筑区域经济优势互补、主体动能定位清晰、国土空间高效利用、人与自然和谐相处的区域发展格局。其根本目的是优化格局，促进区域协调发展，实现福利共享式发展。"

二、区域规划在我国经济社会建设中的作用

区域规划可以有效地解决影响经济发展的许多国土资源开发和环境保护等问题，可以根据特定的经济发展阶段，来解决经济、资源、环境之间矛盾以及协调区域之间的关系，对发挥地区优势、合理配置资源、改善区域关系有着重要的作用（陈雯，2000）。

新中国成立以来，特别是改革开放以来，区域规划的很多重要思想直接影响到我国计划体制和宏观调控体制的转变，对我国经济、社会的发展起到了积极的指导作用。

1. 加强了制订规划的科学性

区域规划是以跨行政区的经济区为对象编制的规划，是国家总体规划或省级总体规划在特定经济区的细化和落实。区域规划是战略性、空间性和有约束力的规划，因此更具科学性。改革开放之前，区域经济规划工作较薄

弱，主要以"国家制订规划方案，地区落实"这一模式进行，这样做保障了国家从宏观角度的控制，但是却具有一定的盲目性，不利于各地区结合自身区域、资源等状况，合理的发挥自身优势。改革开放以来，区域经济发展的客观情况要求区域规划工作的开展，需要从自然资源和社会资源状况的调查入手，需要正确认识自身的优势与劣势，系统总结区域经济发展的各种自然与经济资源状况，制订的区域发展目标和规划更具超前性、科学性和有效性。

2. 因地制宜发挥了区域战略部署

我国幅员辽阔，发展工农业的资源、自然、经济技术、社会历史等条件千差万别。注重区分开发建设的区域规划可以合理地布局生产力，扭转计划经济时代对区域经济布局缺乏重视的状况。通过发挥不同区域的比较优势，合理配置生产力，提高布局的经济效益，达到区域经济社会协调发展与整体开发的目标。特别是通过布局手段扶持重点地区或开发轴线区域经济社会的重点建设，在区域非均衡增长中实现经济整体增长速度的最大化。[①]

3. 为可持续发展打下了坚实的基础

可持续发展是在经济建设和资源开发时，不仅要满足当代人的现实需要，还要有利于子孙后代未来的需要。区域规划能够根据当前社会经济发展形势和问题，通过生产力布局规划，对经济社会发展的空间结构、资源利用和环境保护进行宏观调控，协调各部门和各地区利益，协调经济、社会、人口、资源、环境的关系，为实现可持续发展打下基础。而且区域规划关注如何利用不同区域的条件构筑不同类型的产业结构，注重通过发挥不同地区的比较优势，达到区域社会经济协调发展与整体开发的目标。

4. 为国家总体空间布局发挥了导向作用

区域规划内容广泛，需要站在宏观的角度对区域内各系统、各组成要素进行全面的考虑和统筹安排，在综合各部门、各行业专业规划的基础上对区域整体发展做出战略性的决策。如区域规划制订过程中提出的东、中、西三大地带的划分，由东部沿海地区向中西部推进的发展战略，以及 19 个重点区域发展的构想，对其后的国家总体发展战略产生了重要的导向作用。[②]

---

① 刘秉镰、韩晶：《区域经济与社会发展规划的理论与方法研究》，经济科学出版社 2007 年。

② 周毅仁：《"十一五"期间我国区域规划有关问题的思考和建议》，载《地域研究与开发》2005 年第 3 期。

5. 为省际横向经济的联合与协作奠定了基础

区域规划以市场资源配置为基础，注重均衡发展。因此，我国在规划时也着重全面权衡利弊，注重各部门之间、各地区之间、各产业之间协调、均衡，本着互惠互利共同发展的原则，相邻省市形成小的区域整体，以市场配置资源，合理分工，发挥各个分区的比较优势，这就促使用规划打破行政省区的界限，促进地区产业结构的调整，形成跨省区的统一市场，为省际之间的横向经济联合与协作奠定基础。

三、我国区域规划的不足之处

新中国成立以来区域规划在我国的经济建设中发挥了重大的作用，也取得了丰硕的成果。但是用科学发展观来衡量我国的区域规划工作仍存在许多不足，主要表现在：

1. 区域规划范围缺乏层次

经济规划区和地域类型区的划分还缺乏充分、系统的研究。在我国的区域规划中发展战略规划的比重有所增大，但基本上尚属弱项，跨行政区的经济区发展规划为数甚少，更缺乏从全国角度为不同层次的经济区指明发展方向的区际经济发展规划或经济区划。尽管区域建设规划已在全国各省区广泛开展，但不同类型、不同层次国土规划之间的关系尚未理顺。

2. 区域规划的内容重点不突出

各类城市区域规划与城市总体规划的关系不清，各类城市区域规划的任务和重点不够明晰，有的重在提供城市的宏观战略，有的侧重于城市的空间结构框架，有的强调中心城市的发展，有的则侧重各城镇之间的关系。[1] 没有很好地体现区域规划的优势与特点，与国民经济和社会发展规划、行业规划以及地方规划之间分工不明确，造成实施困难，难以起到空间约束的作用。

3. 区域规划的方法、手段有待进一步完善

自 20 世纪 80 年代，随着计算机和信息技术的广泛应用，数量分析和

---

① 陈之钦：《新时期我国区域规划中的新发展和新问题》，载《北方经济》2008 年第 2 期。

定量化成为发达国家城市规划发展的趋势，地理信息系统、遥感、卫星定位系统等先进方法成为城市规划中十分重要的手段。

我国在这些先进的技术和方法上还比较欠缺，在区域规划编制过程中使用还比较少。但是有些部门，为了追求先进，在技术并不成熟的前提下，滥用这些新技术和新方法。有时候，为了追求规划的科学性，过分重视定量研究和模型的应用。以致出现了一味增加模型变量数目，借助计算机大搞数字游戏、脱离地区实际的不良倾向，导致定性分析缺乏必要的量化引证，定量分析得不出切合实际的定性结论。

4. 宏观战略过多，可操作性较差

现有区域规划比较偏重于宏观发展战略研究，且不恰当地夸大其作用，使规划仅仅停留于空洞、口号式阶段，对地区经济社会发展起不到真正的指导作用；另有一部分规划，内容被框得较死、目标过于具体。在市场瞬息万变和科技迅猛发展的今天，一旦若干项目落空，或新增项目补进，或遇到难以预料的不确定因素与突发性因素，规划本身会因缺乏弹性而无法适应这种变化，势必影响规划的可操作性及作用的发挥。

5. 区域规划与城市规划缺乏协调性

在我国城市规划编制体系中，区域规划相对于城市的规划而言，处于一个相对较高的指导地位，为城市总体规划的编制和实施提供依据。然而现实中，因为各种原因，区域规划和城市规划之间存在许多矛盾和冲突。各类区域规划与城市规划的关系不清，各类城市区域规划的任务和重点不够明晰，有的重在提供城市的宏观战略，有的侧重于城市的空间结构框架，有的强调中心城市的发展，有的则侧重各城镇之间的关系（陈之钦，2008）。另外，有些部门并未进行实地考察，只是一味地将各部门的规划布局方案拼凑在一起；有些规划的协调只针对少数主题，并没有考虑利益冲突各方的意见，更没有取得他们的共识和认可，因而难以通过规划建立起共同遵守、相互监督的机制，在实践过程中仍然是各自我行我素，起不到规划的指导和约束作用。[①]

6. 缺少法律制度的有力保障

目前，我国城镇体系规划的地位在《城市规划法》已有明确体现，但

---

① 胡序威：《我国区域规划的发展态势与面临问题》，载《城市规划》2002年第2期。

是，除此之外的其他各类规划都是由各级主管部门随发展需要来编制的。我国与区域规划、空间规划事权有关的部门有国家发改委（经济社会发展规划纲要）、国土资源部（国土规划和土地利用规划）和建设部（城镇体系规划和城市总体规划），规划体系的制订涉及到三类规划的相互关系。①因此，如何协调这三个部门的权力和职责及其编制规划的效力范围，需要有一个更高层面上的法律来明确。否则，在执行、实施过程中就会因事权不明，出现冲突或问题，影响规划的实际效用。

7. 规划理论与我国国情脱节

改革开放以来，国外先进的规划理论通过各种途径传入我国，区域与城市规划逐步与国际接轨，规划水平有了很大的提高。但同时也带来了不同程度的问题和隐忧。

首先，缺乏对国外规划理论基础的深入研究。每一种规划理论的产生都是与当时的社会背景相适应的，因此也都存在着自身的局限性。我们在借鉴国外的理论及经验时，往往不顾本国国情是否与之吻合，生搬硬套，导致结果并不尽如人意，甚至会出现各种问题。

其次，我国的独创性理论缺乏。任何一种科学理论的产生都应与它特定的社会发展水平和背景密切相关，应当具有它自身的时代性和创新性。针对我国特有的自然环境和人文背景，我们应该创建出有中国特色的区域规划理论体系，真正有效地指导规划实践工作，真正成为世界规划理论体系架构中的重要组成部分。

不论是借鉴的国外理论，还是我国学者独创的理论，只有与我国的国情，时代特点相结合、相适应，才能最大程度地对我国的区域规划起到指导作用，而这正是目前我国区域规划中缺乏的部分。

□ 思考与练习题

1. 如何理解区域规划的含义？
2. 简述区域规划的由来与发展。
3. 区域规划对于一个国家的经济社会发展有什么意义？
4. 西方规划理论的流派对我国有什么指导意义？
5. 改革开放之后，我国的区域规划有什么新特点？

---

① 崔功豪：《中国区域规划的新特点和发展趋势》，载《现代城市研究》2006年第9期。

6. 为什么重视立法在规划中有重要作用?

7. 我国当前区域规划面临的问题主要是什么? 结合西方发达国家规划的实践以及我国区域规划中存在的问题, 对我国现阶段的区域规划提出几点建议。

8. 结合可持续发展的思想浅谈一下人本主义规划思想的现实意义。

延伸阅读文献

1. 彼得·霍尔:《城市和区域规划》(第四版),中国建筑工业出版社 2008 年版。

2. 刘秉镰、韩晶:《区域经济与社会发展规划的理论与方法研究》,经济科学出版社 2007 年版。

3. 梁蓓:《区域经济规划与投资环境分析》,对外经济贸易大学出版社 2011 年版。

4. 崔功豪、魏清泉、刘伟科:《区域分析与区域规划》,高等教育出版社 2006 年版。

5. 张金锁、康凯:《区域经济学》,天津大学出版社 2003 年版。

6. 何芳:《区域规划》,百家出版社 1995 年版。

7. 史同广、王慧:《区域开发规划原理》,山东省地图出版社 1994 年版。

8. 泰勒:《1945 年后西方城市规划理论的流变》,中国建筑工业出版社 2006 年版。

9. 张京祥:《西方城市规划思想史纲》,东南大学出版社 2005 年版。

10. 金经元:《近现代西方人本主义城市规划思想家:霍华德、盖迪斯、芒福德》,中国城市出版社 1998 年版。

11. 刘易斯·芒福德:《城市发展史——起源、演变和前景》,中国建筑工业出版社 1989 年版。

12. Toll, Seymour L. Zoned American. New York: Grossman Publishers, 1969.

13. Chudacoff, Howard P. and Smith, Judith E. The Evolution of American Urban Society. Upper Saddle River: Prentice-Hall, Inc., 2000.

14. Fischel, William A. The Economics of Zoning Laws: A Property Rights Approach to American Land Use Controls. Baltimore: The Johns Hopkins University Press, 1985.

第三章 区域与城市空间
布局理论

区域空间布局是对各种经济要素和非经济要素的区域配置的理论，是区域规划的重要理论基础。

第一节 影响区域与城市布局的因素

区域与城市布局是自然条件、社会经济、政治文化、交通运输、地理位置、市场供需等多种因素综合作用的结果，不仅受一系列主客观条件与客观因素的制约，而且在不同的发展阶段，区域发展的主要影响因素也在不断发展变化。

一、自然因素

自然因素是区域布局的重要基本前提，它一般是指对区域布局有影响的自然界中的各种要素，可以分为自然环境和自然资源两大类。自然环境既包括未经开发利用的原始环境，也包括人类加以改造利用的环境。自然环境的各个要素如地质、地貌、气候、水源、土壤等相互联系、相互制约形成的自然综合体，直接影响着人类的产业活动。自然资源包括可再生资源和不可再生资源。有些自然资源是人类生活的必需品，有些则是生产活动的对象或必需条件。

自然因素如何影响区域产业布局？首先，人类社会发展的阶段不同，自然因素对产业布局的影响不同。在人类社会发展的初期，人类生产活动受到大自然的影响较大，自然因素的分布状况决定了人类社会生产活动的分布；随着产业革命开展，生产力高度发展，自然因素对产业布局的影响表现为人类的生产活动向最适宜地区集中，以充分发挥比较优势。其次，自然因素对不同层级产业布局有着不同的影响，由于第一产业的劳动对象直接来自于大自然，土地、气候、生物、水资源共同综合作用决定着大农业的布局；自然因素对第二产业的影响主要是通过自然资源来发挥作用，影响比较大的有采掘业、材料工业以及轻工业、食品工业等；对第三产业的影响主要是旅游业。最后，自然因素直接影响到区域性产业布局。由于自然因素对产出水平、劳动效率有着直接和间接的影响，因此，产业活动必然向资源集中区分布，形成一定规模的各具特色的专业化部门。

二、经济因素

经济因素主要包括经济发展水平、市场规模、基础设施和资本等因素。区域布局的每一次重大调整的背后，都隐含着一定技术支撑的经济发展水平，如蒸汽机时代，人口、工业、城市一般集聚于沿江沿海分布；在电气时代，人口、工业、城市集中在交通枢纽和港口。目前，市场对区域布局的作用越来越明显。无论是厂商的进入退出还是厂址的选择，都必须与市场的需求量为前提。同时市场竞争也可以促进生产专业化和产业集聚，区域布局必然向有利于推进新技术、提高劳动生产率、加强专业化协作方面发展。同时，交通通信等基础设施对区域布局影响很大。良好的交通通信状况有利于信息流、人流、物流的聚集与分散，及时的信息获取有利于准确地掌握市场作出正确的分析，以达到合理正确布局的目的。此外，对区域布局来说，资金投入总量和资本在地区之间的配置情况决定性地影响着区域布局。

三、社会因素

影响区域规划的社会因素主要包括历史基础、人口和政府环境等因素。区域布局具有一定的历史继承性。历史上形成的产业基础始终是区域布局的出发点。人口是任何区域布局都必须考虑的因素。人口因素中的劳动力从劳动力数量、价格和劳动力质量三个方面对产业布局产生影响。人口消费也会对区域布局产生一定影响，区域布局必须与各个地区的人口数量、民族构成和消费水平的差异相适应。同时，国际国内政治环境、国家的政策、法律、宏观调控、国防和军事等政治条件也在一定程度上影响区域规划。政府通过宏观调控进行产业结构调整直接影响区域布局，并营造良好的国内国际经济环境。

四、交通运输因素

作为社会生产、商品流通和社会经济周转的物质基础，交通运输是一项重要的区位因素。运输成本对企业选址和产业布局的影响非常明显，特别是对那些生产过程中消耗大量的原料、燃料，或有产品大量运输的工业（如钢铁、建材、发电、基础化工）部门的布局影响非常突出，这些工业部门的原材料指数一般在 3～4，甚至到 8～10，在其生产成本中运费占 3%～5%，甚至达到 8%。有些工业生产，其生产过程运输量较小，运费比率较低，它们的布局更多地取决于市场、信息、技术、人力资源和资金等因素（张金锁、康凯，2010）。目前，随着原材料处理、运输方式的改进和工业结构的高级化发展，采购中的原材料运输成本在产业布局中的重要性有所下降，接近消费市场更加重要，这意味着它能更快地了解顾客偏好、服务要求及竞争者信息，并与顾客建立更密切的关系。

五、地理因素

地理位置是个综合概念，它包括自然地理位置、经济地理位置，是影响国家地区经济发展的重要因素。对于农业来讲，其发展受到光、热、水、土等条件的严格限制，处于什么样的地理位置，决定了该地区第一产业的布局。对于工业布局来讲，经济地理位置更重要。经济地理位置是指它与交通线、港口、城市、市场的相对位置，是否能较方便地获得原材料、燃料供应、信息传递、邮电通信、市场等。交通发达的综合运输枢纽、港口等沿线有利于第二产业和第三产业的发展。总体来说，一个国家、地区、城市在国际国内地域生产分工中的位置优劣决定着市场范围的大小，进而决定着产业集聚程度和分工状况。

六、科技因素

科学技术进步可以改变自然资源处理方式、改进生产工艺、降低生产成本和促进工业结构的高级化，进而影响产业的区位选择。因此，科技因素极大地影响了区域规划。第一，科学技术发展水平直接影响着区域产业结构的演化，影响区域布局。新技术的产生会催生新的产业部门，新生的产业部门又因为各自的产业特点而具有不同的产业布局指向性。三次产业结构的不断变化，使得人类的生产生活方式和地域位置出现了很大的变化，从而对区域布局也产生了深刻的影响。第二，新技术发展将影响对自然资源开发利用的方向，改变某些自然条件约束的传统观念。科学技术拓宽了利用自然资源的深度和广度，提高了资源的利用效率。例如随着采矿、选矿及冶炼技术的发展，埋藏较深、品位较低的矿藏获得了工业利用的价值，使原料、动力资源不断丰富，拓展了区域布局的地域范围。第三，新技术革命将引起产业布局出现区域转移趋势。因此，在研究区域布局时，要高度重视世界新技术革命发展的新动向，重视新技术、新产业的兴起与发展和旧有产业的转移，用战略眼光研究区域产业布局。

通过分析我们不难发现，影响区域规划的因素在不同地区、不同社会发展阶段，所发挥的作用不尽相同。因此，在具体的规划时，要把具体的经济活动与区域特色相结合。

第二节　布局的区位理论

区位是指人类行为活动的空间，强调自然界的各种地理要素和人类经济社会活动之间的相互联系和相互作用在空间位置上的反映。区位理论则是研究人们的活动，尤其是以经济活动为主的空间组织优化理论。西方区位理论是在古典政治经济学的地租学说、比较成本学说基础上吸收其他学科的理论成果发展起来的，它产生于19世纪初，在20世纪得到极大发展。正如蒂斯所说"区位理论是区域科学的基础，是解决非空间经济问题的有力工具"。[①] 古典区位理论中，经典的是杜能的农业区位理论和韦伯的工业区位理论。第二次世界大战后，空间相互作用模式、各种规划模式、网络和扩散理论、系统论及运筹学思想与方法的应用使区位论获得迅速发展，新古典区位论逐渐形成（胡晓鹏，2009）。

---

① 陈文福：《西方现代区位理论述评》，载《云南社会科学》2004年第2期。

一、杜能的农业区位理论

1. 农业区位理论的产生

1826 年德国农业经济学家、经济活动空间模式创始人冯·杜能（Johann Heinrich Von Thünen，1783～1850）发表了《孤立国农业与国民经济的关系》（简称《孤立国》），开创了区位理论研究的先河，杜能也因此被称为是农业区位理论的创始人。杜能所处的时代是以农业耕种为主的时代，农业是整个国民经济中最重要的经济部门。在这种时代背景下，杜能运用抽象法，通过设定一系列的假设条件，以地租和运输成本为变量，寻求企业型农业时代的合理农业生产方式，探索农业生产方式的合理布局。

2. 农业区位理论的假定条件

为了便于研究，杜能先进行了一系列的假定：（1）在广阔的地域范围中只有一个国家，并且国家内自然条件如气候、土地等没有差异，在国家周围是大面积的不适宜耕种的荒凉土地，只供狩猎之用，荒地圈的存在使孤立国与外部世界隔绝。（2）在孤立国中只有一个城市，且位于中心，城市周围是农村和农业土地；城市是"孤立国"中商品农产品的唯一销售市场，而农村则靠该城市供给工业品。（3）孤立国内没有可通航的河流和运河，马车是城市与农村间联系的唯一的交通工具。（4）农产品的运费和重量与产地到消费市场的距离成正比关系。（5）土质条件一样，任何地点都可以耕作；距离城市 50 英里之外是荒野，与其他地域隔绝。（6）农业经营者以获取最大经济收益为目的，并根据市场供求关系调整他们的经营品种。

3. 农业区位理论的主要内容

杜能在《孤立国》一书中提出，距离消费市场的远近对农作物布局有重大的影响，据此他计算处各种农作物组合的合理的分界线，并将他设想的孤立国分成 6 个同心农业圈层。① 每一圈层都种植特定的农作物，这就是著名的"杜能圈"。

以城市为中心，第一圈层为自由农业圈，主要生产鲜菜和牛奶。这一地区的主要目标就是满足城市人口日常生活的需要。

---

① 杜能：《农业和国民经济中的孤立国》，商务印书馆 1986 年版，第 112～146 页。

第二圈层为林业圈，主要生产木材。主要功能就是生产木炭等燃料以满足城市需求。

第三圈层为谷物轮作圈，主要生产谷物。这个区域内的所有农田应实行轮作制。第一区种植马铃薯、第二区种植大麦、第三区种植苜蓿、第四区种植黑麦、第五区种植豌豆、第六区种植黑麦。其中耕地的50%种植谷物。

第四圈层为谷草农作圈，主要生产谷物、畜产品，以谷物为重点。根据节约劳动的原则实施七区轮作方案。第一区黑麦，第二区大麦，第三区燕麦，第四、五、六区牧草，第七区为休闲地。其中耕地的43%种植谷物。

第五圈层为三圃农业圈，主要生产谷物、牧产品，以牧产品为重点。本圈内1/3土地用来种黑麦，1/3种燕麦，其余1/3休闲。

第六圈层（距城市51~80公里处，此圈之外，地租为零）为畜牧圈，或叫放牧区、畜牧业区。生产谷麦作物仅用于自给，而生产牧草用于养畜，以畜产品如黄油、奶酪等供应城市市场。

杜能的农业圈如图3-1所示。

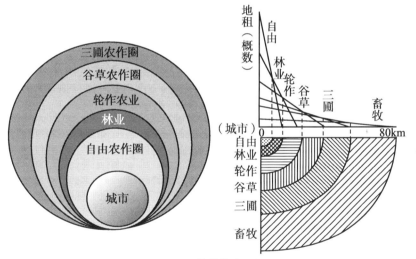

图3-1　杜能的农业圈

资料来源：Haggett P. Geography："A Modern Synthesis"（Revised Third Edition），Harper & Row Publishers，Inc，1983，P. 416.

4. 农业区位的形成机制①

经济指标：市场上大的农产品销售价格决定于经营产品的种类和经营

---

① 崔功豪、魏清泉、刘伟科：《区域分析与区域规划》，高等教育出版社2006年版。

方式，以及城市对农产品的需求；农产品的销售成本为生产和运输费用之和。农民选择的经营品种，是同距离密切相关的，距离市场越远，可以选择的范围越小。

$$R = PQ - CQ - KtQ = (p - c - Kt)Q$$

式中：R 为地租收入；P 为农产品的市场价格；C 为农产品的生产费；Q 为农产品的生产量（等于销售量）；K 为距城市（市场）的距离；t 为农产品的运费率。

区位地租：在单一自然条件下，他探讨了距离城市远近的地租差异，即所谓的区位和经济地租（董艳玲，2008）。

（1）同一集约程度单一产品的区位地租。

$$R = (p - c - Kt)Q$$

R 代表单位面积上的区位地租。

杜能用实例代入上式，说明地租梯度变化，设 Q = 40 蒲式耳/公顷，P = 2 美元/蒲式耳，C = 1 美元/蒲式耳，t = 2 美分/蒲式耳英里。

当 A 农场位于市场上，k = 0，于是 R = 40 美元/公顷

B 农场距离市场 25 英里，则 R = 40 × (2 - 1 - 0.02 × 25) = 20 美元/公顷

所以区位地租达到一定距离之后，则化为乌有：R = 0

（2）不同集约程度，单一产品的区位地租。农业生产的集约化程度，取决于一定土地上投入的劳动力和资本。即总投入量 I，每追加一个单位的劳动力和生产资料，土地上产量会有相应的增加，这部分增加的产量成为边际产量，到一定程度，虽然土地的总产量仍在增加，但边际产量会处于不断下降，即土地收益递减律。

集约化程度对收益的影响如图 3-2 所示。

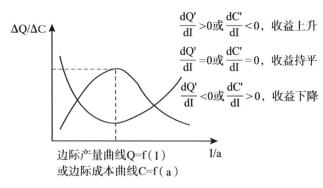

图 3-2　集约化程度对收益影响图

然后，将运输费用计入。由于利润是销售价格减去生产成本和运费的差额，故在土地收益递减的场合，继续增加投入量虽然可以增加产量，但必须使价格减去边际成本的余额尚能抵偿边际产量增加的运费，此时必须满足：

$$\frac{dP'}{dQ} > \frac{dC'}{dQ} + \frac{dT'}{dQ} > 0$$

可见，边际成本和追加运费越低，边际产量本身需偿付得越少，生产规模扩大的可能性越大，这些分析从理论上得出城市附近农业较远郊更加集约的本质。

5. 对农业区位理论的简评

杜能的农业区位理论是在中心城市周围，假定自然、交通、技术条件相同的情况下，不同地方对中心城市距离远近所带来的运费差，决定不同地方农产品纯收益（杜能称作"经济地租"）的大小。按这种方式，形成了以城市为中心，由内向外呈同心圆状的 6 个农业地带。

杜能的学说阐明了市场距离对于农业生产集约程度和土地利用类型（农业类型）的影响，更重要的是首次确立了土地利用方式的区位存在着客观规律性和优势区位的相对性。

虽然杜能的农业区位理论是建立在特定历史时期严格的假定条件下，并且没有考虑农业生产的自然条件等。但其理论仍然有十分突出的贡献。他所采用的抽象化的理论演绎方法以及对区位级差地租问题的研究为工业区位理论的发展奠定了基础，杜能也被认为是产业布局学的鼻祖。

专栏 3-1

西部退耕还林区农业产业布局规划

改革开放以后，我国的产业布局政策由平衡布局向优先发展东部沿海地区的梯度倾斜方向转变。1997 年以后，国家提出产业布局由东向西逐步推进的梯度开发战略，实施西部大开发，退耕还林。

在实施退耕还林过程中，通过科学分析当地产业的历史基础、市场发育程度、技术、人口密度以及各种农作物、家畜、水果的分布，按照市场经济发展的要求，在充分尊重与调动各微观经济主体的积极性的前提下，依据农业区位理论和产业布局规律，因地制宜，将产业结构、产业布局和产业政策联系起来，充分发挥区位优势，实现从小农经济到高度专业化的农业布局结构。对县域中心城市实行重点开发，经过一定阶段的开发，有了较为雄厚的物质技术基础，交通运输进一步发展，进而向周边乡镇辐射，产业布局便出现以城市（点）和交通路线（轴）相联结的产业带；当经济发展达到较高水平，产业布局经纬交织，形成以县城为核、乡镇为点、交通路线为轴、产业密集带为脉络的产业布局县城核、乡镇点为城市工业、乡镇企业、农产品加工及市场交易集聚中心，周围将形成在某一圈层以某一类农作物为主的农业区位结构，层与层之间依靠生物的互补性和收益的市场性进行调节。由里向外依次布局为：第一地带为园艺蔬菜带（温室、蔬菜等），第二地带为普通农业带（豆类、马铃薯等），第三地带为牧草及养殖带，第四地带为经济林带，第五地带为生态林带。通过交通路线向外延展，充分发挥县城的极化与扩散作用，带动县域经济的发展，进而促进整个西部退耕还林区区域经济的协调、可持续发展。

资料来源：李瑜、郑少：《农业区位理论与西部退耕还林区农业产业布局研究》，载《农业现代化研究》2007年第2期。

二、韦伯的工业区位理论

1. 工业区位理论的产生

工业区位理论的奠基人是德国经济学家、社会学家和社会活动家阿尔弗雷德·韦伯（Alfred Weber，1868～1958）。他在1909年的《工业区位论——区位的纯理论》一书中，分析了以点分布的原材料、市场和劳动力状态下工业企业的布局，提出了工业区位理论。

产业革命后，生产社会化程度提高，现代工业迅速发展，新的交通工具被广泛使用，社会分工普遍得到加强，企业间竞争趋于激烈，迫使工厂企业寻求最佳区位，以减少生产成本，获得最大利润，古典工业区位论就是在这种社会大背景下产生的。韦伯的工业区位理论的前提是：市场经济是完全竞争的；成本最小是最好的。在做出一系列严格假定的基础上，韦伯试图对德国在产业革命以后资本、人口向大城市流动，城市空前发展，特别是不同产业特征城市形成的原因提供一个合理的解释框架。工业区位理论的核心就是通过对运输、劳动力及集聚因素相互作用的分析和计算，找出工业产品的生产成本最低点，作为配置工业企业的理想区位，即以

"区位选择"为核心的工业区位理论。

2. 工业区位理论的假定

与杜能一样，工业区位理论有若干基本假设：（1）研究的对象是一个均质的国家或特定的地区。在此范围内只探讨影响工业区位的经济因素，而不涉及其他因素。（2）工业原料、燃料产地分布是既定的，只分布在已知的特定地点。（3）工业产品的消费地点和范围为已知，且需求量不变。（4）劳动力供给已知且不能流动，各地劳动力成本是固定且供给充足的。（5）运费是重量和距离的函数。（6）仅就同一产品讨论其生产与销售问题。

3. 工业区位理论的主要内容

韦伯认为区位因素是指某种经济活动发生在特定某处而非别处的地区优势，是"区位的经济原因运作的力"。经济活动之所以发生在某个或某些点上是因为这点上存在某些因素，这些因素的存在使经济活动在该点进行比在其他地方进行更具有优势。因此，区位因素是指对于经济活动、人文现象的空间位置起到影响的客观因素。包括土地、矿产等自然资源，以及经济技术条件、市场竞争关系、贸易关系、公用设施和环境政策等很多方面内容。

区位因素分为一般区位因素和特殊区位因素。一般区位因素是指所有工业企业在选址时都要考虑的、具有普遍影响意义的因素，如运费、劳动力、地租等；特殊区位因素是指对特定工业产生影响的因素，取决于一种或一类工业的特定技术与性质，如原材料易腐性、空气湿度对制造业的影响等。韦伯认为特殊因素仅在工业产生集中倾向的情况下才发生作用，故不属于理论研究范畴（江淑文，2005）。韦伯进一步把影响产业布局的一般区位因素分为：影响产业在特定地区布局的区域性因素；影响产业向某地聚集或向其他地点分散的聚集因素和分散因素。综合考虑这些因素分为五个方面：原材料、燃料、动力、水、电、土地的供应状况能否满足生产需要，自然地理条件应能满足产业布局的要求；劳动力的供应及质量，以及劳动力的工艺水平；运输费用的大小；产品销售市场的大小；产业集聚状态，要考虑聚集有利于建立长期生产协作关系，也应考虑是否过度集聚（张金锁、康凯，2010）。

区位因素会影响产业布局的指向性。产业指向性是指各自产业因为自身性质的原因，对区位条件的要求是有很大差异的，因此在区位选择时要尽量靠近某一种或多种主要的区位因素。根据产业指向性的不同，产业可以分为运输指向产业、劳动力指向产业、资本指向产业、技术指向产业、电力指向产业、水源指向性产业等。

（1）运输指向产业。这类产业是指运费成本作为主要区位因素的产业。运输成本与重量和距离有关。运输指向产业是依据最小运费原理确定的，又称运费最低点指向产业，包括钢铁、制糖、水泥等产业部门。运输指向又分为原材料地指向、燃料地指向和市场区指向。为了区分原料的类别，韦伯用原料指数来表征原料的性质，以此来论证运输费用对工业区位的影响。

原材料指数（M）＝地方原材料总重量÷制成品总重量

当 M＞1 时，说明该原料为地方失重原料，该产业是原材料地指向的，如甜菜制糖业的 M≈8。

当 M＜1 时，说明生产中不仅用地方失重小的原料，如地方纯原料，还要加入广布原料，因此该产业是市场指向的。如生产碳酸饮料，其 M≈0.02，是强烈的市场指向产业。

当 M＝1 时，生产中地方原料等于产品重量，说明是地方纯原料，不需加入广布原料，该产业既可布置在原材料地，也可布置在市场区，要看其他方面的区位条件的决定。如纺织行业的 M≈1.0，应布置在市场区以便与服装行业结合布局。

韦伯借鉴劳恩哈特的数学方法和"范力农构架"力学方法，分析多个原料地与市场分布在不同地点时的工业区位布局，推导出运费最小地点应是市场、原料产地和原料产地三点所组成的区位三角形的重力中心（见图 3-3、图 3-4），即韦伯"区位三角形"模型：运费与距离和重量相关，运费最小点（P）为原料地 M_1、原料地 M_2 和市场 C 构成的区位三角形的重力中心，运费最小点（P）即企业的最佳区位。国内学者任美锷（1947）对韦伯"区位三角形"模型作了通俗化解释：一种工业品的生产，所需运输的物资，不外原料、燃料和成品三种，……工厂最适宜的位置自然是在三者间相对运费最小的地点。运费的决定视货物的重量与其必须运的距离而定，……工厂的区位，不但须视其离原料产地、燃料产地、市场的距离，并且还要顾及到原料、燃料和成品的重量。所以在决定工业区位的时候，原料、燃料和成品间的相对比重，视三者的距离和重量的乘积而定，这便是韦伯氏的重量三角形定理（张金锁、康凯，2010）。

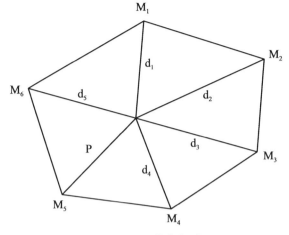

图 3 - 3　区位多角形

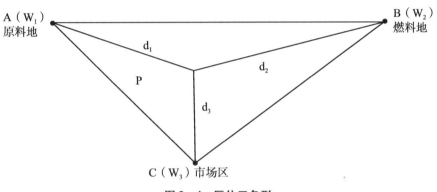

图 3 - 4　区位三角形

资料来源：张金锁、康凯：《区域经济学》（第三版），天津大学出版社 2010 年版，第 43 页。

（2）劳动力指向产业。劳动力费用是指每单位产品中所包含的工人工资。劳动力指向针对劳动力成本作为主要产品成本的产业，主要研究劳动力费用存在区域差异时，会对工业企业选址产生的影响及其影响机理和过程。

韦伯认为工业区位模式产生的第一次变形是因为劳动力费用导致运输成本的不同造成的，工业区位由运费指向转为劳动力费指向，仅限于布局在低廉劳动力成本地点带来的劳动力成本节约额大于由最小运费点移动产生的运费增加额。韦伯用单位重量产品中的劳动力费用来衡量劳动力因素对工业企业影响的程度，提出了劳动费指数这一指标。

$$劳动费指数 = 劳动费(元) \div 单位重量产品(吨)$$

为了克服实际运用中的局限性，韦伯又进一步提出了劳动力系数来判断劳动力成本的吸引力。

$$劳动力系数 = 劳动费指数 \div 区位重量$$

区位重量是指运输单位产品的总重量，是整个生产活动中所耗用的广布原料和地方原料重量之和。

劳动力系数大小与产品中所含劳动费用成正比，表示出了劳动费用的吸引力大小。系数越大，产品中所含劳动费用越高，其区位选择范围相应的也越大，即其偏离运费最小区的程度越大。最后在整个区域中会形成这样的工业区位格局：所有那些偏离程度大的产品，将集中在少数几个劳动力成本具有竞争优势的区位上进行生产；能够在劳动力区位附近找到原材料替代产地的低偏离度产品，也会在启用劳动力区位附近的原材料地、放弃旧有原材料地的情况下，转移到劳动力区位生产；而其他产品单元则选在各自的运费最低区位生产（孙翠兰，2003；耿丽萍、陈念平，2006）。

（3）聚集指向产业。韦伯把聚集定义为"由于把生产按照某种规模集中到同一地点而进行生产销售带来的利益或节约"；与聚集相对应的是分散，它是对聚集的消减，是指"由于把生产分散到某个点上进行而带来的利益或节约"。韦伯认为："集聚因素是一种'优势'，或是一种生产的廉价，或者是生产在很大程度上被带到某一地点所产生的市场化"。"在一定集中化程度下，成本因工业的集中化而降低。单位产品的成本指数比工业完全分散情况下的成本指数低，也比集中程度低的工业要低"（谢晶莹，2011）。

韦伯认为，工业的集聚应该分为两个阶段：第一阶段是由企业经营规模扩大引发的生产集聚，这种集聚一般是由大规模经营或大规模生产的利益所产生，这是初级阶段；第二阶段由各个企业通过相互联系的组织而地方集中化，通过企业间的协作、分工和基础设施的共同利用等带来集聚利益，这是集聚最重要的高级阶段。

韦伯认为由于运输指向或者劳动力指向产生的聚集是偶然集聚，这种聚集是由于企业外部因素引起的，包括两方面：一是由于大城市的吸引，交通便利以及矿产资源丰富使工业集中；二是一个企业选择了与其他企业相邻的位置，获得额外利益。而他所研究的范围仅限于纯聚集，即由于经济性的聚集利益而产生的聚集，这种聚集主要是通过企业规模扩大和企业协作来影响企业的效益。

4. 对工业区位理论的简评

韦伯主要是从企业的区位选择角度来研究工业集聚。他将集聚的原因简单地归结为集聚所得利益与因迁移而追加的运输和劳动力成本进行比较的结果。虽然，韦伯的区位理论某种程度上表现出了孤立、静态和封闭的特征和脱离现实的趋向，但是这一理论开创了工业区位论研究的新领域。另外，韦博试图开创一种不受社会制度、文化、历史等因素影响的、普遍的工业区域移动的纯理论，这具有开阔性和发展性特点。在研究方法上则使对单个企业的相对静态、动态区位分析逐渐过渡到考虑整个市场因素的一般均衡分析，对现代经济发展仍具有重要意义。

专栏 3 - 2

从运费角度看我国乡镇企业的布局

地理位置，对一个地区、一个国家经济发展都起到很重要的作用。美国哈佛大学教授杰佛里·萨克斯在北京大学演讲时说"世界上被大陆包围、没有海岸线的 28 个国家和地区，一般都比较穷。被陆地包围的地区，运输成本高，很难参与国际贸易，有些国家因海拔很高，也无法避免巨大运输费用"（《经济学消息报》，2001 年 7 月 13 日）。因为海上运输方便快捷，运费低廉。海上运输成为当今世界经济联系的纽带。我国东部地区经济发达，西部地区经济落后，是与地理位置、交通运输条件有很大关系的。

在现代交通运输条件下，两地之间的经济距离和时间距离较之它们之间的地理距离大为缩短，韦伯的以最低运输费用标准来选择工业区位的理论是有局限性的。但只要存在着因距离而引起的运输空间差异，韦伯的理论就有现实意义。

当前我国乡镇企业的分散状况是与运输费用的因素紧密相连的。我国 20 世纪 80 年代乡镇工业的十大行业分别依次为建材制品、纺织工业、机械工业、金属制品、食品制造、化学工业、电气机械、塑料制品、缝纫工业、煤炭采掘业，这些行业绝大部分都以原料为指向，在原料产地建立企业，显然有利于节约运输费用，降低生产成本、因为原料较制成品一般体积大价值小、运输费高。20 世纪 90 年代以来，我国的乡镇企业虽有变化，但依然是以原料指向为主，资源型和初、浅、粗加工工业多，深、精、细加工工业少。这就显示了距离、运输费用仍然是影响乡镇企业区位的重要因素。

资料来源：李纯英：《从韦伯的工业区位论看我国乡镇企业的发展与布局》，载《调研世界》2004 年第 6 期。

三、近当代区位理论

第三次科技革命后，古典区位理论随着经济社会关系的变化也在不断地完善发展，并形成了不同的理论学派，在这样的条件下所发展起来的产业布局理论统称为近当代区位理论。

1. 克里斯泰勒的地理区位理论

德国地理学家克里斯泰勒在 1933 年出版的《德国南部的中心地》一书中，系统地阐述了中心地的数量、规模和分布模式，建立了地理区位理论（也称中心地理论），成为近代区位论的核心部分。

克里斯泰勒的"中心地"是指一个区域的中心点，它的基本功能是向区域内的居民和单位提供商品和服务，如批发零售、管理、行政、金融、医疗卫生、文化娱乐等，因此，中心地往往表现为一个区域内的中心城市。

克里斯泰勒假设：（1）研究的区域是一块均质的平原，其上人口均匀分布，居民的收入水平和消费方式完全一致；（2）有一个统一的交通系统，使得同一等级规模城市的交通便捷性相同，在此基础上交通费用和距离成正比；（3）厂商和消费者都是经济人；（4）平原上货物可以完全自由地向各方向流动，不受任何关税或非关税壁垒的限制。由于超额利润的存在，必然吸引其他中心地的厂商加入进来。为了避免相互竞争所引起的销售额下降，第二个中心地必须与第一个中心地相隔一定距离，不能相距太近。以后，第三个中心地、第四个中心地……都会以同样方式加入进来。

在这块平原上，由于新的中心地厂商的不断自由进入，竞争结果使各厂商经营某类商品的最大销售范围逐渐缩小，直到能维持最低收入水平的门槛范围为止。这样，就使某类商品的供给在均质平原上最终达到饱和状态，而每个中心地的市场区都成为圆形，且彼此相切。实际上在相互激烈竞争的情况下，这种现象不可能长期存在下去。各中心地都试图把这片空白区吸引到自己的市场区内。竞争的结果，使它们之间的距离进一步缩短，以致各中心的销售范围都有一部分相互重叠。这时，居住在重叠区内的居民就有两个可供选择的区位。在消费者会选择最近地点进行购物的情况下，重叠区就被平均分割给两个相邻的中心地。依此，圆形的市场区即被六边形的市场区所替代，从而得出正六边形市场区是最有效的全覆盖中心地与服务区相连的理论图式（见图3-5）。

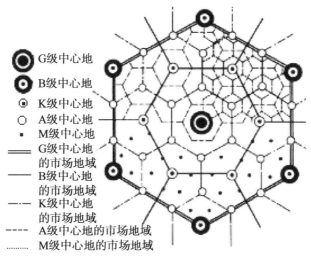

G级中心地
B级中心地
K级中心地
A级中心地
M级中心地
G级中心地
的市场地域
B级中心地
的市场地域
K级中心地
的市场地域
A级中心地的市场地域
M级中心地的市场地域

图3-5 克里斯泰勒的六边形市场区

资料来源：http：//www. dljs. net/dlsk/24277_3. html。

2. 廖什的市场区位理论

1940年，德国经济学家奥古斯特·廖什（August Losch，1906~1945）通过数学推导得出了"区位空间达到均衡时，最佳的空间模型是正六边形"的结论，形成了市场区位理论。该理论认为区位是由需求，即服务顾客的市场所决定的。廖什认为大多数工业区位是选择在能够获取最大利润的市场地域，区位的最终目标是寻取最大利润地点。最佳区位不是费用最小点，也不是收入最大点，而是收入和费用之差最大点，即利润最大点。区位空间达到均衡时，最佳的空间模型是正六边形。六边形具有最接近圆的优点，也具有比其他多边形运送距离最短的特点。所以，需求可达极大化。

廖什进一步发展了克里斯泰勒的地理区位理论，以市场需求作为空间变量对市场区位体系的解释，提出了著名的市场区位理论。廖什以啤酒生产为例（见图3-6），假设：（1）在均质的土地上，运输条件都相同，且生产要素充

足、均等分布；（2）在平原中均等地分布着农业人口，他们的生产和消费的
行为相同；（3）在整个区域中消费者都有相同的技术知识水平；（4）除经济
方面的作用外，其他因素都可不考虑。这样，企业在啤酒生产时，形成了以
各自为中心的圆形市场地域［见图3－6（a）］；为占有这些空白市场，各企
业开始扩大规模，导致圆形市场地域相接［见图3－6（b）］；在这一过程
中，仍然在每三个圆形市场中间存在有供给空白区域，各企业进一步扩大市
场，出现一部分市场重叠，最终形成六边形的市场区结构［见图3－6（c）］。

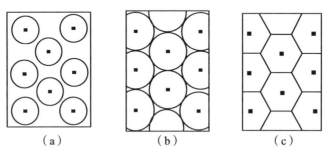

（a）　　　　　　（b）　　　　　　（c）

图3－6　廖什市场区组织的发展过程

资料来源：http：//www.dljs.net/dlsk/24279_4.html.

3. 胡佛的运输区位论

美国空间经济学家胡佛（E. M. Hoover）在其1948年出版的《经济活
动的区位》著作中首先提出了运输费用区位理论。胡佛认为运输距离、方
向、运输量和其他的交通运输条件的变化都直接地影响着运费，从而造成
产业区位的变化。胡佛的运费理论与韦伯的有所不同，胡佛将运费分解为
线路运营费用、站场费用。场站作业费用包括装卸、仓库、码头、管理经
营机构和保养等费用；运营费用包括线路维修、管理、运输工具磨损、动
力消耗、保险和工人工资等。运营费用随线路延长而增加，站场费用则固
定不变；由于场站费用是固定不变的，运输距离与运输费用间的变化就不
是简单的等比例关系。将运输结构划分为与距离相关的线路运输费用和与
距离无关的场站费用，这种划分方式有利于人们在选址时尽量靠近各大中
转场站以减少运输费用，减少货物的中转次数，以减少运输费用；另外，
可以通过选择不同的运输方式降低运输费用。

胡佛提出：①任何一批货物只要进出站场一次，即使运输距离为零，
也要付出同样多的站场费用；②站场费用，水运最大，其次是铁路和公路
运输，而运行费用则相反，公路最大，其次是铁路和水运；③每种运输方

式都有一定的距离运输优势，如公路运输适合短途运输，铁路适合总长途运输，水运适合长距离的大批量的货物运输。因此，区域进行交通运输布局时，要根据当地的运输需要建设运输网，充分发挥各种运输方式的优势。比如，公路适合于短途货物运输，而铁路适宜于中长途货物运输，对于距离更远的货物运输则需要建立水运网络。

4. 艾萨德的区位指向理论

1956 年，美国经济学家沃尔特·艾萨德（Walter Isard，1919 ~ 　）在其著作《区位和空间经济学》一书中归纳了杜能、韦伯等学者的区位理论观点，将空间维度引入对区位问题的研究，其本人也因此被称为"对区位理论全面发展贡献最大的人"。艾萨德提出了"输送投入"的概念，即指单位重量移动一单位距离的必要投入。他还提出，输送投入与其他生产要素相同，都是按照利润最大化原理投入的，但输送投入意味着空间变量的增加，运费是其投入的价格。对于劳动费指向，艾萨德也有所提及，他认为，如果最佳区位不是运费最小点，区位将会从运费最小点向劳动力廉价点转移。

5. 小结

随着经济的发展，在一些发达国家，工业化已走过了劳动密集型到资本密集型、再由资本密集型到技术知识密集型，并在结束后工业化之后进入知识经济时代，工业的区位选择也由最初的资源地依赖演进到劳动力依赖，又由劳动力依赖进化到资本依赖和技术知识依赖。此外，产业的组织形态也发生巨大变化，由"单一工厂企业"发展到"多工厂或多分支机构企业"，有些跨国公司已发展成为全球企业。这种情况下，传统的"一个企业一个地点"的区位理论已无力应付现代企业的发展，一些学者突破了传统的理论框架，把研究重点转移到"多工厂企业"的区位选择和空间组织上来。区位理论的不断发展使其较为准确地解释现实经济的能力进一步增强，从而可以更好地指导区域经济活动的过程。

新经济时代，在全球经济一体化、信息化、网络化的今天，传统的自然地理位置、几何中心位置、行政中心位置，以及资源地、交通运输枢纽等"区位因子"，对产业区位的选择、对城镇地位与发展的作用越来越弱，而对外联系的"门户区位"、"信息区位"和"网络节点区位"等"区位因子"正发挥着显著作用，空间距离的约束力在减弱。

从产业布局的发展来看，近当代区位理论的从对工业区位进行探讨发展成为对贸易区位、城市区位进行研究，从局部均衡发展成为一般均衡，从微观静态平衡发展为宏观静态平衡，从对第一产业的研究转向对二、三产业的研究，将研究目的从追求生产成本、运输费用最低转向市场区位最优。这种发展为产业布局区位理论的多样化奠定了基础（王俊豪，2008）。

第三节　空间结构理论

区域经济空间结构是指在一定地域范围内经济要素的相对区位关系和分布形式，它是在长期经济发展过程中人类经济活动和区位选择的累积结果。

空间结构理论是在古典区位理论基础上发展起来的、总体的、动态的区位理论。该理论产生 20 世纪 30～40 年代，最先出现在德国，50 年代以后，美国、瑞典等国家对此理论进行的扩展。对空间结构理论做出突出贡献的是德国学者 E.V. 博芬特尔，他将杜能、韦伯、廖什等人的经典区位理论融合在一起进行了思考，因此在一定程度上空间结构理论可看做是各种区位理论的综合与发展。

空间结构理论源于区位理论，但其着眼点与目标又不同于区位理论，空间结构论是站在一个更高的高度上来研究各种经济活动在空间的聚集程度，从而寻求其在空间中的最优组合。该理论把处于某一空间范围的各种经济活动视为一个有机整体，并考察它们在相互作用中随时间的动态变化规律。因此，从这个角度讲，空间结构理论是动态的总体区位论。

一、空间结构的基本构成要素及概念

空间结构是区域各种经济活动的载体，由点、线、网络和域面四个基本要素组成。如工业、商业、城镇、市场在空间上表现为点，交通、通信、能源表现为线，种植业表现为面。不同的表现形态是由区域市场要素的经济技术特点、要素活动特征以及区域特征等的不同造成的。

1. 点
空间结构中，点一般指的是区域内的中心城市或其他城镇。区域的经济活动在地理空间上集聚而形成的点状分布状态，如工业点、商业点、服务点、文化点等。这些点之间相互关联，同时会吸引人口、生产要素等向它们靠拢集中在一起，逐步发展壮大，进而区域经济活动的中心——城镇。

经济活动在空间上的集聚规模有大小之分，因此，空间结构中的点也有等级之分。集聚程度不同使得城镇的规模、功能和等级也有不同。这些不同规模的点连接在一起组成了一个等级体系，中心城市在其中处于核心地位。因此，点是区域经济活动的重心，它决定着区域的城市化水平。

2. 线

空间结构中的线是指区域的某些经济活动在地理空间上所表现的线状分布状态。如公路、铁路、航空、水运组成的交通运输线；各种通信设施组成的通信线；能源管道组成的能源线等。此外，一些呈线状分布的城镇所构成的城镇线也包括在线的范围中。

与点的原理相同，根据线组成要素的数量、密度、质量和功能的重要程度，线也可以分为不同等级。如交通线中的公路线分为国道、省道和乡道。同类但不同等级的线通常具有互补的作用，它们相互连接、补充，使得其可以更大程度地发挥支撑作用，从而更好地共同完成某些经济活动，对区域经济要素的流动和合理配置起着重要作用。

3. 网络

空间结构中的网络是由相关的点和线相互连接而成的，是连接点和线的载体，具备单个线或点所不具备的功能。网络可以由同一种性质的点与线组成，形成单一性网络；也可由不同性质的点与线组成，形成综合型网络。网络与线都是区域传递各种经济要素的载体，物流、资金流、信息流、劳动力与人才流都是通过网络运动的。

4. 域面

空间结构中的域面是区域经济活动在地理空间上呈现出的面状分布状况，是市场的经济腹地。如农业空间分布所呈现的域面，各种市场所形成的域面，城市经济辐射力所形成的域面。另外，经济活动在一定地理空间范围内较密集地连续分布，也可看做是域面（梁蓓，2011）。域面可以通称为"经济区"，域面的规模取决于中心城市的辐射能力。城市通过聚集大量的资本、劳动力、技术、信息等产生规模经济，然后再通过线和网络的作用不断地向周围地区扩散商品、技术、信息以为文化、观念等，从而促使腹地的经济发展，扩大域面的规模。

空间结构要素的组合模式如表 3 - 1 所示。

表 3 - 1   空间结构要素的组合模式

区域要素及其组合	空间子系统	空间组合类型
点——点	节点系统	村镇体系、集镇系统、城市体系
点——线	经济枢纽系统	交通枢纽、工业枢纽
点——面	城市—区域系统	城镇集聚区、城市经济区
线——线	网络设施系统	交通通信系统、电力系统、给排水网络
线——面	产业区域系统	作物带、工矿带、工业走廊
面——面	宏观经济系统	基本经济区、经济地带
点——线——面	空间一体化系统	等级规模体系

资料来源：张沛：《区域规划概论》，化学工业出版社 2005 年版，第 184 页。

二、空间结构形成与发展机制

在空间结构的形成与发展过程中，自然因素、经济因素、社会因素、交通因素、地理因素、科技因素等各种因素彼此影响，交互作用。因而，区域经济发展在其空间结构演变上，始终存在着两种相背离的趋势，即集聚与扩散。集聚与扩散是空间结构形成与发展的核心机制，是区域经济空间演化的基本表现，体现在不同尺度的空间结构形态上和不同阶段的产业结构形态上。

1. 集聚效应

集聚是指区域经济诸要素在空间中的流动导致在区域上的密集化过程，主要源于外部经济效应，具体表现为地域核心的形成。集聚会产生经济，即因社会经济活动及相关要素的空间集中而产生的效益。集聚经济本质上是一种外部经济，是由集聚规模经济与集聚范围经济共同作用形成的复合经济形态。区域经济要素在空间集聚，各企业就能集聚的各种有利方面节约成本，如基础设施的共享、市场规模的扩大、技术力量的增强、信息的快速传递与反馈、生产服务行业的配套建立等。集聚的结果会导致社会分工的进一步深化，区域资源得以更高效率的利用，从而形成更大范围集聚的诱因（施冬健，2006）。

集聚效应的形成源于三个方面：一是经济活动的指向性。一般而言，区位指向相同的经济活动趋向于向指向性因素所在地集中，并逐步形成一定的集聚规模；二是各经济活动之间存在着技术、经济等方面的联系，其中一些联系密切的活动往往向某一合适的地方集中；三是经济活动对集聚经济的要求，经济活动集聚能够产生经济性。因此，集聚过程一旦开始，极易形成循环因果正反馈关系，加速集聚过程（张金锁，康凯，2010）。

集聚能产生集聚引力，引起区域经济的空间结构变化。集聚首先会诱发资源、要素、企业向优势区位移动，促使发达区域和产业密集带的形成和发展，形成区域的经济增长极或增长中心。但是，集聚引力过大会加剧区域经济发展的空间不平衡，加剧经济发达区域与落后区域、城市与农村、专业化区域与一般区域之间发展的"马太效应"。

2. 扩散效应

扩散是集聚的反过程，是指经济活动及各要素从极核向外围扩散的过程，其主要作用是使生产要素逐步由极核区域向外围扩散渗透，形成一种离心运动（王修来，2009）。扩散效应可以促进资源、要素、企业、经济部门在空间上趋于相对均衡，有利于逐步缩小区域内部的经济水平差异，促进经济协调发展。

发达地区发展到一定程度之后，由于人口稠密、交通拥挤，资源相对不足等，会使得生产成本上升，外部经济性减少。当集聚规模超过区域的承受能力，就会出现集聚不经济现象，这时发达地区的资本、技术为追求更高的边际效益，避免集聚的不经济而从集聚地迁移出去，开始向周边落后地区扩散，寻找新的发展机会，从而带动落后地区的经济发展。

扩散效应的产生主要源于两点：一是企业自身为了避免过度的竞争带来的压力；二是政府等部门为了缓解过度集聚、促进区域协调发展而制订一系列的引导政策。

扩散的空间表现形式主要有两类，包括均衡扩散和非均衡扩散。具体则可以分为四种：就近扩散、等级扩散、跳跃式扩散、随机扩散。

①就近扩散。即资源、要素、企业由集聚地区向四周相邻地区扩散；②等级扩散。等级扩散是集聚地区的资源、要素、企业和经济部门按照城市等级体系由上至下地进行扩散。扩散往往首先从集聚区先扩散到其他较大的城市，然后再扩散到中等城市，小城市，直到乡村。③跳跃式扩散。跳跃式扩散是资源、要素、企业和经济部门从集聚地区越过周围的地区而

直接扩散到其他地区。产生跳跃式扩散的主要原因是接受地有特殊的条件（或资源、或市场、或有优越的发展环境），吸引力大形成的。④随机扩散。随机扩散是集聚地区资源、要素、企业和经济部门的一种无规律的扩散（王世豪，2009）。

3. 集聚与扩散的关系

在空间结构的形成与发展过程中，集聚与扩散是同时并存的，扩散是集聚的相反过程，集聚与扩散两种机制是一个对立统一体。在不同的发展时期，区域资源和要素的空间分布与组合状态不同，制约经济发展的条件也不同，为了提高经济活动的经济性，各项经济活动就会寻找适宜自己发展的地方去布局，这就产生了经济活动要素在空间的集聚与扩散运动。任何一个区域都同时有集聚与扩散的双向过程存在，当聚集效应小于扩散效应，经济中心就会缩小；聚集效应等于扩散效应，经济中心大小保持不变；聚集效应大于扩散效应，经济中心就不断扩大。要准确地描述一个区域集聚与扩散的状态，必须从其所处发展阶段以及不同层面进行考察。

通常来说，聚集效应在区域空间结构形成的初期会占据主导地位，此时区域经济比较分散，为了实现外部经济效应，要素开始集聚。随着空间结构发展，区域经济出现不平衡现象，先集聚的区域开始出现拥挤、竞争过度等现象，此时，集聚机制的作用会逐步减弱，扩散机制的作用会逐步增强。当空间结构进入成熟期，集聚效应与扩散效应的作用又会回归到一种均衡状态，有时候也有会出现扩散作用超过集聚作用的状况。

此外，集聚与扩散过程都具有一定的惯性，一旦开始，就将沿着其固有的方向进行下去，如果没有人为干预，只有等到出现集聚不经济或扩散不经济时，两者的地位才会转化。

三、主要的空间结构理论

区域经济学几十年的成长过程中，通过不断地理论分析和实证研究，空间结构理论取得了飞速发展。

1. 增长极理论

增长极理论是20世纪40年代末50年代初西方经济学家关于一国经济

平衡增长抑或不平衡增长大论战的产物。开创者是法国经济学佛朗索瓦·佩鲁（Francois Perroux）。佩鲁在其著作《经济空间：理论的应用》一书中提出了"增长极"这一概念，成为增长极理论的重要代表人物。

以佩鲁的理论为根本，法国和比利时的一些研究者们对增长极理论进行了进一步的发展和延伸。佩鲁所说的增长极是指具有强大增长潜力的工业企业，它存在于抽象的经济空间，不是一个具体的地理位置，但是这一概念比较模糊。佩鲁认为，增长极是否存在决定于有没有"推进型单元"。推进型单元是一个经济部门，它超过平均水平的强劲增长并通过其他部门紧密联系产生影响。推进型单位与其他经济部门的区别如下：它规模巨大；相对于其他部门具有强大优势；同其他部门有紧密联系；有强劲的经济增长。只有具备了这种前提，推进型单元才能在客观的规模上产生推动力并把它扩展到其他经济部门（陈秀山、张可云，2003）。

1957 年，佩鲁的弟子，法国地理学家布代维尔（J. R. Boudeville）在《区域规划问题》（1957）和《国土整治和发展极》（1972）中将极的概念进一步拓展，提出了"经济空间"、"区域增长极"等概念。早期的增长极理论重点在考察部门之间的关系，对于区域关系与空间关系并没有充分认识到，布代维尔则填补了这一空缺。布代维尔强调经济空间的区域特征，认为空间不仅包括经济变量之间的结构关系，也应该涵盖经济现象的地域结构或区位关系；增长极的概念与推进产业相关联，增长极既可以是部门的，也可以是区域的。在布代维尔的理论中，极是一个确定的地理位置，位于城镇或其附近的中心区域，这是对佩鲁理论的发展。布代维尔重点分析的对象包括以下两方面：第一，是作为经济空间商的某种推动型工业；第二，是作为地理空间上的产生聚集的城镇。他进一步将经济空间划分为三类：其一是同一区域或均质区域；其二是极化区域；其三是计划区域。

增长极理论认为现实中不可能存在平衡发展，是区域开发中不均衡发展理论的一个典型，对于区域开发和区域规划有重要意义。经济增长通常是从一个或者数个"增长中心"逐渐向其他部门或者地区传导。增长极是由推进部门和有创新能力的企业在某些地区或大城市的聚集发展而形成的经济活动中心，这些中心具有生产中心、贸易中心、金融中心等多种功能，促进自身并推动其他部门和地区的经济增长（刘秉镰，2007）。

通过聚集，极化中心本身会取得经济增长，扩散效果的存在又会使得极化中心促进周围地区经济增长。这是增长极对于区域经济的积极作用。但是，增长极的聚集效果远大于扩散效果，有可能会造成地区间发展不平衡。

2. 核心—边缘理论

全面阐述"核心—边缘"（也称"中心—外围"模式）关系的学者主要有瑞典的缪尔达尔（Myrdal G.，1957）和赫尔希曼（A. O. Hirshman，1958）。该理论的完善则要归功于弗里德曼（J. R. Friedman，1966），在其学术著作《区域发展政策》一书中，他试图通过"核心—边缘"理论阐明一个区域如何由互不关联、孤立发展到发展不平衡；又由极不平衡发展变成互相关联平衡发展的区域系统。弗里德曼认为，在区域经济发展中，核心地区和边缘地区具有不同的地位和作用。1972 年，弗里德曼在《极化增长的一般理论》一文中又将"核心—边缘"理论研究的对象从空间经济扩展至社会生活各个层面。[①]

弗里德曼认为任何区域都是由核心和边缘两部分组成的。相对于边缘，核心地带发展快并且具有竞争优势，同时核心会对边缘地区发展产生抑制作用（陈晓华，2005）。核心区域一般指城市或城市聚集区，包括：国内都会区；区域的中心城市；亚区的中心；地方服务中心。边缘区域则为较为落后的地区，可以分为过渡区域和资源前沿区域。过渡区域又可以分为上过渡区域和下过渡区域。上过渡区域是联结两个或多个核心区域的开发走廊，一般处于核心区域外围，与核心区域之间已经建立了一定程度的经济联系，受核心区域影响，经济发展呈上升趋势。下过渡区域的社会经济特征处于停滞或衰落的向下发展状态。与核心区域的联系不紧密。资源前沿区域又称为资源边境区，一般地处边远但拥有丰富的资源。这类区域有经济发展的潜力，可能出现新的增长势头，同时在这里有新聚落，有城镇形成的可能。资源前沿区有可能发展为次一级的核心区域（崔功豪，2003）。

弗里德曼认为由于极化效应和扩散效应的相互运动不停地在进行，核心区与边缘区的空间结构也会随之改变。极化效应是指在增长极上，由于区域主导产业和创新企业的建设和发展，对周边地区的劳动力、资源、原材料、资金和技术等产生强大的吸引，从而使增长极的经济实力和人口规

---

① Friedmann J. R.：A General Theory of Polarized Development. Growth Centers in Regional Development. New York，1972.

模迅速扩大。核心区发展快速,边缘地区的财富向核心地区流动,会使边缘地区经济没落。扩散效应则是指核心区的剩余资本及技术等向边缘地区流动,这会促使边缘地区发展。扩散效应作用的结果是大范围带动区域经济发展。增长极的极化效应和扩散效应是带动区域经济发展的不同形式,在区域经济发展的不同阶段其作用强度也不同。

弗里德曼用"核心—边缘"理论将区域经济增长与经济发展的阶段联系起来:(1)前工业化阶段。这个阶段社会经济不发达,生产力水平低下,农业占主导位置,工业产值比重小于10%。城镇的产生和发展非常缓慢,区域之间经济联系不紧密,各城镇呈独立的中心状态。(2)工业化初期阶段。一些发展较为迅速的区域逐渐形成,加工业和制造业得到发展,城市开始产生并成为核心。这个阶段,工业产值比重大约在10%~25%。核心区域与边缘区域的差距随着经济增长速度的不同而扩大。(3)工业化成熟阶段。此时工业产值在经济中的比重占到25%~50%。核心区域快速发展,对边缘地区起到控制作用,同时与边缘地区矛盾更加凸显,不平衡加剧。(4)空间相对均衡阶段,即后工业化阶段。核心区域进一步向边缘区域扩散,资金、技术等更多地从核心区域流向边缘地区,与此同时,需要从边缘区域获得更多的原材料和劳动力。次级核心区域除了向核心区域并拢,也会进一步发展,或成为核心区域,或在其内部出现下一层次的核心区域。边缘区域与核心区域的不平衡现象得以改善,整个区域成为一个相互依赖、相互关联、平衡发展的城镇体系,见图3-7。

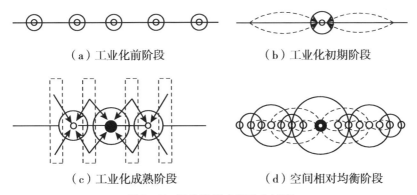

(a)工业化前阶段　　　　　(b)工业化初期阶段

(c)工业化成熟阶段　　　　　(d)空间相对均衡阶段

图3-7　经济增长空间动态过程

资料来源:崔功豪、魏清泉、刘伟科等:《区域分析与区域规划》,高等教育出版社2006年版,第310页。

专栏 3-3

核心还是边缘？

弗里德曼通过对美国核心—边缘模式的实例分析，发现核心区域与边缘区域会随着经济的发展发生变化。

19 世纪 20 年代初，来自欧洲的成本和劳动力在美国东北部集中，东北部形成了美国制造业的中心，该区域迅速发展并成长为核心区域。由于集聚效应和规模经济效应，东北部沿海一带发展为庞大的城市化区域。

当时的加利福尼亚（美国西部城市）还是资源型边缘区域，后来随着金矿的发现，移民涌入，城市化快速发展，成为当时美国一个主要的次级核心区域。当时南方大部分地区经济落后，城市化水平低，属于明显的边缘区。随着东北部制造业向外扩散，美国经济中心向南部和西部转移，财富也随着发生转移，区域关系随着国家产业布局的调整发生了变化。

尽管核心区域与边缘区域的对比仍存在，但是强度已经大大减弱。随着西部太平洋沿岸巨大城市带的形成，东部太平洋沿岸城市带的形成，它们与五大湖南部城市带并立，使核心区域和次级核心区域范围扩大，边缘区域大大缩小，区域之间不平衡发展现象也有了很大改观。

资料来源：崔功豪、魏清泉、刘伟科等：《区域分析与区域规划》，高等教育出版社 2006 年版，第 312 页。

3. 点轴理论

点轴理论是波兰的萨伦巴和马利士首次提出来。点轴系统理论以中心地学说等为理论基础，是增长极理论的延伸。增长极就是点轴理论中的点，随着经济的发展，为了生产要素交换等的需要就出现了连接点与点的交通线路以及动力供应线、水源供应线等，这就是轴线（周茂权，1992）。点轴贯通，就形成点轴系统。轴线形成后，又会吸引人口、产业向轴线两侧集聚，并产生新的增长点。波兰在 20 世纪 70 年代初期开展的国家规划，是点轴开发模式的典型应用。

点轴系统中的点应具有四大特征：科技水平相对较高，是所在区域的创新中心；主导产业明确，与周围地区产业关联度大的产业综合体；在一方面或某几个方面具有突出优势，在区域竞争中具有明显的比较优势；基础设施条件优越，交通、能源、水资源等供应系统完善。轴的实质是依托沿轴各级城镇形成产业开发带，其有两大特征：一是资源开发、产品和劳务生产流通的基地，这些生产流通基地可能是同一种类、同一层次的，也可以是不同种类、不同层次的；二是必须处于水陆空交通干线上，即要有发达而稠密的运输网，把这些流通基地连成一线，以缩短空间距离并节省时间（陈秀山、张可云，2003）。

　　点轴理论包括据点开发理论、轴线开发理论和点轴渐进扩散理论。据点开发理论强调将有限资金集中应用于几个据点的建设，一般是主导产业和经济基础好的城市，通过对这些据点的开发建设来带动周围地区发展，强调轴线上基础设施的建设，沿着发展轴重点开发建设一些工业区与城市，其目的就是要以点带面，逐步形成产业密集带（崔功豪，2006）。日本第一次全国综合开发计划就是据点开发策略。

　　点轴渐进扩散理论认为社会经济客体聚集在点上，轴线在连接点的同时传递点之间的相互作用。点轴空间结构系统的形成主要有四个阶段：（1）点、轴形成之前的均衡阶段。此时社会经济客体呈现一种有序而无组织的状态，效率低下。（2）点、轴形成阶段。社会经济客体开始聚集，局部进入有组织状态，区域经济发展有所加快，工业化初步发展。（3）点轴系统初步形成阶段。此时进入工业化的中期。（4）点轴空间结构完成阶段。在区域政策和规划的指导下，社会经济要素经过长期的积累和聚集，空间结构重新达到均衡，但是相对于第一阶段，这个阶段是一种社会、经济组织高效率的均衡（刘秉镰，2007）。（见图3–8）

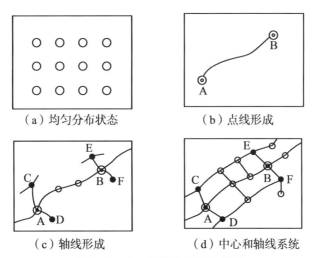

（a）均匀分布状态　　　　　　（b）点线形成

（c）轴线形成　　　　　　（d）中心和轴线系统

图3–8　点—轴渐进扩散示意图

　　资料来源：崔功豪、魏清泉、刘伟科等：《区域分析与区域规划》，高等教育出版社2006年版，第317页。

点轴开发模式的基本思路是理论在实践中的应用，工作步骤可以分为四步：首先，确定区域内具有开发潜力的线性基础设施经过的地带作为发展轴。其次，发展轴形成后可以产生扩散作用，促进周边地区迅速发展，然后根据这些周围重点城镇的地理、生产要素等特点，明确其在区域中的功能，确定其发展方向。再次，通过过轴线上的点来吸引区域内的要素聚集，在原先点的基础上形成新的增长极。最后，确定点和轴线的等级体系，不同等级的点和轴线对于区域规划的影响程度不同，因此开发顺序也不同，应该按照体系对于该地区的重要程度来安排开发顺序。

西部开发战略

2003 年《西部开发重点区域规划》，提出实施重点开发战略。建设重点经济带对西部开发具有特殊的应用意义。重点经济带是沿基础设施通道建设的、具有较强大经济实力且具有较密切经济和社会联系、具有基本一致的对外经济合作方向、具有一个或两个能发挥组织功能的一级中心城市的综合地域社会经济体系。

根据点—轴理论，规划确定了四条一级经济带和四条二级经济带。一级经济带包括西陇海—兰新线经济带、长江上游成渝经济带、南贵昆经济区、呼包—包兰—兰青经济带。建设好这四条重点经济带可以使西部地区开发目标和全国的发展较好地结合起来，使西部各省区市及各部门有明确的一致的空间开发方向。二级经济带包括川黔沿线经济带、广西西江经济带、昆明—瑞丽经济带和西藏"一江两河"经济带。

中心城市则作为西部开发的重要点。规划确定西部开发应该以四级，45个城市为主要支撑。其中，一级中心城市（3个）：重庆、成都，西安；二级中心城市（3个）：昆明、兰州、乌鲁木齐；三级中心城市（9个）：南宁、呼和浩特、银川、贵阳、西宁、拉萨、柳州、包头、绵阳；四级中心城市（30个）：桂林、防城港、梧州，遵义、安顺、六盘水，玉溪、曲靖、瑞丽，攀枝花、泸州、内江、宜宾，万州区（城区），克拉玛依、奎屯、石河子、哈密、库尔勒，酒泉——嘉峪关、天水、张掖，石嘴山、吴忠、鄂尔多斯、通辽，宝鸡、延安，日喀则，格尔木。

资料来源：中国科学院"西部开发重点区域规划前期研究"课题组：《未来20年西部开发战略的空间布局》，载《科学新闻》2003年第15期。

4. 圈层结构理论

在"杜能环"概念提出100年后的1925年，美国芝加哥大学教授伯吉斯（Burgess）通过研究发现，城市五大功能区（从内向外依次是中心商业区、过渡性地区、工人阶级住宅区、中间阶层住宅区、高级或通勤认识住宅区）是按同心圆法则布局的，并认为这是城市土地利用结构的理想模式。20世纪50年代后，狄更生和木内信藏分别通过对欧洲和日本城市的研究，提出了近似的城市地域分异三地带学说，认为大城市圈层是由中心地域、城市的周边地域和市郊外缘的广阔腹地三大部分构成，并从内向外有序排列（董晓峰，2005）。在实践中，圈层结构理论已成为日本国土综合规划的重要指导思想，并且发展成为大城市经济圈构造理论。

城市可以分为内圈层、中间圈层和外圈层三个层次，各个圈层有自己的特征和功能。内圈层是城市的中心城区，居民密度和建筑密度都很高，以第三产业为主，是地区经济的核心，也是城市扩散的源地。内圈层是地区经济最核心部分，也是城市向外扩散的源地。中圈层处于建成区外围，是城镇与乡村的衔接地带，既有城市的某些特征，又还保留着乡村的某些景观，是中心城区向乡村的过渡地带。居民点密度和建筑密度较小，以第二产业为主。由于城市不断扩展，新的城市工业区、住宅区、科研和文教区等不断在边缘地区出现。外圈层又叫城市影响区，农业活动在该区经济中占绝对优势，是城市的水资源保护区、动力供应基地、假日休闲旅游之地。

城市圈层向外扩展的情况随着经济周期而波动，也会出现加速、停滞、稳定等变化状态。另外，城市因为其不断发展有向外扩散的张力，而周边地区因为自身发展能力和地域特点等原因导致吸收能力有大小差异，一张一吸，因为各个方向的力量不均衡，城市圈的扩展就出现了变异，而非绝对圆形。通常情况下，因为交通干线周围区域的吸收能力较强，城市圈的扩展往往会沿着重点交通线进行。目前，圈层式空间结构理论被广泛应用于城市经济区和综合经济区的研究。

专栏 3 - 5

日本国土规划——圈层理论的典型应用

　　圈层结构理论的应用之一就是卫星城镇的规划。卫星城镇的建设和法则是第二次世界大战后出现的普遍现象。卫星城镇的布局一般是围绕母城由近及远的圈层配置卧城、工业城、城市疏散点。很多国家利用圈层扩展理论指导卫星城镇的规划，以解决大城市的过分拥挤情况。其中，日本的国土规划是一个典型例子。

　　第二次世界大战后，日本以朝鲜战争的爆发为契机，经济迅速复兴。到 50 年代中期，首都东京及其周边已经出现了由于人口和产业急剧聚集而带来的各种问题。因此，政府于 1956 年制订了《首都圈整备法》，将包括东京及其相邻的神奈、千叶和琦玉三个县、半径大致在 50 千米的地方纳入首都圈范围。后来，随着经济的高速增长，除东京外，大阪和名古屋两大城市的人口和产业也急剧增长，政府再次扩张了首都圈的规划范围。这三个大都市区的规划范围都成为半径大约在 100 千米左右的开阔地域。1987 年，日本制订的《第四次全国综合性开发计划》提出了多极化开发方案，将全国分为七个经济圈，对各个经济圈都提出了开发与建设的基本方向及政策。中央部分包括三个经济圈：以东京都的区部为中心的东京圈；以京都、大阪、神户为中心的关西圈；以名古屋为中心的名古屋圈。周围有四个地方经济圈：以札幌为中心的北海道圈；以仙台为中心的东北圈；以广岛为中心的四国圈；以福冈为中心的九州圈。

　　资料来源：刘秉镰、韩晶：《区域经济与社会发展规划的理论与方法研究》，经济科学出版社 2007 年版，第 110～114 页；崔功豪、魏清泉、刘伟科等：《区域分析与区域规划》，高等教育出版社 2006 年版，第 325 页。

5. 梯度推移学说

　　梯度推移学说源于弗农提出的工业生产的产品生命周期理论。产品生命周期理论认为，工业各部门及各种工业产品都要经历创新、发展、成熟、衰退四个阶段。区域经济学家将这一理论引入到区域经济学中，便产生了区域经济发展梯度转移理论。

　　梯度转移理论认为，区域经济的发展取决于其产业结构的状况，而产业结构的状况又取决于地区经济部门，特别是其主导产业在工业生命周期中所处的阶段。与产品周期的划分相对应，经济部门可以分为三类：产品处于创新到成长阶段的兴旺部门；产品处于成长到成熟阶段的停滞部门；产品处于成熟到衰退阶段的衰退部门。若兴旺部门是该区域的主导部门，则该区处于高梯度区域。推动经济发展的创新活动主要发生在高梯度区域，由高梯度区域向低梯度区域推移。具体的梯度推移有两种方式：一种是创新从发源地向周围相邻的城市推移；另一种是从发源地向距离较远的第二级城市推移，再向第三级城市推移，依次类推，创新就从发源地推移到所有的区域。有的学者认为科学技术也存在由高梯度区域向低梯度区域转移的趋势，由技术密集型逐步转为了劳动密集型。这类产业生产的产品在高梯度地区市场趋于饱和，同时受到了低梯度区域低地价、低工资水平、低原材料价格和税收优惠的吸引，从而使得该产业向低梯度地区进行转移。[①]

梯度转移理论的基本观点主要体现在以下三个方面：第一，区域经济的盛衰主要取决于区域产业结构的优势，而产业结构优势又取决于地区经济部门，特别是主导专业化部门在工业生命周期所处的发展阶段。如果一个地区的主导专业化部门正处于创新阶段就会带来该区域经济的高速增长和人均收入水平的快速上升，该地区应该是一个经济发展的高梯度地区，反之亦然。第二，创新活动大都发源于高梯度地区，随着时间推移，在扩散效应的作用下，按顺序逐步由高梯度地区向低梯度地区推移。第三，梯度推移主要是通过多层次城市系统传递的。创新在空间上的扩散有局部范围与大范围两种形式。局部范围的扩散是创新活动由发源地向经济密切联系的邻近城市推移，大范围的扩散则是创新活动由发源地按照区域城市系统的等级顺序，逐步向广泛地区扩散，这时候决定推移取向的是接受创新能力的差异（刘秉镰，2007）。

梯度转移理论主张发达地区应首先加快发展，然后通过产业和要素向较发达地区和欠发达地区转移，以带动整个经济的发展。高梯度区域要长期保持其领先地位，必须不断创新，一旦停滞不前，其地位就会被后来者赶超。而处于低梯度的区域，若要实现超越式的发展，则应该重视对于新兴产业等对地区经济基础要求较低的产业，发挥其体制灵活，受限较少等优势，后来居上，发展为高梯度地区。

---

① 刘碧：《基于产业梯度转移理论的我国产业转移问题研究》，载《科技创业月刊》2010年第11期。

□ 思考与练习题

1. 简述影响区域经济布局的因素。

2. 古典区位理论包括哪些内容？

3. 对于不同层次的空间布局，哪些区位因素起主要作用？

4. 简述空间结构的基本构成要素，如何理解它们之间的关系？

5. 点—轴空间结构系统是如何形成的？

6. 简述增长极理论。

7. 举例说明点—轴理论和圈层理论在现实中的应用。

8. 如何看待经典区位理论中的假设条件？

9. 结合我国实际情况，利用核心—边缘理论对我国的区域规划提出建议。

□ 延伸阅读文献

1. 张金锁、康凯：《区域经济学》（第三版），天津大学出版社 2010 年版。

2. 郝寿义：《区域经济学原理》，上海人民出版社 2007 年版。

3. 刘秉镰、韩晶：《区域经济与社会发展规划的理论与方法研究》，经济科学出版社 2007 年版。

4. 安虎森等：《新区域经济学》，东北财经大学 2010 年版。

5. 崔功豪、魏清泉、刘伟科等：《区域分析与区域规划》，高等教育出版社 2006 年版。

6. 陈秀山、张可云：《区域经济理论》，商务印书馆 2003 年版。

7. 李小建：《经济地理学》，高等教育出版社 1999 年版。

8. 安虎森：《区域发展理论研究》，东北朝鲜民族教育出版社 1996 年版。

9. 魏后凯：《现代区域经济学》，经济管理出版社 2006 年版。

10. 胡佛：《区域经济学导论》，经济出版社 1989 年版。

11. 耿丽萍、陈念平：《经济地理学》，机械工业出版社 2006 年版。

12. 吴殿廷：《区域分析与规划》，北京师范大学出版社 2001 年。

13. 高进田：《区位的经济学分析》，上海人民出版社 2007 年版。

14. 阿尔弗雷德·韦伯：《工业区位论》，商务印书馆 1997 年版。

15. Friedmann J. R.：Regional Development Policy：A Case of Venezuela. Cambrige：MIT Press，1966.

第四章 区域与城市的 结构优化理论

第一节 区域产业集聚经济

产业集群是现代产业发展在空间布局上的重要表现，它的经济本质是经济要素在空间上的重新分工和组合，是生产力实现空间布局上的优化。产业集群这一名词最早出现在迈克尔·波特教授1990年版的《国家竞争优势》著作中，按照波特的观点，产业集群是指在既竞争又合作的特定领域内，彼此关联的公司、专业化供货商、服务供应商和相关产业的企业以及政府和其他相关机构（例如大学、规则制订机构、智囊团、职业培训机构以及行业协会等）的地理聚集。换句话说，产业集群不仅包括对竞争非常重要的一系列相关产业和其他实体，如专业化投入品的供应商和专业化设施的提供者，还包括向下游延伸的销售渠道和客户，并且从侧面扩展到辅助性产品的制造商，以及与技能技术或投入相关的产业公司，如图4-1所示。产业集群过程是经济增长与要素流动的不断攀升的动态过程，每一轮产业集群都带来新一轮的经济空间分工，区域特定的社会经济关系、区域的物质和社会空间结构也随之发生重要变化，见图4-1。

一、产业集群产生的原理

（一）规模经济与产业集群

规模经济理论是现代经济学的基本原理之一。由于分工和专业化等

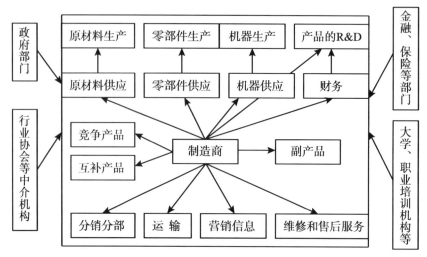

图 4 - 1　产业集群结构

原因，企业生产产品的单位成本随着产量的增加而不断下降。也就是说，可以通过扩大经营规模来降低平均成本，提高利润水平。

规模经济包括工厂规模、企业规模和聚集规模经济三个层次。工厂规模经济是指厂商在单个产品生产过程中通过自身生产规模扩大，提高生产率，降低平均成本，以获得规模报酬。这是一种新古典经济学所讲的内部规模经济，是单纯技术意义上的规模，源于专业化、分工与协作、生产设备、工艺流程的技术不可分性。

企业规模经济是指劳动者、劳动手段、劳动对象等生产要素和产品在企业里的集中程度。它本质上是一种外部规模经济。国家统计局依据从业人员、营业收入、资产总额等指标或替代指标，将我国的企业划分为大型、中型、小型、微型四种不同的规模类型。主要指标包括：①从业人员，是指期末从业人员数，没有期末从业人员数的，采用全年平均人员数代替。②营业收入，工业、建筑业、限额以上批发和零售业、限额以上住宿和餐饮业以及其他设置主营业务收入指标的行业，采用主营业务收入；限额以下批发与零售业企业采用商品销售额代替；限额以下住宿与餐饮业企业采用营业额代替；农、林、牧、渔业企业采用营业总收入代替；其他未设置主营业务收入的行业，采用营业收入指标。③资产总额，采用资产总计代替（见表 4 - 1）。

表4-1 统计上大、中、小、微型企业划分标准

行业名称	指标名称	计量单位	大型	中型	小型	微型
农、林、牧、渔业	营业收入（Y）	万元	Y≥20000	500≤Y<20000	50≤Y<500	Y<50
工业*	从业人员（X）	人	X≥1000	300≤X<1000	20≤X<300	X<20
	营业收入（Y）	万元	Y≥40000	2000≤Y<40000	300≤Y<2000	Y<300
建筑业	营业收入（Y）	万元	Y≥80000	6000≤Y<80000	300≤Y<6000	Y<300
	资产总额（Z）	万元	Z≥80000	5000≤Z<80000	300≤Z<5000	Z<300
批发业	从业人员（X）	人	X≥200	20≤X<200	5≤X<20	X<5
	营业收入（Y）	万元	Y≥40000	5000≤Y<40000	1000≤Y<5000	Y<1000
零售业	从业人员（X）	人	X≥300	50≤X<300	10≤X<50	X<10
	营业收入（Y）	万元	Y≥20000	500≤Y<20000	100≤Y<500	Y<100
交通运输业*	从业人员（X）	人	X≥1000	300≤X<1000	20≤X<300	X<20
	营业收入（Y）	万元	Y≥30000	3000≤Y<30000	200≤Y<3000	Y<200
仓储业	从业人员（X）	人	X≥200	100≤X<200	20≤X<100	X<20
	营业收入（Y）	万元	Y≥30000	1000≤Y<30000	100≤Y<1000	Y<100
邮政业	从业人员（X）	人	X≥1000	300≤X<1000	20≤X<300	X<20
	营业收入（Y）	万元	Y≥30000	2000≤Y<30000	100≤Y<2000	Y<100
住宿业	从业人员（X）	人	X≥300	100≤X<300	10≤X<100	X<10
	营业收入（Y）	万元	Y≥10000	2000≤Y<10000	100≤Y<2000	Y<100
餐饮业	从业人员（X）	人	X≥300	100≤X<300	10≤X<100	X<10
	营业收入（Y）	万元	Y≥10000	2000≤Y<10000	100≤Y<2000	Y<100
信息传输业*	从业人员（X）	人	X≥2000	100≤X<2000	10≤X<100	X<10
	营业收入（Y）	万元	Y≥100000	1000≤Y<100000	100≤Y<1000	Y<100
软件和信息技术服务业	从业人员（X）	人	X≥300	100≤X<300	10≤X<100	X<10
	营业收入（Y）	万元	Y≥10000	1000≤Y<10000	50≤Y<1000	Y<50
房地产开发经营	营业收入（Y）	万元	Y≥200000	1000≤Y<200000	100≤Y<1000	Y<100
	资产总额（Z）	万元	Z≥10000	5000≤Z<10000	2000≤Z<5000	Z<2000
物业管理	从业人员（X）	人	X≥1000	300≤X<1000	100≤X<300	X<100
	营业收入（Y）	万元	Y≥5000	1000≤Y<5000	500≤Y<1000	Y<500
租赁和商务服务业	从业人员（X）	人	X≥300	100≤X<300	10≤X<100	X<10
	资产总额（Z）	万元	Z≥120000	8000≤Z<120000	100≤Z<8000	Z<100
其他未列明行业*	从业人员（X）	人	X≥300	100≤X<300	10≤X<100	X<10

说明：1. 大型、中型和小型企业须同时满足所列指标的下限，否则下滑一档；微型企业只须满足所列指标中的一项即可。

2. 附表中各行业的范围以《国民经济行业分类》（GB/T4754-2011）为准。带*的项为行业组合类别，其中，工业包括采矿业，制造业，电力、热力、燃气及水生产和供应业；交通运输业包括道路运输业，水上运输业，航空运输业，管道运输业，装卸搬运和运输代理业，不包括铁路运输业；信息传输业包括电信、广播电视和卫星传输服务，互联网和相关服务；其他未列明行业包括科学研究和技术服务业，水利、环境和公共设施管理业，居民服务、修理和其他服务业，社会工作，文化、体育和娱乐业，以及房地产中介服务，其他房地产业等，不包括自有房地产经营活动。

资料来源：国家统计局：《统计上大中小微型企业划分办法》，2011年。

　　严格意义上说，聚集规模经济也就是外部规模经济，是多个工厂、多家企业聚集而产生的整体经济效益大于在分散状态下各企业所能实现的经济效益之和。这种规模经济本身是企业在空间上的集中而产生的聚集效应，也就是我们常说的产业集群，表现为长期平均成本曲线（LAC）的平移。外部经济使 LAC 曲线向下平移，各种成本实现节约，提升效率。

　　产业集群使得区域知识的外在性更容易地表现出来。产业集群形成的区域网络促进了集群区内各主体之间的交流，社会网络、技术网络和交易网络把日常生活和技术创新活动联系起来。非正式的交流促进了知识的产生和流动，尤其是大量的未编码知识可以实现共享，为区域内的企业营造了丰富的知识库平台。产业集群一方面使得知识更容易在区域范围内流动和交流；另一方面，产业集群环境使得创新能力能够快速地转化为企业竞争优势和企业业绩。产业集群为新技术的流动提供了很多正式和非正式的渠道，并且整合了高校等研究机构的资源，形成了一部分专业机构帮助新技术转化成为竞争优势。①

　　产业集群影响固定资产、基础设施、供应商、消费群体、市场渠道和当地政府的优惠政策。当企业在落地某个区域之后，出于成本的考虑，企业会优先选择本地的原材料供应商，随着地区企业的慢慢增加，区域产业集群出现后，这些企业（尤其是大企业）的非本地供应商会开始考虑在当地开设分店，这样一方面可以保持和原客户的关系，另一方面还可以为当地同类企业提供货源。由于产业集群对当地经济发展存在推动作用，因此当地政府往往会采取一些比较优惠的政策以便推动产业的进一步聚集，又将推动地区基础设施的建设和人民生活水平的提高，形成一个良性循环。此外，产业集群能够为专业技术工人提高一个公共市场，使经营水平不同的企业集中在一个地区，这有利于创造出一个完善的劳动市场。②

　　产业集群会影响当地市场进入壁垒。在地区经济发展中，具体地区都会制订出具有吸引力的优惠政策来吸引更多的企业落户当地，但是随着产业集群的形成，希望落户当地的企业越来越多，由于存在资源的稀缺性，于是开始出现"地方挑企业"的现象。当内部企业增加到一定数量之后，

　　① 王琛：《基于知识外部性的产业集群技术创新途径》，载《经济论坛》2007 年第 15 期。
　　② 贾文艺、唐德善：《谈产业集群及其对区域经济发展的推动作用》，载《商业时代》2009 年第 14 期。

由于对固定资产（如土地、厂房和大型设备）的供求关系开始出现供不应求的局面，从而导致企业的综合生产成本上升。当综合成本上升到超过该地区能产生的额外效益时，企业将选择不进入或退出该区域。

产业集群也会影响当地市场竞争程度。随着地区产业集群程度的加剧，地区内部企业将不得不面对地区内部激烈的竞争，这种竞争不仅表现在对消费者的争夺，而且表现在对原材料、供应商、基础设施以及优惠政策的竞争上。

产业集群对于当地产品市场的周期具有加速作用，缩短了市场达到饱和的时间。这将迫使企业不断完善自身的研发能力和市场能力，同时也推动当地不断改善区域产业机构。产业集群影响企业运作能力，能够促进专业化供应商队伍的形成。产业集群带来市场竞争程度的加剧将加速市场的变化，当地企业在近距离博弈中，不断地改变着自己的竞争策略，这就要求企业能够对市场需求、价格和发展趋势以及公司在市场所处的地位有准确把握和分析的能力。另外，产业集群使得不同类型、不同规模、不同经营水平的公司聚集在一起，这有利于企业各种层次管理经验的交流，也有利于企业找到适合自身企业的管理人才。[1]

（二）范围经济与外部经济

1. 范围经济

1975 年，美国经济学家潘扎尔和威利格最早提出了范围经济的概念。它是指联合生产两种或两种以上产品的生产成本，低于单独生产这些产品的成本总和。如果把规模经济的来源定位在同类产业或服务的规模扩大带来的结果，那么，范围经济则强调多元的产品和服务的联合。规模经济是技术不可分性或者资产专用性决定的，那么范围经济更强调交易成本的节约，这种节约来自分销、研究与开发和服务中心（像财会、公关）等部门。例如，电信公司提供的市话服务、长话服务、电信产品，以及软件公司提供的操作系统、办公软件、浏览器等，因为是同一个厂商提供这些产品和服务，进而在研发、生产、销售等方面的成本比分别生产、提供要低；或者因为在更大程度上利用企业内部市场合理配置、整合资金和人力资源，以代替市场机制；或者因为关联的多元化生产可以减少经营风险，

---

[1] 魏守华：《产业集群的市场竞争以及策略研究——以嵊州领带产业为例》，载《财经论丛（浙江财经学院学报）》2002 年第 5 期。

并且可以扩大经营空间。这种范围经济不仅存在于制造领域，而且发展到金融、教育等行业。再如，在我国混业经营的银行比分业经营的银行更具市场竞争力，这就是当前我国商业银行改革的动因之一，它们在不违背现行法规的基础上，努力扩大中间业务和增值业务，寻求银企、银证、银保合作，形成范围经济的市场优势。

2. 外部经济

1890 年，著名经济学家马歇尔首次提出了外部经济的概念。这一理论首先建立在外部性上，而外部性强调一个经济主体的行为对另一个经济主体的福利所产生的影响，表现为收益或者损失，而这种影响并没有通过货币或市场交易反映出来。由于外部性而产生的收益被称为"外部经济"，具体来讲是指当整个产业的产量扩大时，该产业各个企业的平均生产成本下降，主要原因是企业外部的市场区位、市场容量、地区分布、运输条件等因素所导致的。也就是说，一个企业生产成本不仅取决于该企业的自身规模，也取决于和他相关的其他企业的规模。由于外部经济的存在，既可以促进企业提高生产效率和降低成本，也可以引导企业在地理空间上的集中，也在一定程度上促进了国际化分工的形成。如，电子信息产业不仅发展了计算机及通信设备制造产业，而且导致汽车、船舶、医疗、飞机等产业产生更高的生产力。

（三）区域产业集聚的形成

区域产业集聚是一个极化和扩散的过程（见图 4 - 2）。首先是生产要素的极化，生产要素遵循要素边际利润大小规律，向边际收益高的方向流，企业不断扩大规模，产生规模经济，直至产生了规模不经济。产业集聚形成了以企业为主体的"产业点"，它是区域产业集聚的基本组成单元，一般为几平方公里，产业点内集中了少数几家规模不大的企业。

"产业点"形成之后，由于范围经济的作用，产业集聚仍然继续。在这一阶段，形成一定规模的企业群体（落），在规模经济与范围经济的共同作用下，企业群体发展为"产业区"，一般有几平方公里至几十平方公里不等，逐渐形成了交通、通信、动力等公用基础设施。

在外部经济的作用下，"产业区"将继续扩大，逐渐形成多行业的"区域经济增长极"。当产业区不能继续为要素集聚带来范围经济时，出现了外部不经济，生产要素集聚过程就结束，随之而来的是生产要素开始向

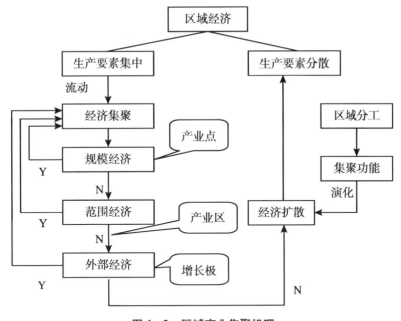

图 4 - 2 区域产业集聚机理

资料来源：张金锁、康凯：《区域经济学》（第二版），天津大学出版社 2003 年版，第 81 页。

外扩散。产业集聚向外扩散，必然引起区域分工，不同地区承担不同的经济功能。

区域产业集聚并不一定要遵循规模经济→范围经济→外部经济的先后顺序进行的。但是规模经济是其基本，是集聚体形成的基础，范围经济与外部经济是规模经济的延续。也并不是所有的"产业点"都可以发展成为"增长极"。由"产业点"发展为"增长极"既受内在动力（集聚效果）的推动，又受区域经济、社会、政策等环境的影响。[1]

1. 集聚经济的动力模式

集聚经济的动力模式基本遵循：技术等比较优势——优势产业部门——主导产业部门——集聚经济效益——扩大的主导产业部门——扩大的集聚经济效益……这样一个既有连锁效应，又有正反馈效应的过程[2]。可见，很多集聚经济群体首先是有某些地区和行业出现了技术比较优势，在技术

---

① 张金锁、康凯：《区域经济学》（第二版），天津大学出版社 2003 年版，第 80 页。
② 周起业等：《区域经济学》（第二版），中国人民大学出版社 1989 年版，第 72 页。

的支撑下出现优势产业部门，在有利的政策、资源及其他环境优势下逐步发展为主导产业的过程中，涌现一系列有横向、纵向、旁侧及多元联系的部门，在空间与经济联系上呈现集群形态，并在连锁效应和正反馈效应下不断扩大、完善和系统化。

依据上述分析，产业集群一般分为指向性集聚和经济联系集聚（张金锁、康凯，2003）。前者划分侧重利用地区某种或多种优势为起始动因而形成的产业（企业）群体，可将产业集群分为同指向同产业部门集聚、同指向多产业部门集聚以及多指向多产业部门集聚。后者是按照企业间基本的经济关系，将产业集群分为纵向和横向两种类型。纵向经济联系是指处于某一产业链中的上下游企业间具有的投入产出关联关系，分为前向关联和后向关联。横向联系是指为地区主导专业化部门配套而形成的主导产业与配套产业间的关系。

我国最早的产业集群出现在长江三角洲的温州和浙江一带，以小规模的手工生产加工为主。从全国范围来看，如今出现了三个比较明显的产业集聚区，分别是长江三角洲、珠江三角洲和环渤海经济圈。著名的产业集群有广东顺德的家电产业和家具产业，东莞的 IT 零部件及整机生产集聚，福建晋江的制鞋业等。从地方区域范围来看，地方的工业开发区（或称工业园区）逐渐成为地方产业集聚的重要载体。

从发展历史来看，我国产业集群是改革开放初在广东、浙江与北京同期出现的，且三地形成方式与结果各不相同。浙江温州一带是依靠当地工商业传统和当地企业的企业家精神发展起来的特色产品业集群；广东珠三角的产业集群是由外商直接投资驱动下的外向型加工业集群；北京中关村则是依托密集的国家高科技资源形成的高科技产业集群，如表 4 - 2 所示。

表 4 - 2　　　　　　　　　　集群驱动模式

驱动因素	内力驱动		外力驱动
驱动主体	地方企业家	科技实业家	海外投资者
产业类型	劳动密集型	技术密集型	劳动密集型
典型实例	浙江、温州	中关村科技园区	广东东莞

20 世纪 70 年代末期以来，欧洲国家的一些区域呈现出经济衰退的景象，但意大利东北部到中部一带的农业地区却获得了快速的产业增长。这一地区存在专业化的企业集群，大量中小企业彼此间发展了高效的竞争与合作关系，形成高度灵活专业化的生产协作网络，具有极强的内生发展动

力，依靠不竭的创新能力保持了地方产业的竞争优势。巴格那斯科将这些地区称为"第三意大利"（Bagnasco，1977），以区别于人们通常所称的以大型企业为主的发达的北部核心地区（"第一意大利"）以及不发达的南部地区（"第二意大利"）。在"第三意大利"地区，大量存在生产传统劳动密集型产品的企业集群，典型行业如纺织、制鞋、瓷砖、家具制造等，见表4－3。①

表4－3   "第三意大利地区"部分产业集群一览表

集群所在地地名	所属省份	生产领域	企业数	雇员总数
蒙特别鲁那	特来维索	运动鞋	701	8204
普拉托	普拉托	纺织服装	11850	48000
比耶拉	比耶拉	纺织服装	2300	29000
比尔皮	摩德纳	纺织服装	2630	14120

资料来源：仇保兴，《小企业集群研究》，复旦大学出版社1999年版。

2. 产业集群的功能与应用

（1）产业集群对区域创新系统的影响。首先，产业集群形成的区域网络促进了集群区内各主体之间的交流，社会网络、技术网络和交易网络把日常生活和技术创新活动联系起来。非正式的交流促进了知识的产生和流动，尤其是大量的未编码的知识可以实现共享，为区域内的企业营造了丰富的知识库平台。其次，是高校研究机构、专业化服务机构和企业孵化机制为技术创新创造了广阔的商业化机会，巨大的经济利益激发了人们的创新热情。最后，是产业集群环境为企业提供了联合创新的氛围，基于企业之间产业链关系和贸易关系，联合创新的企业一方面同时享受联合创新带来的竞争优势，另一方面还能够共同承担和分散创新风险。总之，产业集群使得区域知识的外在性更容易地表现出来。②

（2）产业集群对区域资源优势的影响。区域资源最初是指当地的原料资源、基础设施资源和固定资产资源，随着生产分工的细化，区域资源还包括了供应商资源、消费群体资源、市场渠道资源和当地政府的优惠政策等。当企业在落地某个区域之后，出于成本的考虑，企业会优先选择当地的原材料供应商，随着地区企业的慢慢增加，区域产业集群出现后，这些

① 张乃文：《国外中小企业集群特征与启示》，载《企业活力》2005年第8期。
② 唐华：《高新技术产业集群创新系统的构建》，载《财经科学》2004年第6期。

企业（尤其是大企业）的非当地供应商会开始考虑在当地开设分店，这样一方面可以保持和原客户的关系，另一方面还可以为当地同类企业提供货源。如此这样，供应商也开始慢慢地聚集，从而使当地原材料供应商资源丰富起来，企业就可以选择高质量、信誉度更好的供应商，也可以改善当地供应链质量。不仅是供应商资源如此，当一个地区形成产业集聚环境后，消费者将清楚地知道去哪里能够买到自己想要的东西，因为客户知道在这里能够买到想要的产品，这样也就减少了企业的"客户寻找"成本。所以，产业集群有利于供应商聚集，减少企业的客户寻找成本，完善企业的市场渠道。由于产业集群对当地经济发展存在推动作用，因此当地政府往往会采取一些比较优惠的政策以便推动产业的进一步聚集，而这些优惠政策往往是和税收、固定资产有关的，能够直接转化为企业的业绩；除了优惠政策之外，当地政府往往会大量投资基础建设和固定设备，以便达到"筑巢引凤"的目的，同时产业集群推动了当地经济的发展，经济发展又将推动地区基础设施的建设和人民生活水平的提高，形成一个良性循环。所以，产业集群将有利于当地基础设施、固定设备以及优惠政策的开展。[①]

此外，产业集群能够为专业技术工人提高一个公共市场，有利于劳动力共享，丰富当地的劳动力资源。同时产业集群能够使经营水平不同的企业集中在一个地区，这有利于创造出一个完善的劳动市场。

（3）产业集群对当地市场进入壁垒的影响。一个地区都会制订出具有吸引力的优惠政策以便吸引更多的企业落户当地，但是随着产业集群的形成，希望落户当地的企业越来越多，由于存在资源的稀缺性，于是开始出现"地方挑企业"的现象。当地政府往往会把企业的进入门槛（比如说企业盈利能力、能耗量等指标）调高，限制一些中小型民营企业的进入。当内部企业增加到一定数量之后，由于对固定资产（如土地、厂房和大型设备）的供求关系开始出现供不应求的局面，从而导致企业的综合生产成本上升。当综合成本上升到超过该地区能产生的额外效益时，企业将选择不进入或退出该区域。

另外，由于产业集群的产生，当地内部企业之间已经形成了稳固的供求关系，因此新进入企业要想把自己重新融入到这种关系网中并不是一件容易的事情，因为很多企业和消费者都存在不同程度的转换成本。

（4）产业集群对当地市场竞争程度的影响。随着地区产业集群程度的

---

① 贾文艺、唐德善：《谈产业集群及其对区域经济发展的推动作用》，载《商业时代》2009年第14期。

加剧，地区内部企业将不得不面对地区内部激烈的竞争，这种竞争不仅表现在对消费者的争夺，而且表现在对原材料、供应商、基础设施以及优惠政策的竞争上。这种同一地域内部企业的竞争往往是恶性的，因为所有企业面临的外部市场环境是一样的，同时地区内部的知识流动是相对充分的，所以要在竞争中获胜只能靠企业拥有的自身资源，如产品的专利权或者生产资源的独占性，要不然就只能通过压低价格来获取额外的市场份额。这种"短兵相接"的竞争模式不利于区域经济的稳定，会导致行业平均利润水平的下降，使得一些缺乏资金和技术的中小型民营企业提前退出当地市场。当然，我们还应该看到产业集群加剧当地市场竞争所带来的好处。首先，本地市场竞争加剧能够迫使当地企业改善其生产技术、管理水平，加大产品或服务的差异化程度；其次，本地市场加剧能够促使当地企业将视野拓展到地区之外的市场，比如国外市场；最后，当地区内部的企业开始出现退出当地市场的情况时，这意味着产业和技术开始出现辐射和转移，属于经济发展的进步。

（5）产业集群对当地市场潜力的影响。每一个产业和每一种产品都有其生命周期，当一个产品的市场出现饱和之后，企业肯定会采取降低价格或退出替代产品的策略。产业集群对于当地产品市场的周期具有加速作用，缩短了市场达到饱和的时间。这将迫使企业不断完善自身的研发能力和市场能力，同时也推动当地不断改善区域产业机构。由于产业集群使得企业与供应商之间具有良好的合同关系，因此能够分散这一转变所带来的成本和风险，有利于企业能力的升级和当地产业结构的升级，换言之，产业集群使得当地市场具有进一步升级的潜力。

（6）产业集群对企业运作能力的影响。产业集群对企业运作能力最明显影响就是竞争加剧所带来的企业自身变化。首先，产业集群带来市场竞争程度的加剧将加速市场的变化，当地企业在近距离博弈中，不断地改变着自己的竞争策略，这就要求企业能够对市场需求、价格和发展趋势以及公司在市场所处的地位要有准确把握和分析的能力。另外，产业集群使得不同类型、不同规模、不同经营水平的公司聚集在一起，这有利于企业各种层次管理经验的交流，也有利于企业找到适合自身企业的管理人才。也就是说产业集群可以通过加剧当地市场竞争作为中间手段，促使当地企业培养自身经营能力，提高生产和管理效率。[①]

---

① 沈群红、胡汉辉、封凯栋：《从产业集聚到产业集群的演进及政府在产业集群中的作用》，载《东南大学学报（哲学社科版）》2011年第3期。

　　根据 Swann 在 1996 年提出的生命周期理论和刘斌在 2004 年《产业集聚竞争优势的经济分析》一书中提出的产业集群三个阶段，即集中阶段、集合阶段和聚集阶段。在产业集群的环境下不论是当地的老企业还是新成立的企业，只要能够进入到当地市场，都能受到产业集群带来的影响，并且通过产业集群建立起当地企业价值链关系网络，达到地区平均竞争水平。企业竞争战略随着产业集群的发展而改变，图 4 - 3 反映了企业竞争战略的变迁和选择。

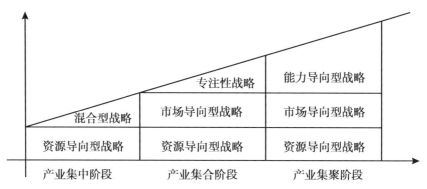

图 4 - 3　企业竞争战略变迁与产业集群发展关联

　　（7）产业集群对产业关联和区域根植性的影响。在产业集群形成过程中，在产业属性上不断加强产业间彼此经济联系，这种关联关系建构在技术、劳动、资本和相关资源基础上，关联性越强，产业间关系越紧密；另一方面，在空间上产业集群与区域载体形成根植性，根植性是建构在资源的依赖性上，特别是在自然资源基础上形成的根植性具有不可替代性，当然这种根植性也可以建立在人才智力、工业基础、产业配套、经济与社会环境等上。① 综合考虑以上两种相互影响，可以分为分为四种关系：关联根植性集聚，其特点是：易于形成区域和产业网络，实现良好的外部效益；非关联根植性集聚，其特点是：易于形成区域网络，因缺乏产业关联，发展受阻；关联非根植性集聚，其特点是：易于形成产业网络，因缺乏区域根植性，发展的地方动力不足；非关联非根植性集聚，其特点是：缺乏产业关联和区域根植性，发展受双重阻力（见表 4 - 4）。

　　① 庄晋财：《企业集群地域根植性的理论演进及政策含义》，载《安徽大学学报》2003 年第 4 期。

表 4 - 4 　　　　　　　　基于相互关系的集聚的类型与特点

集聚类型	产业关联	区域根植性	集聚体发展特点
关联根植性集聚	存在	存在	易于形成区域和产业网络，实现良好的外部效益
非关联根植性集聚	不存在	存在	易于形成区域网络，因缺乏产业关联，发展受阻
关联非根植性集聚	存在	不存在	易于形成产业网络，因缺乏区域根植性，发展的地方动力不足
非关联非根植性集聚	不存在	不存在	缺乏产业关联和区域根植性，发展受双重阻力

资料来源：张金锁、康凯：《区域经济学（第二版）》，天津大学出版社 2003 年版，第 81 页。

专栏 4 - 1

浙江诸暨大唐袜业集群

在世界经济不景气的大环境下，诸暨大唐袜业逆势飘红，已经成为以大唐镇为中心，辐射周边区县的最大特色工业专区，并被确立为全国最大的袜业生产基地和浙江省 21 世纪最具有成长性的产业。2011 年，大唐生产各类袜子 82 亿双，实现工业总产值 235 亿元、是名副其实的"中国袜业之乡"、"国际袜都"、"中国袜子名镇"，占全国产量的 65%，占据了世界袜业生产近 1/3 的份额。目前，大唐工业产值的 70%、农民收入的 70%、农村就业的 70% 都来自这一产业，直接养活 7 万人。

1. 发展历史

大唐袜业萌芽于 20 世纪 60 年代末，起步于 70 年代，发展于 80 年代，繁荣于 90 年代，升级于新世纪。目前大唐袜业已形成了以大唐镇为中心，辐射 12 个周边镇乡，吸纳从业人员近 10 万人的一大产业集群。作为诸暨市的经济重镇，现已形成了以袜业为主导，弹簧、机械、织布等行业共同发展的产业格局。2011 年，大唐镇实现国内生产总值 55 亿元，工业总产值 365 亿元，财政收入达 7.3 亿元，综合实力位列全国百强，浙江省十强。

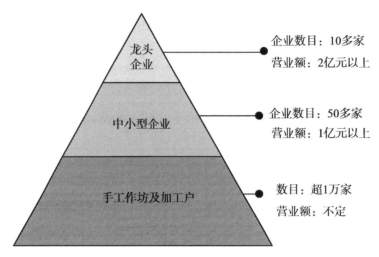

图4-4　大唐袜业企业规模分布

2. 经济布局

大唐目前的第一产业、第二产业、第三产业的比例为3:57:40，总体上呈现出三次产业协调发展的格局，即以袜业为主导，机械五金、纺织、家具四大产业共同发展，其中袜业产业占工业产业的70%。大唐镇还涌现出宏磊、花海等一批主业突出、竞争力强、带动作用大的大型企业集团。

3. 袜业优势

（1）产业结构优势：大唐袜业集群的横向分工和垂直分工极为明显，形成了一条完备的产业链。从袜业机械制造到原料生产，再到袜子的生产、染整、定型、包装、营销、物流等全过程，一应俱全。由于生产要素的高度集聚，使得资源配置成本大幅度降低，竞争力大大增强。

（2）装备技术优势：大唐袜业目前共有各类袜机12.7万台，其中具有国际先进水平的高档电脑袜机近6万台，还有全高档配套设备2万台，袜业的部分装备、配套设备和关键技术已达到国际先进水平。此外，大唐袜业还有1家国家高新技术企业、5家袜业研究所、2家轻纺产品检测中心、30多家厂办研究所。

（3）品牌集聚优势：大唐袜业本身已经是一个区域性整体品牌。通过积极扶持企业创牌，目前，大唐有中国名牌3个，中国免检产品2个，中国驰名商标11个。

（4）市场集散优势：2002年建成启用的大唐轻纺袜业城，总投资2.1亿元，占地400亩，是国内最大袜业综合商贸城。

（5）外向带动优势：近年来，大唐每年引进合同外资均超过 4000 万元。一些知名的袜子和原料企业，如美国杜邦、德国拜尔、日本伊藤忠等。

此外，在大唐袜业集群发展的过程中，大唐袜企从行业标准受限者向行业标准制订者的艰辛转型，是如今大唐袜业红红火火的关键一战。在龙头企业的带动下，大唐镇上的企业家纷纷开展科技创新，增加产品附加值，加强 ISO9000、ISO14000 等专业体系认证工作，提高行业地位。如今，经过风雨的历练后，大唐袜业焕发出更加耀眼的新活力。

资料来源：浙江在线网整理，http：//www.zj123.com/info/detail - d171716.htm。

二、产业集群的组织表现形式

（一）地域生产综合体

苏联经济学家科洛索夫斯基较早提出了地域生产综合体的概念。他认为在一个工业点或一个完整的地区内，根据地区的自然条件、运输和经济地理位置，恰当地（有计划地）安置各企业，从而获得特定的经济效果，这样的一种各企业间的经济结合就称为生产综合体[①]。苏联科学院院士涅克拉素夫也认为"地域生产综合体是以国家一定地区的劳动力资源和自然资源为基础发展的专业化部门的空间组合，在这些地区里有统一的生产性和社会性基础设施，有共同的建筑和动力基地"。地域生产综合体理论在 20 世纪 50~70 年代得到完善和扩充，一方面，专业化部门逐渐成为地域生产综合体的经济支柱，决定着地域生产综合体在国民经济中的地位，体现着其与外部的联系；另一方面，辅助性部门和服务性部门在适应专业化生产发展的需要或为专业化生产部门和居民服务的基础上也发展起来。[②]正如班德曼所指出，地域生产综合体是特定地域整个经济的一种组织形式，因而也是整个国家空间结构的一种组成部分或者亚系统。

地域生产综合体主要是由政府推动，依赖政府的行政管理体制而存在。它一般围绕大面积的工业资源而形成，个别的位于交通运输的枢纽上，[③] 从总体上来看，地域生产综合体应具有丰富的层次，围绕一个或几个

---

① 尤振来、刘应宗：《西方产业集群理论综述》，载《西北农林科技大学学报》2008 年第 2 期。

② 卢杰、黄新建：《国外产业集群理论研究探析》，载《管理观察》2008 年第 7 期。

③ 胡瑶瑛、方淑芬、张米良：《基于地域生产综合体层面的东北老工业基地问题症结分析》，载《科技与管理》2008 年第 5 期。

主导产业为核心，以及与其技术经济上相关产业，共同建立起专业化生产体系，形成"生产—学习—研发—生活—服务"一体化发展（见图4-5）。

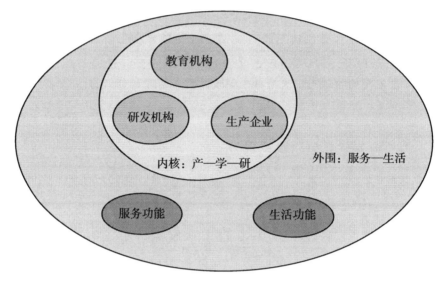

图4-5　一体化的地域综合体

地域综合体：大庆

　　大庆是中国最大的陆上油田和重要的石油化工基地，截至2010年，全市下辖五区四县，面积2.2万平方千米，大庆市290万人口。

　　作为我国重要的石油石化生产基地，大庆石化资源优势明显，拥有燃料成品油、油田化学品、合成树脂、合成橡胶、有机化工原料等八大石化产品生产基地，可生产5大类400多个品种的化工产品。经过不断扩能改造，相继建成120万吨加氢裂化、80万吨乙烯、30万吨复合肥、20万吨高压聚乙烯等一批大项目。全市现有大中型石化企业14家，已形成集炼油、化工、化纤、塑料为主体的化工产业群。

　　在石化工业发展基础上，地方工业成为推动大庆发展的又一支重要力量。地方形成了石化和农产品加工、纺织、新材料、机械制造、电子信息"1+5"的接续产业发展格局，辟建了石蜡工业园、橡胶工业园、精细化工园、皮革城、轻纺城、大豆产业园等十余个优势产业园区，也成为我国唯一一个依托石油、石化优势创建的国家级高新技术产业开发区。

另一方面，依托工业发展，大庆特色农业快速发展。绿色特色种植面积发展到 260 万亩，绿色食品产量达到 70 万吨，形成了万寿菊、红干椒、葵花籽、苇草等 15 个特色产业区，获得国家和欧盟认证的绿色食品标识 60 个，已成为全国著名的绿色食品生产基地。

在此基础上，大庆功能设施配套逐步完善。水路运输直通边境口岸，世纪大道、萨大路、东干线、西干线等城市快速干道贯穿各个城区。商贸繁荣兴旺，农产品、建材、汽配等专业批发市场形成规模、辐射周边。32个集生态、休闲、娱乐于一体的绿色生态园，星罗棋布的休闲广场，成为人们游玩、休闲的好去处。城市绿化覆盖率达到 33.1%，超过国家园林城市标准，成为我国内陆首家"国家环境保护模范城市"，先后获得联合国迪拜改善居住环境良好范例奖和中国人居环境范例奖。

资料来源：大庆网，http://www.dqdaily.com。

（二）现代产业群落

美国学者迈克尔·波特把产业集群等同于产业群落，特指"一群在地理上邻近、有交互关联性的企业和相关法人机构，并以彼此共通性和互补性相联结。"我国学者也认为现代产业群落是指在地理位置上相对集中，且在相关产业中相互依赖、相互合作、相互竞争的企业。[①]

现代产业群落是促进区域经济发展的独特主体，很多成功的区域都培育出了由高质量经济基础支持的具有竞争力的企业群落。一般而言，现代产业群落由三种层次产业构成，即主导产业、支持性产业（或者相关性产业）和灵敏性基础产业（见图 4－6）。这三种产业在地理上集中，相互依赖、相互合作、相互竞争，形成了良好的经济群落。既要有企业之间积极地合作和竞争，相互促进与相互制约的机制；又要富有经济活力的区域拥有支持群落企业的灵敏的经济基础，这是企业赖以竞争的资源。

---

① 周桂荣、杜凯：《关于重构天津滨海新区产业群落的策略研究》，载《科技进步与对策》2007 年第 2 期。

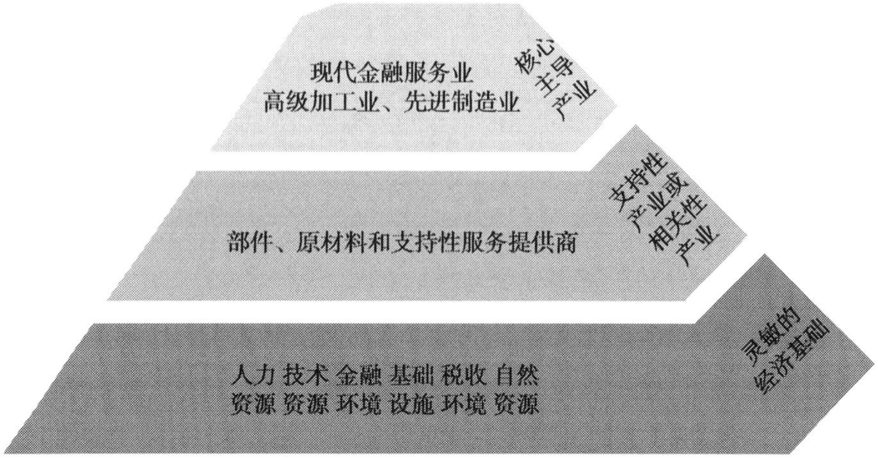

图 4－6　现代经济群落的构成要素

　　产业群落会随时间而演进，随主导产业更替而发展。在特定的自然环境条件下，物种经历演化而形成各色各样的生物群落。同样，某一地域形成特定的产业群落也与当地的社会文化背景、人们的价值观念和创新性精神是密不可分的。从内部价值的创造机制看，产业群落的机制则是劳动分工生产价值创造，通过市场交换实现，形成价值链，从而为推动整个产业群落的正常发展奠定基础。[①]

　　有的学者从复杂性角度出发，认为产业群落的形成与实现，通常是在具有一定生态位的区域首先出现和形成某一产业的集聚核，该集聚核的发展和演化不断地改善着产业生态位，并逐渐出现了一个"场"（区域产业场），形成了一定的产业聚集势，在这个"场"的作用下和聚集势的吸引下，核内企业自身的繁衍，以及周边的一些关联企业或产业向该区域聚集，逐渐形成企业（产业）群落，该群落作为一个非线性的复杂系统，在一定的外界条件影响下与外界不断地进行物质、能量、信息、资金等的交换过程中，通过内部子系统（企业）之间的非线性相互作用，不断地发生竞争与合作，逐渐出现协同效应，当该协同效应达到某一强度（临界点）时，该群落就会自发地形成一个更为有序、更为高效、更具竞争力的自组织有序结构——产业集群。因此，在一定的区域内产业群落的培育与生成及产业集群的形成与实现过程可用以下模型链来反映：区域区位选择→产业生态位营造→产业集聚核培育→区域产业场的产生→产业聚集势的出现→产业群

---

　　① 赵锦兰、蔡荣生、蔡奕勇：《产业集群的形态研究》，载《兰州学刊》2007 年第 7 期。

落的生成→产业序参量出现→产业集群形成。①

也有学者认为产业群落有两个显著特征：一是积极的企业驱动力；二是灵敏的经济基础。② 积极的企业驱动力强调企业的类型多样化、国际联系广泛、企业自主性大、企业间关联程度高、企业间竞争强和供给良好等内容。灵敏的经济基础则主要是：完善的基础设施和良好的社会治安环境；高效、公平、公正的管理服务机制和投融资体制；独特的自然资源禀赋。此外，人才资源和易得技术也是良好的经济基础。"对于产业而言，地理集中性就好像一个磁场，会把高级人才和其他关键要素吸引进来。"③

（三）各级各类产业园区

1. 产业园区

产业园区是指由政府或企业为实现产业发展目标而创立的特殊区位环境。联合国环境规划署（UNEP）认为，产业园区是在一大片土地上聚集若干企业的区域。

产业园区按照"产业集中、企业入园"的思路，是产业集聚发展的载体，能充分发挥优势产业、龙头企业、优质产品的带动辐射作用，推进同业集聚和产业协作，实现园区产业配套发展、合作发展，形成分工突出、协作紧密、配套完善的产业集群。园区中企业共同利用完善的基础设施和公共服务设施，能够改善生产经营条件，降低生产成本。做大做强园区经济，能够加速区域产业发展和城镇化进程、加快转变经济发展方式、扩大经济总量、提升综合竞争力。

根据区域发展要求和产业园区的功能定位，产业园区的规划类型主要有以下几种：

（1）工业示范区。工业是区域经济发展的重要支撑和推动力，通过建立工业示范区，使大量的优质工业企业集聚在一定的地域空间内，充分发挥土地、资金、信息、公共设施等资源的集聚效应，降低生产成本，提高产业竞争力，对区域的经济发展起到良好的带动作用。

（2）现代农业产业园区。打造现代农业产业园区是大力开发和提升农

---

① 蔡绍洪、李莉、汪劲松：《区域产业群落形成的生态位与聚集势》，载《生态经济》2008年第7期。
② 周桂荣、杜凯：《关于重构天津滨海新区产业群落的策略研究》，载《科技进步与对策》2007年第2期
③ 迈克尔·波特：《国家竞争优势》，华夏出版社2002年版，第148页。

业的重要途径。现代农业产业园区以技术密集为主要特点，引进先进的技术并实施，采用先进的组织和管理方式，积极推进农业产业化经营，并拓展农业产业新功能，促进区域农业产业结构调整和产业升级，促进农民增收。

（3）高新技术产业园区。它是以智力密集和开放环境条件为依托，主要依靠国内的科技和经济实力，充分吸收和借鉴国外先进科技资源、资金和管理手段，通过实施高新技术产业的优惠政策和各项改革措施，实现软硬环境的局部优化，最大限度地把科技成果转化为现实生产力而建立起来的集中区域，是发展高新技术产业的有效载体。[1]

（4）商贸区。商贸区是集旅游商贸、民俗文化、购物休闲、健身娱乐、餐饮住宿于一体的综合性文化区域。商贸区的建设能够带动第三产业的发展、丰富人民生活、弘扬地区文化、加强区际交流，吸引更多的人流、物流、资金流和信息流，促进区域经济的发展和腾飞。

（5）文化产业园。大力发展文化产业，对于提高国家文化软实力和丰富人民文化生活有着重要意义。文化产业园区是促进文化创意产业发展的有效形式。文化产业园区以创意生产为主要活动，园区内公共服务平台和设施完备，具有鲜明文化形象，是对外界产生一定吸引力的集生产、交易、休闲、居住为一体的多功能园区。

2. 产业带

产业带是指在经济活动空间聚集过程中形成的经济空间组织的重要地理单元，是地方、国家乃至国际经济发展的轴线和支撑骨架。我国产业带理论研究始于 20 世纪 80 年代，学术界先后提出"产业带"、"产业密集带"、"产业区带"等相近概念。费洪平（1994）认为，"产业带"是指在特定的经济空间内，由众多相互配合、协作密切的产业部门，围绕资源富集区、中心城区、交通方便的区位或结点而集聚，所形成的由线状基础设施束相联结和由若干大小不等的中心共同组成的、具有内在经济联系的产业集聚区域，是融合产业、人流、物流、信息流、资金流而形成经济网络的线状空间地域综合体。[2] 一个结构完善且功能强大的产业带可产生巨大

① 夏英祝、王春贤：《竞争优势理论与安徽省科技型出口生产基地建设》，载《乡镇经济》2004 年第 5 期。
② 费洪平：《产业带边界划分的理论与方法：胶济沿线产业带实例分析》，载《地理科学》1994 年第 3 期。

的经济效益，并带动周围地区的发展。① 产业带具有以下基本特征：

（1）系统性。产业带由企业、部门或产业、人口、城市、区域、各种基础设施等因素构成系统基质，按一定次序排列组合，彼此联络，构成区域巨系统。这种系统具有层次性，往往由若干亚产业带或"点—轴"系统组成。

（2）空间集聚性。产业带通常表现为各种规模和专业化不同的中心城市在一定区域的聚集，但企业仍是最基本的微观组成单元，也是促进产业带形成与演变的重要市场主体。

（3）地域关联性。产业带与周边区域联系密切，内外部经济主体在职能上共同参加区域产业活动，相互提供能源、原材料、半成品、劳动力和销售市场等，彼此作用，形成地域上集中分布、功能上互为关联的产业密集区域。

（4）相对连续性。产业带强调产业活动的连续性、密集型和相互关联性，但并不意味着整个"地带"是一片连绵不断的城市工业集聚区。许多产业活动（尤其工业、商业和服务业活动）主要集中在各个城市，呈断续相连的状态，其间有大片的农田、森林和空地等，一般沿着生长轴（交通运输干线）呈"点—轴"带状分布；或围绕多核心出现，呈多角形分布。

（5）内部通达性。产业带内部各经济中心之间要求保证通达性，通常由各种交通运输线路贯通，由线状基础设施相联结，组成"点—轴"系统。

（6）动态性。产业带的形成是产业空间运动长期演化的结果。产业在一定边界内，不断进行生存发展所必需的新陈代谢，乃至经历包括积极的创新和恶性的病变等变异过程。

3. 科学城

自从 20 世纪 70 年代初美国率先把技术密集区称为"科学城"以来，世界许多国家和地区纷纷建立"科学城"。较著名的科学城有美国加利福尼亚州的"硅谷"科学城，128 号公路区科学城、北卡罗来纳三角区科学城等；英国的剑桥科学城；日本的筑波科学城；德国的慕尼黑科学城、海德曼科学城；俄罗斯的新西伯利亚科学城和加拿大的渥太华科学城等。我国的科学城有中关村科学城、广州科学城、绵阳科学城以及合肥科学城等。如今，科学城已被人们誉为"智慧与财富的王国"，有力地促进了新

---

① 吴传清：《区域经济学原理》，武汉大学出版社 2008 年版，第 159～161 页。

技术产业的建立和发展，并取得了巨大的经济成就。科学城一般都具有以下几个方面的共同特性：①

（1）科学城是以科技为主体的新兴城区，拥有众多的高等学府和研究机构。例如，南法兰西岛科学城集中了全国60%的技术院校，其中包括巴黎第十一大学、萨库雷原子能研究中心和国立航空研究所等四十多个高等学校和科研机构。

（2）科学城拥有较多的与研究、开发高技术有关的企业群。科学城的优势在于能缩短产品从研究到生产的时间，因此，从这个意义上来讲，企业群是科学城的"灵魂"。

（3）科学城集中了大批富有创新精神的、高水平的科技人才和熟练工人，这是科学城的"神经"。②

（4）科学城有齐全的基础设施。例如美国128号公路区科学城有高速公路网，是美国的第二大微电子中心。

（5）科学城有良好的自然条件。如法国的安蒂波利斯科技城，130多个科研和服务机构大楼，掩映于万绿丛中，环境十分优雅，十分适合科研人员潜心工作和研究。

4. 中心商务区

中心商务区也称 CBD（Central Business District），是指一个国家或大城市里主要商业活动进行的地区。CBD 最早产生于 20 世纪 20 年代的美国。CBD 集中了大量的金融、商贸、文化、服务以及商务办公和酒店、公寓等设施，并具有最完善、最便捷的交通、通信等现代化的基础设施和良好环境，是能够方便、快捷、高效汇聚财富的地方。世界上比较出名的城市 CBD 有纽约曼哈顿、伦敦金融城、巴黎拉德方斯、东京新宿、香港中环，等等。

CBD 作为商务产业的核心聚集区，能为商贸金融产业创造高效的运行环境，为有效参与区域经济与国际经济竞争提供平台，CBD 的建设将为区域发展提供新的机遇。CBD 具有城市地区甚至国家或是世界的最高中心性，活动聚集度高，商业活动、事务办公机构与服务设施密集、等级高，在 CBD 中所从事的交易活动对区域经济的辐射性强。

产业方面：以第三产业为主导，主要是金融、保险、证券、中介、会

① 吴海东：《关于科学城几个问题的探讨》，载《重庆电大学刊》1994 年第 3 期。
② 周方、聂冲：《浅析国外 CBD 发展的理论与实践》，载《技术经济》2007 年第 2 期。

计等先进产业。

用地方面：CBD 一般为地价峰值地区，具有区域当中最贵的土地价值和租金，而且土地开发和使用强度高。

建筑方面：容积率、建筑密度高，往往是高楼树立。

人口方面：白天人口流量大，核心区无常住人口，昼夜人口差大。

就业方面：就业岗位密集，就业层次高。

交通方面：交通流量峰值地区，同时也是可达性最高的地区，具有发达的内外交通，是交通换乘枢纽区。

在理想状态下，CBD 的区位接近城市的地理几何中心，这是由于现代 CBD 早期发展通常依赖商业中心形成，而商业中心一般处于城市地理中心位置。但是，由于受城市形态、交通格局、经济环境和发展速度等因素的影响，许多情况下 CBD 不一定接近城市的地理中心，而是产生出多种类型：①

（1）位于城市中心部位。这是最常见的情况。在城市地势平坦、道路网络均衡的情况下，城市地理中心和交通可达性中心通常会重合在城市中心部位，在各种制约因素的影响下，商务空间的聚集同样优先在城市中心部位产生。这种类型的 CBD 数量最多，有上海 CBD、重庆 CBD、南京 CBD、成都 CBD 等。

（2）位于城市偏心部位。由于自然条件或其他因素的制约，城市向某些方向的发展缓慢甚至停滞，从而产生在各个方向上不均衡延展的形态，典型的情况是滨水城市，这类城市的商务中心通常不在城市的中心部位，而是在城市滨水地带形成和发展起来，这是因为在这种形态的城市中，城市用地、道路交通的分布通常也是不均衡的，海湾、内湖周边由于拥有秀丽的自然环境、开阔的滨水视野、较多的可开发用地和良好的交通条件成为商务聚集的中心，这种类型有大连 CBD、青岛 CBD、厦门 CBD 等。

（3）位于城市发展延伸线。随着城市的发展，规模的扩大，城市在某个方向上沿轴向发展，商务空间在城市发展轴延伸线上聚集，逐渐形成条带状分布，这种类型有深圳 CBD、广州 CBD 等。

（4）位于城市交通环路。自然地势平整的城市，商务空间一般在城市中心周围聚集，但有些城市的内城历史文化遗留较多，用地存量有限，道路网络化较低，而且对建筑高度有严格的限定，CBD 的发展空间不大，城

---

① 王庆海：《现代城市规划与管理》（第二版），中国建筑工业出版社 2007 年版，第 167 ~ 181 页。

市商务功能会围绕城市中心在城市交通环路附近发展，这种类型有北京 CBD、杭州 CBD、武汉 CBD、天津 CBD 等。①

5. 孵化器

孵化器是一种新型的社会经济组织。它通过提供研发、生产、经营的场地，通信、网络与办公等方面的共享设施，系统地培训和咨询，政策、融资、法律和市场推广等方面的支持，经过若干年的孵化，培育出自主经营、自负盈亏的成功企业，降低创业企业的创业风险和创业成本，提高企业的成活率和成功率。

我国第一家企业孵化器 1987 年在武汉成立，孵化器通过对科技成果产业化转移和高新技术企业的孵化，提高了科技成果和高新技术企业的成长性和成活率，提高了区域科技创新能力，在调整区域产业结构、落实区域和产业政策、促进产业集群发展中发挥着重要的引导、辐射和推动作用。② 根据孵化器的功能和特征，常见的有以下几类：

（1）高新技术创业服务中心。高新技术创业服务中心是科技企业孵化器的主要形式之一，它以初创的科技型中小企业为服务对象，为入孵企业提供研发、中试生产、经营的场地和办公方面的共享设施，提供政策、管理、法律、财务、融资、市场推广和培训等方面的服务，以降低企业的创业风险和创业成本，提高企业的成活率和成功率，为社会培养成功的科技企业和企业家。

（2）归国留学人员创业园。作为科技企业孵化器的组织部分，归国留学人员创业园是经科技部、教育部、人事部和国家外专局共同批准认定的、以服务于留学回国人员创业为主的公益型科技服务机构。这类孵化器一般建立在派出留学人员较多科技资源较密集的大中城市，根据留学人员的特定需求提供灵活的软硬件服务。归国留学人员接近高技术前沿，了解国外市场及其行为规范，熟悉现代企业管理，对它们提供全方位的支持和服务，孵化后的企业发展势头是非常强劲的。

（3）国际企业孵化器。此类孵化器是专为吸引和扶持外国企业创业而设立的企业孵化器，它为进驻孵化器的外国企业提供服务，促进外国企业的成长，目的是繁荣本地经济（王福东，2001）其功能除帮助国外的中小

---

① 丁成日、谢欣梅：《城市中央商务区（CBD）发展的国际比较》，载《城市发展研究》2010 年第 10 期。
② 欧庭高：《论企业孵化器的深层含义》，载《广西师院学报》2002 年第 3 期。

企业进入我国市场，引进尚未产业化的高技术以外，还能为我国高新技术企业开拓国际市场、寻求境外合作伙伴、实现跨国经营与发展提供全面支持与保障，促进我国的高技术企业开拓国际市场。我国已初步建立了北京丰台、西安、上海、天津等国际企业孵化器。[①]

（4）大学科技园。大学科技园区一般是大学创立的，旨在依托大学的科技资源，面向大学科技成果的转化和校办高技术企业的培育，同时兼顾与大学具有合作关系的社会小型科技企业的培养。大学科技园区有助于大学的研究人员不脱离学校母体，依托学校的科技力量，教学与科研兼顾，创造良好的企业发展环境。大学科技园区在本质上属于孵化器性质，能有效地解决科技成果转化的难题，辐射和带动地区高技术创业的发展。[②]

（5）专业技术孵化器。一般依托大学或研究院设立，由综合性科技企业孵化器发展而来，专门针对某个高新技术领域进行成果转化和中小科技企业进行培育，在服务上专业色彩浓郁。目前这类孵化器在我国尚处于发展初期，领域也仅限于新材料、新医药等几类，但代表了未来的发展方向。

专栏 4 - 3

天津滨海高新技术产业开发区

天津滨海高新技术产业开发区 1988 年经天津市委、市政府批准建立，1991 年被国务院批准为首批国家级高新技术产业开发区，总体规划面积 97.96 平方公里。由核心区华苑产业区、南开科技园和沿京津塘高速公路高科技产业带辐射区（包括武清开发区、北辰科技工业园、塘沽海洋高新技术开发区）三部分组成。

建区以来，滨海高新区经济规模连续多年保持高速增长。2010 年，滨海高新区实现生产总值 667 亿元，是 2005 年的 4.5 倍，年均增长 35.3%；总收入 3017 亿元，是 2005 年的 4 倍，年均增长 32.1%。2010 年，滨海高新区核心区实现生产总值 280 亿元，是 2005 年的 5.7 倍，年均增长 41.6%。已构建了以企业为主体的研发与实践三级孵化的创业体系，推进支持创新的服务体系，不断推动产业结构向高端、高质、高新化发展。

① 李毅弘、韩宝福、邓应周：《国际企业孵化器》，载《华东科技》2000 年第 4 期。
② 吕鹏翔、林昆勇：《我国企业孵化器类型及其与被孵企业关系初探》，载《沿海企业与科技》2003 年第 3 期。

经过多年发展，企业创新能力不断增强，产业规模不断提升，涌现出一大批拥有自主知识产权的高新技术企业，形成了绿色能源、软件及高端信息制造、生物技术与现代医药、先进制造业和现代服务业五个具有较强竞争力的优势主导产业，初步形成了参与产业高端分工、创新浪潮持续涌现、骨干企业规模带动、配套企业链条不断延伸的产业创新集群。现今，天津滨海高新技术产业开发区已逐步成为高水平的自主创新基地和高新技术产业化示范基地。

资料来源：天津高新区官方网站，http：//www.thip.gov.cn。

第二节　区域特色经济发展

一、区域特色

特色是指一个事物或一种事物显著区别于其他事物的风格、形式，是由事物赖以产生和发展的特定的具体的环境因素所决定的，是其所属事物独有的。从区域经济来看，由于各个区域在自然资源、地理位置、交通条件、产业结构以及科技、文化教育、人口等方面存在一定的差异，因而形成了各自不同的优势和劣势，决定了各自发展的特色。这也就要求充分发挥比较优势，走"你无我有，你有我优"、"不求齐全，但求其特"的发展道路。[①] 因此，区域特色往往与区域优势密不可分。

在区域经济学里把区域优势分为三个类型：条件优势、生产优势和产品优势。条件优势是指区域在地理位置、自然条件、自然资源和历史所形成的社会经济基础等方面的优势，它是一种区域自然差异的表现。条件优势是一种潜在性的优势，是未来需要加以改造和利用的优势。而生产优势是地区可能进行某种生产的优势，它是对条件优势某种程度的改造和利用后形成的，因而是一种可能利用的优势。比如已开垦的耕地、修建好的公路铁路、规划好的工业布局等。产品优势是生产优势的实现，是对生产优势合理利用的结果，因而是一种现实的地区优势。例如能源、设备、客货

---

① 高宏彬：《县域经济发展及其评价研究》，中国财政经济出版社2007年版，第76页。

运量、商品销售额等。[①]

总之，产品优势是以生产优势为基础，生产优势又以条件优势为基础。也可以说，产品优势是区域经济活动的目的，是区域差异和地区优势的经济意义之所在，三者是一个连续的过程。具体关系见图4-7。

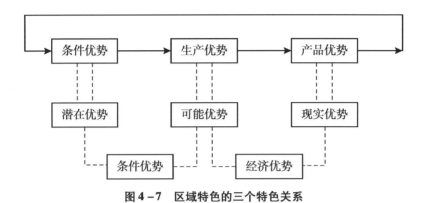

图4-7　区域特色的三个特色关系

那么，从区域优势的角度来看，特色经济是一个地区独有经济要素的体现。特色经济的有无及强弱，是以区位因素的差异性为基础。某种特定区位因素在特定地区越富集，区位因素的不可移动性越强，越具有独占性，就越有可能在此基础上形成区域特色经济。也就是说区域优势越明显，区域经济特色也就越鲜明。[②]

二、区域特色经济

1. 区域特色经济概念

区域特色经济是指在社会主义市场经济条件下，在农村经济区域范围内（包括小城镇），以市场需求为导向、依托区域资源比较优势，通过区域产业结构调整而形成，在国民经济中占相当比重，且具有浓厚地方色彩的产业经济体系。[③]

---

① 赵兵、王丹：《加快西部地区特色经济发展的区域优势分析》，载《电子科技大学学报》2006年第3期。
② 张云、李靖宇：《关于发展区域特色经济的几点思考》，载《经济论坛》2004年第12期。
③ 王向明、刘登宽：区域特色经济发展模式与规模研究，载《中国农业资源与区划》2000年第3期。

　　从资源配置手段来看，传统的计划经济往往会形成同构经济，而市场经济则造就特色经济，可见，区域特色经济是区域经济和市场经济相融合的产物。同时，这也是区别于自然经济和区划经济的一个重要方面，它更强调了市场在资源配置中的作用。

　　从区域经济来看，由于社会经济活动的相互依存性、资源空间布局的非均匀性和分工交易的地域性、交通和信息的不对称性以及民族历史文化传统的积淀性、现有经济水平的差异性等因素，使得各区位具有不同的市场差异、成本差异、资源差异、技术差异，以及要素配置机制和制度差异，并综合形成了区域差异优势，由此形成不同区域的不同特色经济。①从特色经济的比较优势出发，根据要素禀赋结构，即经济中的自然资源、劳动力和资本的相对份额，在某一产业或产品上可以构建区域经济的增长极。②

2. 区域特色经济发展的一般模式

　　当一个区域拥有其他地区所不具备的独有区位、独有资源、独有技术、独有产品等方面的优势元素，而且这几方面的优势元素在短期内不可替代时，则具备了成为区域特色经济的条件。一般而言，区域特色经济主要有以下几种模式。

　　（1）自然资源开发型。主要指在区域特色经济产业体系中，以第一产业的发展为主导带动因素，即通过农业自然资源或矿产资源的开发利用，形成区域特色。同时，对资源的开发和深加工形成产业优势，以某一农产品或矿产品的基地化、专业化生产为基础，带动市场以及以其为原料的加工工业发展，形成产、加、销，贸、工、农一体化的产业链（王向明、刘登宽，2000）。

　　（2）市场主导型。主要指在区域特色经济产业体系中，以第三产业的发展作为主导带动因素。特色经济的形成与发展，以专业市场的培育与发展为主线，通过专业市场的推动或拉动，形成"专业市场＋企业群"或"销售大军＋企业群"的区域经济发展模式。

　　（3）乡村工业带动型。主要指区域特色经济产业体系中，以第二产业的发展作为主导带动因素，同时，在区域范围内通过发展乡镇企业或个体私营企业，接受城市工业的辐射，或与城市大工业配套，形成小规模、大

　　① 李明生：《论区域特色经济范畴》，载《国际贸易问题》2005年第2期。
　　② 凌耀初：《县域经济发展战略》，学林出版社2005年版，第111页。

群体的生产加工企业群，或接受大城市的产业转移，向前、向后延伸，成为集工、贸为一体的产业经济体系。

也有的学者把区域特色经济划分为"你无我有"、"你小我大"、"你劣我优"、"你贵我廉"、"你泛我专"、"你弱我强"六种模式。不论哪种模式都应将区域差异的比较优势转化为具有差异优势的产品和产业，形成市场竞争优势，为区域带来丰厚利益的经济范式（李明生，2005）。

我国区域特色经济发展

我国倡导发展特色经济的历史由来已久，现基本形成了覆盖面大、有相当规模的若干各具特色的经济区域。东部地带12个省、市、区充分发挥了紧邻我国港、澳、台地区和日韩两国的区位优势和人文资源优势，突出发展了以出口商品制造、农产品种植加工、外贸、国际航运、海洋捕捞及海产品加工和旅游观光为特色的外向型经济体系。其中，以北京和天津为轴心的京津唐地区是高新技术产业、文化教育产业和旅游观光业等特色产业；上海是金融保险商贸、会展等产业。同时，我国的中部、西部和东北地区各省充分发挥了自然资源禀赋优势，发展了以能源工业、矿业、原材料工业、机制制造、优质农产品种植养殖和食品加工业为主的特色产业。

特色经济也有力地推动了当地经济的发展。以广东东莞市大岭山镇为例，大岭山家具产业群的形成按驱动主体来看，是典型的"外力型"，是在本地"三来一补"基础上发展起来的劳动密集型的产业群。特色经济的发展对我国老少边穷地区的脱贫致富起到了重要作用。我国不少老少边穷地区往往是特色资源相对密集地区，在经济发展大潮中，这些地区为了加快脱贫致富的步伐，依托各地资源特点和自身优势，发展起来一批市场强劲的特色经济和优势产业，发展了本地经济。如丽江的特色旅游业已经吸引了国内外不少游客，现已发展成为该市的支柱产业。

我国特色经济存在各地盲目发展的问题，部分地区特色正在丧失。我国各地在加快发展经济的目标下，各地的特色经济发展出现了盲目竞争、跟风发展的问题。一是过度竞争，这不仅出现在价高利大的产业领域，而且在基础设施领域尤甚。二是在开放引资上竞相出台优惠政策，在外贸出口上竞相压价，导致过度或恶性竞争，甚至区际联系还要小于与国际的联系。三是存在严重的产业同构现象。加速扩大的地区间经济发展差距，加大了地方政府"兴地富民"的客观压力，迫使一些地方政府在项目投资上低效益、低水平地重复引进、生产、建设，从而导致地区产业结构趋同现象不断加剧。

盲目发展导致我国特色经济的"特色"正在失去。据统计，全国30多个省、市、自治区，将汽车、机械、电子、石化和建筑业作为本地区支柱产业的就分别有22个、25个、24个、23个和19个，基本是国家支柱产业的翻版。不少地区特色产品还停留在低层次。我国不少地方，在发展经济的急迫心情下，采取简单的发展特色资源经济的思维定势，将地方特色资源的低层次无序开发，简单地理解为就是发展特色经济，导致了这些地方的特色产品停留在低层次发展水平上，附加值低，缺乏市场竞争力，产品在市场上也昙花一现，严重影响了该地的社会经济可持续发展。如我国某县地少人多，每年都有几十万人外出打工，成为一个重要的特色劳务经济大县，但由于政府缺乏系统化的组织、宣传和引导，大多都是单独行动，像没头苍蝇一样乱窜，不少人不但挣不到钱，还上当受骗，让家里寄去盘缠才能回来，导致从外地资金输入也较少，对地方经济贡献明显偏小。

不少地区特色产业缺少龙头企业，没有形成知名品牌。我国特色经济不论是覆盖面，还是在产业规模上都得到较大的发展，但不少地区由于缺乏龙头企业，还没有形成知名品牌和区域品牌。如湖北黄冈市现基本形成了"一县一品"的特色经济，但由于缺少龙头企业和知名品牌，农民一遇市场波动就为"卖难"困扰，并在行业市场上逐渐丧失话语权。

不少地区发展特色经济存在短期行为。在我国现行的政绩考核体系下，我国不少地区在发展地方特色经济上打上长官意志的烙印，使特色经济的发展存在短期行为，影响了特色经济的发展壮大，也对地方经济的产生了消极的影响。

资料来源：欧阳慧：《我国区域特色经济发展的特征、问题与策略》，载《中国科技投资》2007年第5期；欧阳慧：《我国区域特色经济发展的策略》，载《中国发展观察》2007年第7期。

三、区域特色经济的选择与发展

特色经济是小区域经济发展的突破口，大力培育和发展特色经济，是实现小区域经济腾飞和振兴的必由之路。选择、培育和发展特色经济要坚持"四个原则"（安清跃，2004）和把握"五个结合"。

1. 坚持"四个原则"

（1）因地制宜，选准特色。坚持从实际出发，认真研究当地的区位条件、产业资源优势，扬长避短、趋利避害，确立主导产业，培植和形成新的特色群体。

（2）做大规模，发展特色。规模经济可以节约成本，提高质量，抢占市场，从而获得规模效益。

（3）明确定位，服务特色。小区域要适应市场经济规律的要求，把作用发挥在定战略、创环境、上产业三个方面，着力搞好服务。制订小区域发展战略，应把小区域经济与整个经济发展全局结合起来进行特色产业定位，营造一个有利于小区域经济发展与农村专业市场可持续发展的舆论、政策、法规和人文环境，为小区域特色经济服务好。[①]

（4）打造品牌，提升特色。品牌是产品的标志，只有围绕市场，打造精品，才能被市场所接受，为广大消费者所认同，更好地发挥品牌效应。要发挥好名牌的龙头、优化功能，促进经济结构的调整和资源的优化配置，用名牌的示范作用带动小区域经济的发展。

2. 把握"五个结合"

（1）发展特色经济与经济结构战略调整相结合。我国特色经济的发展必须结合不同地区经济结构调整的任务展开。如我国不少欠发达地区发展特色经济不能拘泥于主要搞上游产业，而应与发达地区同样要走产业升级之路，要发展下游产业、发展高新技术产业；在实施产业结构升级的过程中，这些地区又要从竞争力相对较弱的现实出发，在策略上尽可能采取"差别化战略"、"错位经营"、"分层竞争战略"等"同中寻异"的策略，围绕核心竞争力的发掘与培植，构建有竞争优势的地区特色经济，以减少风险，提高成功率。对发达地区，特色经济的发展必须顺应经济全球化和产业分工区域化的发展潮流，将特色经济的发展与我国经济的战略性调整结合起来，不断提高特色产品的国际竞争力，才能在国际竞争中把握先机、赢得主动（欧阳慧，2005）。

（2）发展特色经济与特色产业、特色产品结合。特色经济首先是特色

---

① 凌耀初：《县域经济发展战略》，学林出版社2005年版，第111页。

产业和特色产品。特色产品是特色产业的基础。首先，特色产品必须依托特色产业的开发。在传统经济中，也有名、特、优产品。但它受到两大因素的制约，并不能形成很大的市场优势和快速的累积性发展。其一，这种名优产品的生产大都是家庭作坊的产物，它附属于农业，因而不能形成专业化的生产；其二，它是手工工业而不是现代机器工业的产物，因而不能形成批量生产。其次，特色产品还必须要有特色资源的支撑。因为特色产品是特殊资源的物质形态的加工和转化。特色产品还依赖于特色技术的开发。发展特色经济，产业的专业化整合是关键：这种整合，核心是要打破行业、部门和地区乃至所有制的界限，冲破自成体系、门类齐全的地方经济格局，筛选出能够支撑经济大局的支柱产业和当家产品，实行优势突出、重点集中的倾斜式发展。同时，发展高效的支柱产业，还必须处理好支柱产业与基础产业和新兴产业的关系，以支柱产业带动基础产业和新兴产业的发展。大力推行产业的集中化和专业化，在短期内迅速形成气候，打出特色品牌。发展特色经济，必须把立足点放在特色产品的开发上：这就是创名牌、保名牌、壮大名牌，形成独具特色的、名牌经济（刘宗发、龚益鸣，2000）。

（3）发展特色经济与区域核心竞争力结合。区域核心竞争力与产业集群带来的区域产业创新能力密切相关。产业集群形成的特色产业体系不仅由投入和产出的物质流组成，而且由以贸易和非贸易形式的商业信息、技能和技术知识的强烈交流组成。特色产业集群本身是一种地方创新环境，同时也是一个学习型的空间组织，有利于知识和信息的扩散、传播和创新。在这样的充满活力的特色产业集群中，企业之间联系密切，逐渐形成了相互信任的社会网络，人们通过日常交往相互学习技能，区域创新能力不断得到提高，区域产业竞争力提升。同时，在我国特色产业集群的形成和发展过程中，龙头企业的规模扩张起着关键的作用。通过龙头企业的规模扩张，小企业大量衍生、创新与被模仿，特色产业集群逐步形成，进一步强化了区域核心竞争力。[①]

（4）发展特色经济与区域城镇化发展结合。发展特色经济必然加快城镇化。城镇化过程是劳动力从第一产业向第二产业、第三产业转移的过程，特别是人口城市化进程与第二产业、第三产业发展者紧密依托、互相促进。大力发展小城镇和地区特色经济，可以创造更多的就业机会，促进

---

① 朱英明：《产业集群与特色经济发展研究》，载《工业技术经济》2005 年第 6 期。

第三产业，实现城乡统筹和共同繁荣。就全国的总体而言，城镇化必须利用小城镇联结城乡、劳动力资源丰富、农副产品及其他原料资源充足等优势，加快发展农副产品加工业劳动密集型产业，以及特色资源开发业发展为农业生产和农民生活服务的第三产业，实现从封闭模式到开放模式的转变；从资源依赖模式到技术支撑模式的转变；从单纯的数量增长模式到可持续发展模式的转变；从"一业独大"模式到"数业并举、集群发展"模式的转变；从内源发展模式到内外源协同模式的转变（杨风禄、曹淑惠，2006）。

（5）发展特色经济与区域产业集群布局结合。特色产业集群是区域核心竞争力的标志，虽然我国已经培育了一些特色产业集群，也促进了一些地区的经济发展，但从全国来看，我国还存在大量的地区产业支撑不足，形成特色产业群的地区更少，急需加快特色产业群的发展，需要围绕特色资源，开发特色技术，培育一批特色产业和产品，形成若干特色产业群，使各地特色经济的发展能初具规模。因此，针对当前我国的实际情况，我国特色产业群的发展要遵循重点突破的原则，率先在若干条件较为优越的地区选择特色产业加以重点培育特色产业集群，在区域的示范和扩散效应下带动周边地区的发展，逐渐带动整个区域的发展。[1]

河北省"区域特色产业基地"

按照《河北省区域特色产业基地暂行管理办法》，河北省在2006年评选出第一批特色突出，在全国均具有重要影响的15家特色产业基地[2]，紧接着2007年评选出了第二批"河北省区域特色产业基地"（见表4-5）。每家基地主导产品在全国均占有15%以上的比重，基地特色产品年销售收入达20亿元以上，上缴税金占所在区域财政收入的比例达20%以上。基地具有丰富的创新资源和较强的创新能力，基本建立了适应特色产业发展

---

[1]　欧阳慧：《我国区域特色经济发展的策略》，载《中国发展观察》2007年第7期。

[2]　河北省第一批区域特色产业（2006）：清河的羊绒、河间的电线电缆、桃城区的工程橡胶、安平的丝网、霸州的金属玻璃家具、高阳的纺织品、玉田的电子元器件、辛集的皮革、孟村的弯头管件、昌黎的干红酒酿造、景县的橡塑、宁晋的太阳能硅材料、黄骅的模具、高碑店的箱包、平乡的自行车及零配件。

需要的创新体系，新产品产值率达到 20%。

表 4-5 2007 年第二批"河北省区域特色产业基地"名单

序号	基地名称	基地所在地
1	河北省管道装备特色产业基地	沧州盐山县
2	河北省五金机电特色产业基地	沧州南皮县
3	河北省胶合板特色产业基地	廊坊文安县
4	河北省标准紧固件特色产业基地	邯郸永年县
5	河北省保温建材特色产业基地	廊坊大城县
6	河北省铸造特色产业基地	沧州泊头市
7	河北省钒产品特色产业基地	承德滦平县
8	河北省塑纸包装印刷特色产业基地	保定雄县
9	河北省板材特色产业基地	石家庄正定县
10	河北省摩擦材料特色产业基地	衡水固城县
11	河北省采暖散热器特色产业基地	衡水冀州市
12	河北省石膏建材制品特色产业基地	邢台隆尧县
13	河北省盐化工特色产业基地	唐山南堡区
14	河北省建筑陶瓷特色产业基地	石家庄高邑县
15	河北省液压油缸特色产业基地	张家口万全县

在此基础上，2007 年，国家发展改革委中小企业司对河北省石家庄、邯郸、衡水、沧州、保定、廊坊等地区的 8 个重点产业集群进行的调研结果显示，河北县域经济优势是按照市场经济定位的、根植于地方特有的文化积淀、商业传统和人缘、地缘、资源之中的优势，是分布在全省各地的特色产业集群，也是河北省县域经济优势的集中体现。

近年来，河北省以传统优势产业和特色产业为基础、以中小企业为主体的产业集群有了长足发展，产业规模不断扩大，技术水平稳步提升，服务体系逐步建立，集聚功能明显增强，特别是一些重点产业集群，以其强大的经济辐射力和较高的品牌知名度，成为国内外颇具影响的专业化生产基地和商品集散地，打造了县域经济的核心竞争优势，推动了全省经济的快速健康发展。据调查，到 2006 年年底，河北省年营业收入 5 亿元以上的产业集群 238 个，其中，10 亿元以上的 150 个，50 亿元以上的 41 个，100 亿元以上的 8 个。全省 5 亿元以上产业集群实现营业收入 6575.37 亿元、增加值 1769.9 亿元、利润 518.24 亿元、上缴税金 150.56 亿元、出口产品交货值 318.16 亿元，分别占民营经济总量的 28.1%、28.7%、

23.1%、27%和37.6%。

产业集群在促进全省经济和社会发展中发挥了重大作用：(1) 壮大了县域经济。据统计，全省50个重点产业集群，实现增加值占所在县 (市、区) GDP 的31.5%。其中，8个产业集群占县域经济比重超过了50%，6个产业集群达到了60%以上，3个产业集群达到了70%以上。(2) 扩大了就业渠道。据调查，2006年全省238个产业集群企业17.9万个，比2004年增加4.9万个，增长37.7%。吸纳劳动力342万人，占全省民营经济就业人员总数的24.8%。(3) 推进了产业结构优化升级。生产要素配置日趋合理，不仅具有资源优势的产业得到充分发展，而且具有市场优势、技术优势的产业也得到了长足发展。(4) 加快了城市化进程。据了解，河北省年营业收入50亿元以上的41个产业集群所在县 (市)，城市化率绝大部分高于全省县级平均水平。

河北省产业集群大体分为三种类型：历史形成的传统产业、多年培育的特色产业和近年崛起的新兴产业。经过培育和发展，产业布局日趋优化，产业特色愈加突出，市场竞争力显著提高，逐步形成了具有河北特色的产业集群发展之路。

河北省区域特色产业基地优势明显势头强劲：(1) 星罗棋布，门类齐全。全省5亿元以上的238个产业集群分布在11个设区市的113个县 (市、区)，产业门类涉及冶金、建材、机械制造、化工医药、纺织服装、农产品加工、电子信息、皮革皮毛、板材家具、电线电缆、汽车摩托车自行车及配件等30多个门类。(2) 品牌优异，影响较大。全省产业集群中，被国家有关部门、机构、协会等命名的"国字号"区域品牌69个，中国名牌产品11个，驰名商标8件。特别是区域品牌中，涌现了一批如"中国皮都"(辛集)、"中国丝网之乡"(安平)、"中国药材之乡"(安国)、"中国羊绒之都"(清河)、"中国北方家具商贸之都"(香河)、"中国毛毯之乡"(高阳)、"中国合成革产销基地"(高碑店)、"中国男装名称"(容城)、"中国休闲服装名城"(宁晋)、"中国工程橡胶产业制造基地"(桃城区) 等知名度很高的大品牌。(3) 特色鲜明，优势突出。据调查，全省有44个产业集群主导产品的在国内市场占有率达到20%以上，有15个产业集群达到50%以上，有8个产业集群达到80%以上，"特色产业"已成为产业集群发展的主要模式。

河北省特色产业集群虽然有了较快发展，但总体上处于成长阶段，与发达省份相比仍有较大差距。一是规模小。全省产业集群中，年营业收入

20亿元以下的占59.7%。二是链条短。产品关联度低，多数产业集群没有形成专业化分工协作的产业链条。三是档次低。技术含量低，装备水平低，资源型的初加工、粗加工产业集群占总数的40%以上，而相对先进的制造业产业集群不足1/3。四是名牌少。全省产业集群拥有中国名牌产品、驰名商标数量较少，与发达地区差距较大。五是服务体系不健全。生产服务业发展相对滞后，公共服务平台建设尚处在初创阶段，没有真正形成产业发展的有力支撑。六是工作力度相对较弱。普遍存在一般号召多、过硬措施少的情况，一些障碍产业集群发展的突出问题未得到有效解决。

资料来源：国家发展改革委中小企业司：《培育壮大特色产业集群努力提升县域经济核心竞争力——对河北省特色产业集群情况的调查与对策》，载《中小企业简报》2007年第39期。

第三节　区域产业结构优化

一、产业结构的基本含义

产业结构是研究分布在国民经济各产业中经济资源之间的相互联系、相互依存、相互提升资源配置效率的运动关系，这是"产业发展形态理论"的观点。另一种观点认为：产业结构是研究产业间技术经济的数量比例关系。这是"产业联系理论"的观点。广义的产业结构理论是这两种观点的综合。①

产业结构可以从"质"和"量"两个方面来考察。从"质"来看，可以动态地揭示产业间技术经济的相互联系形态和发展趋势，揭示国民经济中起主导或支柱地位的产业部门不断替代的规律及其相应的结构"效益"，② 也反映了一国经济的发展水平、发达程度、内在活动与增长潜力。从"量"来看，可以静态地研究和分析产业间联系方式的技术经济数量比例关系，即产业间的投入产出关系。即一个产业的产出就是另一个产业的投入，一个产业的投入就是另一些产业的产出。

---

① 李悦、李平：《产业经济学》，东北财经大学出版社2002年版，第89页。
② 朱国传：《区域经济发展》，人民出版社2007年版，第249页。

二、产业结构的演进规律

1. 配第－克拉克定律

配第－克拉克定律研究了国民收入与劳动力流动之间的关系，其基本结论是：随着经济的发展，第一产业的就业比重不断下降，第二产业、第三产业的就业比重将增加，亦即劳动力会由第一产业向第二产业和第三产业转移。该定理表明：劳动和资本要素从生产率较低的部门向生产率较高的部门转移，能够加速经济增长。据此，更进一步可以推导出，若一个区域的人均国民收入水平越高，农业劳动力在全部劳动力中所占的比率就越小，而第二产业和第三产业的劳动力比重就越大，反之亦然。[①]

配第－克拉克定理是英国经济学家威廉·配第发现并由克拉克经实验研究而系统归纳。17 世纪，英国经济学家威廉·配第发现，在经济发展过程中，各产业之间会出现收入差异，与农业相比制造业能获得更多的收入，与制造业相比商业能够获得更多的收入，这种收入间的差距会促使劳动力从低收入部门向高收入部门转移。在配第理论的基础上，英国经济学家克拉克又进一步研究了劳动力在三次产业之间的转换规律。他通过对主要发达国家劳动力转移的实证研究得出结论：随着人均国民收入水平的提高，劳动力首先由第一产业向第二产业转移，进而再向第三产业转移；从劳动力在三次产业之间的分布状况来看，第一产业劳动力比重逐渐下降，第二产业特别是第三产业劳动力的比重则呈现出增加的趋势。后来人们称此为"配第－克拉克定理"。配第－克拉克定理适用于区域产业结构演变。经济发展水平越高的区域，其第一产业所在比重越小，第二产业和第三产业所占比重越大。[②]

2. 库茨涅兹人均收入影响论

库兹涅茨在配第和克拉克等人研究成果的基础上，对各国国民收入和劳动力在产业间分布结构的变化等历史资料进行了统计分析，发现产业结构发生变化的原因是各产业部门在经济发展中所产生的相对国民收入差

---

① 张秀生：《区域经济学》，武汉大学出版社 2007 年版，第 54~55 页。

② 隆少秋：《县域经济发展及结构优化的理论与实践》，华南理工大学出版社 2006 年版，第 39~40 页。

异。就三次产业部门具体来看：第一，农业部门的国民收入在整个国民收入中的比重和农业劳动力中的比重随着时间的推移均处于不断下降之中。第二，工业部门的国民收入在整个国民收入的比重大体是上升，但是工业部门劳动力在全部劳动力中的比重则大体不变或略有上升。第三，服务部门的劳动力在全部劳动力中的比重不断上升，但服务部门的国民收入在整个国民收入中的比重却大体不变或略有上升，国民收入与劳动力比重的非同步变化可以用第三产业具有很强的劳动力吸附特性来解释。库兹涅茨指出，对于大多数国家而言，第一产业的相对国民收入都低于1，第二产业和第三产业的相对国民收入大于1。[①]

3. 钱纳里工业化阶段理论

钱纳里的工业化阶段理论是从经济发展的长期过程来考察制造业内部各产业部门地位和作用的变动。他认为产业间存在着产业关联效应，可以揭示制造业内部结构转换的原因，也为了解制造业内部结构变动趋势奠定了基础。钱纳里发现，制造业发展受人均GDP、需求规模和投资率的影响大，而受工业品和初级品输出率的影响小。钱纳里根据人均国内生产总值，将从不发达经济到成熟工业经济的整个变化过程划分为三个阶段，认为从任何一个发展阶段向更高一个阶段的跃进都是通过产业结构转化来推动的。（1）初级产业，指在经济发展初期对经济发展起主要作用的制造业部门，例如食品、皮革和纺织等部门。（2）中期产业，是指经济发展中期对经济发展起主要作用的制造业部门，例如非金属矿产品、橡胶制品、木材加工、石油、化工、煤炭制造等部门。（3）后期产业：指在经济发展后期起主要作用的制造业部门，例如服装和日用品、印刷出版、纸制品、金属制品和机械制造等部门。

4. 霍夫曼工业化经验法则

德国经济学家霍夫曼对工业化问题有许多开创性的研究。他首先提出了霍夫曼比例——即消费品工业净产值与资本品工业净产值的比例，根据这一比例，可以把工业化发展进程划分为4个发展阶段。第一阶段：消费品工业在整个制造业中居于压倒优势的地位，其净产值平均为资本品工业净产值的5倍。第二阶段：消费品工业最初所具有的主导地位趋于削弱，

---

① 张秀生：《区域经济学》，武汉大学出版社2007年版，第55页。

资本品工业逐渐发展起来，但前者的净产值仍是后者的 2.5 倍。第三阶段：两类工业的净产值大致相当。第四阶段：消费品工业远不如资本品工业增长迅速，后者的净产值将超越前者。霍夫曼的这一工业化阶段理论也被称为"霍夫曼工业化经验法则"。

5. 罗斯托主导产业扩散效应理论和经济成长阶段论

罗斯托首先提出了主导产业扩散效应理论和经济成长阶段理论。他认为，无论在任何时期，甚至在一个已经成熟并继续成长的经济体系中，经济增长之所以能够保持，是为数不多的主导部门迅速扩大的结果，而且这种扩大对其他产业部门又产生了主导产业的扩散效应，包括回顾效应、旁侧效应和前向效应。罗斯托的这些理论被称为罗斯托主导产业扩散效应理论。

罗斯托的经济成长阶段理论将人类社会发展共分为 5 个经济成长阶段：一是传统社会阶段，在这一阶段生产力水平低下，不存在现代科学技术。二是为"起飞"创造前提的阶段，即从传统社会向起飞阶段过渡的时期。在这一时期，近代科学技术开始在工农业中发挥作用，占人口75%以上的劳动力逐渐从农业转移到工业、交通、商业和服务业。投资率的提高明显超过人口增长的水平。世界市场的扩大成为经济成长的推动力。三是"起飞"阶段。积累率在国民收入中所占的比率由 5% 增加到 10% 以上，有一种或几种经济主导部门带动国民经济的增长。四是成熟推进阶段。这是"起飞"后经过较长期的经济持续发展所达到的一个新的阶段。此阶段，一系列现代技术有效地应用于大部分资源，投资率达到 10% ~ 20%。由于技术的不断改进和新型工业的迅速发展，经济结构也发生了变化。五是高额群众消费阶段。此阶段工业高度发达，主导部门已经转移到耐用消费品和服务业部门。后来，罗斯托于 1971 年出版的《政治与成长阶段》一书中，又在上述 5 个阶段的基础上增加了一个《追求生活质量》的阶段。他认为，在这个阶段，提供劳务和提高生活质量的服务部门（包括公共投资的教育、卫生保健、住宅建筑、区域和郊区的现代化建设、文化娱乐、社会福利等）替代了生产耐用消费品的部门，成为推动经济增长的新的主导部门。①

6. 雁行产业发展模式

日本经济学家赤松基于本国纺织工业的发展经验，从如何参与国际分

---

①　孙久平：《区域经济学》，首都经济贸易大学 2006 年版，第 78 页。

工来推动自身产业结构高度化的角度提出了雁行产业发展模式。该理论认为：后进国家可遵循"进口→国内生产→出口扩大生产"的模式，相继更替发展，促进产业结构高度化。这种模式形如三只飞翔的大雁，由此而得名。第一只雁：进口浪潮，开拓国内市场。第二只雁：进口引起国内生产浪潮。如日本的纺织工业在进口浪潮的推动下，国内市场扩大，现代技术与低工资成本相结合，促进了日本纺织工业的发展。第三只雁：国内生产浪潮促进了出口浪潮。如国内生产规模扩大，加上低工资成本的优势，形成了国际市场价格的竞争优势，于是开拓了国际市场，反过来又促进了本国该产业的发展。[①]

7. 国际生产折中论

国际生产折中论（（OLI）是由英国瑞丁大学教授邓宁（John H. Dunning）于 1977 年在《贸易、经济活动的区位和跨国企业：折中理论方法探索》中提出的，他认为一国企业能够进行跨国投资经营的关键在于三种优势——所有权优势、内部化优势和区位优势的综合作用，所以国际生产折中论又称"国际生产综合理论"。所有权优势和内部化优势是从跨国公司内部的条件出发去分析企业对外直接投资的基本条件，而区位优势则是从东道国的角度研究东道国的市场环境对跨国公司的吸引。所有权优势又叫垄断优势，是指一国企业能够拥有或获得国外企业所无法获得的资产及所有权，主要表现为企业对无形资产特别是专利、专用技术和其他知识产权的独占和企业经济规模所产生的优势，或泛指任何能够不断带来未来收益的优势。内部化优势是指企业有能力将所有权优势在企业内部、配置、转让和有效利用，拥有无形资产所有权优势的企业，通过扩大自己的组织和经营活动，将这些优势的使用内部化。区位优势是既包括各种经济因素，如由要素禀赋优势所带来的巨大市场容量、丰富的自然资源等，还包括制度、法规、历史文化传统、社会资本存量等非经济因素。该理论认为导致国际直接投资的三因素中，所有权优势和内部化优势可以通过企业自身的发展具备的，只有区位优势是外生变量，只有通过投资主体在外界寻找，企业无法自身创造。这一理论现已成为当代国际直接投资的主流，并被誉为一个广泛接受的国际生产模式。[②]

---

① 张金锁、康凯：《区域经济学》（第二版），天津大学出版社 2003 年版，第 189～190 页。
② 程书芹、刘江：《跨国金融公司国际直接投资区位选择理论研究》，载《浙江金融》2008
年第 6 期。

三、产业结构规律性演变的原因

（一）产业结构演变的一般趋势

1. 从工业化发展的阶段考察

根据工业化发展的阶段，可以将产业结构的演进划分为如下五个阶段：前工业化时期、工业化初期、工业化中期、工业化后期和后工业化时期。前工业化时期，第一产业占主导地位，第二产业有所发展，而第三产业的比重微乎其微。到工业化初期，第一产业产值在国民经济中的比重逐渐缩小，地位不断下降；高加工度工业第二产业有较大发展，工业重心从轻工业主导型逐渐转向基础工业主导型，第二产业占主导地位；第三产业也有一定发展，但在国民经济中的比重还较小。在工业中期，工业重心由基础工业向重工业转变，第二产业仍居第一位，第三产业逐渐上升。在工业化后期，第二产业的比重在三次产业中的地位占有支配地位，甚至占有绝对支配地位。在后工业化阶段，产业知识化成为主要特征。产业结构的发展就是沿着这样的一个发展进程由低级向高级演变并实现高度现代化的。

2. 从主导产业的转换过程考察

产业结构阶段演进有以农业为主导、轻纺工业为主导、原料工业和燃料动力工业等基础工业为重心的重化工业为主导、低度加工型的工业为主导、高度加工组装型工业为主导、第三产业为主导、信息产业为主导等几个阶段。[①]

3. 从三大产业的内在变动趋势考察

产业结构的演进史是沿着以第一产业为主导到第二产业为主导，再到第三产业为主导的方向发展的。

4. 从产业结构演进的顺序考察

从产业演进角度看，后一阶段产业的发展必须以前一阶段产业的充分

[①]　江维：《我国新型工业化道路与产业结构转化》，载《生产力研究》2005 年第 1 期。

发展为基础，因此产业结构由低级向高级发展过程中的各个阶段是难以逾越的，但各阶段的发展过程可以缩短。第二产业的发展是建立在第一产业劳动生产率大大提高基础上，当第一产业的劳动生产率得到充分提高，第二产业中的轻纺产业才能得到应有的发展，而其中的加工组装型重化工业的发展更是建立在原料、燃料、动力等基础工业的发展基础上。同样，只有第二产业的快速发展，第三产业的发展才具有成熟的条件和坚实的基础。而产业结构的超前发展虽然会加速一国经济的发展，但有时也会带来一定的后遗症。[①]

（二）产业结构演变的原因

1. 产品需求收入弹性

随着区域经济的发展，一个地区居民收入的提高会带来产品需求收入弹性和需求结构变动。产品需求收入弹性的公式如下：

产品需求收入弹性 = 产品需求增长率/人均收入增长率

通过观察该弹性系数，我们可以发现生产高收入弹性产品的产业通常在产业结构中能占有更大份额。在不同收入阶段，不同产品的需求收入弹性不同：在第一阶段，满足人们生理性需求的产品占统治地位，其需求收入弹性高，这种类型的产业在区域产业结构中占据较多的份额；第二阶段是耐用消费品和投资品产业占据主导；第三阶段是追求时尚和个性的产品这一类型的产业成为具有高收入弹性的产品；第四阶段是第三产业尤其是信息业产品的需求收入弹性高。

2. 生产率上升率的不均等增长

无论何种产业或产品，其比较劳动生产率都是上升的，但上升快慢是不同的，这种快慢差异即生产率上升率的不均等增长是产业结构演变的重要原因之一。衡量比较劳动生产率的公式如下：

$$某产品比较劳动生产率 = \frac{某产品国民收入的相对比重}{某产品劳动力的相对比重}$$

技术进步因素是影响生产率上升率不均等增长的主要原因，生产率上升快的产业，技术进步快，生产费用下降快，就有可能在国民收入上占有

① 党耀国、刘思峰、王庆丰：《区域产业结构优化理论与实践》，科学出版社 2011 年版，第 22 页。

较大优势和比重。工业与农业相比，重工业与轻工业相比，组装工业与原材料工业相比，前者在生产率上升率上都有较大优势。

3. 区域政策与产业结构演变

区域政策，特别是区域产业政策会直接影响到区域产业结构。区域政策一般是面向"问题区域"的，其基本工具包括奖励与限制两种手段。区域政策通过奖励或抑制某一产业在特定区域的发展，或通过间接诱导生产要素流向某些区域的某些产业，可起到改变区域产业结构的效应。这种政策效应往往不是在单个区域而是在多个相关地区产生。①

4. 区域资源禀赋与产业结构演变

根据现代经济增长理论的观点，技术或人力、资本要素是影响产业结构变动的最主要要素，其变化将改变劳动力、资本、自然资源等利用方式，从而改变区域的产业布局格局。区域资源禀赋是区域产业结构形成与演变的基础。资源供给状况与资源间的相对价格是影响区域产业结构变动的重要原因。

在劳动力资源充裕的地区，劳动力价格相对低于资本的价格，劳动密集型产业在区域产业结构中占较大比重；而在资本充裕的区域，资本密集型产业则在区域产业结构中占较大比重。对于任何区域来说，新的自然资源的发现、新资本来源的出现、新技术与新设备的出现等均会对产业结构产生影响。从动态的角度看，任何一个区域的要素禀赋及其结构都不是固定不变的，因此区域产业结构也在动态变化中（朱国传，2007）。

四、区域产业结构分析

（一）总体评价

1. 产业结构与区域的资源结构是否适应

各区域生产要素禀赋不同，各种生产要素的供给能力和供给价格也就不同。产业结构的形成中，必须与当地的资源结构相适应，即与当地的自

---

① 朱国传：《区域经济发展——理论、策略、管理与创新》，人民出版社2007年版，第259～260页。

然资源、劳动力、资金和科学技术之间相适宜。尽可能发挥相对比较优势，利用区域相对丰富、价格相对便宜的生产要素来从事商品生产，在市场竞争中才具有竞争力。

2. 能否形成专业化分工，优化产业结构

专业化分工能够有利于标准化生产，降低交易费用，优化资源配置。区域产业须形成多样化的专业化分工，形成具有特色的产业和产业结构，从整体上有利于区域产业结构优化。

3. 区内产业演进是否协调化与合理化

根据区域产业结构演进规律，产业之间及上下游发展是否依赖性强、是否联系非常密切；是否合理化，同时主导产业与配套产业是否形成合理与协调的关系。如果是，区域产业结构越高级越协调。①

（二）层次分析

对于产业结构分析，最为常用的是对区域三次产业结构进行分析。

主要弄清楚三大关系：工业与农业的关系、农业与非农业的关系、工农业两大物质生产部门与服务业之间的关系，从而判断区域产业结构所处的阶段。

第一产业：农业。产品直接取自自然界的部门，主要是有生命的物质生产部门。包括种植业、林业、畜牧业、渔业，即传统的农业部门。

第二产业：工业、建筑业。对初级产品进行再加工的部门。其中工业包括采掘工业（采矿、晒盐、森林采伐等）；制造业（对农产品、采掘品的加工、再加工）；电力、自来水、煤气的生产和供应；对工业的修理、翻新。建筑业包括房屋、构筑物建造和设备安装等。

第三产业：除第一产业、第二产业以外的其他各业，总体分为流通部门和服务部门。包括邮电通信业、交通运输业、金融服务业、商业、科学技术、文教卫生以及其他公用事业等部门，即为生产和消费者提供各种服务的部门。

其中对于第一产业和第二产业，可以分析区域产业结构中，农业资源和地方能源、矿产资源综合开发利用的水平，反映出农业对工业的支撑能

---

① 高洪深：《区域经济学》，中国人民大学出版社2010年版，第180页。

力以及重工业对农业、轻工业的渗透能力。

对于区域产业结构变动导向，主要有三个基本依据：（1）区域的自然资源状况及其基本特点；（2）区域所处的发展阶段及其发展的总水平，包括区域已有产业结构的特点及存在的问题；（3）全国地域分工的需要。

（三）定量分析

1. 比较优势度[①]

（1）比较成本。

$$B_1 = C_1/C_2$$

式中：C_1 为研究区域某行业某产品的销售成本；C_2 为比研究区域层次更高的区域同行业、同产品的销售成本；B_1 为研究区域某行业某产品的比较成本。

$B_1 < 1$，说明研究区域这一行业的这个产品成本低于高层次区域的平均值，则该行业的这个产品具有比较优势，$B_1 < 1$ 的程度越大，该行业的优势度就越大。

（2）比较劳动生产率上升率。

$$B_2 = L_1/L_2$$

式中：L_1 为研究区域某行业某一时期内的劳动生产率的年增长率；L_2 为较高层次区域同行业同一时期内的劳动生产率的年增长率；B_2 为研究区域某行业某一时期内的劳动生产率上升率。

$B_2 > 1$，说明研究区域这一行业劳动生产率高于较高层次区域的平均水平，说明研究区域的这个行业具有比较优势。

上述两个指标，第一个是从投入角度反映区域比较优势，第二个是从产出角度反映区域比较优势。两个指标配合使用，可较好地衡量区域产业的比较优势度。[②]

2. 产业专门化系数

$$C_1 = \sum (Q_{i1} - Q_{i2})$$

式中：Q_i 为某产业部门 i 在整个产业中所占的百分比，下标 1、2 分

①　张沛：《区域规划概论》，化学工业出版社 2006 年版，第 75 ~ 77 页、第 114 ~ 115 页。
②　安虎森：《新区域经济学》，东北财经大学出版社 2012 年版，第 215 页。

别代表不同的区域，$\sum$ 为将计算结果具有相同符号（即正或负）的百分数绝对值加总；C_1 为区域产业专业化系数。[①]

3. 区位商

区位商表达式如下：

$$Q = (j_1/j_2) \div (b_1/b_2)$$

式中：j_1 和 j_2 分别代表区域以及较高层次区域某一同产业部门的就业人数，b_1 和 b_2 分别表示区域以及较高层次区域的总就业人数，Q 表示所研究区域某一产业部门的区位商。如果 $Q \leqslant 1$，则该产业部门不是区域的专门化部门；如果 $Q > 1$，则区域在该产业部门的集中度大于其他较高层次区域的平均水平，是区域的专业化部门和产品输出部门，Q 值越大，则区域在该产业部门的集中度越高。[②]

4. 产业结构效益指数

产业结构效益指数用来衡量区域产业结构效益变化的指数，其表达式如下：

$$H = \sum_{i=1}^{n} \left[(e_i/E \times P_i) \right] - P$$

其中，e_i 表示区域第 i 个工业部门的产值，E 表示区域工业总产值，P_i 表示第 i 个工业部门的资金利税率，P 表示区域各工业部门的平均资金利税率，H 表示区域产业结构效益。如果 $H < 0$，则表示区域产业结构恶化；如果 $H > 0$，则表示区域产业结构优化；若与某一时期的某一时点相比，H 上升，则表示结构效益提高，反之表示降低。[③]

5. 偏离—份额分析

该方法是把区域经济的变化看做一个动态的过程，以其所在大区或整个国家的经济发展为参照系，将区域自身经济总量在某一时期的变化分为三个变量，即份额分量、产业结构偏离分量和竞争力偏离分量，以此说明区域经济发展和衰退的原因。

把区域经济划分为 n 个产业部门，分别以 b_{ij}，0，b_{ij}，t（j = 1，2，…，

① 朱国传：《区域经济发展——理论、策略、管理与创新》，人民出版社 2007 年版，第270 页。
②③ 安虎森：《新区域经济学》，东北财经大学出版社 2012 年版，第216 页。

n）表示 i 第 j 个产业部门在初始期和末期的规模。并以 B₀，Bt 表示区域所在大区或全国初期与末期经济总规模，以 B_{j, 0} 与 B_{j, t} 表示区域所在大区或全国初期与末期第 j 个产业部门的规模。假设区域 i 在经历了时间 [0，t] 之后，经济总量和结构均发生变化。设初始期（基年）区域 i 经济总规模为 b_{i, 0}（可用总产值或就业人数表示），末期（截止年 t）经济总规模为 b_i，t。[①]

区域 i 第 j 个产业部门在 [0，t] 时间段的变化率为：

$$r_{ij} = \frac{b_{ij, t} - b_{ij, 0}}{b_{ij, 0}} \quad (j = 1, 2, \cdots, n)$$

所在大区或全国 j 产业部门在 [0，t] 内的变化率为：

$$R_j = \frac{B_{j, t} - B_{j, 0}}{B_{j, 0}} \quad (j = 1, 2, \cdots, n)$$

以所在大区或全国各产业部门所占的份额按下式将区域各产业部门规模标准化得到：

$$b'_{ij} = \frac{b_{ij, 0} \cdot B_{j, 0}}{B_0} \quad (j = 1, 2, \cdots, n)$$

这样，在 [0，t] 时段内区域 i 第 j 产业部门的增长量 G_{ij} 可以分解为 N_{ij}、P_{ij}、D_{ij} 三个分量，表达式为：

$$
\begin{aligned}
G_{ij} &= N_{ij} + P_{ij} + D_{ij} \\
N_{ij} &= b'_{ij} \cdot R_j \\
P_{ij} &= (b_{ij, 0} - b'_{ij}) \cdot R_j \\
D_{ij} &= b_{ij, 0} \cdot (r_{ij} - R_j) \\
G_{ij} &= b_{ij, t} - b_{ij, 0}
\end{aligned}
\qquad (4.1)
$$

N_{ij} 称为全国增长份额，从各项的含义可知，它是指 j 部门的全国（或所在大区）总量按比例分配，区域 i 的 j 部门规模发生变化，也就是区域标准化的产业部门按全国或所在大区的平均增长率发展所产生的变化量。P_{ij} 称为产业结构转移份额（或产业结构效应），由式（4.1）可以看出，它是指区域部门比重与全国（或所在大区）相应部门比重的差异引起的区域 i 第 j 部门增长相对于全国或所在大区标准所产生的偏差，它是排除了区域增长速度与全国或所在区域的平均速度差异，假定两者等同，而单独分析部门结构对增长的影响和贡献。所以，此值越大，说明部门结构对经

---

① 杨帆：《基于偏离—份额分析法的绵阳市产业结构分析》，载《科学决策》2008 年第 11 期。

济总量增长的贡献越大。①

D_{ij} 被称之为区域竞争力份额（或区域份额效应），是指区域 i 第 j 部门增长速度与全国或所在大区相应部门增长速度的差别引起的偏差，反映区域 j 部门相应竞争能力，此值越大，则说明区域 j 部门竞争力队经济增长的作用越大。②

五、区域产业结构配置

产业结构配置的目的，是促进区域产业结构优化或合理化。区域产业结构的优化，本质是围绕主导产业建立起以主导产业为核心的、各行业协调配套的区域经济系统。

（一）主导产业的选择

1. 主导产业概念

主导产业一般是指产值占有一定比重，采用先进技术，增长率高，产业关联度强，在区域经济中起主导作用的产业，并对其他产业和整个区域经济发展有较强带动作用的产业。从量上来看，主导产业是在国民生产总值或国民收入中占有较大比重或者将来有可能占有较大比重的产业部门；从质上来看，它在整个国民经济中占有举足轻重的地位，能够对经济增长的速度与质量产生决定性影响，而且其较小的发展变化足以带动其他产业和整个国民经济变化，从而引起经济增长的产业部门，从某种意义上来说，区域产业结构调整的过程也就是主导产业的选择过程。③

2. 主导产业的作用

主导产业是现代经济发展的驱动轮，也是形成合理的区域产业结构的核心。

（1）一般认为，区域主导产业是建立在区域生产要素资源条件和特定

---

① 王良举：《基于 SSM 的安徽省国际旅游产业结构分析》，载《华东经济管理》2006 年第 10 期。

② 崔功豪、魏清泉、刘科伟：《区域分析与区域规划》，高等教育出版社 2006 年版，第 213 ~ 214 页。

③ 胡晓莉、张炜熙、阎辛夷：《天津市海洋产业主导产业选择研究》，载《海洋经济》2012 年第 1 期。

比例基础上，是具有较高现实资源使用效益和较好潜在资源利用效益前景的产业部门。同时，它也是在全国具有专业化分工特色的区域优势产业，它能够获得静态或动态比较经济利益，有利于发挥区域现实经济优势或潜在经济优势。

（2）区域主导产业还能提供大宗系列化最终产品和中间产品的产业部门。由于它的关联作用，它的迅速发展能够扩大市场，扩大对其他部门产品的需求，从而对其他产业乃至整个经济的增长有重要的、广泛的直接和间接诱发作用，它有利于满足区域人民的生活消费需求和生产建设需求。

（3）一般来说，主导产业在成长初期比较弱小，随着经济不断发展，主导产业在国民经济中所占比重不断提高，区域产业结构不断合理化，其水平也相应提高。主导产业通过高关联变化、以大规模的专业化与区域产业和区域市场进行结合，从而有利于缓解就业压力，有利于区域自然资源的持续开发利用，有利于区域生态良性循环从而达到区域经济的持续稳定增长，能够带动区域经济全盘发展的产业部门，它有利于区域经济的持续稳定增长。①

（二）关联配套产业

1. 关联配套产业的概念

关联配套产业是为区域主导产业和其他产业提供原料、燃料；或以主导产业的下脚料和废料为原料，开展综合利用的产业；或与主导产业共同利用同一种原料生产其他产品。实质上，配套产业主要是主导产业的后向关联、前向关联和旁侧关联所影响的产业。②

（1）后向关联产业：是为主导产业提供产前服务的产业，它们向主导产业提供原材料，作为主导产业部门的生产消耗，或者为主导产业提供机器设备等服务的产业。

（2）前向关联产业：即为主导产业提供产后服务的产业，一般是对主导产业产品进行深加工，以提高附加值。

（3）旁侧关联产业，是为主导产业提供产中服务的产业，有利于资源优化配置，刺激产业发展和市场容量扩大。

----

① 江世银：《区域产业结构调整与主导产业选择研究》，上海人民出版社 2004 年版，第126 页。

② 彭清：《产业结构的成长与区域经济的发展》，载《地域研究与开发》1991 年第 3 期。

2. 关联配套产业

在区域产业结构中，主导产业固然很重要，但切不可与主导产业相配套的非主导产业部门等闲视之，不应过分突出了主导产业部门的作用，而低估非主导产业部门的意义，否则会给区域经济发展带来不利的后果，这是因为：

（1）区域主导产业如果没有众多的辅助部门，服务部门与区域自给性部门的扶持、协助，是不可能顺利发展的。

（2）片面专业化会削弱区域对周期性经济危机，或其偶发性危机的抵抗能力，使经济发展大起大落，大幅度的经济波动会给企业经营和区域人民生活造成困难。

（3）片面专业化会使区域难以适应国内外经济发展的潮流，无法及时、顺利地实现产业结构转换。

（4）多样化发展能使区域各种经济资源得到充分的利用，如果片面专业化，则势必有相应一部分经济资源得不到很好的利用，造成资源闲置和浪费。

（三）非主导产业配套

1. 基础产业配套

基础性产业是主导产业和辅助产业发展的重要保障。基础产业配套即指根据主导产业和辅助产业发展的需要，通过市场机制调节、政府干预的调控，合理引导和组织基础性产业发展，力求为主导产业和辅助产业发展提供必不可少的支撑，创造良好的外部环境。[①]

按服务对象和本身性质划分，基础产业可分为生产性基础产业、生活性基础产业和社会性基础产业。生产性基础产业指为主导产业和关联产业发展本身提供公共服务的部门的总体，例如交通运输、金融商业、邮电通信、能源供应、物资供应、供水，等等。生活性基础产业指为产业职工及其家庭提供公共服务部门的总体，诸如住宅及公共设施、生活服务、公共事业，等等。社会性基础产业指既能为产业发展又能为职工家庭提供服务的部门的总体，例如教育、科研、卫生、环保、治安，等等。

---

① 吴传清：《区域经济学原理》，武汉大学出版社 2008 年版，第 133 ~ 144 页。

由上可知，如果将区域经济划分为基本活动和非基本活动两类部门。那么基础产业属于典型的非基本活动部门，它不承担地域分工的重任，其生产活动和提供的服务主要供区内消费，但它是区域经济发展必须具备的部门，有时甚至必须超前发展，起码不应滞后于主导产业和关联产业的发展，否则就要拖区域经济发展的后腿。

2. 辅助产业配套

辅助产业配套是指根据主导产业合理进行规划，促进辅助产业发展，从而使主导产业与辅助产业的发展之间相互联系、相互促进。配套辅助产业过程中应注意处理好以下三大问题：

（1）以主导产业为核心，依据辅助产业与主导产业间的向前、向后和侧向"三维"联系，结合区域实际情况，选择、培育和发展为主导产业配套的各辅助产业，为主导产业发展提供保障。

（2）根据所确定的主导产业发展规模，积极运用市场机制调节和政府干预调控的手段，引导辅助产业适度发展。

（3）根据主导产业的空间布局状况，合理布局辅助产业。既要保证主导产业与辅助产业通过合理的空间布局而获得良好的集聚经济效益，又要尽量避免因过度集中、无序布局而引致的集聚不经济，防止因布局不合理而导致主导产业与辅助产业陷入相互限制的困局。[1]

区域主导产业和辅助产业一般可采用"板块式"、"环绕式"等地域组合形式进行空间布局。[2] "板块式"布局是指区域内一部分地区以发展主导产业为主，另一部分地区以发展辅助产业为主。而"环绕式"布局则是指以区域主导产业为中心，环绕分布相应的辅助产业，形成大小不等的产业圈。[3]

（四）区域产业结构优化

1. 概念

产业结构优化是指在工业化进程中，地方政府根据产业结构的特征，结合经济发展的约束因素，优化升级出最佳产业，从而带动其他产业发展

---

① 李小建：《经济地理学》，高等教育出版社2006年版，第179页。
② 杜肯堂、戴士根：《区域经济管理学》，高等教育出版社2004年版，第72～73页。
③ 吴传清：《区域经济学原理》，武汉大学出版社2008年版，第133页。

的积极、主动、有效的战略行为。①

2. 评价地区产业结构优化的标准

（1）充分发挥地区优势，即充分利用各种自然资源、社会经济条件来发展区域经济。发挥区域优势要以比较优势为基础，进而把它转化为绝对优势，这是优化区域产业结构的基本原则。

（2）产业结构具有整体性、系统性。这表现在区域产业结构应该建立在合理地域的基础上。区域产业能够以区域主导产业部门为核心，把全区若干企业组成一个由生产、分配或技术连接起来的、部门间比例协调的、相辅相成的整体，以利于最大限度地获得聚集经济效益。关联产业、基础产业要与主导产业配套，在建设时序上衔接，在建设规模上适应。既要防止各类产业齐头并进，没有重点；也要防止主导产业孤军突进，其他产业跟不上。

（3）产业结构的先进性。能够充分有效地吸收利用现代科学技术成果，逐步提高产业结构高度。区域产业结构应具有相对先进性和自我调节能力，能够适应区内外社会经济发展要求。

（4）积极扶持潜导产业，促进区域产业结构的合理转换。及时淘汰过时的主导产业，扶持新兴潜导产业，使之成为新的主导产业。从长期来看，"一、二、三"次产业向"三、二、一"次产业转换，由资源、劳动、资本密集型产业为主导，向智力、知识、技术密集型为主导转换，由农业向工业、轻工向重工、粗浅加工向精深加工转换，由附加值小的向附加值大的方向转换。

（5）与国家产业结构优化相协调。区域产业结构的专业化和综合发展建立在分工协作基础上，各区域产业结构的优化应相互协同，与国家产业结构合理化、高级化的方向相协调，从而才能保证国家整体效益的优化。同时，各地区要根据自身优势和结构演进规律，在合理化基础上推进高级化，使区域与区域、区域与国家之间产业结构演变相协同，以获取最佳资源配置效益。②

（五）区域产业结构合理化

区域产业结构合理化，是指区域产业结构由不合理向合理发展的过

---

① 杨国庚、杨奇：《产业结构优化升级研究理论综述》，载《全国商情》2009年第9期。
② 施祖麟：《区域经济发展：理论与实证》，社会科学文献出版社2007年版，第155页。

程，即要求在一定经济发展阶段，根据区域市场需求和资源供给条件，对初始不理想的产业结构进行相关变量调整，理顺结构，使资源在区域产业间合理配置并得到有效利用的过程。①

1. 区域产业结构合理化的标志

能够充分有效地利用本国的人力、物力、财力以及国际分工的好处；使国民经济各部分协调发展，社会的生产、交换和分配顺畅进行，社会扩大再生产顺利发展；使国民经济持续稳定的增长，社会需求得以实现；能实现人口、资源、环境的良性循环。②

2. 区域产业结构合理化的分析方法

目前，国际上分析区域产业结构的合理化程度主要有两种方法。一种是国际比较法。国外学者根据发达国家的历史资料和一定时期人均国内生产总值的不同，与发展中国家进行相应的对比。这种方法得出的结论是：随着现代经济的发展，在人均国内生产总值不断提高的情况下，产业结构的变动总趋势是农业的比重不断下降，工业、服务业比重上升。另一种是影子价格分析法。按照西方经济学理论，当各种产品的边际产出相等时，就表明资源得到合理配置，各种产品供需平衡，产业结构达到最佳组合。对此，可运用影子价格进行分析（影子价格是从国家利益的角度反映各种资源如物品、服务、自然资源、外汇、劳动力和资本占用等价值的经济价格）③，通过计算各产业的影子价格与其整体影子价格平均值偏离程度来衡量，偏离程度越小，产业结构就越趋于合理。④

3. 产业结构合理化的调整机制

产业结构之所以从不合理向合理化的调整，其动力是结构调整过程中存在的收益。但在不同的结构调整机制中，结构调整动力的表现形式不同。产业结构调整机制是一种根据现有产业结构状态，通过输入某种信号和能量，引起结构变动，从而形成新的产业结构状态的作用过程。根据输

---

① 张秀生：《区域经济学》，武汉大学出版社 2007 年版，第 59 页。
② 苏东水：《产业经济学》，高等教育出版社 2010 年版，第 238 页。
③ 林德金：《适用省市地县现代规划——理论、政策、方法、模型、案例》，光明日报出版社 1990 年版，第 188～199 页。
④ 朱国传：《区域经济发展——理论、策略、管理与创新》，人民出版社 2007 年版，第 273 页。

入信号的性质和调整方式的类型，理论上可以把产业结构的调整机制分为市场机制和计划机制。①

（1）市场机制。市场机制调整产业结构在很大程度上是一种经济系统的自我调节过程，即经济主体在市场信号的引导下，通过生产资源的重组和在产业部门之间的流动，使产业结构尽可能适应需求结构变动的过程。在这一产业结构调整过程中，产业结构变动的信号就是市场价格，动力是无数分散的经济主体对增加利润和避免损失的追求。

（2）计划机制。产业结构的计划调整机制是一种对经济系统的调控过程，即政府向经济系统输入某种信号，直接进行资源在产业间的配置，使产业结构得以变动的过程。在这一产业结构调整过程中，结构变动的信号是政府的计划数量或指令，动力是政府对经济持续、稳定、协调增长的追求。②

□ 思考与练习题

1. 根据区域发展要求和产业园区的功能定位，产业园区的规划可以分为哪几类？
2. 产业带的基本特征有哪些？
3. 试述产业结构的演变机理。
4. 简述产业发展的主要理论。
5. 区域特色经济发展的一般模式有哪些？
6. 如何培育和发展区域特色经济？
7. 产业结构有哪些定量分析方法？
8. 如何理解产业结构的优化与合理化？

□ 延伸阅读文献

1. 张秀生：《区域经济学》，武汉大学出版社2007年版。
2. 苏东水：《产业经济学》，高等教育出版社2010年版。
3. 刘秉镰、韩晶：《区域经济与社会发展规划的理论与方法研究》，经济科学出版社2007年版。
4. 孙久文：《区域经济规划》，商务印书馆2005年版。
5. 朱国传：《区域经济发展——理论、策略、管理与创新》，人民出版社2007

① 吴志华、王家新：《产业结构调整与微观基础强化——苏南产业结构调整的实证研究》，载《经济评论》2001年第6期。
② 党耀国、刘思峰、王庆丰：《区域产业结构优化理论》，科学出版社2011年版，第37页。

年版。

　　6. 林德金：《适用省市地县现代规划——理论、政策、方法、模型、案例》，光明日报出版社 1990 年版。

　　7. 吴传清：《区域经济学原理》，武汉大学出版社 2008 年版。

　　8. 施祖麟：《区域经济发展：理论与实证》，社会科学文献出版社 2007 年版。

　　9. 安虎森：《新区域经济学》，东北财经大学出版社 2012 年版。

　　10. W. 艾萨德著，陈宗兴译：《区域科学导论》，高等教育出版社 2001 年版。

　　11. Steven K. , Vogel Freer Markets, More Rules：Regulatory Reform in Advanced Industrial Countries, Cornell University Press, 1996.

第五章 区域与城市的社会经济发展理论

从一定意义上讲，区域经济是在一定范围内，以客观存在的地域单元为基础，按照劳动地域分工原则建立起来的具有区域特色的地域性国民经济。正确认识与理解城市社会经济是认识区域经济的一个关键要素。

第一节 区域经济发展理论

经济发展理论对于揭示区域经济发展的作用机制与发展动力，具有决定性作用与贡献。在一定理论基础上，对区域经济发展结构、阶段进行探讨，是区域经济研究一个不可忽视的重要部分。

一、区域经济空间分工与专业化

1. 分工与地域生产综合体组织的形成

分工思想是随着人类社会分工的不断演进而发展起来的，最早可以追溯到古希腊的柏拉图、色诺芬时代。古典经济学时期，亚当·斯密第一次从经济学意义上对分工进行了系统论述，"分工"这一概念才上升到经济学研究的核心地位而备受关注。在斯密等古典经济学家看来，人们关于专业化水平的模式的决策决定分工的水平，社会分工水平和模式决定市场上的供求，各种经济现象都与分工的水平和模式有关。

分工是在社会发展一定阶段上产生的。亚当·斯密曾明确指出："劳动生产力上最大的增进，以及运用劳动时所表现的更大的熟练、技巧和判断力，都是分工的结果"，[①] 分工使得劳动者越来越将其生产活动集中在较少

① 亚当·斯密：《国民财富的性质和原因的研究》（上卷），商务印书馆 1981 年版，第 5 页。

的操作上，提高其生产的熟练程度，能够使劳动工具分化与技术进步，利用区位条件，资源禀赋，特定的人力资源，促进专业化，并使生产活动更加"迂回"。因此，斯密特别强调了劳动分工所引起生产的大量增长，提出了分工和自由竞争是能够使人民给自己改善自己的境遇的重要观点。

分工对社会经济、科学、文化的发展具有重大的推动作用。分工的发展推动着生产过程的统一、联合、协作，形成社会化的生产并不断开辟着的生产领域。马克思指出，分工表现为社会经济形成过程中历史进步和必要的发展因素，但同时他也指出，"分工从最初起就包含着劳动条件、劳动工具和材料的分配，因而也包含着积累起来的资本在各个私有者之间的劈分，从而也包含着资本和劳动之间的分裂以及所有制本身的各种不同的形式。分工愈发达，积累愈增加，这种分裂也就愈剧烈"。[①]

区域分工是分工在空间上的一般表现形式。张敦富认为，区域分工是指一国内各区域在充分利用区内优势的基础上实行区域专门化生产，并通过区际交换实现其专门化部门生产的产品价值与满足自身对本区域不能生产或生产不利的产品的需求，从而扩大区域的生产能力，增进区域利益。[②]

区域分工的经济效益，主要表现为分工和专业化经济。区域分工能减少生产者所需的工具数量，减少放置不同原材料、不同设备所需占用的空间。同时，它能使人们将注意力集中在更窄的生产领域，因而能够较容易地产生技术创新。盛洪认为，分工和专业化的经济性大致可分为直接经济性和间接经济性两种。直接经济性是采取一定程度的分工和专业化生产方式，比采用这种方式以前带来了生产效率提高或生产要素节约等益处；间接经济性则是指分工和专业化的发展为生产方式的其他创新提供了条件。[③]

另外，分工与专业的发展必然结果是生产规模的扩大。同时，会把一些生产环节转包出去，形成许多中间产品生产部门，使得社会生产活动中又出现迂回生产方式，在地域空间上表现为一种生产活动的综合组织的形成。经济地域综合体的空间结构一般是根据专业化部门与综合发展部门的关系，以专业化部门的企业布局为中心，结合区域的资源分布、人口分布、城镇分布等情况，合理布局综合发展部门而形成的。所以，主要采用企业成组布局的方式，即把相关企业按内在联系集中布局在同一地区。

在经济地域综合体的部门组合中，专业化部门是指主要向区外提供产

① 《马克思恩格斯选集》第1卷，人民出版社1995年版，第73页。
② 张敦富：《区域经济学》，中国轻工业出版社2003年版，第161页。
③ 盛洪：《分工与交易——一个一般理论及其对中国非专业化问题的应用分析》，上海三联书店、上海人民出版社2006年版，第39页。

品的部门。其中，又可分为主导专业化部门和一般专业化部门。前者是指对区域经济发展贡献很大，产业关联性强，代表区域经济发展方向与水平的部门。后者是产品主要输往区外，但在区内产业关联性小，对区域经济发展影响有限的部门。综合发展的部门则是与专业化部门有着前向或后向联系的关联性部门，为专业化部门提供配套服务或产品的部门，以及为专业化部门正常运行服务的基础性服务部门。①

2. 交易、集市与城市的形成

随着社会生产力提高，人类历史上出现了第一次社会大分工，即游牧部落和农业部落分离。在生产力发展的基础上，畜牧业和农业各自都有若干产品剩余。因此，就为游牧部落和农业部落间开始进行商品交换提供了足够的可能性和必要性，交换从偶然性逐渐变为经常性，这就是最初的交易。

随着社会生产力的进一步发展，原为农人和牧人的副业——织布业、金属加工业、陶器制造业等手工业，逐步完善起来，成为许多人的独立职业。手工业又与农业分离开来，形成第二次大分工。第二次社会大分工的结果是提高了劳动生产率，扩大了交换范围。交换的扩大引起了商品生产的萌芽和发展，交换日益繁荣和扩大，交易的频率增加与需求不断提高，逐渐形成了许多手工业和商业定时和定点交易的集中地，这些场所逐步演变为集市。

按照马克思主义的观点，城市是社会生产力发展到一定阶段的产物。由于手工业发展及城市建设需要，自然灾害及战争破产的农民等许多人向往城市生活。随着城市人口的逐步集中，出现了社会分工，一部分人专门从事手工业、商业，一部分继续从事农业。根据对国内外城市的大量研究，有些城市是在生产活动基础上发展起来的，成为工业中心城市，而有些城市是在商业基础上发展起来的，后来成为商业中心城市。这些经济中心的形成与经济活动的集中与人口的集中密不可分。②

从世界范围看，城市发展的历史可以大体划分为工业革命前和工业革命后两大阶段。进一步而言，也可以划分为前工业社会时期的城市、工业社会时期的城市、后工业社会时期的城市、信息时代的城市四个阶段。不同的城市发展阶段，呈现出不同的特征。所以，人类第一次社会大分工产

---

① 陈秀山、张可云：《区域经济理论》，商务印书馆2003年版，第81页。
② 郝寿义、安虎森：《区域经济学》（第二版），经济科学出版社2004年版，第91页。

生了农村，人类第二次社会大分工以及第三次大分工形成了城市，机器大工业取代工场手工业和由此带来的工业化则推动了城市的诞生。城市起源于工业革命和工业化。农业革命使城市诞生于世界，工业革命则使城市主宰世界。农业发展是城市诞生的根本前提和动力因素，同时工业化进程也成为了城市发展的动因。城市起源的最根本原因就在于生产力的发展以及生产方式和生产关系的改进。[①]

专栏 5-1

河南省集市的形成与发展

1. 春秋战国及其以前的集市

河南省早在远古即是华夏之部落，先民在此繁衍生息，开荒定居，农耕历史悠久。据《周易·系辞下》记载："引鏖于国，日中为市，致天下之民，聚天下之货，交易而退，各得其所"。商代殷民中有"肇牵牛车远服贾"的长途贩运者，也有人"抱布贸丝"进行交易。这种专门以交换活动为职业的商人阶级出现，交换的区域范围不断扩大，即有了商业资本的交换形式，集市贸易也就正式形成。

古代专供人们做买卖的交易场所称为"市井"，《管子·小匡》载："处商必就市井"。它在早期城镇建置中，自西周至唐朝末年实行的都是坊市制。坊是居民住宅区，市是商业交易区。所有的买卖交易只能在市内，不准在市外交易。所谓"市，朝则满，夕则虚，非朝爱市而夕憎之也，求存故往，亡故去。"所以，交易时间一过，市井便空空如也。到了春秋时期，以华夏自称的中原各诸侯国都大力发展水陆交通，促进了工商业的发展。战国时期，随着以鸿沟为主体的水陆交通网的形成，出现了一批繁荣的工商城市。交易的商品，一般由农村生产。农村产品，由个体生产者进城出卖，或由小商贩运进城出售，而在农村中固定场所的交易市场不多，但在交通便利、人口又较密集的水陆码头，也有交易市场。

2. 秦汉时期集市向农村扩散

秦汉时期兴修水利灌溉事业，促进了农村经济的发展。为了人们交换

---

① 赵熙：《英国城市化的核心动力：工业革命与工业化》，载《兰州学刊》2008年第2期。

的需要，客观上要求农村建立市场。于是由城市通向农村的主要交通路口、道边出现了供食宿的"店"或"铺"。如十里店、二十里铺等，有些店铺名称以店主或创业者的姓氏命名，诸如：刘家店、孟店等。他们不仅有供应商旅食宿的设施，而且还有为商旅储存商品的库房。在店中常出现酒、水果、蔬菜、鱼类等典型的物品批发交易活动。

汉代中原地区仍是全国经济重心，商业中心。西汉时全国除长安外，17个著名城市中河南省就有7个；温（温县西）、轵（济源南）、洛阳、颍川（禹州）、宛（南阳）、陈（淮阳）、睢阳（商丘），城市里都有固定的交易场所。在县以下的小邑也有市，它是定期的集市，在一定的空地场所进行商品交易，不设围墙，未有市门，也未有房屋店舍，称为"会市"。其延续到接近农村的地方，这种非正规的集市通过逢时赶集的形式进行商品交流。

资料来源：潘淑君：《河南省农村集市历史演变规律的探讨》，载《河南大学学报（自然科学版）》1999年第4期。

二、区域经济发展理论

（一）区域均衡发展理论

新古典主义区域均衡发展理论源于经济增长理论，是哈罗德 - 多马新古典经济增长模型基础上发展起来的，其代表人物有 R. 纳克斯（Nurkse）、罗森斯坦·罗丹、G. H. 鲍茨和 J. H. 斯坦等。这一理论认为，发展中国家长期处于"贫困的恶性循环之中"（理查德·纳尔逊称之为"低水平的均衡陷阱"），主要存在两种恶性循环。一种是因需求不足形成的恶性循环，即发展中国家劳动生产率低→人均收入水平低→消费需求不足→投资需求不足经济增长缓慢→劳动生产率低。另一种是因供给不足形成的恶性循环，即发展中国家劳动生产率低→人均收入水平低→消费需求不足→资本供给不足→经济增长缓慢→劳动生产率低。

因此，要打破这一"贫困恶性循环"，需要实施均衡发展战略。在国民经济各部门中同时增加投资，合理分配投资，扩大市场需求，实现有效的资本积累和增加对资本的有效需求，使国民经济各部门实现全面的均衡增长。同时，借助各部门之间的关联作用和互补性，促进各产业各部门协调发展，实现区域与产业均衡发展。

（二）非均衡发展理论

区域均衡发展理论遭到赫尔希曼、缪尔达尔等为代表的经济学家的反对与批判。他们认为，由于发展中国家并不具备资本、技术等其他资源，均衡发展是不可能的。因此，提出了增长总是在若干部门或部分地区发生的非均衡发展理论。

1. 不平衡发展理论

赫尔希曼在其《经济发展战略》一书中，提出了区域非均衡发展理论。他认为经济发展不会同时出现在所有地方，一旦某个地区发展起来，在大的集聚经济效应作用下，要素将向该地区集聚，形成具有较高收入水平的核心区，与核心区相对应，周边的落后地区称为边缘区。从另一方面来看，地区与产业发展的不均衡，决定了经济增长的不均衡。发展中国家或地区需要集中有限的资源与资本，发展"主导产业"，进而带动关联产业和整个产业的发展，实现经济增长。

2. 核心—边缘理论

核心—边缘理论是解释经济空间结构演变模式的一种理论，比较系统与完整地提出这一理论的是弗里德曼，他在缪尔达尔与赫希曼等对区域经济分析的基础上，提出了核心—边缘发展模式。这一理论认为区域间经济增长是不均衡的，将经济系统空间结构划分为中心和外围两部分，二者共同构成一个完整的二元空间结构。受集聚经济效应的作用，要素将向中心区集聚，经济效益较高，处于支配地位，与之相对应，周边地区发展条件较差，经济效益较低，称为边缘区。核心—边缘理论试图解释区域间互无关联、不平衡发展变为相互关联并且发展趋于平衡的区域系统。

根据核心—边缘理论，区域经济发展伴随经济空间结构的改变，并且这种改变可以划分为前工业化阶段、工业化初期阶段、工业化成熟阶段、空间经济一体化阶段这四个阶段，用于反映核心区域与边缘区域之间关系的改变。在每个阶段上，资源要素流动状态不同，具有不同阶段性特征。见表 5 - 1。

表 5 - 1　　　　　不同发展阶段的资源要素流动状态与区域经济特征

特征　＼　阶段	前工业化阶段	工业化初级阶段	工业化成熟阶段	空间经济一体化阶段
资源要素流动状态	较少流动	外围区资源要素大量流入中心区	中心区要素高度集中，开始回流到外围区	
区域经济典型特征	已存在若干不同等级的中心，但彼此间缺乏联系	中心区进入极化过程，少数主导地带迅速膨胀	中心区开始对外扩散过程，外围区出现较小中心	多核心区形成，少数大城市失去原有主导地位，城市体系形成

资料来源：陈秀山、张可云：《区域经济理论》，商务印书馆 2003 年版，第 209 页。

3. 累积因果论

这一理论是由著名经济学家缪尔达尔在 1957 年提出的，后经卡尔多、迪克逊和瑟尔沃尔等人发展并具体化为模型。缪尔达尔等认为，在一个动态的社会过程中，社会经济各因素之间存在着循环累积的因果关系。某一社会经济因素的变化，会引起另一社会经济因素的变化，这后一因素的变化，反过来又加强了前一个因素的那个变化，导致社会经济过程沿着最初那个因素变化的方向发展，从而形成累积性的循环发展趋势。

在经济循环累积过程中，这种累积效应有两种相反的效应，即回流效应和扩散效应。前者指落后地区的资金、劳动力向发达地区流动，导致落后地区要素不足，发展更慢，区域经济差异不断扩大；后者指发达地区的资金和劳动力向落后地区流动，促进落后地区的发展，区域发展差异得以缩小。在市场机制作用下，回流效应远大于扩散效应，即发达区域更发达，落后区域更落后。因此，循环累积因果论认为，经济发展过程在空间上并不是同时产生和均匀扩散的，而是从一些较好的地区开始，一旦这些区域由于初始发展优势而比其他区域超前发展时，这些区域就通过累积因果过程，不断积累有利因素继续超前发展，强化和加剧区域间的不平衡，导致增长区域和滞后区域之间发生空间相互作用。[1]

事实上，除了以上经济学家提到的理论外，非均衡发展理论还有产业梯度转移理论、佩鲁等人提出的区域增长极理论，由于其他章节已论述，

---

[1]　叶元：《欧盟促进区域经济协调发展对武汉城市圈的启示》，载《江汉大学学报》（社科版），2010 年第 1 期。

这里就不展开了。

（三）　区域经济发展的长期规律——"倒 U 型"学说

区域非均衡发展理论与新古典学派的区域均衡发展理论相继问世以来，西方经济学界围绕这一分歧展开了一场论战，也引发了学者对于不同国家经济发展差异的历史演变轨迹进行实证研究。在这些实证研究中，美国经济学家 J. G. 威廉姆逊提出了著名的"倒 U 型"学说。

这一学说认为，在经济发展的初期阶段，区域间经济发展差距是不断扩大的，但经过一定时期，区域平衡的力量将使区域差距保持稳定；当经济进入成熟阶段后，区域差距将随着总体增长而逐渐下降。也就是说，区域经济发展的长期趋势是非均衡发展的，各地区差异随经济发展出现差异扩大或波动是常态，但也应当注意地区差异应保持在适度范围内，并不是容忍差异无限制的扩大。

专栏 5－2

美国非均衡发展的历史经验

即使到了 20 世纪 60 年代美国的中部地区仍然是美国欠发达的地区，为促进其发展，美国于 1961 年颁布了《地区再开发法》，并依法成立了地区再开发管理局，1965 年更名为经济开发署。通过重点选择欠发达地区发展条件比较好的地方（原则上每个县有一个）作为重点发展的中心，实行倾斜式发展，以此带动欠发达地区的发展。从具体的做法看，主要有三个：

第一，编制跨区域（县或者州）的区域振兴方案，例如在阿巴拉契亚复兴方案中就包括了 13 个州，振兴方案的主要目的是增加就业，在不同时期也会编制一些针对具体问题和具体地区的发展规划。

第二，通过大量的联邦财政拨款加强对基础设施、环境治理、人力培训等方面的投资，也包括对中小企业的支持性贷款（贴息或者低息），即通过提供公共事务和开发设施，改善给不发达地区带来严重而持久失业的投资环境。据估计 1965 年到 1975 年间，美国联邦政府共拨款 23 亿美金用于欠发达地区的开发。

第三，引入"增长极"的概念，例如美国的经济开发法案要求建立"开发中心"（Development Center），开发中心必须是具有足够规模和潜力

的地区，能够通过其经济发展来减轻周边地区的不发达状况，到 1975 年，
这样的"开发中心"曾经达到 260 个以上。

资料来源：国务院发展研究中心"加快形成新的经济增长极，促进区域协调发
展"课题组：《发展区域经济增长极的国际经验》，国研视点，2011 年 4 月 28 日。

（四）城乡边缘区的形成与区域空间的三元结构

城乡边缘区是城市与乡村相互作用的产物，城乡要素相互渗透，功能
互补，逐步形成城市与乡村的过渡地带，即城乡边缘区。由此形成了三元
经济结构：城市——城乡边缘区——外围。其主要代表理论观点有：

1. 山鹿诚次的阶段论

日本学者山鹿诚次（1964）结合日本的实例，认为城市化主要表现为
农村要素向城市聚集的过程。他从土地利用集约化方面将城市化划分为三
个阶段：①一般农业（大田农作物）向商品性农业（蔬菜、瓜果、花卉、
奶牛、禽兽等商品），称为产品的商品化阶段。②青壮年农业劳动力向兼
业的农工户、农商户的转化的劳动的商品化阶段。③农民卖掉或出租土
地，不再务农的土地商品化阶段。[①]

可见，山鹿诚次的阶段论主要从传统农业转换、劳动力就业差异来分
析农村城市化，它表现为城乡边缘区是农村要素商品化程度不断提高而形
成的。

2. 科曾的周期性增长理论

20 世纪 60 年代，英国地理学者科曾从城市扩散的角度研究了城市化
的路径，并从城市开发的复杂性和有序性的角度，提出了周期性因素对城
乡边缘区形成的影响。他认为城市边缘带是城市地域扩展的前提，城市并
非是稳步向农村地区推进的，而是存在加速期、减速期和稳定期三种变化
状态。

周期性增长的第一阶段为加速期，城市多元交通干线呈放射状快速向
外扩展，农业用地大规模非农化，城市作用力占主导地位；第二阶段为减
速期，城市扩展呈环状推进，城乡作用力进入交互作用状态；第三阶段为
静止期，乡村作用力占优势，城乡边缘区地域范围较为稳定，进入内部填

---

① 山鹿诚次：《都市地理研究》，载《地理学评论》1973 年第 7 期。

充阶段。总体来看，周期性增长，使城乡边缘区形态呈"年轮"状的圈层式推进，而这种变化周期要取决于城市经济发展和土地利用的制约因素。[①]

3. 埃里克森动态模拟理论

与科曾周期性增长理论相近，埃里克森认为城市化的过程可分为三个阶段：①外溢——专业化阶段：20 世纪 40 年代以前，城市功能向周边地区外溢而形成一些专业化的生长点，如形成城郊工业园区、功能化的农业园区。②分散——多样化阶段：20 世纪 40 ~ 60 年代末，随着运输技术的提高，人口、产业以及基础设施逐步向边缘区扩散。③填充——多核化阶段：工业化逐步向外扩展，农业土地进一步非农化，地域被城市化全部填充。从整个过程来看，城乡边缘区的阶段逐步推进，各个阶段相互衔接，但也可能在某个阶段停滞不前，并非顺序演替，这主要取决于中心城市社会经济发展及其能量的集聚。见图 5 - 1。

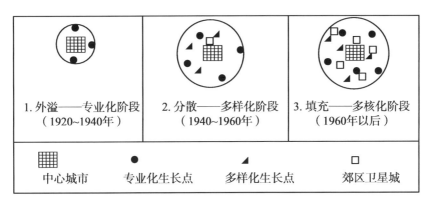

图 5 - 1 城乡边缘区土地利用的埃里克森模型

资料来源：陈佑启、周建明：《城市边缘区土地利用的演变过程与空间布局模式》，载《国外城市规划》，1998 年第 1 期。

4. 劳动在空间上的重新分工理论

分工是经济社会发展过程中一种重要的经济规律。从亚当·斯密的手工业生产分工到福特制刚性生产再到柔性生产，表现出分工不断累积深化的过程。人们从地域空间分工过程中获得各种利益是分工发生、发展的动力。生产要素的不平衡分布，这种分布使生产要素价格在各地区形成差

① M. R. G.. Conzen, Alnwick, Northumberland: A study in Town-plan Analysis of British Geographers Publication, No. 27, London: George Philip, 1960.

异，形成了地区间分工与贸易。事实上，部门分工、专业化分工构成了经济发展的整个过程。而在城市空间中，随着规模经济与聚集效应，新的劳动分工趋势逐步出现。众多的经济活动通过组织的不断变化以及他们之间联系程度的变化，逐步出现一种收敛趋势，按照企业之间联系成本大小不同，出现不同的区位选择。[1] 城市中企业和人口从中心区向外迁移，并伴随产权结构以及由产销结构所决定的产权具体实现形态的重新组合和重新构造。这种变化构成了劳动的一种新的空间分工。

另一方面，随着跨国公司的出现以及全球化的影响，促进新的国际劳动分工格局。从形式上来看，劳动分工可分为两种形式：部门空间分工和空间等级分工两种类型，分别由控制中心区域和边缘区域构成。并且分工在全球格局存在着明显的空间差异：发达国家之间分工格局、发达与欠发达国家之间的分工格局以及分工中区域分工优势的升级转换规律。[2]

专栏 5–3

城乡边缘区统筹城乡土地配置战略

——以天津东丽区为例

大城市边缘区是城、镇、村共同存在的地域复合体，三者的经济社会发展水平存在显著的梯度差异。当经济发展到特定阶段，城市产业就会依次向小城镇和农村转移，天津市城乡统筹就是在这一特定的历史阶段下开展的。天津东丽区以农村土地综合整治为平台，优化城乡土地利用结构和布局，有效推动了城乡统筹发展。

（1）村镇体系建设。天津东丽区的小城镇对上承接核心区产业，对下吸纳农村富余劳动力，成为城乡一体化建设的重要节点，实现新农村建设、小城镇建设及扩大内需、保障民生的综合发展目标。

（2）农村土地整治。东丽区统筹城乡土地配置的条件较成熟，在注重保护生态和传承文化的前提下，以农村土地综合整治为平台，促进城乡土地集约利用，从而拉动农村需求，拓展就业空间，促进乡村地域系统的可持续发展。

---

[1] 郝寿义、安虎森：《区域经济学》，经济科学出版社1999年版，第97页。
[2] 石崧宁、越敏：《劳动力空间分工理论评述》，载《经济学动态》2006年第2期。

（3）统筹城乡用地。东丽区城市建设用地需求旺盛，农村用地较粗放，可挖掘的潜力大，因而有序推进城乡建设用地增减挂钩，一方面，促进城乡统一的土地市场建设，实现城乡优势要素的优化组合；另一方面，农村要素如劳动力有序地由农村流向城市，资金、技术、信息等由城市流向农村，形成"农村支援城市，城市反哺农村"的互动局面。

资料来源：张衍毓、刘彦随：《大城市边缘区统筹城乡土地利用战略探讨——以天津市东丽区为例》，载《中国土地科学》2010年第2期。

第二节　区域经济协调发展理论

区域差异是一个国际性问题，无论是发达国家还是发展中国家，都在不同程度上存在区域差异。通过对协调理论的探讨，可以更好地研究我国区域差异问题。

一、区域经济协调发展理论

（一）协调发展思想产生的背景

联合国于1960年制订了第一个10年（1960～1970年）国际发展战略（该战略把经济增长、国民生产总值和工业发展速度作为主要的发展目标），在该战略指导下，许多发展中国家先后开始加速资本积累和投资、加速工业化、城市化，实现了不同程度的经济增长。但同时，也产生了许多社会问题，失业、城乡差异在扩大，不适当的强调工业化，忽视农业和粮食的生产，忽视国民经济各部门的协调，阻碍了经济发展。

因此，联合国第二个10年（1970～1980年）国际发展战略时，除了经济增长、工业发展目标之外，还增加了社会发展目标，如保健、营养、住宅、收入分配、就业、人力资源开发、农村发展等社会发展目标，并把经济发展目标同社会进步目标相结合，希望促进"经济增长与公平"。英国的苏塞克斯大学教授达·尔斯（Dudley. Seers）认为国民生产总值的增长不等于贫困的减少，发展中国家要集中解决平等问题、失业问题和贫困问题。因此他主张，发展中国家应将单一的经济增长指标扩展为全面的、综合的发展指标，尤其要把满足大多数人的基本生活需要作为发展的目标。

人们不仅意识到增长与发展之间的区别，也认识到各地区、各部门之间协调发展的重要性。自 20 世纪 60 年代威廉姆逊提出区域收入趋同假说，到 80 年代阿莫斯（Amos）提出"在经济发展后期阶段区域收入趋异"的假说以来，众多经济学家从区域差异角度来探讨区域经济的协调发展问题，即区域经济增长的收敛性。同时，新经济增长学派强调技术进步的内生性和人力资本的重要性，动态分析地区经济增长的变化趋势，并进一步研究区域经济增长的原因。新经济地理理论认为推动经济发展的动力机制是集聚力和分散力。集聚力不仅存在一个国家内部地区之间，而且也存在于国家之间。一个地区产业结构的形式和演变按照新经济地理学的观点来看，一定程度上取决于由促进企业集中化生产的集聚力，以及与运输相关促进企业分散化生产的分散力两者之间的平衡关系。

（二）区域协调理论与实施

在世界范围内，区域经济发展不平衡是一个普遍的现象，几乎所有的国家都不同程度地经历过或正面临区域经济发展不平衡带来的挑战。根据国外的理论与实践，在解决区域差异上，主要有市场型区域协调与政府干预型协调两种理论。

1. 市场型区域协调理论

这一理论是以新古典理论为基础，有三点基本假设：一是完全自由竞争；二是生产要素充分利用；三是资本与劳动完全自由流动。这一理论认为在市场供求关系和资本边际收益递减规律支配下，资本、劳动力等要素实现合理流转和配置，实现经济均衡。发达地区的资本会流向欠发达地区，欠发达地区劳动会流向发达地区，通过市场的作用最终可以消除区域差异，实现区域协调发展。

2. 政府干预型区域协调理论

这一理论认为区域初始条件不同，通过市场机制，在自由竞争条件下，区域差异不能自动缩小。缪尔达尔认为政府需要采取不平衡发展战略进行干预。在区域经济发展初期，集中力量发展投资效率较高的地区，利用扩散效应带动整个区域。同时，政府采取措施避免累积循环效应，防止区域经济差异进一步扩大。[①] 赫尔希曼认为欠发达地区与发达地区在产业结构上要形成投出产出的互补性关系，通过产业互补共同发展。同时，通

---

① 陈鸿宇：《区域经济学新论》，广东经济出版社 1998 年版，第 31 页。

过劳动力的流动与产业转移逐步消除区域差异。

为缩小地区差距，促进各地区协调发展，各国政府提出了各种政策与解决措施。

（1）制订明确的区域发展规划。从 20 世纪 60 年代起，为解决工业布局过疏、过密的不协调问题，日本先后制订了四个全国综合开发计划。并且，在其实施区域政策的几十年中，在不同的阶段都有明确的目标，并制订了详尽的发展规划以保证目标的实施。

（2）建立落后地区的开发机构和管理机构。许多国家设有专门的区域经济管理机构，加强区域政策的制订和有效实施。如美国各开发区都设有管理局，德国从联邦到地方各级政府都设有专门负责区域政策的委员会。[①]

（3）重视农业在国民经济中的基础作用。许多国家把工业化摆在首位，忽视了农业的发展。舒尔茨曾指出，农业部门为其他各部门提供了大量人力和储蓄，促进了工业与其他产业发展。没有农业的繁荣和支持，工业化战略就不能实现，强调国民经济各部门的协调发展。

（4）对落后地区采取多种优惠政策。包括财政、金融等各个方面，包括财政补贴、减免税收、贷款担保、优惠贷款等。有的国家还采取提供信息服务和帮助培训人员、卫生保健、营养方面的支出等直接促进措施。

（三）我国区域经济协调发展

改革开放以来，随着我国经济的快速增长，区域发展差距不断扩大，东西部地区社会经济发展出现了较大差距，区域二元经济结构的特征十分突出，需要着眼于均衡和协调发展，实施促进均衡、缩小差距的战略。进入 20 世纪 90 年代以后，我国对宏观区域经济发展战略的调整开始酝酿，从非均衡发展逐步向区域经济协调统筹发展。1990 年 12 月，《中共中央关于制订国民经济和社会发展十年规划和"八五"计划的建议》提出，要积极促进地区经济的合理分工和协调发展。党的十四届五中全会明确指出：解决地区发展差距，坚持区域经济协调发展，是今后改革和发展的一项战略任务。政策研究部门和理论界也就区域经济协调发展提出了一些建议。1993 年，国务院发展研究中心课题组就以"中国区域协调发展战略"为题提出建议，区域经济协调发展战略主要包括四个方面的内容：

（1）"先富后富，共同富裕"。认为"社会主义的本质是解放生产力，

---

① 李文晶：《国外区域经济协调发展理论与实践》，载《经营管理者》2011 年第 9 期。

发展生产力，消除两极分化，最终达到共同富裕，区域经济发展必须符合这一要求"。共同富裕，允许一部分地区在公平竞争中先富起来，然后带动各地富裕起来。

（2）"公平竞争"。为了合理进行资源的空间配置，促进经济合理布局和区域协调发展必须"建立健全统一市场"开展"公平竞争"，不应该对某些地区长期实行倾斜的区域政策。

（3）"承认不平衡，鼓励一部分地区通过公平竞争先富起来，并不意味着任地区差异不受约束的扩大。国家应该在发挥市场机制作用的同时，继续加强对贫困地区的积极扶持。"

（4）"实施空间一体化战略，一方面，进一步打破地区封锁，建立健全全国统一市场，充分发挥市场机制在经济布局和区域发展中的基础作用；另一方面，要健全政府区域管理，加强政府对区域问题的干预"。①

促进区域协调发展的战略思路

当前及今后一个较长时期，抑制地区发展差距扩大的趋势，逐步缩小东、中、西部地区居民之间的社会福利水平差距，是我国经济社会发展面临的重大任务，也是制订区域协调发展战略的基本出发点。促进区域协调发展需要考虑以下几点：第一，在经济全球化不断发展的情况下，迅速提高国家整体竞争力是最紧迫的任务。第二，随着买方市场的形成和国内外竞争压力的增大，未来的区域合作将日益以开拓市场、进行产业分工、寻求双赢或多赢局面为主要内容。第三，促进区域协调发展，既要推动以市场为取向的改革，又不能完全寄希望于市场；既要采取积极措施，又不能不顾客观条件，提出超越现实的目标和采取激进的、可能带来新的市场扭曲的政策。第四，在逐步融入全球经济的背景下，区域产业分工将呈现日益复杂的格局。

按照中央提出的形成东中西互动、优势互补、相互促进、共同发展的格局的总体战略部署，区域协调发展战略的主要内容应当是：以实现共同富裕为目标，以市场为配置资源的基础性手段，适当发挥政府尤其是中央

① 国务院发展研究中心课题组：《中国区域协调发展战略》，中国经济出版社1994年版。

政府的作用，促进地区之间形成合理的产业分工格局和良性互动。为此，在"十一五"以至更长时期，应实施如下两项综合性战略："壮大龙头"或培育增长极战略。其核心内容是：着眼于提高国家整体竞争力，进一步鼓励资源向优势区域集中，提高其综合实力和国际竞争力以及带动周边地区发展的能力。从全国范围来看，应继续构建和壮大沿海经济增长核心区域，如：珠江三角洲、闽东南、长江三角洲、山东半岛、京津唐和辽东半岛地区。从不同地区来看，则应发展在本地区具有相对优势的区域，如在中西部地区，可重点培育武汉城市圈、中原城市群，以及成渝、关中、南贵昆、呼包银榆等增长极。"地区互动"或扩大和深化地区合作战略。其核心内容是：着眼于实现区域协调发展，进一步促进东中西优势互补和共同发展，积极推动形成四条协作型经济带：珠江经济带、长江经济带、陇海——兰新经济带、京津——呼包银经济带。沿海三大核心区应依托地缘优势，中西部地区应依托能源矿产资源、劳动力和潜在市场优势，开展区域合作。当然，扩大和深化区域合作战略还包括其他内容，如东北地区的经济合作，京九沿线地区的经济合作，南贵昆的经济合作，以及国内不同地区与周边地区的合作等。

这两项战略相互依存、相互促进。龙头型经济增长极只有进一步融入全球经济体系和提高国际竞争力，才能获得长期发展的动力，带动周边地区和关联地区的产业结构调整；增长核心区也必须加强同周边地区或关联地区的分工与合作，才会有更可靠的资源保障和更广阔的市场空间。

资料来源：《专家访谈：促进区域协调发展的战略思路》，新华网，http：//news. xinhuanet. com/politics/2006 – 02/25/content_4226355. htm。

二、区域地域结构演化

从经济发展的空间结构来看，区域经济空间运动呈现非均衡性，即区域经济空间各子系统的功能、作用不均匀，这就导致了地域单元之间、区域经济空间之间互补、重组的协作及聚集规模势差，进而使得区域空间结构不断变化。

（一）专业化区域的地域结构

生产力变动趋势和世界经济格局演化，这两大因素对区域结构演进起了重要作用。一方面，不同技术决定了各种资源在生产过程中的不同组织和方式，技术进步能够提高人力资源的质量、开发出新产品和劳务、促进了产业结构的变化，进而影响区域空间结构的变化。另一方面，随着世界经济联系不断增强，世界经贸与国际关系格局的逐步变动，区域空间结构也在不断演进。

空间地域结构演进可以分为四个阶段。①低水平平衡阶段：以农为主，生产力较为低下，分散自足的小农经济占主导地位，分散经济主要呈现封闭、稳定、原始的特征。②聚集、二元结构形成阶段：工业化在优势地区聚集，形成城市增长极和农村的腹地，经济不平衡加剧，空间经济梯度开始形成，社会经济空间组织二元结构已形成。③扩散、三元结构形成阶段：城市向周边扩散，形成城乡边缘区，从而形成核心——城乡边缘区——外围三元经济结构，区域经济空间结构表现为多核结构，各类核心之间的横向联系有较大增强。④区域空间一体化：区域之间的不平衡基本消失，空间组织形式呈现多样化，城市群、组团式、多中心和网络化空间结构成为当代空间组织的新方向。以区域城市体系为核心和骨架，实现地域结构的均衡一体化，实现高水平稳定平衡。①

如果从专业化分工的视角来看，专业化区域可以分为农业专业区域和工业专业区域。

1. 农业区域空间结构

传统农业空间结构的表现形式主要是杜能古典农业区位理论的经典表述。在各种农业生产品类之间，由于其所能支付的区位地租的差异，以致其空间的分布呈现出以市场为中心的向心环。杜能的农业空间结构普遍存在于市场经济不发达的地区经济中。现代农业地域中，城郊农业空间结构依然典型，但城郊产品类别的空间结构演变却远大于远郊及偏远农村，城郊农业空间结构正向生态型和观光型农业结构转化。

2. 工业区域空间结构

工业区域空间结构始终处于不断演进过程中。最初的工业区域空间结构主要探讨劳动力成本与运费的节约，分析规模经济、聚集效应以及产业外部性对工业区域布局的影响。克鲁格曼运用核心——边缘模型表述了制造业在地理必然集中的原因。随着工业生产方式转变，信息经济使地区工业聚集影响因素发生重大改变，更加重视聚集和网络的作用，形成了新产业

---

① 武友德、潘玉君：《区域经济学导论》，中国社会科学出版社2004年版，第152～153页。

区理论。并且随着信息技术为先导的新产业的影响，高新技术产业区域空间结构逐步演化而来。其中，对创新源的可达性、劳动力素质、市场因素、聚集因素、风险资本可获取性以及通信网络和运输网络的易达性成为决定高新技术产业区位的主要因素。①

（二）　区域城镇体系与农村聚落

城镇体系是区域结构的基本模式，是经济社会发展到一定阶段的产物。它是在一定地域范围内，以中心城市为核心，由一系列不同等级规模、不同职能分工、相互密切联系的城镇组成的有机整体。

从发展层次来看，区域城镇系统由不同的等级层次的子系统构成。城镇体系内的各城镇规模从大到小，从综合性城市到专业化城镇、从中心城市到一般城镇，共同构成了整个系统的等级序列。不同等级层次可以按照行政区划对应范围，也可跨行政区划的特定地域类型城镇体系。也就是说，城镇体系会涉及体系中城市数目多少；不同城市规模分布，比如一级、二级、三级城市等不同空间分布；不同人口情形下城镇分布的特征，包括城镇体系与农村聚落的分界。

农村聚落是指农村人口的聚居地。它是区域最低级的一个中心地，是历史上长期形成的。由于自然条件、社会经济条件、历史发展与生活习惯等不同，各地的农村聚落规模很不一致，大的有一两千户，人口近万人，小的三五户，人口不足百，存在着明显差异。②

从历史发展来看，农村聚落的发展可分为三个阶段：第一阶段，居民点散布在整个区域内，居民点在区域内自然分布，居民点的布局不能体现村发展的整体规划。第二阶段，随着区域内聚集的发展，居民点会逐渐靠拢，但这种布局主要受亲族或者邻里间的感情的影响，而不是经济规律支配下经济节约。第三阶段，村镇居民点的布局更加集中，区域内的所有居民点基本朝同一区域集中，有居民户自身的原因，但主要是在聚集发展中实现经济节约。③

以往农村聚落的适宜规模多考虑空间因素，如土地、自然、人口、民族等分布因素的影响。随着经济、社会发展，农村聚落与城镇体系分界点的确立变得比较复杂，不仅考虑农村聚落自身的条件，需要更多地考虑聚

　　①　郝寿义、安虎森：《区域经济学》（第二版），经济科学出版社 2004 年版，第 338～341 页。
　　②　李振泉：《开展我国农村聚落地理研究的主要课题》，载《东北师大学报》1985 年第 3 期。
　　③　孟祥林：《城镇扩展过程中的聚集均衡与新型城乡形态的农村聚落分析》，载《青岛科技大学学报》第 27 卷第 2 期，2011 年 6 月。

集效应与经济节约的作用。

　　另外，关于区域城镇体系中适宜的城市规模涉及具体的规划比较多，内容放在第九章中讲述。

庆阳城镇发展战略

　　规划确定庆阳市城镇化水平的发展目标为 2015 年（近期）38%，2020 年（中期）46%，2025 年（远期）55%；城镇人口分别达到 100 万人、130 万人、158 万人。

1. 城镇发展战略

　　庆阳市的城镇体系发展应采取"强化中心，突出重点，抓好一线，带动全面"的发展战略。强化中心就是要不断强化庆阳市区这一中心城市，完善各项城市功能，增强城市实力，形成初具实力，带动作用强的陇东中等城市。突出重点就是要在城镇发展中抓好各个县城的建设，发挥其在县域中的带动作用。抓好一线就是要抓好凤翔路口——甜水堡一条线上的城镇建设，形成庆阳市域城镇发展的主轴线，辐射带动市域城镇建设。抓好以县城为重点的城镇建设，实现带动市域城镇全面发展的目标。

2. 城镇数量与分布

　　庆阳市现有 37 个城镇，规划新设 33 个建制镇，使庆阳市城镇的总数达到 70 个。规划采用点轴发展模式，城镇主要沿河谷分布，沿主要交通线分布，沿资源开发带分布，形成沿凤甜公路一线的主轴带，沿国道 309 和沿省道 303 的两条次轴带，构成庆阳市城镇发展的"土"字形构架。

3. 城镇的规模等级结构

庆阳市城镇的规模等级可分为四级。

　　①第一级为庆阳市，现状人口 19.14 万人，规划人口为 53 万人。

　　②第二级为 7 个县城和长庆桥工业区，共 8 个城镇，人口规模 5 万~15 万人。这些城镇的经济发展水平较高，是县域城镇化发展的重点。

　　③第三级为重点小城镇，城镇规模为 1 万~5 万人，是发展条件较好的建制镇，将形成乡镇工业布局的中心。

　　④第四级为一般镇，规模小于 1 万人，承担小区域商贸服务中心的职能。

4. 城镇的职能结构

庆阳市城镇按职能可划分为五类。

①综合型的中心城市——庆阳市区，其功能完善，职能综合，中心性强。

②工业型城镇：长庆桥、马岭、城壕、元城、驿马、周家、甜水堡等城镇将形成以采油、石化、农副产品加工、建材、煤炭等工业为主的工业型城镇。

③片区和县域中心镇：庆阳市以外的7个县城和长庆桥镇承担县域中心和庆阳南部片区中心的职能。

④旅游服务型城镇：太白镇、南梁镇、梁平镇等具有明显的旅游服务功能。

⑤农贸镇：其余49个小城镇以服务于所在地区的农业发展为主，是以农副产品贸易和加工业为主的城镇。

5. 重点发展城镇

除将庆阳市区作为重点建设的城市进行超前开发，以期形成陕甘宁三省交汇处区域中心城市和初具规模的大城市，发挥其辐射带动作用外，规划将庆阳市以外的7个县城和长庆桥工业区等8个基础条件较好的城镇作为重点发展的城镇，形成经济实力强，发展规模大，建设面貌新的中心城镇。

资料来源：庆阳市规划局：《庆阳市城市总体规划（2009~2025年)》简介。

（三）区域多层次城镇网络系统设计

区域城镇体系网络系统设计包括规模结构规划、空间结构规划以及土地利用总量平衡结构规划等，这些规划本书以后章节另行论述。区域城镇体系网络系统是由多级城镇组成的，具有一定的等级、层析序列。不同层次城镇规模、级别及主导功能不同，所起的作用也不同，在规划时需要尤其注意。

1. 城镇的共有功能。主要有：①地区经济活动的组织指挥中心；②地区的工业中心；③地区的科教中心、信息中心与金融中心；④地区的物流中心；⑤不同程度的是地区的政治中心；⑥地区的社会活动中心。

2. 中心地城镇的功能。主要功能为组织、指挥地区经济发展，越高级的中心地城镇，其区域信息与金融系统地位越高，并且组织与指挥区域或全国的经济发展的功能越强，其中信息中心的作用尤为突出。

3. 专业城镇的功能。其主要功能不是直接推动地区经济发展，而是在地区分工中承担某种特殊职能，如一些专业化水平很高的政治中心、宗教中心、文化中心、旅游中心等。

4. 增长中心的功能。增长中心一般具有一定规模的主导产业和相关产业，技术比较先进，具有一定的创新能力，能带动腹地经济发展。并且往往成为城乡联系的中介，接纳从大中城镇外溢的产业，安置部分农村外流人口就业。

专栏 5 - 6

《重庆市城乡总体规划（2007～2020 年)》解读

　　规划至 2020 年：重庆全市总人口 3250 万人，城镇人口 2280 万人，城镇化水平 70% 左右；主城区城镇人口 1200 万人，中心城区 700 万人；主城区城镇建设用地 1188 平方公里，中心城区 561 平方公里。

　　总体规划的核心内容：

　　（1）城市性质。重庆市是我国重要的中心城市之一，国家历史文化名城，长江上游地区经济中心，国家重要的现代制造业基地，西南地区综合交通枢纽。

　　（2）发展目标。经济发展走在西部前列，加快建成西部地区的重要增长极和长江上游地区的经济中心，发挥国家中心城市在区域经济发展中的带动和辐射作用。城乡统筹走在西部前列，建成城乡统筹发展的直辖市。社会和谐走在西部前列，率先实现全面建设小康社会的目标。人与环境和谐走在西部前列，实现经济、社会、环境协调发展。

　　（3）市域城镇体系。构建"一圈两翼"的区域空间结构，即以主城区为中心的一小时经济圈，以万州为中心的三峡库区核心地带为渝东北翼，以黔江为中心的乌江流域和武陵山区为渝东南翼。规划至 2020 年，形成 1 个特大城市、6 个大城市、25 个中等城市和小城市、495 个左右小城镇的城镇体系。

　　（4）市域综合交通。以形成渝新欧等"一江两翼三洋"国际贸易大通道，建设国家重要的综合交通枢纽为目标。高速公路区县（自治县）覆盖率达到 100%，铁路线网区县（自治县）覆盖率达到 95%，实现"四小时周边，八小时出海"。建成长江上游航运中心。将江北国际机场建设为大型复合型枢纽机场，积极发展万州五桥机场、黔江舟白机场和亚山神女峰机场。

（5）主城区城市空间结构和中心体系。保持"一城五片、多中心组团式"的布局结构，优化城市增长边界、强化非城市建设区域的控制，组团之间通过河流、山体等自然地形分隔，居住与就业相对平衡，方便群众生产生活。提升解放碑—江北城—弹子石中央商务区以及由观音桥、沙坪坝、杨家坪、南坪构成的现有城市商务功能集聚区；大力发展悦来两江现代国际商务中心体系，突出国际商务、会议展览、文化创意和休闲游憩功能；加快培育龙盛、西永、茶园等城市副中心，分担部分市级公共服务功能。按照人口分布与公共设施布局相匹配的原则，配套发展一批组团中心。

（6）主城区综合交通规划。全面落实公交优先，加强各种交通方式的衔接，整合交通资源，以轨道、城市道路（高速公路）、地面快速公交为主体，交通换乘枢纽为依托，推行绿色交通、智能化交通，建成具有山城江城特色、与城市布局相协调、内外通达、安全便捷、资源节约、可持续发展的综合交通运输系统。

资料来源：重庆市政府公众信息网，www. cqupb. gov. cn。

三、区域城镇系统形成规律与新城镇建设布局的经验

（一）区域城镇系统的形成规律

由于具体的社会经济发展方式及所处时代背景的变化，发达国家与发展中国家城镇系统形成规律存在明显的差异。

1. 发达国家城镇系统的形成规律

总体来看，城镇系统的形成和发展主要经历了集聚向心城市化——分散离心城市化（郊区化、逆城市化）——城市群集聚三个从低级向高级升级的过程，并且在分散离心城市化阶段中，又经历了居住郊区化——商业郊区化——制造业郊区化——办工郊区化等从生活到工作逐步离心的具体过程。

从农业生产来看，由于较高的城市化水平使乡村地域的人口生存压力得到极大的缓解，高附加值外向型农业结构逐步建立，大规模、机械化、社会化的农业经营方式大量普及，农业获得到了较高的比较利益，其生态价值成为经济社会发展不可忽视的重要方面。因此，从整个国民经济产业

结构的演变来看，农村中小城市将更加普及、城乡差异也比较小。

另一方面，在发达国家人口基本是可以自由迁移的，小城镇存在和发展的基础是愿意居住在该小城镇的居民和愿意在小城镇投资的企业家，他们把小城镇首先看做是介于大中城市和乡村社区之间，能享受较高生活质量的居住区，比大城市成本更低、条件更好的工业小区。因此，小城镇始终比大中城市具有更优美、更舒适的生活居住环境，这一优势也使得绝大多数小城镇并没有扩展演变成大中城市，并作为相对稳定的社区单位长期存在和发展下来（赵之枫，2001）。

专栏 5-7

韩国的新城镇建设

韩国的新城镇建设始于 20 世纪 60 年代，截至 2000 年已建设了 24 个新城镇，其中 13 个建在首都圈，11 个分布在其他地区。新城镇规划已经成为韩国现代城市规划的一个重要组成部分，其新城镇建设经历了黎明期、发展期、成熟期和休息期四个阶段。

韩国政府发展新城镇主要有四个目的：一是解决汉城的住房问题；二是在绿带地区以外获得便宜的住宅用地；三是满足人们不断增长的对新住宅和郊区生活的需求；四是缓解汉城的拥挤状况。其新建卫星城镇主要是卧城，致使城郊铁路、公路车流拥挤。表 5-2 显示了韩国新城镇的发展过程。

表 5-2 　　　　　　　　　　　韩国的新城镇发展

时间	1962～1971 年	1973～1980 年	1983～1989 年	1991～
经济状况	经济落后	以经济发展为前提	成为发展中国家	成为中等发达国家
国土计划	第 1～2 个经济开发 5 年计划	第一次国土综合开发计划	第二次国土综合开发计划	第三次国土综合开发计划
国家发展政策目标	经济增长；工业化政策；国家主导计划；地区开发	发展重化工业；综合长期计划；发展区域增长中心	多核心发展战略；修正增长中心理论；广域发展方式	地方分散化的国土结构

续表

时间	1962～1971 年	1973～1980 年	1983～1989 年	1991～
首都圈政策	防止大城市人口过度集中	首都圈人口再分配	首都圈整顿计划	抑制首都圈的集中
汉城的空间变化	大城市内部扩散	大城市内部饱和	首都圈扩散	
新城镇特征	大量的工业新城镇； 新区型新城镇	大量的区域增长中心型新城镇； 出现了早期卫星城，多为转移首都功能的新城镇	不再建设增长中心的新城镇； 建设了大量卫星城，转移首都功能的新城镇持续发展	不再建设新城镇

资料来源：韩佑燮：《关于新城市类型的分类研究——以韩国为例》，载于《城市规划汇刊》1998 年第 4 期。

2. 发展中国家城镇系统的形成规律

西方发达国家城乡之间存在显著差别，通过人口和经济社会活动向城市集中，以城市为基础推进城市化。由于自身特定的历史条件和发展现实，许多亚洲国家或发展中国家并未重复西方国家城镇化的老路，而是形成了自身城镇系统发展的道路。通过原来乡村地区逐渐向城乡混合区转化，人口和经济社会活动在城乡混合区内集中，从而实现以区域为基础的城市化过程。

从总体空间来看，发展中国家的城市与西方国家比较，具有显著的分散性和就地转移性特点，而这两个特点在我国的一些地区也得到了明显的反映。而且城市化过程受到了当地独特的地域社区文化因素的影响，比如户籍制度的制约、地方社区政府的干预等。

另外，发展中国家的城镇体系的发展，可能并不遵循以往的发展经验，呈现跳跃式发展，例如，一些地区的城市化有可能跨越一个大规模的集聚阶段而直接进入分散阶段。同时，城市化的过程中，由于多种因素的存在，也存在逆城市化的过程。在我国的长江三角洲、珠江三角洲等沿海经济发达地区，城市化过程已经表现出两种有趣的倾向：一方面是城市中的人口缺乏外迁的愿望而表现出强烈的集聚意识；另一方面是部分乡村地区的人口缺乏向城镇集聚的要求（甚至不愿转变其乡村户口）。

（二）新城镇建设布局的经验

1. 固定位置城市（原有城市）与非固定位置城市（新建城市）的分布

把由某些特种条件或历史原因其位置已确定的城市，称为"固定位置城市"，其他称为"非固定位置城市"。固定位置城市有三种类型，它们是处在交通枢纽上的转运点城市、在布局上要求满足特定条件的"特殊功能"城市和历史上已经形成的城市。

（1）处在交通枢纽上的转运点城市。城市布局与交通网络有密切关系，在交通枢纽上是加工制造业、物资集散地、商旅中心的最优区位，工商业发达、人口众多、有较大的市场，是建设城市的适宜地点。如世界上已有的特大城市：伦敦、纽约、香港、上海等，它们靠水运、铁路、公路与广大腹地联系，具有城市发展的有利条件。

（2）在布局上要求满足特定条件的"特殊功能"城市。这类城市布局往往有特殊的条件要求。如行政中心城市、工矿业城市、旅游地城市、文化宗教城市、军事重镇等。虽然这城市最初并不是按中心地城市系统布局模式建立起来的，但在它们形成与发展过程中，会逐渐加大对周围地区影响的深度与范围。因此，他们在规划区域中心地城市系统具有一定的地位。

（3）历史上已经形成的城市。每一区域在其经济发展的历史过程中，都已经逐步形成了一批城市，而且它们的位置业已确定。在规划区域城市布局时，需要根据区域经济发展的要求，对已存在的城市加以利用、改造，增补中间等级城市或增长中心，同时要充分考虑以原有城镇为基础，这样有利于减少城镇体系的财政投资。

2. 大城市周围建立的卫星城镇、专业功能城市和增长中心

（1）卫星城镇的布局。在西方一些国家的大城市，由于人口大量流入，产业集聚，出现了严重城市膨胀病，造成交通拥挤、地价昂贵，城市公共设施负担过重，环境污染、生产和居民生活的环境日趋恶化。为减轻大城市的压力，改善其环境，人们提出的解决办法之一是在大城市周围建立卫星城镇。

通过卫星城镇布局，一方面，控制大城市的规模，充分利用它在文化教育、科技开发、基础设施、协作关系方面积累的优势；另一方面，能代替或协助母城执行某种职能，分担某方面的发展任务，以减轻大城市的压力。同时还能使得迁出的企业或新建的企业继续与母城继续保持生产技术协作关系，在信息、金融与贸易上保持密切联系。

（2）新建城镇的布局。这种新城镇有两类，增长中心和工矿、旅游等专业职能城市。前者是主要的，特别是处于基层的专业职能城市都在不同程度上兼履行着增长中心的功能。

在开发新地区时，主要是建设增长中心。其目的是通过合理布局新城镇来推动不发达地区与农业地区的经济发展，缓和地区经济发展的两极分化，分散大城市所承受的增长压力，截流部分外流剩余劳动力。落后地区一旦建立起自己的增长中心，就可建立区域的主导产业，并在增长极的作用下，不断为自己积累有利因素，发展壮大自己。

专栏 5－8

墨西哥的卫星城建设的特点及对我国的启示

墨西哥合众国位于北美洲的西南部，面积 1972547 平方千米，人口 8783.6 万人，官方语言为西班牙语。首都墨西哥城（Mexico City，Ciudad de Mexico），市区面积 1479 平方千米，人口 2000 万人（含卫星城），约占全国人口的 1/5，人口数居世界之首，增长速度也在世界大城市中占第一位，是世界特大城市之一。

墨西哥城包括墨西哥城联邦区和 16 个周边行政区。近 30 年来，市区面积不断扩大，并向周围的墨西哥州扩展，形成了众多的卫星城镇。这些城镇行政上属墨西哥州，但在经济、社会、文化等方面与联邦区已连成一体，形成一个大都市区，面积约 2018 平方千米。

墨西哥城的 16 个周边行政区是：（1）阿斯卡波特·萨尔科（Azcapot Zalco）；（2）古斯塔沃·阿·马德罗（Gustavo A Madero）；（3）米格尔·伊达尔戈（Mlguel Hidalgo）；（4）夸乌特莫克（Cauhtemoc）；（5）韦努斯蒂亚诺·卡兰萨（Venustiano Carranza）；（6）夸希马尔帕（Cuajimalpa）；（7）阿尔瓦多·奥博雷贡（Alvaro Obregon）；（8）贝尼托·华雷斯（Benito Fuarez）；（9）伊斯塔卡尔科（Ixtacalco）；（10）马格达莱纳·孔特雷拉斯（Magdalena Contreras）；（11）科约阿坎（Coyoacan）；（12）伊斯塔帕拉帕（Iztapalapa）；（13）特拉尔潘（Tlalpan）；（14）索奇米尔科

（Xochimilco）；（15）特拉瓦科（Tlahuac）；（16）米尔帕·阿尔塔（Milpa Alta）。墨西哥城的人口问题相当突出，成为世界城市发展史中人口高速增长的先例。1940 年，墨西哥城的人口为 180 万人，1950 年为 310 万人，1960 年为 520 万人，1970 年为 880 万人，1980 年猛增到 1444 万人，在近 40 年内几乎增长了 10 倍，每年的平均增长率约为 5%。卫星城在分散城市人口方面起了一定的作用，1980～2000 年，特拉瓦科、夸希马尔帕、特拉尔潘这三个周边行政区的人口增长率最高。此外，马格达莱纳·孔特雷拉斯、米尔帕·阿尔塔和索奇米尔科等周边行政区也将达到类似的水平。而古斯塔沃·阿·马德罗和伊斯塔帕拉帕这两个周边行政区，1988 年集中了联邦区全部人口的 31.6%，2000 年则为 34.3%。

墨西哥首都地区未来的发展规划战略为：加强墨西哥城自身的建设，使城市内部的人口分布日臻合理；加强联邦区政府的财政计划，提高管理能力；进一步完善首都地区和附近各个州政府的发展计划，这些计划包括建立土地储备、禁止任意分割和侵占土地、重新调整土地所有权、禁止建造破坏自然界生态平衡的工厂等项措施；规定了政府官员要合理地管理和使用土地，克服人口的无政府状态，此外还规定了居民住房政策来控制城市人口的膨胀；制订年度预算计划；确定了联邦区、州、城市和社会团体要联合起来共同解决城市土地的控制和调整、饮用水的供应、交通运输、住房、食品供应和人民安全等问题。

资料来源：孔祥智：《世界其他一些国家卫星城建设的特点及对我国的启示》，北京市社科规划办，http：//www.bjpopss.gov.cn。

第三节　21 世纪新发展理论

区域是具有空间维度的经济组织，区域的存在以空间的存在为前提。20 世纪 90 年代起，空间经济学研究开始复兴。保罗·克鲁格曼发表了《收益递增和经济地理》一文，认为经济地理现象是现实中最为显著的特征之一，从空间因素对经济活动空间分布及差异进行了研究。

一、贸易与经济增长

区际或国际贸易的自由化程度是空间经济学分析的核心工具之一。贸易成本反映商品贸易或交易产生的一切成本，它是一个反映区域属性的平均值，不因贸易实际是否发生而存在。贸易成本的高低与区域的实际状况紧密相关，贸易成本的存在可被视为对市场开放的阻碍，贸易成本为零意味着市场的完全开放，贸易成本无穷大意味着市场的完全封闭。

这一部分的理论可以从单边贸易政策、双边贸易政策与经济增长两个方面展开分析。单边贸易的一个主要范例是贸易保护的降价效应，维纳布尔斯（1987）、鲍德温（1999）认为一国单边贸易壁垒提高会降低该国产品价格。但这是简单模型，如果扩展为包括中间投入品后，贸易自由化能促进工业化。鲍德温、福斯里德（2002）研究聚集力时，认为对于双边贸易与经济增长而言，由于本地市场放大效应，大国与小国贸易开放度提高，大国会吸引大部分产业，小国会损失原有的产业基础。因此，在实施自由贸易协定或多边贸易自由化过程中，允许小国与大国贸易往来保持较高的贸易壁垒。①

当两个区域相互针对对方改变自身的市场开放度但不涉及第三方时，这引发的是双边贸易问题，双边贸易问题中的两个区域政府可能是贸易敌对的，也可能是合作、友善或互惠的；当市场开放度的影响涉及超过两个区域时，引发的就是多边贸易问题。

专栏 5 - 9

不能将中国排除在多边贸易体系之外

《金融时报》2011 年 12 月 13 日发表国际贸易问题专家，世界银行研究主管阿迪特亚·马图和彼得森国际经济研究所高级研究员阿文德·萨博拉曼尼亚的文章，题目为《多边贸易体系不能没有中国》。主要观点包括：

（1）开放的贸易体系符合中国和世界利益。中国是全球最大的出口国，2020 年中国贸易总额将接近美国的 1.5 倍。中国必将成为一个占据主导地位的经济大国，这一点本身并不应该成为担忧的理由，因为中国的经济转型，无论在过去还是未来，都高度依赖于一个开放的贸易体系。维护开放的贸易体系，符合中国政府的利益。但过去几年，贸易领域争议最大的问题都涉及中国。

（2）不应采取地区性和歧视性的做法解决多边贸易体系面临的问题。

---

① 安虎森：《空间经济学教程》，经济科学出版社 2006 年版，第 215～232 页。

包括美国在内的一些国家,对多哈回合谈判进展缓慢感到失望,因此,转而寻求地区性的途径,以重新激活贸易自由化进程。美国宣扬的跨太平洋伙伴关系协定(TPP),就是近来最引人注目的一个例子。TPP 或许能够帮助推进贸易自由化的边界,然而其范围较为狭窄,只包括了有限的几个国家,而且将中国排除在外。这样的 TPP,可能会刺激中国实行地区主义的战略。假如中国实施报复,谈判建立新的自由贸易协定,却不包含美国。这样下去,最终会造成第一次世界大战和第二次世界大战之间那种分裂的局面。

(3)应采取新的多边计划实现贸易大国之间的互惠局面。要防止中国脱离多边贸易体系,同时通过加大贸易自由化,使中国为工业化国家的经济增长增加动力,可以采取新的综合性多边计划。这种计划应预见到各贸易大国不断变化的利益和关切,而这正是多哈回合谈判没有预见到的。新的计划还将为创建互惠的自由化机制扫清道路,你对我开放市场,我也对你开放市场。贸易体系以往取得的一些成功都是以此为基石。要实现这种互惠的局面,必须把更多问题提到议程上。确保自己出口的商品不会受到反倾销和其他贸易方面的限制,是中国的利益所在。而防止贸易保护主义、推动商品和服务贸易自由化以及开放政府采购市场,是所有国家的利益所在。

资料来源:《不能将中国排除在多边贸易体系之外》,FT 中文网,http://www.ftchinese.com/story/001042188/ce。

二、公共产品与地方财政

(一)公共物品

按照萨缪尔森的定义,纯公共产品是指这样的一种产品,即每个人对这种产品的消费不会导致别人对该产品消费的减少。如果用数学语言表述,公共产品可以写成 $X = x_i (i = 1, \cdots, n)$,即对于任何一个消费者来说,他个人消费的公共产品的数量等于社会对该公共产品的总消费量,这说明公共产品在效用上具有不可分割性。

公共产品具有两个重要的特征,即非排他性和非竞争性。使用者无法排除他人从公共产品获得利益,或者经过一些方法处理后可以使公共产品具有一定的排他性,但因为设置排他性障碍的成本太高而在经济上不可行。对于全国性公共产品与地方性公共产品而言,两者的最大区别在于前者受到地理空间的限制。大部分地方公共产品相对于全国公共产品而言是准公共产品,其成本与收益基本上局限在某一区域范围之内。地方公共产品的消费者只能确定自身所处的地理范围后才能对该地区所提供的公共产品进行选择。[①]

(二) 公共物品提供的不同模式

1. 施蒂格勒的最优分权模式

施蒂格勒在《地方政府功能的合理范围》一文对地方政府存在合理性进行了解释。他认为:第一,地方政府更接近于当地居民,因此相对于中央政府,地方政府更了解其管辖选民的效用与需求;第二,在一国内部,不同辖区的人们有权选择自己偏好的公共产品种类与数量,而中央政府却不能做到这一点。第一个观点是从资源配置的有效性角度出发的,第二个观点是从选民的公平性角度出发的。

因此,施蒂格勒认为,为了实现资源配置的有效性与分配的公平性,决策应该在最低行政水平的政府部门进行。但他并不完全否定中央政府的作用,行政级别较高的政府对于实现资源配置的有效性及分配的公平性目标来说是必要的,尤其是对于解决分配上的不平等及地方政府之间的竞争与摩擦而言,中央一级政府的存在是一种适当的制度安排(韩清轩,2007)。

2. 蒂伯特的"用脚投票"理论

蒂伯特在1956年发表的《地方支出的纯理论》中指出,人们之所以愿意聚集在某一地方政府的周围,是因为他们要在全国各地寻找地方政府所能提供的公共服务与其征税之间的一种组合关系,在这种组合下,消费者获得最大效用。如果他们发现某地符合自己的效用最大化目标,则他们便会从其他地方迁移到该处工作和生活,并服从当地政府的管理。这个过程就是"用脚投票"(刘志琳,2009)。

蒂伯特通过引入"用脚投票"的市场机制,实质是强调地方政府间竞争机制的作用。其基本的逻辑是存在类似于商品市场的政治市场,消费者是选民,消费者拥有的货币是选票,认为人们可以通过在不同地方充分流

---

① 沈满洪、谢慧明:《公共物品问题及其解决思路——公共物品理论文献综述》,载于《浙江大学学报(人文社会科学版)》2009年第6期。

动，选择公共产品与税收组合能够使自己效益最大化的社区政府，选民如果不满意某一地方政府提供的公共服务，就会迁移到另一个合适的地方工作和生活；正是公民的这种自由选择，迫使各个地方政府提供更为合适的公共产品和服务。政府间的竞争将使资源能够有效配置，实现帕累托最优，从而达到社会福利的最大化（陈共，2005）。

以上分权理论说明，在一定条件下，某些公共产品由地方政府提供比由中央政府提供更具有效率。第一，相比中央政府，由离地方居民更近的地方政府可以很好地把握不断变化的地方居民的偏好。第二，地方政府之间存在提供公共产品方面的竞争，这种竞争可以促使地方政府采用更有效率的生产技术。第三，分散化提供而不是集中提供公共产品，可以使得每单位公共产品的产出更有效率，因为公共支出决策与实际资源成本密切相关，分散化提供可以更加精细地计算公共产品成本。

专栏 5 – 10

我国公共物品提供与地方财政能力的错位

公共物品的层次性，要求税收具有与之相对应的层次性。也就是说，由于各级政府分别提供受益范围不同的公共物品，就必须对税收在各级政府间进行适当的划分。这样，就产生税收分割以及财权应如何体现事权要求的问题。

1994 年进行的分税制在划分税种上改革的不彻底，并没有使各级政府间的财政分配关系得到规范。在我国现行财政体系中，由于税收分割的不合理，这样使得财权向上集中事权向下转移，导致基层政府承担事权过重，如基层政府承担了更多应由中央政府承担的社会保护和福利责任。国际惯例表明，将社会保护和福利责任划分给市级或县级地方政府划分不妥当的。从 20 世纪 80 年代末开始，支出责任的分配已与收入划分分割开来，地方政府独自负责为提供这些服务筹资。特别是分税制后我国地方政府（地、县和乡）担负着相当沉重的支出责任，尤其是县乡两级，它们共同提供庞大而重要的公共服务，包括 70% 的预算内教育支出和 55% ~ 60% 的医疗支出。地级市和县级市负责所有的失业保险、养老保险和救济。在其他国家，社会保障和救济几乎总是由中央政府提供（转轨经济除外），教育和医疗是中央和省级的责任。

分税制的推行仅仅是中央政府下放了事权，却没有给予地方相应的财权，财权与事权的不对称性的现实，使地方财政运行困难。其结果产生了地方巨大的财政资金缺口。与中央政府相比，地方政府承担了更重的支出负担。

资料来源：刘志琳：《我国地方公共物品供给失衡原因探讨》，载《现代商贸工业》2009 年第 22 期。

三、不平衡发展与国民收入分配的地区差异

（一）国民收入分配的地区差异

产业分布格局的变化导致收入水平的区际不平衡。在市场作用下，产业的转移将提高产业份额较大地区的实际收入水平，降低产业份额较小地区的实际收入水平。当所有产业（资本）都集中在市场规模较大的区域时，产业（资本）聚集区不仅获得劳动报酬，同时也获得资本报酬，而无产业（资本）聚集的区域由于没有产业份额，只获得劳动报酬。因此，如果产业的空间结构保持不变，就可以保证在不损害某一区域利益的同时也不增加另一个区域的利益。在市场条件下，因要素的趋利性特征，如果贸易自由度较大，则必然导致流动要素的转移，从而必然导致区际收入水平的差异。

（二）区际收入差异与聚集区对外围区的补偿

1. 资本转移方式的补偿

当聚集区产业过度集中时，市场拥挤效应导致的生产成本的上涨部分大于聚集效应导致的聚集租金时，部分产业开始向外转移。显然，最早转移的是对劳动力成本最敏感的劳动密集型产业。同时，由于产业集中度达到某一临界点时，区域经济增长率最高，一旦产业集中度超过该临界点后，经济增长率随产业集中度的提高而下降。因此，适度降低产业聚集区的产业集中度，促使产业聚集区的一些产业向外转移，也就是促进资本的转移，表现为聚集区对边缘区的补偿作用首先表现在资本（或产业）的转移上（安虎森，2006）。

2. 聚集区知识和技术扩散方式的补偿

产业聚集区既是经济中心又是创新中心，外围区实际可使用的知识资本量除了该区的知识资本以外，还有从聚集区扩散出来的部分知识资本。这些溢出的知识资本与聚集区创新能力和溢出系数成正比，聚集区创新能力越强，溢出系数越大，则溢出的知识量越大，外围区可以接受的从聚集区溢出来的知识资本就越多。[①]

我国非均衡发展与城乡收入差距

中国社会所选择的制度变迁模式——一部分地区先富起来的非均衡发展模式，在扩大区域和城乡之间收入差距的同时，也从策略选择上扩大了基尼系数。基尼系数作为衡量财产与收入分配不平等程度的指标，基尼系数的扩大不仅更多地表现为非均衡发展战略选择的直接结果，而且，非均衡发展本身又在客观上使基尼系数表现得比实际收入分配差距更大。

从以往统计数据中我们会发现，2006年大部分省的基尼系数都在0.4以下，有的省份是0.35甚至0.3，但全国平均就超过了0.4。也有人计算过，在全国基尼系数上升里面，有30%~50%的因素与区域差距相关。可以说，市场化进程和体制改革速度的差异与区域要素禀赋的结合，使先富地区与落后地区的收入差距被非均衡发展模式给放大了。另外，尽管市场化进程扩大着原本就存在的城乡收入差距，但农村市场经济发展的不完善，又使自给自足的自然经济能够在相当程度上减弱基尼系数这一量化指标的实际内涵——现实生活状况好于与基尼系数在理论上所应该对应的生活状况。

我们必须清醒地认识到中国社会贫富差距的存在，这既是发展中的问题，也是摆脱了普遍贫穷，但尚未实现普遍富裕过程中出现的问题。因此，相对于改革开放前的中国社会，它是前进中的问题，发展中的矛盾，增长中的失去，繁荣中的尴尬，甚至是一种为了前进的"丧失"（因为绝对平均的社会是没有发展原动力的社会）。当然，尽管中国社会制度变迁

---

① 安虎森：《新区域经济学》，东北财经大学出版社2012年版。

的背景、路径、模式使基尼系数面临着国别的修正，但贫富差距作为经济增长中的问题和社会发展中的矛盾，无论如何都应该是社会尤其是政府必须关注的大问题。市场掌管效益，政府应把握公平。

资料来源：陶一桃：《非均衡发展模式放大了基尼系数》，南方网，http://www. southcn. com/nflr/shgc/200608230827. htm。

四、福利、效率与公平

在新经济地理学视角下，产业空间聚集提高会提高整体经济增长率，是有效率的产业分布模式。但从整个区域来看，聚集区从经济聚集和经济快速增长中获益，外围区从经济快速增长中获益而从经济聚集中遭受损失。由于国民收入地区分配，取决于各区域拥有资本额的大小，聚集区与外围区的福利水平存在差距，无法实现区域间发展的绝对公平。也就是说，产业发展有效的方式却会产生地区收入分配的不公平问题（何力武，2009）。

另外，由于贸易自由化进程的加快以及生产要素的自由流动，聚集区成为市场规模大、收入水平比较高的地区，创新能力与知识溢出非常强，使得人力资本的拥有者较易提高福利水平。因此，产业聚集分布模式有利于提高人力资本所有者福利水平，而产业均衡分布有利于提高劳动力所有者的福利水平。[1]

因此，对于政府而言，必须尽可能地消除这种市场扭曲，对市场规模较小的区域和弱势群体实行不同于大规模市场（这些地区往往也是发达地区）和强势群体的特殊政策，可以缩小这种差距，提高整个国家或地区的福利。

□ 思考与练习题

1. 简述市场交易对城市形成的作用。
2. 二元经济结构、三元经济结构是如何形成的？
3. 简述区域均衡发展理论的主要观点。
4. 区域非均衡理论主要有哪几种代表性理论？
5. 城镇体系有哪些类型？各有什么特点？
6. 简述城镇体系中城市合理规模有哪些判断标准。

---

[1] 安虎森：《空间经济学教程》，经济科学出版社 2006 年版，第 315 页。

7. 试着总结国外城镇体系形成的规律。

8. 通过现实案例说明不平衡发展与国民收入分配的地区差异之间的关系。

☐ 延伸阅读文献

1. 陈秀山、张可云：《区域经济理论》，商务印书馆 2003 年版。

2. 苏东水：《产业经济学》，高等教育出版社 2010 年版。

3. 崔功豪、魏清泉、刘科伟：《区域分析与区域规划》，高等教育出版社 2006 年版。

4. 刘秉镰、韩晶：《区域经济与社会发展规划的理论与方法研究》，经济科学出版社 2007 年版。

5. 安虎森：《新区域经济学》，东北财经大学出版社 2012 年版。

6. 安虎森：《空间经济学教程》，经济科学出版社 2006 年版。

7. ［英］迈克尔·布鲁顿、［英］希拉·布鲁顿，于立胡伶倩（译）：《英国新城发展与建设》，《城市规划》，2003 年第 12 期。

8. Hassan Afrakhteh 著，唐子颖译：《发展中国家的城市增长和新城规划：德黑兰大都市区案例研究》，《国外城市规划》，2003 年第 18 期，第 5~9 页。

9. Bertaud Alain. 2003. World Development Report 2003：Dynamic Development in a Sustainable World Background Paper：The Spatial Organization of Cities：Deliberate Outcome or Unforeseen Consequence ［R］. World Bank.

第六章　区域国民经济与社会发展总规划设计

区域经济是相对于国家而言的，是一个国家经济的空间子系统。区域的国民经济与社会发展规划是在特定的区域空间和时间范围内，对未来经济建设与社会发展的总体部署。它是根据区域内的自然条件以及经济社会条件，从其现状和发展趋势出发，明确区域社会经济发展的方向和目标，对区域经济的经济发展、城乡建设、公共服务、社会文化、民主法制、生态环保建设等方面做出的战略部署，是区域发展的指导。

第一节　规划制订遵循的原则和逻辑思路

国民经济与社会发展规划关系到区域未来的发展方向，关系到区域经济能否持续健康发展。因此，为保证规划能够发挥其应有的作用，规划制订要遵循一定的原则和合理的逻辑思路。

一、规划制订遵循的原则

（一）综合性

区域国民经济与社会发展规划是一项内容复杂的综合性工作，这主要体现在：[①] 一是规划内容广泛。规划要涉及自然、经济、社会各个领域，包括工业、农业、建筑业、交通运输业等社会经济的各个部门。在区域规划的实践中，要全面考虑、统筹安排，在综合各部门、各行业专业规划的

[①] 聂华林、李光全：《区域规划导论》，中国社会科学出版社 2009 年版，第 19 页。

基础上对区域的整体发展和经济建设做出统一决策。二是规划思维方法的综合性。规划是对多个部门、各个方面的综合分析，从历史基础、现状特征、未来的变化趋势，从部门之间和地区之间的关系做系统的研究，全面权衡利弊，逐步加以明确。三是区域的规划方案与建设布局往往存在多种可能性，区域规划的目的就是寻找出能发挥地区优势、合理开发利用当地的资源的最优方案。四是由于规划涉及面很广，问题很复杂，依靠任何单一专业均难以胜任，需要多个专业、多个部门的成员综合而成，相互配合，共同参与。

（二）战略性

战略性即区域规划要从长远的战略要求出发，对区域内资源的开发利用以及国民经济建设的战略布局做出重要决策。这就要求在规划过程中：一是时间跨度比较长，一般而言，区域规划的期限都在 20 年以上甚至 30 年，规划方案具有明显的超前性，但又有近期建设重点项目的规划，规划方案既能指导近期的经济建设，又可保持远近结合，实现可持续发展。二是要规划重点突出，规划关注的重点应是区域宏观性的、全局性的、关键性的重大项目。三是规划具有较大的弹性，规划中对区域社会经济的发展方向、目标、结构、布局与土地利用安排只能勾画出大体的轮廓，规划中提出的发展目标应有·定的幅度，具有一定的弹性。四是规划方案的制订，既要从区域整体利益出发，又要兼顾各个地方、各个部门的利益，既要考虑区域的长远利益，又要考虑近期的利益，以使区域获得持久发展的动力。①

（三）科学性

规划的科学性，首先是指规划过程的科学性，然后就是规划方案的科学性。规划的过程是建立一种思路、确定一种模式的过程，需要有科学的态度和精神以及先进的规划方法和手段。规划过程的科学性在于把规划过程本身作为一种事业，或者是一种生活态度，是规划制订者意志和被规划区域人们利益的反映。英国哲学家马尔凯（M. Mulkay）曾提出五条检验过程科学性的原则，可以将其应用到区域经济规划当中：一是独创性原则，通过发现区域经济发展的新资料来推进规划的进步，新的规划思路和

---

① 茶洪旺、李建美：《区域经济管理概论》，中国人民大学出版社 2006 年版，第 186 页。

政策可以促进区域经济的发展。二是集体性原则，能够获得更多人赞同和认可的规划方案常常是合理的。三是无私性原则，没有个人利益参与其中的规划才是科学的规划。区域经济发展是为大多数人谋福利，规划应当能够代表大多数人的利益和要求。四是普遍性原则，对区域发展中的现实材料的把握应当具有普遍的科学性，包括地区统计资料的准确性、预测指标统计检验的正确性和合理性等。五是更替性原则，能够证伪的东西才是科学的，规划实施的过程中是可以证伪的。如果区域经济规划的第一阶段被证明是错误的，那就必须去更新和修正这个规划，以期接近真正的科学规划。[①]

（四）权威性

对区域的国民经济与社会发展规划的可操作性要求，使规划必须具备权威性。没有权威就不可能操作，甚至没有任何的参考价值。专家权威和科学权威是区域经济规划权威性的来源。专家的权威决定了规划的权威。而规划的科学性是权威性的基础，由于规划是为地方政府的发展决策服务的，所以不能代表地方政府基本发展思路的区域经济规划不可能得到实施（孙久文，2004）。一个科学的、符合区域经济发展实际的、能够付诸实践并指导区域未来发展的规划，本身就具备了权威规划的特点。

（五）地域性

不同的区域在经济和社会发展现状、地理环境、自然资源、文化传统、周围经济主体的发展等方面存在差异，区域未来的发展方向、目标、产业结构和布局也就有很大区别，这决定了区域的经济建设蓝图也不可能相同，因此区域的国民经济与社会发展规划不能照抄先进地区的规划，要结合区域的特点和条件，因地制宜，制订最适合区域自身的规划。

（六）群众性

任何一个区域规划，都要涉及国家、地区、部门、集团、单位的利益，都会遇到错综复杂的矛盾，要处理好这些矛盾，就得通过各种形式广泛听取各方面的意见。只有把规划建立在群众基础上，才能使规划中的一些重大决策避免失误。同时，区域国民经济与社会发展规划的落实和执

---

① 朱国传：《区域经济发展——理论、策略、管理与创新》，人民出版社2007年版，第355～357页。

行，更离不开各级领导干部和群众的努力，没有群众的努力和支持，再好的规划也只能是纸上谈兵。①

二、规 划 方 法 与 程 序

区域的国民经济与社会发展的规划工作是一项综合性强、内容十分丰富、复杂的工作，因此科学的规划方法和程序是规划顺利进行的保障。在规划过程中，要根据区域的特性，规划的目的和要求，采用相宜的规划方法与程序。

1. 系统法

根据系统论原理，区域就是一个复杂的系统。区域系统是由相互联系的诸多要素组成的一个完整综合体。区域组成部分，如土地、水域、植被、人口、工业、农业、城镇、中心村、各种基础设施、建筑物、构筑物和生态工程等都是区域系统中的要素，即子系统。区域诸系统要素组成一定的结构，区域结构就是区域诸要素之间相互联系的特定形式。当然，区域又是更高序列体系中的一个要素或组成部分。规划区域的特点、性质与功能是通过规划区域的各要素各部门之间相互联系的性质、结构、频率和稳定性，以及区域要素及外界相互作用的结果决定。系统法通常由系统问题确定、系统分析与决策、系统评价与反馈等基本环节构成，每一个环节都有一系列定性和定量的具体方法可供利用，并且几个环节相辅相成，不断反馈的循环过程。

2. 以控制论为基础的系统规划②

控制论的中心思想是将世间万物都看做一个复杂的、相互联系、相互作用的系统，一个大系统下面由若干子系统组成，每一个子系统的运行都要受到各种要素的影响。以控制论为基础的系统规划有三种模式：

（1）直线发展的规划过程。规划过程呈直线关系发展，然后通过一个回路不断重复（见图 6-1）。规划方案要列出广泛的目标，根据这些目标来确定一些较具体的任务。然后，借助系统的模型来确定将要采取的行动

---

① 刘秉镰、韩晶：《区域经济与社会发展规划的理论与方法研究》，经济科学出版社 2007年版，第 8 页。

② 孙久文：《区域经济规划》，商务印书馆 2004 年版，第 76~80 页；霍尔：《城市和区域规划》，中国建筑工业出版社 1985 年版，第 262~266 页。

方向。规划要求根据具体的任务和可能的财力来评价和比较各个方案,并采取行动来实施方案。

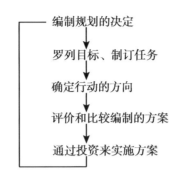

图6-1　直线发展的区域经济规划过程

这种规划的过程适用于规划目的明确的规定,如城镇体系规划、土地利用规划等。基本方法是:上一级布置规划的决定,确定规划的目的、内容等,根据当地的条件分析设计方案,然后实施。

(2) 周期循环的规划过程。规划过程把对受控系统的观察和对控制方法的设计及试验明确地分开。在规划内容的两侧部有对应的回路,表示整个过程是周期循环的。在过程的每一个阶段都必须把对系统的观察和打算采取的控制手段的发展情况加以对照(见图6-2)。根据发现的问题来确定规划的具体目标,对提出的发展目标进行预测,设计规划方案,评价并比较方案,监控方案的执行情况,进行双回路的反馈,是这类规划过程的特点。

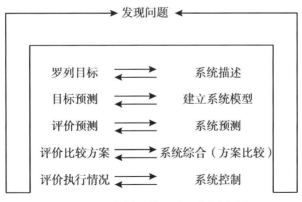

图6-2　周期循环的区域经济规划过程

　　这种规划过程适用于规划内容不是事先给定的规划。因此，希望通过周期循环的区域经济规划过程，寻找一条正确的区域发展道路。这种规划首先是对地区的发展情况进行分析，找到影响区域经济发展中存在的主要问题，规划的好与不好，有没有应用价值，关键要看规划者对规划地区存在问题的认识的深度如何，是否能够找到影响区域经济发展的关键因素。

　　（3）三级式的规划过程。这类规划过程是将整个规划的过程划分为三个阶段，纵向分为三级。最下面称为"了解"，它关系到分析受控系统所需的方法和模型等操作工具的设计；中间称为"设计"，它涉及在分析问题和综合比较各方案时对上述方法的使用；最上面称为"政策"，是管理和控制系统所采取的行动，包括罗列目标、评价比较方案以及最优方案的实施（见图6－3）。这类规划过程的第一阶段是方法的确定，用什么方法对主导的项目进行评估，使用什么模型，这需要进行室内作业。第二个阶段是一般的规划制订，与前面的过程相似。第三阶段是制订政策，就是具体的行动的机制，这是最重要的，也是规划的难点。

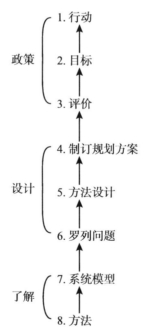

图6－3　三级式的区域经济规划过程

　　这类规划过程的特点是分步骤进行区域经济规划，适用于大多数的规划，但对于那些具有比较强的评价性的规划，适用性更好些。如大型项目所在地区的发展规划、流域区的发展规划等。这类地区的规划，首先要求对某一个项目的作用和影响作一个合理的评价，然后才能够进行具体的规划。如三峡地区的发展规划、黄河上游地区的发展规划等。

3. 综合平衡法①

综合平衡法是传统综合方法中的一种，也是国际上区域规划方法中最基本、使用的最广泛的一种。所谓平衡，就是对各种关系的处理。区域规划的综合平衡法要处理好三个方面的关系：供给和需求的关系；国民经济各部门、各种具体的建设项目的用地关系；地区与地区之间的关系。

区域规划中需要平衡的主要内容：在经济方面，有生产与市场的平衡，资金平衡，劳动力平衡，土地、水、矿产等自然资源的平衡，物资平衡，交通、电力等供需平衡；在社会方面，有城乡人口平衡，教育、医疗、体育、娱乐设施的平衡，粮食、肉类、蔬菜、水果及住宅等供需平衡；在生态系统方面，有林木采伐与营造的平衡，污染物排放与治理的平衡等。

综合平衡法的工作步骤一般是：确定综合平衡的内容和指标体系；预测发展需求，包括部门发展和地区发展的预测，确定各项目的需求量；综合平衡，通过供需双方的比较，反复调整，最后确定规划方案。在综合平衡过程中，规划工作者往往需要与需求部门和各个地区多次商量研究才能制订出平衡方案。

三、规划制订的逻辑思路

国民经济与社会发展规划的制订是一项庞大而复杂的过程，要遵循科学的程序，从明确问题、确定目标着手，进行系统的分析，研究区域发展战略，进行方案设计，并通过评估，找出一条达到目标的最佳行动方案，然后进入实施过程。规划具体的逻辑思路如下:②

（一）前期准备

1. 明确规划任务

区域的国民经济与社会发展规划的任务就是制订能够促进区域经济、

---

① 聂华林、李光全：《区域规划导论》，中国社会科学出版社 2009 年版，第 67 页。
② 参考刘秉镰、韩晶：《区域经济与社会发展规划的理论与方法研究》，经济科学出版社 2007 年版，第 208~212 页；孙久文：《区域经济规划》，商务印书馆 2004 年版，第 81~83 页。

社会、生态各系统协调发展、资源合理配置利用的区域发展布局行动方案。通过调研、座谈，了解区域对规划的要求，并结合实际，宣传区域的国民经济与社会发展规划的性质和任务，使领导和有关部门以及当地的干部群众对规划工作有较为深刻的理解。

2. 组织搭建

成立规划办公室和研究机构、领导小组以及工作技术人员班子。既要有一个权威的强有力的决策领导机构，又要有从事实际工作的技术力量。此外，还有顾问委员会，主要由老干部、相关专家组成，包括计委、经委、科委、科研室、农委等机关人员，以利于信息沟通和各部门间的协调。

3. 调查研究与资料收集

主要任务是调查区域经济发展的现状、自然环境、资源条件、发展前景等方面的情况，收集相关的资料，目的是明确区域发展的优势和限制因素，找出发展中的关键问题和潜力，为区域发展目标的制订及规划方案的设计提供依据，是整个规划的基础。

4. 其他相关事宜

包括拟订规划工作计划，即初步拟定规划的进展要求，阶段划分，各阶段的工作任务、内容和成果要求；培训规划工作人员，做到统一思想、提高认识，明确任务和工作方法；准备规划区域的地图，包括最新的地形图和行政区划图，地图的比例尺视区域规划的大小和规划任务要求而定；筹措规划经费；筹备办公地点等。

（二）规划撰写

1. 资料分析

对调查、收集的资料进行详尽的定性和定量分析，找出区域发展中有利条件和存在的问题，包括自然、社会、经济、技术等方面，形成对区域经济现状的总体认识，并以这一认识为基础，对区域未来发展所能达到的目标有了大概的了解。这是规划中关键的一步。

2. 目标设计

目标设计是区域规划的重点任务，目标设计得是否准确，关系到今后区域经济能否顺利发展。目标设计应当分为两个部分：第一部分为目标描述，对目标结束期，该区域将会处于什么样的发展阶段，具有什么样的发展水平。第二部分为目标方案选择，为实现预测结果是以预测的最高方案为目标，还是以最低方案为目标？或者选取中间方案？这应当邀请专家反复论证，多方面征求当地的公众意见，最后才能确定。

3. 内容设计

在发展目标确立之后，应进入具体内容的设计制订阶段。在调查研究的基础上，编制供选方案，绘制规划图，编写规划报告及其相关说明。这个阶段又包括两个方面：首先是专题研究，其次是综合研究。专题研究包括区域主要产业部门（工业、农业、商业、交通运输等）、区域内各地区及若干专门问题（如市场、资金、技术、人口等）的研究；综合研究则是在专题研究的基础上，制订区域各类产业和各项经济社会事业发展的具体规划。

4. 方案设计

设计规划方案是整个规划过程的关键环节。规划者要将各种分散因素综合成一个统一的规划方案，工作难度较大。方案设计是规划的结果，方案的形式包括三部分内容：规划图、预测模型和规划文本。其中，规划的模型是方案设计的关键。首先，对一个特定的区域来说，建立什么样的模型，就是要回答模型要解决什么问题。例如，解决产业规划当中的资源问题还是空间问题？是解决能源问题还是交通问题？其次，通过模型对区域经济发展的未来前景进行预测。包括预测的方法、预测的依据和数据、变量的设立和调整以及预测结果的评估等。再次，把预测的结果做成规划的方案。可以按照需要，设计 1～3 个可供选择的方案，分为高、中、低三种可能性，通过调整模型的变量来获得。

5. 方案评选

对若干供比较、选择的方案进行评估。评估要共同的评估标准和评估方法，以判断规划设想或规划方案构想的"优与劣"、"好与坏"、"正确与错误"、"合理与荒谬"。在评估的基础上，选定出较为适当的方案。

6. 政策制订

制订方案实施的政策，已经上升到了实施的层面。需要注意的是：不同区域、不同方案，都有不同的政策，在区域经济规划中一定要坚持发展政策的区域性原则。政策是为了使用的，是发展的机制，所以应当避免一般化、理性化和表面化，要有针对性、适用性。

（三）规划征询和方案评估

1. 规划征询

在规划方案制订的过程中，要广泛吸收人大、政协、民众、社会学者的意见和建议。对于规划中出现的问题和疑问，要及时咨询相关部门，寻求解决方案。

2. 方案评估

在规划方案初步拟订后，请当地政府的负责人、业务主管部门和各方面的专家，对规划方案进行评估、论证或评审。规划工作者要根据评估、论证或评审的意见，认真研究，做必要的修改，最后形成规划文件。

（四）规划的法律程序

规划方案确定后应按照有关规定程序，报上级主管机构或政府权力部门审批，方具有实施的权威。参照我国《国土规划编制办法》（计土〔1987〕1310号），全国性的规划、跨省市区的规划和大江流域的规划，应报国务院审批。省、市、自治区级的规划，报同级人民政府批准。

（五）规划实施

规划经过法定程序批准后，就可以进入实质的实施阶段，在实施规划方案的过程中，做好监督工作，经常检查规划的可行性和实际效益，根据新发现的情况和问题，对原规划方案做出必要的调整、补充和修改，使其适应变化了的形势和环境，提高规划的科学性、实用性和可操作性。规划制订的逻辑思路和程序如图6-4所示。

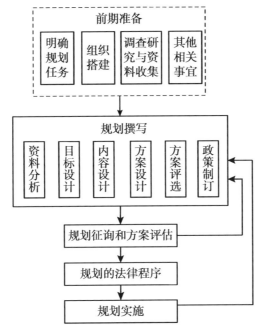

图 6 - 4　区域规划的逻辑思路

专栏 6 - 1

中华人民共和国国民经济与社会发展"十二五"规划制订过程

"十二五"规划的制订过程，大体可以分为以下相互连接的十一个步骤：

第一步骤：中期评估（2008 年 3 ~ 12 月）。

2008 年 3 月，国家发展和改革委员会组织开展"十一五"规划中期评估。评估过程首先包括三类主体的评估：各部委组织对本部门的"十一五"专项规划实施情况进行评估；地方各级（主要是省级）政府也都对本级政府的"十一五"规划实施情况评估；第三方独立评估。

在充分民主的基础上，由国家发展和改革委员会集中各方意见，起草《"十一五"规划实施情况中期评估报告》，并于 2008 年 12 月 24 日由国家发展和改革委员会主任张平向第十一届全国人民代表大会常务委员会第六次会议报告，同时附上三家独立评估报告摘要。

第二步骤：前期研究（2008 年年底 ~ 2009 年年底）。

这包括进行基础调查、信息搜集、课题研究以及纳入规划重大项目的论证等前期工作。

第三步骤：形成"十二五"规划的《基本思路》（2009年12月～2010年2月）。

根据前期研究成果，国家发改委起草了基本思路意见稿，在征求各方面（指各地区、各部门及专家）意见之后，向党中央、国务院汇报。中央政治局常委们详细讨论基本思路，达成政治共识后，向各方通报，以统一认识，进行政治动员。

第四步骤：《中共中央关于制订国民经济和社会发展第十二个五年规划的建议（草案）》（以下简称《建议》）起草阶段（2010年2～10月）。

2010年2月，中央成立由李克强担任组长的《建议》起草小组。起草小组在学校资料和调研的基础上起草送审《提纲》。根据中央领导人对于送审《提纲》的指示，以及各方面的意见，起草小组开始集中写作，起草《建议》。从3～10月，中央机构委员赴全国各地进行深入调研，与此同时，各阶段的起草小组工作人员更是经常性地进行深入调研，通过调研来研究问题，形成思路。

第五步骤：通过中央《建议》。

2010年10月正式召开中共十七届五中全会，由国务院总理代表中央政治局作《关于制订国民经济和社会发展第十二个五年规划建议的说明》，全会审议和通过《中共中央关于制订国民经济和社会发展第十二个五年规划的建议》，并正式对外公布。

第六步骤：制订《中华人民共和国国民经济和社会发展第十二个五年规划纲要》（以下简称《纲要》）文本（2010年10月～2011年2月）。

由于在《建议》起草期间，一方面，国家发展和改革委员会参与党中央《建议》起草工作，另一方面，也同步起草《纲要》草案。在党中央《建议》正式公布之后，形成《纲要》文本初稿。并于2010年12月在全国改革发展工作会议上，与各地方、各部门、各行业协会进行信息沟通，直接听取意见，与此同时进行不同规划之间的衔接和协调。

第七步骤：国家规划专家委员会论证（2010年10月～2011年1月）。

2005年10月，国务院明文规定，实行编制规划的专家论证制度，正式成立国家规划专家委员会，由37位经济界、科技界、企业界和其他知名专家组成。五年规划草案形成后，国家发展和改革委员会多次组织国家发展规划专家委员会专家进行详细讨论、专业咨询和专题论证，并正式向国务院提交论证报告，并随同《纲要》一起报送全国人民代表大会，作为审议《纲要》的重要参考。

　　第八步骤：广泛争取内外部意见。

　　在国家发展和改革委员会门户网站开辟建言献策专栏，公开征集公民意见。同时，由中央组织召开各种"十二五"规划座谈会，直接听取各地区、各部门领导的意见。

　　第九步骤：全国人大审议并批准《纲要（草案）》（2011年3月）。

　　国务院审议通过的《纲要（草案）》提交全国人大审议，首先由全国人大专门委员会对"十二五"规划提前进行审议；在召开全国人民代表大会之前，全国人大常委会组织全国人民代表提前审议；召开第十一届全国人民代表大会第四次会议，由国务院总理向大会提交的《政府工作报告》中对《纲要（草案）》做说明，全国人民代表和全国政协委员进行分组讨论、提出重要修改意见，在此基础上由大会审议并正式批准《纲要》。

　　第十步骤：正式公布《中华人民共和国国民经济和社会发展第十二个五年规划纲要》。

　　第十一步骤：规划实施阶段。

　　国务院按照职责分工将《纲要》提出的主要目标和任务分解落实到各地区、各部门，明确约束性指标的责任部门，约束性指标的地区分解，建立约束性指标的公报制度，将约束性指标纳入各地区、各部门经济社会发展综合评价和绩效考核，组织全国实施。

　　在先后经历以上十一个步骤，用了长达两年半的时间，才制订了一个全国五年规划纲要。实际情况比以上所述还要更为复杂、更为细节。这也反映了制订五年规划的过程在不断制度化、规范化和程序化，这为制订一个成功的发展规划奠定了重要的制度基础。

　　资料来源：胡鞍钢详解"十二五"规划制订过程分为相互连接的十一步骤，http://finance. ifeng. com/news/special/zgzx/20101028/2788123. shtml。

第二节　战略定位与目标设置

　　区域规划是围绕着战略目标展开的，目标定位是否准确、指标是否合理，是决定规划能否实现的关键。所以，确定区域的战略与进行目标设置是区域的国民经济与社会发展规划的核心。

一、对时局的总体判断

区域的发展是在区域的自身条件、外部环境、时局发展等共同影响下进行的。因此，区域经济规划的战略定位和目标设置要充分结合本区域的内外部发展条件，才能满足合理性以及科学性的要求。

(一) 区域经济发展条件评价

区域本身的地理位置、自然资源、人力资源、技术资源、交通运输等因素，对区域经济的发展起着关键作用。分析区域经济的发展条件，是区域的国民经济与社会发展规划的基础。

1. 区域经济发展条件

(1) 区位条件。[①] 它是一个地区与周围住社会事物关系的总和，包括位置关系、地域分工关系、地缘政治关系、地缘经济关系以及交通关系、信息关系等。区位条件对区域经济的影响主要是通过地理位置、交通、信息等相互作用、密切联系而发挥作用的，主要体现在以下两个方面：一是通过影响生产要素的流动而作用于区域经济发展。在生产要素自由流动的情况下，根据资源最佳配置原则，生产要素往往倾向于流向区位条件优越的地域，从而有可能实现资源要素的最佳配置。二是在影响区域经济增长的区位条件中，地缘因素作用不可低估。美国经济的起飞始于大西洋沿岸的东北部，因为这一地域最接近发到的西欧国家，有纽约、费城、巴尔的摩和波士顿这样的港口城市，有发达的海上运输和贸易，欧洲移民也多集中在这一区域。

(2) 资源条件。区域内的水、土地、光热资源、矿产资源等资源条件是区域经济增长和发展的基础条件。区域资源条件对区域地位、发展方向、发展目标、产业结构以及区域空间结构都有深刻的影响。对区域的资源条件评价可以从以下几个方面着手：[②]

资源的总量。从自然条件来说，经过调查、勘探与分析而确定的自然条件和资源不同等级的实物或价值数量，为自然资源的绝对量。从社会经济条件来说，目前各类资源条件的统计数量或抽样调查数量，构成绝对

---

① 张秀生：《区域经济学》，武汉大学出版社 2007 年版，第 26~31 页。
② 孙久文：《区域经济规划》，商务印书馆 2004 年版，第 126~132 页。

量。社会经济条件的绝对量是一组非常复杂的数据，应该选取最近的年份或最具代表的年份数据，作为制订战略的基础年份数据。绝对量评价，也包括对各类资源条件的质量评价，如矿产资源的品位、企业生产的技术水平、交通运输线路的运输能力等。

资源的平均量。资源密度反映一定地域空间的资源丰饶程度，它可以以每平方公里土地面积所拥有的生产能力或资源数量来表示。如某地区每平方公里平均的国民生产总值或每平方公里拥有的能源、矿产、水资源等。人均资源拥有量反映按人口平均的资源情况，它可以以地区按人口平均的生产能力和资源数量来表示，能够反映生产水平、生活水平和资源开发程度。

资源的综合评价。对某个区域各类自然资源数量进行综合评价，以获取一个总体概念，并作为区域战略定位的依据。综合评价一般采取位次评价法，即评价一个地区某类资源在全国或大的区域内所处的地位。资源综合优势度的评价公式为：

$$P_i = (mn - \sum d_{ij})/(mn - m)$$

式中，P_i 为地区的资源综合优势度，m 为被统计的资源种类数，n 为对比的地区个数，$\sum d_{ij}$ 为 i 地区被统计的资源种类数占全国位次之和。

（3）技术条件。科学技术是第一生产力，区域技术条件直接制约区域经济的发展。首先，技术条件影响区域产业结构的演变，产业结构的合理化和高度化是在技术的不断进步中实现的。其次，技术条件影响区域经济效益，应用先进技术的直接结果是提高了劳动生产率，产值和产量大大提高。区域技术条件可以从以下几个方面来衡量：知识创新能力、知识流动能力、技术创新能力等（孙久文，2004）。

（4）资金条件。生产资金是区域经济增长的重要影响因素。生产资金包括固定资金和流动资金两部分，它是生产资料在价值形态上的体现。生产资金对区域经济的作用主要体现在三个方面：一是资金投入的增加可以提高区域的产出水平；二是资金产出率的提高是加快区域经济增长的重要途径；三是固定资产投资是保证区域社会再生产和经济增长的物质技术条件（徐华荣、梁劲松，2006）。

资金条件的评价指标有：

地区人均全社会固定资产净值＝地区全社会固定资产净值/地区人口总数。数值越大的地区，说明资金条件好。

地区财政收入支出平衡表＝地区财政收入 – 地区财政支出。正值大，说明财政状况好，负值说明财政收入入不敷出。

地区居民储蓄率＝人均储蓄存款余额/人均国民收入。地区居民储蓄率高，表示地区的投资能力强。

地区工业资金占用系数＝工业资金总额/工业净产值。数值越小，表明地区的资金利用效率越高；数值越大，表明地区的资金利用效率越低。

（5）人口与劳动力资源条件。区域人口数量与质量条件决定了一个地区的劳动力供应能力和市场容量，直接影响区域经济发展水平、产业结构和开发进程等。掌握生产工具的人是生产力诸要素中最积极、最活跃的因素，相当数量的人口与劳动力资源是促进区域经济发展的动力和保障。

人口质量对区域经济发展的影响。区域劳动力质量包括劳动者的身体素质、工作态度、文化、科学和技术素养等。人口素质的提高，将提高劳动生产率，会加强对经济增长的推动。

人口构成对区域经济发展的影响。人口年龄结构是指各年龄人口的比重，一般情况下，青壮年人口比重大对区域经济发展是有利的。人口职业结构是指按产业部门划分的在业人员所形成的比例关系。人口职业结构影响着劳动生产率的高低、劳动者科学文化水平和劳动技能的高低。一个地区的第一产业人口比重下降，第二产业人口比重提高，第三产业人口比重尤其是新兴产业人口比重上升，是经济发达地区重要的人口产业结构特征。

人口城乡结构与区域经济发展。一般来说，人口城乡结构表现了一个区域市场经济的发展程度、工业化和城市化的水平。

（6）交通运输条件。区域交通运输条件是指区域内部的城市间以及区域与外界进行人员往来和物质交流的方便程度。交通运输条件主要通过交通路线、交通工具和港站、枢纽的设备状况反映出来。交通运输条件直接影响区域经济的发展。交通运输条件是区域开发的"先行官"，便利的交通运输条件为区域发展提供了先决条件。交通运输条件优越的地区，易于形成以加工工业为主的中轻型产业结构，机械、化工、轻工等部门发展相对较快。[①]

（7）区域历史条件。分析、评价区域经济条件的最终目的是为了促进区域经济全面、协调和可持续发展，而区域历史基础是区域发展的出发点。区域历史基础的差异性，一是表现在历史遗留的物质基础方面，如经济发展水平、经济实力、基础设施、各种配套设施等；二是表现在历史遗留的精神财富方面，如科技文教水平、经营管理水平等。

---

① 朱传耿、沈山、仇方道：《区域经济学》，中国社会科学出版社2007年版，第41页。

（8）政策条件。区域政策是由政府制订和实施的旨在处理区际关系，以影响经济要素空间配置为首要目标的一系列政策。区域政策对区域经济发展进程、区域产业结构的调整等都有巨大的影响。

2. 区域经济发展条件综合评价

在深入研究区域经济发展条件基础上，运用 SWOT 分析法对认识区域经济发展的优势、劣势、机会与威胁进行系统客观分析，是区域发展战略规划的出发点，见表 6-1。

表 6-1　　　　　　　　区域经济发展条件的 SWOT 分析

优势（Strengths）	劣势（Weaknesses）
（1）区位优势	（1）区位劣势
（2）资源优势	（2）资源短缺
（3）技术优势	（3）技术人才和资金缺乏
（4）产业优势	（4）产业结构不合理
（5）其他	（5）其他
机遇（Opportunities）	威胁（Threats）
（1）国家发展战略和政策	（1）竞争力大
（2）世界经济形势	（2）环境压力
（3）其他	（3）人口压力
	（4）其他

资料来源：根据资料整理所得。

（1）优势与劣势。优势是相对而言，相比较而存在的。确定区域的优势和劣势，通常需要做两种比较：[1] 一是区内比较。对各种资源、各种条件进行分析比较时，要具体区分出对区域发展的有利方面或不利方面。在各种有利因素中再进行筛选，优中取优。二是区际比较。区域与区域之间进行比较，最容易表现出强势、弱势甚至是劣势出来。只有当该区域的有利因素、优越条件比其他地区更有利，优势更加明显，或在比较中仍处于前列时才能算作优势。

---

[1] 崔功豪、魏清泉、刘科伟：《区域分析与区域规划》（第二版），高等教育出版社 2006 年版，第 272 页。

（2）机会。区域经济发展的机会包括国内外各种机遇。一是全国或高层次区域的发展战略。全国或高一层次区域的发展战略，是区域发展战略的指导和基本依据之一，政策的支持、战略方向的转移、市场需求的扩大等都会给区域发展带来巨大的发展机会。二是全球的经济形势。区域的发展与世界经济的发展趋势也是不可分开的。利用经济全球化为我国带来的机遇，推动区域经济的进一步发展。

（3）威胁。在经济全球化和开放的市场条件下，区域将面临更广阔领域和更加激烈的竞争，会有很大的竞争压力。随着对生态环境的重视，环境压力也是区域发展面临的重要问题之一。此外还有人口压力，交通压力等一系列威胁区域发展的问题，不同的区域面临的威胁不一样，要具体分析。

（二）对时局的认识

有的学者把当前我国面临的国内外发展时局简单归纳为六条：[①]

（1）世界经济的全球化和区域一体化趋势加强。以我国加入 WTO 为标志，经济全球化已经到了我们面前，过去的国内或区内的产业竞争，现在变为国际的竞争；竞争对手要重新界定，市场份额要重新划分。区域一体化使我们进入国际市场更加困难，欧盟、东盟、北美自由贸易区等都在加强区域内部的联系，排斥区外的企业进入。

（2）经济结构出现全球性的战略调整，国内区域的经济结构调整成为区域经济的重要内容。以美国为首的发达国家，在集中发展高新技术产业的同时，劳动密集型产业、一般的制造业，由于生产成本的上升，纷纷向新兴的工业国家转移。中国的沿海地区是国际产业转移的中心之一，国际制造业中心即将形成，并围绕现代制造业进行产业结构的调整；中部地区侧重发展传统制造业和劳动密集产业；西部地区更多发展原材料工业。这种形势将左右区域经济结构调整的大方向。

（3）国内经济大市场初步形成，市场竞争日趋激烈。国内大市场的初步形成，意味着区域经济与国民经济整体的联系更加紧密，区域之间的经济联系也更为密切。但国内统一的大市场形成后，国内有竞争力的企业都可能参与区域的市场竞争和份额分割，使区内企业不可能再享受政府保护下的市场占有，而新生企业的门槛比过去大为提高，这些都会影响区域的产业发展。

（4）经济体制趋于完善，企业改制基本完成。经过 1998 年和 2002 年

---

① 孙久文：《区域经济规划》，商务印书馆 2004 年版，第 125~126 页。

的两次企业体制改革，市场经济体制下的企业经营机制已经建立起来，股份制的产权结构在我国企业当中成为主要的形式。对区域发展来讲，如果一个地区的企业改制不充分或不到位，这个地区在发展中的地位就不利，下一步发展的目标也很难实现。

（5）走新型工业化道路成为地区发展的战略重点。我国在新时期的发展战略重点，是走新型工业化道路，实现工业化、城市化和现代化是未来20年的基本任务。新型工业化道路的重点是通过信息化带动工业化，形成由高新技术产业、新型制造业和第三产业构成的合理的产业结构。对地区来讲，适合本身的产业和产业结构，是发展战略规划的核心。

（6）气候变化和能源问题更加突出，对世界经济发展的制约进一步增大。应对气候变化，实施节能减排和发展绿色经济将增大世界经济发展成本，发展中国家将面临越来越大的减排压力和绿色壁垒等贸易保护主义措施的限制。随着经济复苏和重新恢复增长，全球能源资源价格仍有可能再度大幅度上涨，各国对能源资源的争夺不断加剧，未来能源供求紧张和价位高位波动都会影响世界经济的稳定发展。

山东省济南市社会经济发展条件 SWOT 评价

利用 SWOT 分析模型对济南市社会经济发展条件进行系统客观的分析，有助于明确城市的战略定位，提高城市竞争力，对于城市未来的发展具有重要的作用。

1. 优势

（1）政治环境。济南是全省政治中心。即几乎所有的省直机关和大多数中央驻鲁机构都设在济南，是全省的决策中心。

（2）经济环境。济南市是区域性宏观经济调控中心，除省级宏观调控部门多在济南外，中国人民银行济南分行、中国证监会济南分会、中国宝监会济南分会等代表中央政府监管黄淮海地区的银行、证券、保险业务的派出机构都在济南设立区域性总部。

（3）人文环境。济南是山东省的科教文化中心。即以山东大学、山东师范大学等为代表的高水平大学和省级科研机构密集，具有国家十大软件基地之一的济南软件园、山东大学软件学院和浪潮集团。

（4）旅游文化资源。济南是一座历史文化名城和全国优秀旅游城市，被誉为"泉城"，72 名泉与大明湖构成了独特的泉城风貌。

（5）交通基础设施治安环境。济南市位于山东省中西部，是环渤海湾南北承接户宁、京津两大都市圈，东西辐射黄河中下游的区域中心城市。全省铁路、公路、航空枢纽，通信设施完善，可直接与世界 175 个国家和地区、国内 200 多个城市传递信息。

2. 劣势

（1）现行区划调整难于进行。历史文化名城的保护与建设在世界各国都是一个重要问题。济南市的现区划地域是一个从西南面向东北的长条，对实现济南城建的空间布局结构很不利，区划调整难于进行。

（2）食、购、娱建设明显滞后，反映地方特色的旅游商品、旅游纪念品匮乏，各地旅游商品开发严重趋同。

（3）产业集群不明显，无产业优势，无行业领袖。自有自然资源不足。山东省 8 个城市中除济南产业结构呈三、二、一格局外，其余 7 个城市三次产业比重均呈二、三、一格局分布，其中青岛、淄博、东营、烟台、威海第二产业都在 50% 以上。产业结构的层次明显落后于长三角和珠三角地区，产业结构亟待调整和提高。

3. 机遇

（1）发展的政策机遇。国务院关于扩大沿海经济开放区范围的通知中，把济南、青岛、淄博、威海、烟台、潍坊、日照和东营都列为山东沿海经济开放区。

（2）发展的时间机遇。我国的对外开放进程是自南向北逐步推进的，继珠三角、长三角的外向型经济率先得到发展之后，按照规律性的判断，环黄渤海地区可能成为下一轮外资投放和地区经济增长的重点。

（3）文化旅游、会展旅游发展机遇。21 世纪是知识经济的世纪，旅游者日益注重在旅游活动中积累文化知识，追求文化享受。据世界旅游组织预测，2020 年我国将成为世界最大的旅游目的地和第四大客源地。2003年，山东省被国家环保总局列为第六个生态省建设试点，"生态省"的建设必然为山东省旅游发展奠定强有力的生态环境优势。

4. 威胁

（1）宏观经济环境经济系统不完善，法规制度不健全，制约着中国经济长期稳定快速的增长。城市经营做法还不成熟，处于不断完善和发展之中。

（2）经过改革开放 30 多年的高速发展，山东已经成为一个名副其实的"经济大省"，多年来主要经济总量指标一直居全国前列，但是人均指标相对落后，表明山东还不是"经济强省"。城市化率还不及辽宁、吉林、黑龙江，与浙江、江苏、福建、广东相比差距更大。

（3）在长三角和京津唐的南北夹击下，山东存在成为"经济洼地"的可能。面对全球制造中心东移的好机会。如果不注意区域经济一体化的发展，不为吸引外资和民营资本创造好的软环境，就必定会被边缘化，处于劣势地位。山东半岛城市群的经济总量与长三角、珠三角、京津唐差距显著。

（4）政治中心、经济中心、科教中心、商贸中心、交通中心等多项职能，给济南老城区有限的土地资源带来了越来越大的压力，不利于城市化进程，城市发展水平较低。

资料来源：吴文婷，何琦：《济南市城市经营发展战略的SWOT分析》，载《经济师》2010年第11期，第195～196页。

二、确定战略定位

区域发展战略是综合区域发展优劣势、机遇与威胁等各方面因素，对未来一定时期内国民经济和社会发展等所做出的全局性宏观谋划。其核心是要解决规划区域在一定时期基本发展目标，以及实现这一目标的主要思路与战略部署。

（一）什么是战略定位

"战略"一次最早来源于军事科学，是同"战术"相对而言。德国著名的军事学家克劳塞维茨（1780～1831年）认为"战略是为了战争目的运用战斗的学问"，包括适应战争目的的战略目标和战争计划，达到这一目的的行动措施、战局方案和战斗部署。《辞海》对战略的定位是：战略是重大的、带全局性的或决定全局的谋划。[1]

在我国20世纪70年代末，一些从事世界经济与地理研究的学者从国外引入了"发展战略"的概念，并受到政府部门及学术界的普遍关注。实践证明，战略的制订和实施对特定区域的经济社会发展起到积极的指导作用，在某种程度上已成为区域发展的行动指南。

所谓发展战略，就是从总体上决定人类社会各个领域发展的全局性、长

---

[1]　刘大鹏、刘润民：《城市发展战略规划的理论体系初探》，载《内蒙古师范大学学报》（哲学社会学科版）2006年第6期。

远性的指导原则和谋划。[①] 它具有三个主要特征，即全局性、决定性和长远性。发展战略不是着眼于短期的成败得失，而是着眼于未来和长远；不是研究一些表面现象、次要矛盾，而是研究根本性的主要矛盾和长远性的问题。

战略定位是指在对区域发展现状全面分析的基础上，对一个较长历史时期内区域经济社会的发展方向、发展重点、发展目标的总体部署和筹划。

（二）战略定位的特征

1. 全局性

区域发展战略具有全局性，旨在从全局上指导一个区域未来的发展，研究的是决定全局的关键性问题和影响全局的各个方面。它是发展目标和实现发展目标的方针、政策、途径、措施、步骤的高度概括，对国家、地区或城市的发展具有方向性、长远性和总体性的指导作用。所有区域经济发展战略的实施，包括区域发展规划和计划的制订以及各种经常性的工作都应在总体战略的指导下进行。

2. 综合性

区域发展战略面对的是许多要素之间相互联系、相互依存、相互作用、相互制约构成的复杂系统。发展战略研究不仅要弄清楚系统内部的结构、层次和功能，而且要弄清楚系统与周围环境的各种联系，以及搞清楚系统存在和发展的内外条件。同时发展战略研究又是综合性课题，涉及人口、资源、环境、经济、社会、科技等各个领域，要从复杂的研究对象中抽取其整体联系得到决定全局的谋划，一定要用系统科学的方法，统一组织各领域、各行业的专家、人才进行综合性研究，在综合性研究中得到全局性认识。[②]

3. 长期性和阶段性

区域发展战略的着眼点不仅仅是只立足于当前，而且要面对未来，比起那些只在短期内起作用活动和措施来说，应更具深远意义。未来是以当前为出发点的，未来发展趋势的推测要以过去和当前为依据。立足当前，

---

① 李艳林：《关于制订发展战略的几个重要问题的思考》，载《中山大学研究生学刊（社会科学版）》1994 年第 1 期。
② 张沛：《区域规划概论》，化学工业出版社 2006 年版，第 81 页。

放眼未来，把握好当前和未来的关系，是战略考虑的要点。战略制订的长期持久性，要求战略目标与对策应保持一定程度的弹性，越远的战略目标越要粗略一些，弹性大一些。长远性是相对而言的，区域发展战略总是为某一特定的时间范围内实现某种目标而设立，因此它不是一成不变的。战略定位要能够反映时代和环境的特点，与时俱进，当某一阶段的战略完成了它的历史使命，或与战略对象的新情况不相适应时，就必然要被新的战略所取代。

4. 地域特色性

不同区域的经济发展战略也各具特色，即表现为区域发展战略的多样性和差异性。由于区域间自然条件和经济社会条件呈现出明显的不同，不同区域的发展往往形成很大的差异，各个区域发展都有各自鲜明的特色，因而每个区域的发展目标、模式、途径和措施就互不相同，发展战略也就表现出明显的地域特色。

5. 层次性

任何一个区域发展系统都有大小之分，都应有鲜明的层次性。大到国家、小到企业都应有自己的发展战略。下一个层次的发展战略是上一个层次发展战略的有机组成部分，因而在考虑制订下一个层次的战略时，应同上一个层次的战略要求相符合；同理，上一层次战略的实现必须以下一层次战略的实现为基础。所以，区域发展战略是具有双重任务的战略，它既要满足本区域经济发展的客观要求，又要实现上一层次发展战略对本区域提出的要求。[1]

6. 预见性

区域经济发展战略要真正成为指导区域经济发展的有步骤的发展依据，就要有较强的预见性或前瞻性。预见（预测）必须有坚实的现实基础，它是在现实经济发展的基础上，总结前一段时期的发展情况，准确估计未来经济形势的变化和宏观经济政策的变动方向，并根据现实和科学做出的。[2]

7. 可操作性

可操作性是检验区域经济发展战略能否落实的试金石，有可操作性就能应用到实践中，否则，失去规划存在的价值。可操作性主要表现在目标

---

[1] 张秀生：《区域经济学》，武汉大学出版社2007年版，第297～298页。
[2] 朱国传：《区域经济发展——理论、策略、管理与创新》，人民出版社2007年版，第327页。

的可实现性和策略的可应用性（张华、朱志军，2007）。一方面，战略目标的制订要合理，是要在深入研究和把握区域经济发展现状和趋势的基础上制订的，经过一定的努力并在预期的时间范围内能够顺利实现；另一方面，战略的制订者要有较高的政策水平，能够准确掌握国家经济发展经济的尺度，并将这些政策区域化，使之适应区域发展要求。

（三）战略定位的主要内容

1. 发挥地区优势

因地制宜，发挥优势，是区域经济规划中制订战略定位的最基本原则。由于各地区在自然条件和资源、历史和文化、经济基础等方面存在差异，造成了劳动地域分工的自然基础、生产要素、需求水平和产品价格等的差异性，同时也构成劳动地域分工的互补性，只有充分发挥个地区的优势，才能最充分地利用区域条件，发展各种产业，取得最佳经济效益。[①]

2. 区域协调发展

区域的国民经济与社会发展规划最终目的是促进该区域经济高速、健康、协调地可持续发展。因此，规划既要坚持区域整体利益，以大局为重；又要妥善处理局部问题和矛盾；协调好一般项目与重点任务、农业与工业发展、乡村与城市建设、生活与生产及近期利益与长期利益的协调关系。只有坚持区域经济的综合发展，才有可能使各类规划与发展战略统一起来，始终如一地贯彻规划的指导思想。

3. 获取区域经济利益

区域的国民经济与社会发展规划要以获取区域的经济效益为目的，而不是某个组织、企业或个人的利益。通过规划，合理地布局工业、农业和其他产业，在相同投入下，获取尽可能大的经济效益。但是，仅仅是经济效益是不够的，战略定位应当坚持经济效益与社会效益、环境生态效益的统一，使区域能够保持可持续发展的态势。获取区域的经济效益是进行战略定位的出发点之一，正确的战略定位，将使区域经济在正确的道路上前

---

① 孙久文：《区域经济规划》，商务印书馆2004年版，第115~116页。

进，使获取区域的经济效益比较容易。①

成渝经济区区域规划的战略定位

　　2011 年 3 月 1 日，《成渝经济区区域规划》经国务院常务会议讨论并原则通过。国务院常务会议指出，在新形势下加快成渝经济区发展，对深入推进西部大开发，促进全国区域协调发展，增强国家综合实力，具有重要意义。

　　成渝经济区的战略定位是："一中心"、"一基地"、"三区"，建成西部地区重要的经济中心、全国重要的现代产业基地、深化内陆开放的试验区、统筹城乡发展的示范区和长江上游生态安全的保障区。具体为：

　　西部地区重要的经济中心。坚持城镇化发展战略，强化基础设施对经济发展的支撑能力，提升科技创新对经济增长的贡献率，增强要素集聚功能和辐射带动作用，提高对外开放水平，成为全国重要的经济增长极。

　　全国重要的现代产业基地。抓住新一轮产业转移机遇，积极承接国内外产业转移，加快产业结构优化升级，增强产业市场竞争力，打造国家重要的现代农业基地，形成若干规模和水平居全国前列的先进制造和高技术产业集群，建设功能完善、体系健全、辐射西部的现代服务业高地。

　　深化内陆开放的试验区。改善内陆开放环境，构建内陆开放平台，畅通南向、东向、西北向对外大通道，加强与周边国家和地区经济技术的交流与合作，探索内陆地区对外开放合作新路子。

　　统筹城乡发展的示范区。深入推进重庆、成都全国统筹城乡综合配套改革试验区建设，推动基本公共服务均等化，建立以城带乡、以工促农的长效机制，形成统筹城乡发展的制度体系和城乡经济社会发展一体化的新格局，为全国城乡统筹发展提供示范。

　　长江上游生态安全的保障区。统筹生态建设、环境保护、资源利用与经济社会发展，加大生态网络建设力度，加强重点流域和地区环境综合整治，大力发展循环经济，提高资源节约集约利用水平，推动绿色发展，构建生态屏障，保障长江上游生态安全。

　　资料来源：中华人民共和国国家发展和改革委员会官方网站，http：//

---

① 约翰·利维：《现代城市规划》，中国人民大学出版社 2003 年版。

www. sdpc. gov. cn/zcfb/zcfbtz/2011tz/t20110602_416455. htm。

三、规划目标设置

规划目标是区域发展在未来一个较长时期内的奋斗目标和预期达到的水平。区域的国民经济与社会发展规划的涉及面很广，区域内部的各类要素和区域之间的关系都必须考虑到，规划目标的设立和选取对于区域的经济发展起着重要作用。

（一）设立规划目标的基本原则

1. 针对性、明确性

规划目标的设立要以客观现实为基础，切实结合本区域的实际发展情况和发展条件，针对本区域存在的问题和规划意图，制订规划目标。目标必须明确、具体，一个目标只能有一种含义而且易于理解。

2. 目标要适中

规划目标必须具有科学的制订基础，目标设置既要有难度，又要有竞争性，并且现实可行，通过一定努力或者克服一定的困难可以实现。目标偏低，不符合社会发展的要求，起不到调动各方面积极性的作用，不能有效利用资源；然而，如果目标过高，脱离实际，没有实现的条件和可能，会使人们失去信心，不利于区域的发展。

3. 定性与定量相结合

规划目标的定性描述，通常表现为区域发展的总体要求和总体发展方向。区域发展目标除定性描述外，还应该有定量的概念，有量的规定。发展目标量一旦确定下来，就成为日后区域部门分析、平衡和调整工作部署的主要依据。目标如果缺乏量的指标，就显的空泛，不易于衡量和把握。

4. 突出重点，不包罗万象

规划目标是人们为实现战略目的所设想的标准，是规划所要达到的结果。人们的追求是多元的，是不断提高和具有拓展性的。规划目标不可能满足所有的要求，不可能也不应该包罗万象，而要突出重点，提纲挈领。

（二）规划的指导思想

区域规划的制订，必须有一个指导思想来统领规划的全部过程。指导思想是区域谋求发展的最高概括和总纲。

1. 指导思想的特征和作用

指导思想是战略研究的灵魂，是对战略目标、战略重点和战略对策的系统概况，对区域发展的影响具有长期性、全局性和稳定性。

科学的区域经济发展指导思想，是建立在深入细致的调查研究和理论升华的基础之上的，是对未来发展趋势预测的总结，具有较高的稳定性，不能随意更改。指导思想的形成不仅要考察现实，而且要考察历史、预测未来；不仅要考察内部因素，而且要考察外部环境；不仅要考察经济条件，而且要考察各种社会人文条件。科学的指导思想一经确定，就将对区域未来经济发展起到巨大的促进作用。[①]

2. 指导思想的类型

一般指导思想。是从全国或整个区域总体出发，提出的用于指导国民经济发展的思想，具有普遍适用性，是各分区域制订区域发展战略的依据。例如，我国可持续发展战略的指导思想是：坚持以人为本，以人与自然和谐为主线，以经济发展为核心，以提高人民群众生活质量为根本出发点，以科技和体制创新为突破口，坚持不懈地全面推进经济社会与人口、资源和生态环境的协调，不断提高我国的综合国力和竞争力，为实现第三步战略目标奠定坚实的基础。

定向指导思想。是指从某一区域或省市出发，结合国家或上一级区域的指导思想，针对本区域的实际问题和具体情况，制订适合自己发展的指导思想。例如，河北省秦皇岛市"十二五"时期的指导思想是：努力完成"结构转型、城乡一体、优化生态、社会和谐"四大目标任务，全面建设实力、魅力新港城，为建设宜居、宜业、宜游的新秦皇岛做出新的更大的贡献。区域经济发展规划指导思想与国家总规划的指导思想既有共性，也

---

① 朱国传：《区域经济发展——理论、策略、管理与创新》，人民出版社2007年版，第329页。

有个性，既要与国家战略保持一致，又要符合地区实际。

天津市国民经济和社会发展第十二个五年规划纲要的指导思想

　　"十二五"时期，天津经济社会发展要全面贯彻党的十七大和十七届五中全会精神，高举中国特色社会主义伟大旗帜，以邓小平理论和"三个代表"重要思想为指导，深入贯彻落实科学发展观，按照胡锦涛总书记对天津工作提出的"一个排头兵"、"两个走在全国前列"、"四个着力"和"五个下工夫、见成效"的重要要求，以科学发展为主题，以加快转变经济发展方式为主线，以调整优化经济结构为主攻方向，加快实施市委"一二三四五六"的奋斗目标和工作思路，着力构筑"三个高地"，全力打好"五个攻坚战"，推动转变经济发展方式取得实质性进展，实现科学发展和谐发展率先发展，努力建设国际港口城市、北方经济中心和生态城市，不断开创改革开放和社会主义现代化建设的新局面。

　　要始终坚持以下基本原则：

　　必须牢牢扭住经济建设这个中心，不断解放和发展社会生产力，实现经济社会又好又快发展；必须大力推进经济结构战略性调整，促进经济增长向三次产业协同带动、消费投资出口协调拉动转变，构筑高端化高质化高新化的现代产业体系；必须切实加快科技进步和创新，大力提高自主创新能力，真正走上创新驱动、内生增长的发展轨道；必须全面提升城市规划建设管理水平，大力加强生态文明建设，构建资源节约型、环境友好型社会；必须把保障和改善民计民生作为根本出发点和落脚点，坚持从最广大人民根本利益出发谋发展、促发展，使发展成果惠及全体群众；必须深入推进改革开放，激发全社会的创新创业创造活力，不断完善有利于科学发展的体制机制。

　　资料来源：《天津市国民经济和社会发展第十二个五年规划纲要》节选。

（三）规划目标的主要内容

　　区域的国民经济与社会发展规划目标是区域发展战略定位的具体化和量化，不可能用一些简单的数字或文字来表达，而是需要能反映整个区域在未来一定时期内所能达到的一系列指标来表达。①

1. 总目标

区域的国民经济与社会发展规划的总目标往往具有较强的概括性，是区域在一定时期内经济发展的总纲领，是区域进行规划和计划的依据。总目标的确定，将为区域发展树立一个明确的长期奋斗目标。

（1）以经济效益为主的目标。充分利用一切可以调动的人、财、物资源，争取在战略制订和实施的期间，取得最大的经济效果。此类目标往往具有较强的号召力。具体内容包括经济总量目标、经济增长目标、经济结构目标、经济运行质量目标等。

（2）以社会公平为主的目标。在经济发展的同时，尽最大的可能兼顾社会公平，包括基础设施发展目标、人口发展目标、科技教育发展目标、生活质量目标、社会保障目标以及缩小地区差距、缩小各阶层居民的收入差距、提高就业率、提高落后区域的产业结构等。此类目标常常是经济效益目标的平行目标。

（3）以生态环境改善为主的目标。在经济社会发展的同时，更要注意保护环境，必须充分考虑在人与自然和谐发展的基础上，保持和促进可持续发展能力的不断提高。包括资源开发利用目标、环境保护目标。

2. 具体目标

区域经济发展战略的具体目标包括经济目标、社会目标和建设目标三大类，每类之下又可以分多个次一级的类别。

（1）经济目标。包括经济总量目标（如 GDP、GNP、GNI、增加值等）、经济效益目标（如人均生产总值、人均国民收入及主要物资的消耗额等）、经济结构目标（如第三产业的产值结构和旅游业结构等）和区域经济竞争力指标（如产业经济竞争力、财经金融竞争力、宏观经济竞争力等）。

（2）社会目标。包括人口总量指标（主要指人口发展规模）、人口构成指标（如城乡结构、就业结构、文化结构等）、居民物质生活水平指标（如人均居住面积、人均食物消费量、平均预期寿命、每万人平均医生数量、婴儿成活率等）和居民精神文化生活水平指标（如义务教育普及率、每万人拥有的大学生数和各类文化、体育、娱乐设施等）。

---

① 朱国传：《区域经济发展——理论、策略、管理与创新》，人民出版社 2007 年版，第 330～332 页；孙久文：《区域经济规划》，商务印书馆 2004 年版，第 139～141 页。

（3）建设目标。包括空间结构指标（如城镇首位度、城镇集中指数、经济发展均衡度、各类建设用地结构等）、空间指标（如各类建设用地面积、建设用地占区域总面积的比例等）和建设环境质量指标（如建筑密度、容积率、人口密度、人均绿地面积等）。

3. 分阶段目标

区域经济发展本身具有阶段性，从发展的速度来看，在一段时期内的前期阶段，经济增长的速度较快，随着经济总量规模的扩大，增长的速度会有所减缓。一般在前期阶段侧重于经济的快速增长，总量规模的不断扩大，外延式的扩大再生产。在中间阶段，较多侧重于结构的调整，发展重点的转换和生产水平的提高。而到了后期阶段，更多的是侧重于经济发展水平的提高，经济增长的稳定和内涵式的扩大再生产，侧重于社会公平的实现。从发展战略制订的时间来看，最短不应低于 10 年，也就是两个五年计划的时间。最好的时限是 15~20 年。时间太短，达不到经济增长要求的周期，且容易变成短期规划，执行者常常注重短期行为；时间过长，不确定因素增加，客观形势变化较大，很难确定发展的目标。

4. 分区域目标

区域本身是一个系统，任一区域都可划分为不同的小区。在中国，经济发展最基本的区域是县，因为最完整的经济和行政管理体制是到县级为止的，发展项目的审批权限一般也是到县级为止。因此，指定区域经济发展战略一般应是县及县以上的区域。

任何区域都可划分为中心区和边缘区。中心区是以城市为中心的经济发达地域，承担区域经济增长的主要任务，产业结构中第二、第三产业占主导地位，并成为未来的人口聚集中心、交通运输中心和文化教育中心。边缘区一般以农业、矿业为主，发展重点是基础产业、交通运输以及开发区内的优势资源。边缘区的发展必须与中心区结合起来，起到配合中心区域发展和区域相互协调的作用。边缘区可根据功能不同，分成几个功能区，以开发不同特色的地区资源，发展不同特色的地区产业。

5. 分产业目标

总目标下面的分产业目标，是任何类型的发展战略中都不可缺少的部分。产业目标是总目标在不同产业内的分解。按照最粗的划分，最少要将总目标分解到三次产业上去，形成一、二、三次产业所应实现的目标和产业结构。同时，产业目标也有阶段性，制订不同阶段的分产业实际的目标，可使战略目标更具体，更容易实现。

产业目标与区域目标的结合，是实现产业目标的必要条件。将产业目标分配到不同功能的区域，形成不同区域的产业目标，要求依据不同区域的资源特点和发展特征来确定。

（四）规划目标的指标设立

区域的国民经济与社会发展规划的总目标和各层次目标需要通过一定的指标量来反映。通过设立指标，量化和具体化区域在未来时期需要达到的目标，指标的设立和选取对于规划具有重要的意义。

1. 规划目标的指标定位方法

区域的国民经济与社会发展的规划目标的定位方法包括定性和定量两种。定性方法主要依据区域发展具体情况和基本发展要求，对区域发展目标进行概括性定位。定量方法一般都采用建立数学模型的方法，通过对影响区域发展的各个变量的分析得到一个最佳的规划目标方案。目前，较为常用的方法有线性规划法、动态规划法、投入产出规划法等。[①]

（1）线性定位法。应用线性定位方法要具备三个基本要素：一个目标函数、一组决策变量、一组约束方程。一个完整的线性规划数学模型从结构上看，包括目标函数和约束条件两大部分，其表达式为：

目标函数：$Z_{max}(Z_{min}) = C_1X_1 + C_2X_2 + \cdots + C_nX_n$

约束条件
$$
\begin{cases}
a_{11}X_1 + a_{12}X_2 + \cdots + a_{1n}X_n < (\text{或} >、 =)b_1 \\
\vdots \\
a_{i1}X_1 + a_{i2}X_2 + \cdots + a_{in}X_n < (\text{或} >、 =)b_i \\
\vdots \\
a_{m1}X_1 + a_{m2}X_2 + \cdots + a_{mn}X_n < (\text{或} >、 =)b_m \\
X_j \geq 0 (j = 1, \cdots, n)
\end{cases}
$$

式中：Z 为规划目标函数；X 为决策变量；C 为决策变量系数；a 为约束变量系数；b 为限制常数或约束常数。

规划目标多种多样，可以是最大收益、最小成本、最小投资等不同，

---

① 张沛：《区域规划概论》，化学工业出版社 2006 年版，第 96～97 页。

根据影响规划目标的具体因素建立相应的线性规划模型，根据约束条件求得相应的规划目标和各个指标的解的矩阵，从而得到最佳方案。

（2）动态定位法。线性定位法是研究单一阶段规划决策问题的数学方法，动态定位法是解决多阶段规划决策问题的一种数学方法。这种方法首先把一个较为复杂的问题，按时间和空间联系分解成若干相互联并容易求解的局部问题，然后再根据这些局部问题的顺序关系依次做出一系列的最优决策，把各阶段的状态和决策相互联系起来，共同构成最优决策。

（3）投入产出规划定位方法。近年来，投入产出法逐步地应用到区域经济规划工作中，这种方法能够综合地、较为全面地反映区域经济发展方面的情况，并把经济因素以及他们之间的关系用投入产出模型表示出来。

制订区域经济规划的目标，最根本的还是要反映区域经济发展的具体情况和基本的发展要求，应用任何的方法都应当以达到目的和要求为原则。

2. 规划目标的指标体系

在综合考虑区域经济发展中各方面的影响因素，将区域的国民经济与社会发展规划的指标体系分为经济发展指标、社会发展指标、资源与环境发展指标和制度进步指标四大类，每一大类包含若干具体指标，如表6-2所示。

表6-2　　　　　　　　　　区域规划目标的指标体系

类别		指标	属性
经济发展指标	经济总量指标	GDP总量；人均GDP；GNP；GGDP总量；GGDP占GDP的总量；全社会固定资产投资总额；工业、农业总产值；人均生产总值；社会商品零售总额；财政收入总额；城乡居民储蓄存款余额；进出口总额等	预期性
	经济结构指标	三次产业比重；工业化指数；大中型企业增加值占全国比重；工业品国内市场占有率；产业结构变化系数；产业结构相似系数；空间结构集中指数；霍夫曼系数等	预期性
	经济效益指标	资金利税率；综合投资效益；投资效果系数；新增固定资产交付使用率；项目成功率；固定资产投资率；工业企业每百元工业产值成本；全员劳动生产率等	预期性

续表

类别		指标	属性
社会发展指标	人口发展指标	总人口；性别比；老龄化指数；人口自然增长率；人口密度；人口城镇化水平等	预期性
		出生率；死亡率等	约束性
	基础设施指标	城市供水总量；供水富余程度；人均发电量；邮电业务总量；电话普及率；每万人互联网用户；商业网点密度；运输线路密度；等级公路比重；铁路密度；每万人拥有的公交车辆数等	预期性
	生活质量指标	城镇居民可支配收入；农村居民每年纯收入；恩格尔系数；职工平均工资；人均住房面积；平均预期寿命；每千人医生数；每千人拥有医疗床位数；居住区人均拥有商业服务、休闲娱乐设施面积；成人每周人均拥有的闲暇时间等	预期性
	科技教育指标	大专以上人口比重；每万人大学以上文化程度的人数；高等院校数；科研成果与专利数；每万人拥有科技活动人数；科研经费总额；科技、教育经费占 GDP 的比重；每万人专利申请受理量；技术市场成交合同金额；科技对经济增长的贡献率等	预期性
	城市发展指标	城市化水平；城镇首位度；城镇登记失业率；城市人口密度等	预期性
资源与环境发展指标	资源利用指标	区域资源总量；区域矿产资源位次；人均土地资源指数；人均水资源指数；人均林地面积；人均自然资源拥有量综合指数等	约束性
	环境污染及治理指标	废水排放数量和处理率；废气排放和处理率；固体废弃物产生数量和综合利用率；环保及治理投资占 GDP 的比重；城市垃圾无害化处理率；城市交通噪声达标率等	约束性
	生态保护指标	植物栽培数；森林覆盖率；濒危物种挽救数；生物多样性及其变化；动植物保护年均投入；自然保护区面积；人均园林绿地面积；居住区绿化率等	约束性
制度进步指标		地方性政策法规的数量；银行各项贷款总额；区外短期资金拆借总额；各种证券发行总额；实际征地费用；政策的运用能力和经济法规的执行情况；引进资金、技术、人才优惠政策；搞活大中型企业政策；"三资"企业政策；项目审批平均周期；实际利用外资总额；引进各类专业技术人员总数；刑事案件发案率；外资企业安全保障措施等	约束性

资料来源：刘秉镰、韩晶：《区域经济与社会发展规划的理论与方法研究》，经济科学出版社 2007 年版，第 229～230 页；孙久文：《区域经济规划》，商务印书馆 2004 年版，第 88～92 页。

表 6 – 2 的区域的国民经济与社会发展的指标体系涵盖众多的经济、社会、环境指标，是一个比较全面的指标体系范围，在进行特定区域的分析时，可以根据区域发展的实际情况，选取若干指标。

一个完整的规划文本要对主要指标做出合理的、科学的预测和分析，并形成相应的文本作为规划文本的附录。附录中最主要的内容包括：地区生产总值（至少形成上中下三套方案），以及投资因素、消费因素和财政因素与 GDP 的同步正相关关系做出合理解释。

某地区国民经济与社会发展"十二五"规划的主要指标及 GDP 指标预测

表 6 – 3 为某地区"十二五"期间国民经济与社会发展的主要指标，主要分为经济增长、城市化水平和可持续发展能力三个大类，选取了一些相应的指标，给出指标在未来五年所要达到的预期性或是约束性目标。

表 6 – 3   某地区"十二五"期间国民经济与社会发展的主要指标

类别	指标名称	单位	2010 年实际	2015 年目标	"十二五"年均增长（%）	指标属性
经济增长	全区生产总值	亿元	162.3	299	13	预期性
	人均生产总值	元	28896	48691.4	11	预期性
	地方财政一般预算收入	亿元	8.7	16	13	预期性
	全社会固定资产投资	亿元	153	466.9	25	预期性
城市化水平	城市化率	%	85	90	[5]	预期性
	教育事业费支出	万元	34000	50000	8	预期性
	科学事业费支出	万元	350	1000	23	预期性
	人均住房建筑面积	平方米/人	30	35	[17]	预期性
	城市人口密度	人/平方公里	2950	3000	—	预期性

续表

类别	指标名称	单位	2010 年实际	2015 年目标	"十二五"年均增长（%）	指标属性
可持续发展能力	人口自然增长率	—	603754	620867	＜5‰	预期性
	单位生产总值能源消耗	吨煤/万元 GDP	0.98	0.84	[-14]	约束性
	工业固体废弃物综合利用率	%	—	90%	—	约束性
	人均公共绿地面积	平方米/人	6.8	19	[280]	预期性
	转移农业劳动力	人	2193	2500	—	预期性
	城镇登记失业率	%	3.8	4 以内	—	预期性
	城镇居民人均可支配收入	元	18259	29406	10	预期性
	农民人均纯收入	元	7836	12620	10	预期性

注：（1）"2010 年"和"2015 年"栏带［］为五年累计数，"年均增长"栏带［］为五年累计增长（降低）水平。（2）全区生产总值：报告期绝对指标按当年价格计算，规划期绝对指标按 2010 年价格计算；增长速度均按可比价格计算。（3）预期性指标是政府期望的发展方向，主要依靠市场主体的自主行为实现，政府要创造良好的宏观环境、制度环境、市场环境，综合运用经济政策引导资源配置，努力争取实现。约束性指标是在预期性基础上进一步强化了政府责任的指标，政府要通过合理配置公共资源和有效利用行政力量，确保实现。

对表 6-3 中的"十二五"时期地区 GDP 预测：

1. 预测模型的建立

建立数学模型，用 INVEST 表示全社会固定资产投资，用 CONSUME 表示社会消费品零售总额，用 INCOM 表示一般性财政收入。经验证建立数学模型如下：

$$GDP = -4966328 + 425049.1 \times LOG(CONSUME)$$
$$+ 0.379666 \times (INVEST) + 1.187536 \times (INCOME) - 4966328$$

2. GDP 预测

运用建立的数学模型，结合"十二五"期间某地区全社会固定资产投资额、社会消费品零售总额及地方财政一般预算收入预测方案，确定三套 GDP 增长方案，见表 6-4、表 6-5 和表 6-6。

增长率高方案：

表 6 – 4　　　　　　　　GDP 预算收入预测值及增长率

年份	2011	2012	2013	2014	2015
增长率（%）	11. 33	12. 70	14. 31	18. 48	17. 83
GDP 预测值（万元）	1803569	2032561	2323325	2752668	3243349

注：平均增长率为 14.9% 。

增长率中方案：

表 6 – 5　　　　　　　　GDP 预算收入预测值及增长率

年份	2011	2012	2013	2014	2015
增长率（%）	12. 44	11. 72	12. 61	13. 12	13. 97
GDP 预测值（万元）	1837688	2052978	2311856	2615241	2980708

注：平均增长率为 12.8% 。

增长率低方案：

表 6 – 6　　　　　　　　GDP 预算收入预测值及增长率

年份	2011	2012	2013	2014	2015
增长率（%）	9. 60	10. 41	10. 50	10. 46	11. 07
GDP 预测值（万元）	1780984	1966447	2172919	2400295	2665996

注：平均增长率为 10.4% 。

　　上述三套方案 GDP 增长方案，是在综合考虑消费、投资和政府收入等相关因素增长方案的前提下，利用消费、投资和政府财政收入与 GDP 的相关关系，通过建立计量经济模型计算得出，其中中方案较为适合。

第三节　规划的主要内容

　　确定了区域的国民经济与社会发展规划的战略定位和目标之后，开始进入规划的展开和实施阶段，主要包括规划的战略任务、政策措施、制订规划的建议、规划纲要编制说明等。

一、规划的战略任务

战略任务是指关系到区域全局性的战略目标是否达到的重大的或薄弱的部门或项目。为了达到战略目标，必须明确战略任务，进行规模投入，集中建设，以点带面，全面推进。

（一）经济建设

经济建设是区域的国民经济与社会发展规划的重点。中共十三大提出了以经济建设为中心的基本路线。以经济建设为中心是兴国之要，坚持以经济建设为中心，才能增强区域综合实力，为经济、社会和人的协调发展打下坚实的基础。

1. 发展现状分析

对区域经济建设的现状进行分析。从区域国民生产总值、财政收入、主导产业发展、产业结构等方面对区域的经济建设进展情况进行分析，然后通过对比研究，揭示区域经济建设中存在的问题。

2. 发展重点和目标

根据区域国民经济与社会发展的总目标，结合区域经济建设的现状，确定区域在规划期间的经济建设战略重点和所要达到的目标。

当前，随着经济全球化、信息化的推进，国际产业高端化、融合化、集群化、生态化、知识化、品牌化发展趋势日益明显。以科技教育为支撑，加快创新体系建设，推进产业结构优化升级，构建符合实际的现代产业体系成为区域经济建设的重点。

构建现代产业体系从以下几个方面着手：改造提升制造业；着力培育和发展战略性新兴产业；积极发展现代农业；大力发展现代服务业；推动产业基地和特色园区建设等。

3. 发展对策

根据经济建设的发展目标，提出相应的政策措施，从技术、资金、人力等方面给予支持，推动经济建设又好又快发展。

（二）城乡建设

城乡建设就是要促进城乡经济社会发展一体化，就是统筹城乡发展，化解城乡二元结构矛盾，解决"三农"问题，缩小城乡差距。在科学发展观的指导下，科学编制和有效实施城乡建设规划关系着城乡发展，对实现城乡建设的成功转型具有重要的意义。

1. 现状分析

从城镇化进程、新农村建设、农村富余劳动力转移、农民工市民化进程等方面对区域城乡建设的现状进行分析，指出存在的问题及需要改进的地方。

2. 思路和目标

根据国家和区域对城乡建设的要求，结合区域城乡发展的现状和问题，提出区域城乡建设的思路和目标。

3. 重点内容

根据城乡建设的思路和目标，突出科学规划、集约发展、统筹协调的原则，确定区域城乡建设的重点内容。

4. 政策措施

建立科学的保障机制和措施，创新发展理念，从体制上和机制上推动城乡建设的发展。

（三）民生发展

孙中山先生曾说过"民生就是社会的生存、国民的生计、人民的生命"，民生问题关乎社会的发展，社会发展的最终目标就是改善民生，提高人们生活质量，因此在推进经济建设的时候，关注民生诉求、为人民的发展提供更好的社会保障和服务是一项重要任务。

1. 关注民生问题

对城镇居民和农村居民的生活水平和生活质量进行调查，主要包括人均可支配收入、住房面积、就业、居民营养状况、健康水平、医疗保险、养老保险、教育等方面的情况。明确民生发展取得的成就，并找出民生发展中的薄弱环节和急需改善的问题。

2. 确定民生发展目标

遵循全面建设小康社会的要求，顺应人民过上更好生活的期待，制订规划期间的民生发展目标。采用定量和定性相结合的方法对未来时期民生发展的各项指标的进展情况进行规划和预测。

3. 规划重点和对策

确定民生发展和改善的重点，加强重点项目的建设，并制订相应的实施方案和措施，确保民生发展目标的实现。

（四）社会文化、民主法制

社会文化是一个区域的社会文明的程度，民主法制建设是区域稳定和谐发展的保障。加强社会文化和民主法制建设对于提高全民素质、提高社会文明程度、促进经济发展和社会全面进步具有重要作用。

1. 现状分析

对社会文化和民主发展建设现状进行分析，包括教育普及情况、科学建设、公共文化服务体系建设；公民法律意识、政法队伍建设、执法监督、执法水平等方面的情况，找出发展中的不足和需要改善的地方。

2. 发展重点

根据区域发展的要求，制订区域社会文化和民主法制的目标，即在规划期间内所要达到的发展水平。根据社会文化和民主发展的目标，确定具体的发展任务和重点。

3. 对策措施

结合社会文化和民主法制的发展现状和规划目标，制订和采用相关对策措施，推动区域社会文化的发展和民主法治建设水平的提高。

（五）生态建设

社会化大生产和资源的大量、无序开发，在推动区域经济改善的同时，也会引起生态环境的变化和环境的污染，已经成为人们普遍关注的问题。加强环境保护和生态环境建设，恢复和重建已被破坏的生态平衡，使得大自然的生态向良性循环方向发展，这已经成为新时期区域规划的重要任务之一。区域规划中生态建设规划的基本内容是：[1]

---

[1] 崔功豪、魏清泉、刘科伟：《区域分析与区域规划》（第二版），高等教育出版社2006年版，第239页。

1. 生态环境调查

收集区域生态环境的相关资料，包括以前的生态环境规划和相关调研报告；地质、气候、水文、植被、地形地貌、土壤、特殊价值地及生态环境敏感区、生态脆弱区等生态环境现状；以及与生态建设有直接或间接关系的经济活动情况；区域人们的环境意识等。

2. 生态环境分析

根据区域生态环境调查资料，揭示整个区域生态环境和各个环境要素状态的存在问题。

3. 生态建设目标确定

根据区域经济和社会发展的远景目标，预测环境状况，制订区域近期或远期生态建设规划目标，包括环境污染控制目标和自然生态保护目标。

4. 生态建设具体措施制订

拟定一系列生态建设的具体措施，主要包括大气保护，地表水和地下水保护，土壤植被保护和被毁土地的恢复，绿化体系的形成，卫生防疫条件的改善，防噪声、防电磁振荡、防热污染，动物界的保护，景观的保持与改善，推广绿色消费等措施。

（六）其他内容

区域的国民经济与社会发展规划还包括土地利用、基础设施建设、国际经济交流与合作、国防等方面的内容。不同的发展区域根据自身的现状和特点，确定本区域的战略重点。

二、政策措施

战略措施是为实现区域经济发展战略目标、保证战略重点和战略步骤的实施而制订的具体对策。战略的核心在于规定一定时期的基本发展目标和实现这一目标的途径。因此，战略措施包括的内容比较广泛，它要解决经济发展的各主要环节面临的问题，提出解决这些问题的方针、政策。

（一）按照时序组织实施

时序组织是指从时间序列对实现战略目标的阶段划分，重点在安排阶段间的转移与衔接。开发时序要统筹规划，分清轻重缓急，分阶段推进。一般来说，不发达地区首先要注意启动阶段，形成区内自身积累的初步能力，再逐步转入正常增长阶段。对其他地区，第一步通常是理顺各种经济关系，实现产业结构协调化，焕发区域经济活力；第二步在协调化的基础上，进一步实现结构升级和优化。[①]

（二）科学部署

在战略实施过程中，要充分运用运筹学原理，实现区域的低成本、高效率发展，达到区域组织的协调发展与良性运作；采取科学合理的方法和技术，保证规划的目标的实现。

（三）建立健全各项制度

区域的国民经济与社会发展规划是对一定区域内经济发展的总体情况进行战略部署，是区域内各项事业健康、协调、可持续发展的保证。要使区域经济与社会发展规划能得到有效的实施，必须提供相应的制度保证，包括调整和完善经济政策环境，主要有价格、投资、信贷、税收、分配、就业、对外经济贸易以及技术、产业、能源等方面的政策；完善市场机制和法律体系；健全规划管理体系等。

三、对规划内容的概括

区域的国民经济与社会发展规划纲要一般由五大部分构成，具体内容如下：

（一）区域发展基础

这一部分主要描述区域在经济建设、产业结构、社会建设、城乡面貌、人们生活等方面的发展现状和已经取得的成果，对区域的发展基础有了大概的了解。

---

① 张沛：《区域规划概论》，化学工业出版社2006年版，第105页。

（二） 发展形势分析

从世界、全国、上一级区域和本区域的角度对区域的内外部发展环境进行分析，明确区域发展面临的机遇、挑战和问题。

（三） 指导思想和发展目标

在区域发展指导思想的基础上，确定主要发展目标和具体指标，构建目标指标体系，对主要指标做出合理科学的预测和分析。

（四） 战略任务

为确保目标定位的实现，针对区域研究中发现的问题，这一部分重点分析区域在规划期间的主要战略任务，对战略任务进行规划和部署。

（五） 规划实施的政策重点和保障措施

为保证更为准确地落实规划，有效地发挥规划的作用，提出规划实施过程中的政策重点、实施机制与保障措施，从而保证规划有效地指导区域国民经济与社会的发展。

专栏 6 - 6

某地区国民经济和社会发展"十二五"规划纲要

"十二五"时期（2011～2015 年）是某某地区全面建设小康社会的攻坚阶段，是推进现代化沿海城区建设的黄金时期，是促进科学发展、构建和谐社会的关键时期。"十二五"规划纲要突出宏观性和指导性，重点阐述全区"十二五"期间经济社会发展战略目标、战略任务、战略布局和战略措施，明确政策取向和政府工作重点，是今后五年我地区经济社会发展的宏伟蓝图，是全地区人民共同奋斗的行动纲领。

下面为该地区《国民经济和社会发展十二五规划纲要》文本设计框架：

第一章　国民经济和社会发展基础

　　一、经济总量保持持续快速增长

　　二、产业结构进一步优化

　　三、临港产业集聚区建设成果显著

四、关于制订规划的建议

为保证规划制订顺利地进行，区域政府要正确履行职责，加强宏观调控，调动各方面的力量，采取相关措施，保证规划目标和任务的完成。

（一）强化政策统筹协调

围绕规划提出的目标和任务，加强经济社会发展政策的统筹协调，采取有力措施，确保规划的规范、有效实施。注重政策目标与政策工具、短期政策与长期政策的衔接配合。按照公共财政服从和服务于公共政策的原则，优化财政支出结构和政府投资结构，逐步增加政府投资规模，建立与规划任务相匹配的政府投资规模形成机制，重点投向民生和社会事业、农业农村、科技创新、生态环保、资源节约等领域。

创新规划实施机制，采取经济、法律和必要的行政手段，合理运用财政、投资、产业、价格等经济政策，切实发挥规划在履行政府职能中的作用，确保区域的国民经济与社会总规划的贯彻落实。

（二）加强规划与投资有机结合

在建设项目决策和投资安排时应坚持能编制规划的领域，先编规划，后审项目，再安排投资。确保规划确定的发展目标有强有力的项目做支撑。强力推进重点项目建设，继续实行领导分包重点项目责任制，切实加强协调调度，建立协调联动机制，合力解决重点项目建设中的实际问题，努力实现早开工、早建设、早投产。

（三）努力发挥企业的主体作用

企业是市场经济活动的主体，也是实施规划的主体。企业要把政府的规划目标与企业的经营发展目标结合起来，把追求经济效益与社会效益结合起来，积极主动地参与规划的实施。

（四）加强综合评价考评和监督检查

加快制订并完善有利于推动科学发展、加快转变经济发展方式的绩效评价考核体系和具体考核办法，弱化对经济增长速度的评价考核，强化对结构优化、民生改善、资源节约、环境保护、基本公共服务和社会管理等目标任务完成情况的综合评价考核，考核结果作为各级政府领导班子调整和领导干部选拔任用、奖励惩戒的重要依据。

同时，区域人民代表大会和规划主管部门要加强对规划实施情况的跟踪分析，及时提出确保规划顺利实施的对策建议。当国内外环境发生重大变化或因其他重要原因确需调整时，由区域政府提出调整方案，按程序报请区域人民代表大会常务委员会批准。

（五）加强规划的宣传力度

要利用各种媒体，采取多种形式，加强对规划的宣传工作，进一步统一思想、形成共识，使实施规划成为社会公众的自觉行动。

五、规划纲要编制说明

（一）规划纲要编制的主要文件

在区域国民经济与社会发展总规划的编制过程中，根据规划任务及规划方案的贯彻实施，需要编制的文件有工作任务书和工作方案、调查资料汇编、规划纲要以及规划图纸等，便于领导机关和有关部门参考。具体如下:①

---

① 聂华林、李光全:《区域规划导论》，中国社会科学出版社2009年版，第299~301页。

1. 工作任务书和工作方案

规划工作开始之前先要编制工作任务书，明确规划的任务和规划的范围、期限、指导思想等，以指导规划的组织工作和后继规划项目的数量、内容及规划深度。制订工作计划及方案，要求编制规划的任务、规划时间进度、规划的人员分工、各项经费预算及相关的规章制度等内容，同时还要制订详细的工作方案，如编制规划的方法、技术路线、工作的步骤等具体内容。

2. 调查资料汇编

进行规划所需资料包括：土地、人口、生产、经济、区位、交通等社会经济资料；土壤、水文、地形、地质、植被、气象等自然条件资料，以及全区自然资源、土地资源、土地利用的现状和历史资料；农业区划、土壤普查、区域规划、国土规划、部门发展规划等有关规划资料。

3. 规划纲要

规划纲要是主要的规划文件，通常包括以下三部分的内容：

（1）总体综合规划。这部分的主要内容是阐释区域的自然和经济条件；分析地区特点，说明区域与周围地区的经济、社会联系及其在发展国民经济中的地位，提出规划的依据，确定发展地区经济的原则；发展地区国民经济的有关控制指标以及规划具体内容上的综合简要说明。也要对规划地区的范围、面积和确定地区界限的根据、行政区划、人口、民族等做概括说明。

（2）分专业"条条"规划。分专业编写，简要说明各专业规划的一般情况和特点；规划的依据、原则；规划的主要意图和具体内容等。包括的专业一般有工业、农业、服务业、仓储与交通运输、水利与给排水、能源供应、城镇及居民点、建筑基地，以及科教文卫体事业和风景区、休疗养区的规划等。

（3）分地区"块块"规划。在规划地区以下，根据合理分区的要求，划出若干规划分区。在说明书中应分区进行编写，其内容包括：分区的自然、经济条件分析和规划概括的说明；各专业系统规划的内容；城镇居民点的经济特点、规模和发展方向等。

除了上述的主要内容外，还可以在纲要中附有必要的附件，例如对实现规划方案的必要措施的建议，资源综合利用的建议等。

说明书的编写，力求简单确切，必要时可附缩图或照片，引用基础资料应注明资料来源。

4. 规划图纸

区域的国民经济与社会发展规划的图纸，一般包括下列内容：

（1）规划地区位置图：比例尺1:30万至1:50万，主要表明规划地区的经济地理位置，与附近地区主要的经济联系。

（2）土地使用现状图：比例尺1:5万至1:10万，主要标明现有和正在建设的城市、县镇、工矿区、乡村、集镇、农林牧副渔用地、风景区、休疗养区及其他专门用地的位置和范围；大中型工矿企业、电站、高压线路、铁路、公路、站场、港口码头等的位置。

（3）矿产资源分布：比例尺1:5万至1:10万，主要标明各种矿产资源的分布位置、矿区范围、现有和规划的矿井与开采场的位置。

（4）区域规划总图：比例尺1:5万至1:10万，主要标明区域内的城市、县镇、工矿区、乡村、集镇、农林牧副渔地区、大中型工矿企业、铁路和公路的线路与站场、港口码头、电站、高压线路、供水水源及灌溉干渠，排水口，防洪工程，建筑基地，商业、仓储、科技、文教、卫生、体育事业及风景区、休疗养区等的规划方案。

（5）农业分布规划草图：比例尺1:5万至1:10万，主要标明重要农作物的分布地区，国营农场、大片菜地、果园、林区、防护林、牧区、渔区、水库及灌溉渠道、乡村、县镇的规划方案。

（6）专业规划综合草图：比例尺1:5万至1:10万，主要标明交通运输系统、水利及给排水系统、动力系统的规划方案及其主要工程的位置。

（7）重要城镇及工矿区规划草图：比例尺1:5000、1:1万至1:2.5万，主要标明各个城镇和工矿区的工业企业、铁路线和站场、港口、码头、仓库、住宅用地及主要干道规划方案。

（8）区域环境质量现状评价图：比例尺1:5万至1:10万，主要标明各城镇及工矿区污染源的性质，分布的位置及污染的范围和程度；河湖水系分布情况，取水口及排水口的位置以及水体被污染的程度；地下水的分布情况、流向及其被污染的程度等。

（二）规划纲要编写的基本要求

规划纲要形成的过程，是发扬民主、凝聚人心、形成共识、探索思

路、解决难题的过程，好的规划应有基本要求：①

1. 依法编写

所谓依法编写，即区域的国民经济与社会发展规划纲要的文本编写要规范，要按照区域规划文本规定的要求编写，不可随意，内容不能与宪法、法律、法规相抵触，并与地方行政规章和有关政策协调。

2. 文图要一致

规划文本的内容要与编制的规划图纸内容相一致。如果文图不符，就会造成规划的实施管理者无所适从，也有损区域规划的严肃性。

3. 表达要严谨

（1）规范。一是文字规范，按照国家统一公布的汉字书写，不允许写错别字。二是用语规范，运用当前适用的书面语，不用口语。专用名词要符合规定标准。三是要符合行政语言，这不同于学术表达；四是标点符号要运用正确。

（2）准确。一是用词要准确，不要使用产生歧义的词；二是概念要统一，同一个概念不要用两种或几种表述；三是表述要准确，意思表达要清楚，不要让人模棱两可；四是修饰语要准确，不要用夸张或华而不实的词语。

（3）简练。规划表述要简练，不要拖沓。

某地区国民经济和社会发展"十二五"规划纲要编制说明

我区国民经济和社会发展第十二个五年规划，是以全区经济社会发展现状为依据，以国家及省、市的"十二五"规划为指导。归纳了集旅游、环境、教育、文化、卫生、科技等专项规划的主要内容。按照科学发展观和构建和谐社会宏伟目标的要求又进一步完善修改。在编制过程中，区委、区政府非常重视，领导班子就《纲要》的指导思想、发展目标、重点

---

① 王庆海：《现代城市规划与管理》（第二版），中国建筑工业出版社 2007 年版，第 167 ~ 181 页。

任务等作了重要指示,《纲要》形成的过程,是充分发扬民主的过程,比较好地集中了各方面的智慧。

一、关于"十一五"国民经济社会发展状况面临的挑战

(一)地区所处的发展阶段

目前,我区处在资本驱动向技术发明驱动阶段,亟待转变原有的要素驱动发展模式,积极推动科技创新,以技术发明引领经济的高速发展。

(二)机遇与挑战

二、关于指导思想和发展目标

(一)关于总体构想

《纲要》明确提出了"十二五"时期经济社会发展的总体构想:立足我区发展的新阶段、新要求,以转变发展方式和实现"富民强区"为战略主线,以"招商选资、项目建设和人才开发"为三大政策抓手,加快实施"环境立区、产业强区、和谐兴区"三大战略,积极打造"繁荣、富裕、生态、魅力、智慧"的新海港,全面实现小康社会,形成最具发展空间和增长潜力的国内一流的沿海主城区。为构建"富庶文明和谐、宜居宜业宜游"的新沿海城市做出更大贡献。

(二)关于发展目标

针对我区所处于工业化的中期向工业化后期过渡的阶段及发展过程中遇到的问题、机遇与挑战。提出《纲要》的目标定位:促进经济总量稳步上升,力争在"十二五"末进入工业化后期;推进以旅游业为中心的现代产业体系建设;率先实现经济发展方式突破性进展;破解土地制约发展的关键点,强化能源资源节约利用、加强生态修复和环保,初步形成经济、人口与资源环境相协调的发展格局;全力打造渤海之滨的集"文化游、生态游、观光游、休闲游"于一体的现代化、高端的知名旅游休闲区;大力促进"联动发展、北拓南嵌、西承东接",积极打造临港产业聚集区,聚焦战略性新兴领域,发展低碳产业,提高资源综合利用水平,建设成为生态经济示范区;以临港物流园为支撑,有效连接华北、东北、内蒙古东部以及环渤海,建设具有特色的区域性商贸物流中心。

三、关于"十二五"经济和社会发展的主要任务

(一)积极推进以旅游休闲业为中心的现代产业建设

(二)建设国内一流的沿海主城区

(三)健全社会公共服务体系,构建和谐社会

四、关于规划实施的政策重点和保障措施

（一）经济和社会政策的重点

（二）规划实施机制与保障措施

🔲 思考与练习题

1. 区域国民经济与社会发展总规划制订遵循的原则有哪些？

2. 规划过程中使用的方法有哪些？

3. 简述以控制论为基础的系统规划的模式。

4. 简述规划制订的逻辑思路。

5. 影响区域国民经济与社会发展的条件有哪些？

6. 什么是战略？

7. 战略定位的特征有哪些？

8. 简述规划目标的内容和分类。

9. 区域规划目标的指标体系包含哪些具体指标？

10. 规划的战略任务有哪些？

🔲 延伸阅读文献

1. 约翰．利维：《现代城市规划》，中国人民大学出版社 2003 年版。

2. 孙久文：《区域经济规划》，商务印书馆 2004 年版。

3. 孙久文：《区域经济学》，首都经济贸易大学出版社 2006 年版。

4. 崔功豪、魏清泉、刘科伟：《区域分析与区域规划》（第二版），高等教育出版社 2006 年版。

5. 张沛：《区域规划概论》，化学工业出版社 2006 年版。

6. 张秀生：《区域经济学》，武汉大学出版社 2007 年版。

7. 刘秉镰、韩晶：《区域经济与社会发展规划的理论与方法研究》，经济科学出版社 2007 年版。

8. 聂华林、李光全：《区域规划导论》，中国社会科学出版社 2009 年版。

9. 茶洪旺、李建美：《区域经济管理概论》，中国人民大学出版社 2006 年版。

10. 朱国传：《区域经济发展——理论、策略、管理与创新》，人民出版社 2007 年版。

11. 朱传耿、沈山、仇方道：《区域经济学》，中国社会科学出版社 2007 年版。

12. 王庆海：《现代城市规划与管理》（第二版），中国建筑工业出版社 2007 年版。

13. 霍尔：《城市和区域规划》，中国建筑工业出版社 1985 年版。

14. 李艳林：《关于制订发展战略的几个重要问题的思考》，载《中山大学研究生学刊（社会科学版）》1994 年第 1 期。

15. 方创琳：《国外区域发展规划的全新审视及对中国的借鉴》，载《地理研究》1999 年第 1 期。

第七章 区域产业规划的方案设计

区域产业规划是区域规划的重要组成部分，是以区域内产业结构调整为主线，以提高产业竞争力为目的，有步骤地将产业结构向优质、高效、高级化方向引导，并为产业提供合理的空间布局。区域产业规划是一项长期的任务，它必须从区域实际情况出发，与区域经济发展阶段相适应，必须有利于技术进步和经济效益提高，必须有利于提高产品质量和优化产业结构，使之适应国内外市场的需求变化，有助于区域优势的发挥，并在主导产业发展的基础上，带动区域产业的全面发展。

第一节 区域产业发展与竞争力

区域产业指的是在一个特定区域内生产同类商品或提供同种服务的所有企业的集合，产业发展的好坏和竞争力情况是影响区域竞争力的核心要素，对区域经济发展起着关键作用。了解产业发展的特点和竞争力情况是进行区域产业规划的基础。

一、区域产业的作用和特点

（一）区域产业作用

区域产业是区域经济发展的主体。区域产业发展是人们生活资料和收入的来源，能够提高区域的竞争力，带动区域的经济发展，是区域竞争的对象之一。不同的产业在区域中所发挥的作用不同。

主导产业代表着区域经济的主体，是区域经济发展的支柱和核心，它主导着区域产业结构的发展方向，并带动区域其他产业的发展；同时在全国或较大的区域劳动地域分工中占有相当重要的地位。

辅助产业又称为配套产业，或关联产业，是对主导产业的产品进行再加工或对其副产品和废料进行综合利用的产业，以及为主导产业提供原料、半成品、零配件和其他服务的产业，即是围绕着主导产业发展并服务、配套于主导产业的部门。

基础性产业是为发展生产和保证生产供应、方面居民生活而建设的区域基础设施和公共服务设施等各部门，包括交通、邮电、供水、公共劳力、商业、金融保险、科研设计、文化教育、体育卫生等部门，是区域经济能够顺利发展和人们生活的保证。①

新兴产业是由于新技术的发展和应用而产生和发展起来一系列新兴产业部门，包括新材料、新能源、电子信息、生物医药等产业。新兴产业能够增加有效供给，为区域发展增加新的动力，促进区域产业结构的优化升级，提高全社会的效率。

（二）区域产业特点

每个产业有自身的特点，其发展所需的内外部发展环境不同，对资源、资金、劳动力、技术等方面的要求也就不同。清楚地了解产业的特点才能更好地进行区域产业规划。主要有以下几方面特点：

1. 产业的要素特点

产业由于其生产的产品或服务对象的不同，所需要的要素条件也就不同，主要的生产要素有资源、劳动、资金、技术等。像采掘业，属于资源密集型产业，是在丰富的矿产资源基础上发展起来的；纺织业属于劳动密集型产业，需要集中较多的劳动力进行生产经营活动；装备制造业属于资金密集型产业，是需要较多资本投入的产业；计算机产业属于技术密集型产业，是在技术开发和引进方面需要较多投入的产业。不同要素特点决定着产业发展需要不同的发展环境和要素供给条件。

2. 产业的组织特点

不同类型产业的产权结构和与之相适应的组织形式是不同的。产权结

---

① 崔功豪、魏清泉、刘科伟：《区域分析与区域规划》（第二版），高等教育出版社 2006 年版，第 204～205 页。

构在我国与某类产业中企业的平均规模有很大关系。例如，钢铁、汽车、电汛、铁路、航空等产业，由于每一个企业的平均规模较大，其产业的产权和组织形式比较适合国有或大型的股份制公司的组织形式；而陶瓷、五金、印刷、日用小百货和公路运输等产业，更适应个体经营或民营企业的组织形式。[①]

3. 产业的聚集特点

产业聚集是与专业化是相一致的，专业化又与一个地区的经济发展水平、基础设施的配套水平和产业的组织形式有直接的关系。一般来讲，聚集是区域经济发展到一定程度之后的必然要求，是企业降低生产成本、提高市场竞争力的有效途径。

4. 产业的市场开发特点

企业都要面对市场，但不同的产业面对市场的方式方法有一定的区别。直接面对消费者的生产性行业，要求对市场信息的灵敏反馈，对消费者偏好的正确把握；生产矿产品、原材料和中间产品的行业，更多是在企业之间打交道，企业之间的生产网络就更重要；服务性行业则应当更多地把握当地的收入水平、基础性产业的发展现状等。

5. 产业的成长特点

规划的产业具有什么样的成长规律，对我们在规划中采取什么样的发展途径有很大的影响。对于有些地区来讲，产业规划要从产业的形成开始。现代的产业形成主要有两个途径：对现有分散的小型企业进行整合，逐步发展成为一个产业，或是进行大规模的定向投资，在一个地方培育起一个新的产业。产业形成的标志是：具备一定的规模、拥有专门的生产设备、拥有专业的生产和销售人员、承担一定的社会功能。

6. 产业生产工艺的技术经济特点

产品价值链上各结点都可以组织到一个企业内，也可以分解到不同企业中，各企业之间通过相互交易而生产出最终产品。企业究竟采取哪种组织形式，取决于产业本身的特点。不同生产工艺的技术经济特点决定了不

---

① 孙久文:《区域经济规划》，商务印书馆 2004 年版，第 180~181 页。

同产业有各自的一体化和专业化分工的客观要求。而企业采用何种组织形式最终将影响产业形成集群的类型。[1]

（三）区域产业发展的条件

1. 自然资源条件

产业发展的资源条件分析应当比较具体，不仅涉及与本产业相关的自然和环境资源，并且要从与周边地区的比较来认识其优势，有的学者将产业对资源的依赖程度分为四类：[2]

第一类：重度依赖自然资源的产业。这类产业包括各种资源的采掘业和多数原材料产业，它们的区位选择基本上是以自然资源条件为导向的。采掘业依赖资源产地是毫无疑问的，原材料产业与能源资源、非金属矿产的储量丰富与否也息息相关。我国西部产业有明显的优势，原因就在于资源丰富且开采的程度低，发展的潜力大。以材料和新材料产业为例，与其发展相关的矿产资源有煤、石油、天然气、石膏、白云岩、石灰岩、硅石、铁、铜、镁和铝等。

第二类：轻度依赖自然资源的产业。这类产业包括钢铁、化工、石油加工等重化工业，也包括若干农产品加工产业，它们的区位选择要考虑多种要素，如运输、劳动力、环境等，而不仅仅是资源条件。这类产业与能源资源和矿产资源的储量丰富与否也有很大相关性，但它们对市场的依赖程度更高，在运输产品与运输原料之间的比较来看，运输原料更经济。所以，这类产业需要有国内的原料基地，但原料地与生产地之间是可以在空间上脱节的。我国西部地区发展原料基地有明显的优势，但目前主要的重化工业基地还是在东部。

第三类：基本不依赖自然资源的产业。以制造业为代表的这类产业，它们的发展不依赖资源条件，而与原材料产业分不开。如纺织、机械、汽车、食品等，以及建筑业都具有这样的性质。这些产业的发展需要有人力资源和科技条件作保证，需要充足的资金供给，需要产业之间的联系和方便的运输条件、获取信息的渠道。

第四类：完全不依赖自然资源的产业。所有的第三产业、主要的高新

---

[1] 屠凤娜、杨智花：《产业特点对产业集群影响的战略问题研究》，载《社科纵横》2008年第6期。

[2] 孙久文：《区域经济规划》，商务印书馆2004年版，第182～185页。

技术产业都有这种性质。所谓不依赖自然资源，并不等于不消耗自然资源，而仅仅是其区位影响很低。其中高新技术产业严重依赖人力资源和智力资源，使其发展也不可能有很大的自由度，而必须在区位上进行严格的选择。也就是说，并不是所有的地方都能够发展高新技术产业。

2. 现有基础

产业目前发展的基本情况，包括规模、构成、地位等。有些产业可能已具有相当规模，成为支柱产业；有些产业可能还很小、很分散，但可能很有发展的潜力；还有些产业可能是属于淘汰的产业。

在具体的分析当中，我们应当注意该产业在本区的国民经济和工业经济中所占的比重，分析该产业的企业规模结构，规模以上的企业有多少家，占工业企业总数的比重，工业产值数，占规划区域工业总产值的比重，年销售收入和占规划区域工业总销售收入的比重，出口创汇占规划区域出口额的比重等。特别应当引起注意的是，一些基于当地优势发展条件基础上的产业，应当考虑其在全国的位置，如果在全国处于领先的地位，就要考虑以该产业为中心建设产业链条，使之最后形成支柱产业群。

3. 基础设施条件

对产业发展来说，基础设施条件主要是交通、能源、供水和其他辅助条件。交通包括比较完善的铁路、公路、航空综合交通运输体系，能源包括供电、供气等；某些产业可能还需要一些特殊的生产条件，如有些产业的发展对温度、湿度的要求，有些产业的发展对良好环境的要求等都要给予关注。近年来我国的能源、交通与通信设施日益完善，东部、中部和西部地区在信息、技术、市场和人才方面有了更多的交流与合作，具有了在更大范围内发展各类产业的基础与条件。

4. 技术条件

技术条件是产业发展的动力。像电子计算机、航空航天、机械制造、新能源、新材料等产业需要大量知识、智力投入，对技术的要求水平比较高，技术开发和获取对产业发展至关重要，这就需要区域为产业提供技术创新、共享平台。对于其他非依赖技术条件的产业来说，技术进步是提高劳动生产率、促进产业结构优化升级的重要推动力。

5. 资金条件

资金是产业发展的重要影响因素，对于钢铁、冶金工业、石油化工、重型机械工业、电力工业等产业来说，资金来源及融资渠道得到保证，是产业进行生产活动、规模扩张的必要条件。

6. 劳动力条件

不同产业的发展对劳动力的要求不同。像农业、林业、纺织、服装、玩具、皮革和家居等劳动密集型产业，对劳动力数量的需求量较大；像生物工程、航空航天、新能源等高新技术，对于劳动力质量的要求比较高，产业发展需要拥有高水平的技术人员和管理人员。

7. 产业发展的软环境

软环境涉及的内容很多，孙久文（2004）将其归纳为以下几点：

（1）地方政府的政策和法治环境。软环境条件主要包括政策和法治环境、政府机构的办事效率和服务水平等。对区域经济影响较大的政策是：地方税收、土地政策、地方收费以及用工、行业管理、审批、进出口等政策。包括地方政府颁布实施的一系列投资优惠政策、鼓励外商投资的政策、土地使用优惠政策等。

（2）国家的相关产业政策。国家政策支持是软环境条件的重要组成部分。对我国西部地区的开发来说，国务院《关于实施西部大开发若干政策措施的通知》明确了国家对西部地区予以重点支持的措施内容，发改委和科技部也相继出台了加快发展西部地区优势产业的政策措施，这都为产业的健康发展提供了有力的政策支持。

（3）当地的人文基础。规划产业所在地区的人文基础，指该地区人们的文化水平、思想观念、文明程度等。某些地区文化发达，人们的开放意识强，能够与外来的投资者共同进行经济建设，共享经济发展的成果，有些地区则存在盲目的地方保护和盲目的排外思想，这些都影响到产业发展的快慢和对外部资金的吸引。

专栏 7-1

河北省动漫产业的发展条件分析

在全国动漫产业快速发展的带动下，河北省动漫产业的发展也有了很大的成果。石家庄国家动漫产业基地、保定动漫产业园发展迅速，唐山国际动漫谷、邯郸及河北省其他市的动漫产业基地处在起步阶段，发展势头强劲，全省有四家动漫企业通过了国家首批认定。石家庄市动漫产业产值由2005年不足2亿元增加到2010年的10亿元，带动3万多人就业，实现了跨越式发展。河北省动漫产业能够快速发展的条件主要有以下几点：

资源方面。动漫产业是完全不依赖自然资源的产业，它的发展主要依赖人力、知识、技术等方面的条件，所以不会受到自然资源条件的限制。

政策方面。2006年12月，河北省政府出台了《关于推进动漫产业加快发展的实施意见》；2007年6月，石家庄成为河北省首个国家动漫产业发展基地；2008年10月，国家动漫产业发展基地在保定揭牌。这些政策条件促使河北省动漫产业由自发萌芽阶段进入快速发展期。

文化方面。河北省作为文化资源大省和文物大省，有着历史悠久的燕赵文化、丰富多彩的民俗文化、灿烂辉煌的革命文化，这些文化资源可以为动漫产业的发展提供基础素材。原创三维动画片《赵州桥》、正在制作的106集大型动画电视剧《成语国探秘》均是取材于河北省的历史文化资源。

资料来源：张贵：《河北省数字内容产业战略发展的政策建议》，2011年9月，河北省社科基金项目成果专报。

二、区域产业竞争力

产业竞争力是产业的市场竞争能力，通过竞争力分析，明确产业的竞争优势及劣势、成长状况、发展潜力等，并据此制订区域产业发展政策，促进产业竞争力的提升和区域经济健康发展。

（一）产业竞争力

产业竞争力指某国或某一地区的某个特定产业相对于他国或地区同一产业在生产效率、满足市场需求、持续获利等方面所体现的竞争能力（金培，2003）。

1. 产业竞争力分析模型

（1）波特的"钻石模型"。根据美国学者波特关于产业竞争力的"钻石模型"（见图7-1），产业竞争力由四部分构成，波特认为这四个要素具有双向作用，形成钻石体系。

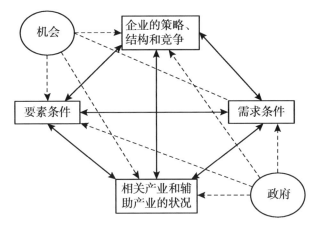

图7-1　波特的"钻石理论"模型

　　资料来源：迈克尔·波特（李明轩，邱如梅译）：《国家竞争优势》，华夏出版社2002年版，第199页。

　　要素条件。产业竞争力首先是由生产的基本要素方面的情况所决定的，这些基本要素包括土地、劳动力、资本和人力资源。依赖于基本要素当中土地、劳班力、资本的初级产品生产和依赖于基本要素重点人力资源的高新技术产品生产，在市场上的竞争力有很大差别。

　　需求条件。国内外市场的需求容量是产业竞争力形成的外部条件，包括市场需求的产品构成、市场需求的增长状况和对产品品质要求的需求变化等。对企业发展来说，关键是能否适应这种市场的变化，并根据市场需求变化来调整企业的发展方向。

　　相关产业和辅助产业的状况。产业之间在生产上是互相联系的。任何一个产业与相关产业和辅助产业之间都存在着前向联系、后向联系和旁侧联系。产业发展上的共荣共存的关系，使那些产业之间联系广泛的产业发展速度加快，竞争力提高。例如，一家生产最终产品的企业，可能有数十或上百家相关产业和辅助产业的企业，通过零部件的生产形成一个统一体。

　　企业的策略、结构和竞争。企业是产业的形成基础，企业竞争力之和构成产业竞争力。某类企业中的企业组织、管理、发展战略和产品战略，直接影响企业产品的生产成本，进而影响产品的市场占有率，然后影响整个产业竞争力。

　　（2）Dong-Sung Cho 的"九因素模型"。Dong-Sung Cho 认为有四种决定国际竞争力的物理因素，即自然资源、商业环境、相关支持产业与国内需求；同样也有四种决定国际竞争力的人力因素，即工人、政治家和官僚、企业家、职业经理和工程师。外部偶然事件是竞争力的第九个因素。新的九因素模型与波特钻石模型的区别体现在要素分类和辅助因素两个方面，钻石模型将自然资源和劳动力划入要素条件，九因素模型将自然资源放在资源禀赋之下，同时将劳动力划入工人的范畴。Cho 在钻石模型的基础上考虑到了这样一个事实，即影响产业国际竞争力的因素在不同经济水平国家之间存在着较大差异，从而构建了比较适合发展中国家产业国际竞争力研究的"九因素模型"，如图 7 - 2 所示。

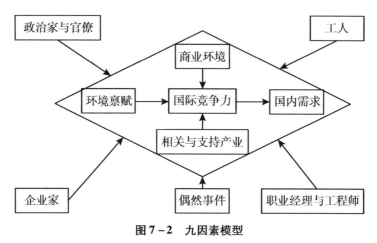

图 7 - 2   九因素模型

资料来源：朱慧英、王生林：《区域产业竞争力理论及模型研究》，载《湖南农业科学》2010 年第 17 期。

（3）产业竞争力分析模型。国内学者金碚认为，研究产业国际竞争力的视野应集中于经济分析较易把握的领域以及因果性比较清晰的关系，因此，必须首先从工业品国际竞争力研究开始。基于此，金碚建立了工业品国际竞争力因果分析模型（见图 7 - 3）。

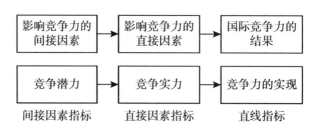

图 7 - 3   金碚工业品国际竞争力分析框架

资料来源：金碚：《产业组织经济学》，经济管理出版社 1999 年版。

金碚认为，一个国家的某种工业品国际竞争力的强弱可以从结果和原因两个方面分析：从结果分析，工业品竞争力的直接表现为一国工业品在市场上的占有份额；从原因分析，一切有助于一国工业品开拓市场、占领市场、并以此获得利润的因素，都可以是工业品国际竞争力的研究对象。金碚把反映竞争结果的指标称为工业品国际竞争力的实现指标，把反映竞争力实力和潜力（即竞争力强弱的原因）的指标称为工业品国际竞争力的直接因素指标和间接因素指标。其中，国际竞争力的实现指标主要包括市场占有率、市场份额模型指标、显示性比较优势指标。国际竞争力的直接因素指标主要包括产品的价格、产品的质量、品牌或商标、产品结构、市场营销；间接因素指标主要有：成本、技术、经营管理、企业规模、资本实力（杨玉秀，2009）。

2. 产业竞争力的分析方法

如何测度产业的竞争力，目前应用比较多的方法主要有三类：[①]

（1）市场份额分析法。首先设置一系列市场份额的指标，然后分析本地区的这个部门的产品所拥有的市场份额，或市场占有率。规划时需要将自己的现在与过去比，同时，把自己放到全国或国际大市场去比较。

（2）投入产出分析法。设计一个投入产出模型，看区域内各产业之间的投入产出关系，确定产业的关联程度。根据国内有关投入产出专家的研究，区域的产业关联程度与产业竞争力是强相关的，即区域的产业关联程度越高，产业竞争力越强，反之亦然。

（3）数学模型分析法。根据影响产业竞争力的各类要素的情况，按照产业发展的总体目标来构建一个区域产业发展的竞争力模型。模型的目标函数就是产业的发展目标，包括产值目标、产量目标和成本目标等；约束条件包括：国内市场占有率、竞争优势系数、产销率因子、增加值率因子、生产率因子和专门化率等。

3. 产业竞争力的分析指标

（1）产业竞争力综合评价指标体系。朱春奎（2003）从产业竞争力的构成出发，制订了产业竞争力综合评价指标体系，见表7-1。

---

① 孙久文：《区域经济规划》，商务印书馆2004年版，第202~204页。

表7-1 产业竞争力综合评价指标体系

评价目标	一级指标	二级指标
产业竞争力	生产竞争力	工业总产值（万元）；工业增加值（万元）；增加值率（%）；成本费用利润率（%）；全员劳动生产率（%）
	市场竞争力	市场占有率（%）；产品销售率（%）；产品外销率（%）；国际市场相对占有率（%）
	技术竞争力	技术人员（人）；技术人员投入强度（%）；技术经费投入（万元）；技术经费投入强度（%）；新产品产值（万元）；新产品产值率（%）
	资本竞争力	固定资产原值（万元）；固定资产净值（万元）；固定资产新度系数（%）；职工装备水平（万元/人）；总资产贡献率（%）；资本保值增值率（%）；流动资产周转率（次）

资料来源：朱春奎：《区域产业竞争力评价指标与方法》，载《江西行政学院学报》2003年第3期。

（2）市场营销指标。地区某产业的市场竞争力除了产业和企业本身的因素影响外，在市场上的营销方式，也有很大作用。市场营销指标主要由三个方面的指标构成：

品牌和商标。品牌是产品特质的识别标志，它使高质量产品与一般性产品区别开来。品牌是产业和企业竞争力的一种标志，市场竞争越激烈，品牌的效应就越显著；商标是品牌的符号，是品牌外在的表现形式。

广告费用。广告所要塑造的是企业的产品形象和引起公众对该产品注意力的程度，广告是产品品牌树立的主要途径之一。"酒香不怕巷子深"的时代早已经过去，再好的产品也必须"广而告之"。广告费用是量化广告宣传和产品注意力程度的主要指标。

分销渠道。不同的分销渠道和促销手段都影响产品的市场占有率，进而影响产品的竞争力。有时某些产品在生产成本和产品质量等方面可能与本产业内其他企业的产品有差距，在市场上竞争，就靠销售手段的先进。

（二）提升产业竞争力途径

竞争力强的产业能创造更多的收益，对区域经济发展更有益。在发展过程中，要加强产业竞争力的提升，主要途径有：

1. 将具有竞争优势的产业确定为主导产业

主导产业是区域重点培育发展的产业，区域应从各个方面大力支持以保证主导产业的顺利发展。如果将竞争优势的产业确定为主导产业，产业有了更好的发展环境和条件，竞争优势能够得到更好的发挥，自身竞争力就能得到更好的提升，并带动关联产业和区域经济的发展。

2. 加快经济结构战略性调整

区域应坚持科学发展，依靠创新驱动，加快传统产业改造和高新技术产业发展，拉长产业链条，提高最终消费品、中高端产品和高附加值产品的比重。大力发展高新技术产业，在电子信息、新医药、新材料等已有比较优势的领域加快实现产业化。同时加快生产性服务业发展进程，提升发展水平，推动区域产业结构的优化升级。

3. 加大专项政策支持

国家或区域应给予优势产业政策方面的支持，加大对产业的财政投入力度，给予税收、融资等方面的优惠政策。或者设立产业发展专项，为产业发展提供更多的平台。

4. 整合各类资源

加快科技体制改革，深化科研机构改革。健全区域技术创新体系，构建以高等学校和科研机构为主的知识创新系统，以企业为主体、产学研相结合的技术创新系统和社会化服务支撑系统。建立开放性的人才流动机制，吸引人才集聚，实现区域内高校、科技单位和企业科技资源共享。

专栏 7-2

基于"钻石模型"的广东物流产业竞争力研究

广东毗邻港澳，经济发达，物流产业具有良好的载体条件。用波特的"钻石理论"对广东省物流产业发展的竞争力关键要素进行分析，具体如下：

1. 生产要素分析

广东区位优势独特，毗邻港澳，有对外开放口岸 51 个，拥有 6 个枢纽港口，为全国最大的港口群，是我国重要的对外贸易基地和出口集散地。以广州、深圳为枢纽、向全国各地及世界相关国家和区域辐射的综合运输网络已初具规模，交通运输的硬件设备和技术装备水平显著提高，物流信息化建设已由粗放型逐步向集约型功能转化，综合运输能力不断增强。

2. 需求条件分析

发达的制造业带动巨大的物流服务需求。广东市场经济特色是制造、加工与产成品的购销地，而原材料与产成品的消费地在外。因此，广东省与其他地区之间存在大量原材料、半成品、产成品和各种能源的进出，形成了彼此的供需关系和物流渠道，多功能、多层次的物流服务需求旺盛。商贸兴盛创造多层次的物流服务需求。根据广东统计年鉴 2001 ~ 2007 年外贸进出口总值与主要港口集装箱吞吐量统计数据进行相关性分析，两者相关系数在 0.99 以上。这表明对外贸易的增长，尤其是加工贸易进出口规模的扩大，为广东省集装箱运输发展提供了充足的货源，必然会给以外贸运输为中心环节的国际物流业带来巨大的市场需求与发展空间，同时也在服务质量的深度和广度上对物流提出更高要求。

3. 相关与支持性产业分析

现代物流业与国民经济其他产业有着密切关联，涉及行业众多，既包括传统的交通运输业、仓储业，又包括新兴的物流装备制造业、第三方物流等行业。这些关联产业构成物流业的上、下游产业及辅助产业，它们的发展发育程度会对物流业竞争力产生重大影响。广东物流关联产业配套较为完善，将会对现代物流业的竞争力产生"提升效应"。

4. 企业战略、结构与竞争对手分析

据中国物流与采购联合会公布的 2007 年中国物流百强企业，按注册地址统计，北京 21 个、广东 19 个、上海 12 个、山东 9 个、福建 8 个、天津 4 个，其他省份较少。总体而言，广东物流企业的实力居于全国前列，在服务功能、手段、质量上有较大提高，并且已在全国范围内构建物流服务网络。

5. 机会

经济全球化的机遇。在经济全球化的推动下，广东近年的 GDP 和国际贸易总额迅速增长，对外贸易依存度越来越高。外向型经济的快速发展

为物流产业的发展提供了巨大发展空间，有利于广东物流产业更广泛参与国际竞争，加速物流国际化进程。

6. 政府

广东物流业开放较早，物流管理体制正在逐步与国际接轨。广东省已将流通业作为先导性支柱产业来抓，重点推动现代物流业的发展，已将其明确写入省"十一五"规划纲要中。近年来，广东省各地政府将现代物流确立为工业配套提升的重要支点并作为改善地方投资环境乃至提高区域竞争力的重要切入点，纷纷出台物流规划和物流政策，在规范市场准入、改进市场监管、加强财税政策扶持、支持企业进行产权改造、用地政策支持等方面给予相当的政策优惠，积极引导和支持物流经济发展。

资料来源：李国杰、李超峰：《基于"钻石模型"的广东物流产业竞争力研究》，载《物流工程》2008年第11期。

第二节　比较优势与主导产业的选择

比较优势是产业竞争力产生的基础。主导产业是对整个区域经济有较强带动的产业。在对区域产业进行比较优势分析与衡量的基础上，筛选出主导产业，对整个区域经济发展和产业结构优化升级起着关键作用。

一、比较优势与区域特色

（一）比较优势产生的基础

在进行区域产业发展的比较优势分析时，应从以下几个方面考虑：[①]

1. 资源优势

资源优势是通过对资源的数量和质量的区域间的比较分析，认识到某个区域具有比其他区域更丰富、开发条件更好的资源富藏，并可以通过对资源的开发，形成优势的资源产业。资源优势是最容易认识和最容易利用的比较优势之一，原因是一般性的资源开发，在技术上相对成熟，开发方

---

① 孙久文：《区域经济规划》，商务印书馆2004年版，第186~187页。

式方法比较容易掌握，加上资源产品一般在市场上的销路都很好，所以一些地区进行区域经济规划时，首先想到的一般都是资源产业。但是，资源优势具有局限性，仅仅依靠资源来发展经济是不可取的。

2. 产业优势

产业优势是指区域的某类产业与其他地区的同类产业相比，生产的成本较低、产品的质量较好和占有的市场份额较大，在这三个方面都具有优势。如果单纯进行生产成本的比较，只要符合本地生产的某类产品的成本加上运到销售市场的运费，小于市场当地生产的同类产品的生产成本的条件，就表明该地区的该产业具有比较优势。

3. 环境优势

由于环境对人类经济生活的影响越来越大，拥有良好的环境，也能够形成经济发展的优势。环境优势是指一个地区拥有良好的自然环境和良好的人文环境，从而吸引更多的企业来此落户。良好的自然环境指废弃物的排放限制在一定的标准之内，人们感觉到的舒适度高；良好的人文环境指该地区浓郁的文化氛围、较高的政府办事效率和良好的当地人的生活习惯等。由于智力资源的载体是人本身，人们倾向于选择环境良好的区域生活，所以，环境优势常常成为吸引高新技术产业、旅游业等新兴产业的主要条件。

（二）如何确定比较优势

衡量一个产业有是否具有比较优势，有多种指标，目前较为流行的有产业专业化指标、集中系数、相对投资效果系数、比较优势度（参见第四章第三节相关内容）。

1. 产业专业化指标

产业专业化一般可反映区域条件转化为实现优势的程度，以及该产业在全国市场份额的大小，间接地反映出其竞争优势。

（1）区位商。区位商分析是反映区域各产业专业化程度的最基本方法。指标定义为：

$$LQ_{ij} = \frac{L_{ij} / \sum_j L_{ij}}{\sum_i L_{ij} / \sum_i \sum_j L_{ij}}$$

式中：i 为第 i 个地区；j 为第 j 个行业；L_{ij} 为第 i 个地区、第 j 个行业的产出指标；LQ_{ij} 为 i 地区 j 行业的区位商。

区位商（LQ_{ij}）表示的是 i 地区 j 行业在本地区总产出中的份额，与全国 j 行业占整个国民经济产出份额之比。其含义是，假定各地区产出结构与全国相同，意味着这是一个自给自足的经济；而当各地区产出结构与全国产出结构存在差异时，意味着地区间存在着地域分工和产品贸易。具体来说：

当 $LQ_{ij} > 1$ 时，意味着 i 地区的 j 行业供给能力能够满足本区需求而有余，可对外提供产品；当 $LQ_{ij} < 1$ 时，意味着 i 地区的 j 行业供给能力不能满足本区的需求，需要由区外调入；当 $LQ_{ij} = 1$ 时，意味着 i 地区的 j 行业供给能力恰好能够满足本区需求。

（2）集中系数[①]。集中系数也是反映专业化程度的指标，集中系数是区域某产业的人均产值（或产量）与全国相应产业人均产值（或产量）之比。计算公式为：

$$CC_{ij} = \frac{e_{ij}/P_j}{E_{in}/P_n}$$

式中：CC_{ij} 为 j 区域 i 产业的集中系数；e_{ij} 为 j 区域 i 产业的产值；P_j 为 j 区域的人口；E_{in} 为全国 i 产业产值；P_n 为全国总人口。

若 $CC_{ij} > 1$，则说明 j 区域 i 产业比较集中。

2. 相对投资效果系数[②]

为了量化比较区域产业的效率，引入相对投资效果系数概念，它指区域某产业的投资收益与全国全部产业平均投资收益的比例，计算公式为：

$$RI_{ij} = \frac{\Delta Y_{ij}/\Delta I_{ij}}{\Delta Y/\Delta I}$$

式中：RI_{ij} 为 j 区域 j 产业的相对投资效果系数；ΔY_{ij} 为 j 区域 i 产业的国民生产总值增量；ΔI_{ij} 为 j 区域 i 产业的投资增量；$\Delta Y/\Delta I$ 为全国各产业平均单位投资所增加的国民生产总值。

当 $RI_{ij} > 1$ 时，表示该产业具备区域优势且具有良好的成长性。

（三）提升比较优势，强化主导产业

比较优势是动态发展的，因此在已有的比较优势的基础上提升产业的

---

①　厉以宁：《区域发展新思路》，经济日报出版社 1999 年版，第 66 ~ 70 页。

②　张金锁、康凯：《区域经济学》，天津大学出版社 1998 年版，第 45 ~ 48 页。

比较优势，强化主导产业的发展，充分发挥产业的带动作用，使区域经济快速发展并保持长期竞争力。

1. 推进技术创新

没有创新产业就不可能持续地发展。在产业比较优势的基础上，加大科技投入，突破关键核心技术，加强创新成果产业化，在技术创新的推动下，提升产业的比较优势，增强产业的核心竞争力。

2. 提高劳动者素质

加快落实人才战略，提高劳动者素质。建立和完善企业家和科技人才的选拔任用和激励保障机制，积极引进高级人才。强化岗位技能培训，培育高水平的劳动人员。

3. 强化主导产业的发展

根据区域的条件，为主导产业的发展提供良好的发展条件和政策支持，强化主导产业的发展，通过主导产业强大的扩散效应带动区域优势产业的发展，促进产业比较优势的提升。

专栏 7-3

厦门市发展电子信息产业的比较优势

电子信息产业是厦门工业中具有发展潜力和前途的支柱行业，其发展优势主要有以下几点：

1. 具有得天独厚的区位优势

厦门市地处太平洋西海岸，位于长三角和珠三角之间，闽南三角洲的中心，是我国东南沿海重要的中心城市，这里交通便利、风景秀丽、气候宜人，通关便利的地区。厦门市是我国十大港口之一，与40多个国家和地区的60多个港口通航，也是华东地区的主要航空枢纽之一，已经开辟76条国内外航线，厦门直航高雄的海运路程，仅为从香港转口的1/3，费用可省一半以上。厦门与台湾地理位置相邻、血缘相亲、语言相近，而且国务院又确定厦门为两岸三通的首选口岸，并已实现海上货物的通航，必将极大地加快厦门吸引外资，特别是台资的进程。台湾的信息产业是台湾的第一大出口创汇产业，我市如能充分发挥对台的区位优势，努力做好对台招商工作，必将成为台湾信息产业转移的最大受惠地区。

2. 优先发展产业的政策优势

电子信息产业是适于厦门市优先发展的产业。厦门市的发展定位是要在21世纪末建成"社会主义现代化国际性港口风景城市"，而信息产业是技术密集、资金密集又无污染的产业，不仅能产生较高的经济效益，还可以为传统工业的技术改造提供先进的技术装备和管理、控制技术，注入新的活力。国家、省、市都把信息产业作为新的经济增长点来抓，采取了一系列重点扶持、优先发展的政策措施，为我市信息产业的发展提供了有力的保障。

3. 国内外市场优势

厦门市及周边地区整机企业较多，如 DELL、夏新、厦华等，规模也比较大，该地区年产微机247万部、彩电244万台、显示器1635万部、电话机253万部，元器件企业的转移始终是跟随着整机企业的迁移而变动的。此外厦门地处长三角、珠三角之间，在这两个国内最大的电子产品生产基地整机企业比比皆是，厦门市生产的元器件产品可辐射这两个地区，这为厦门市引进和发展元器件产品提供了强大的市场支持。

4. 劳动力优势

厦门市劳动力供应量充足、费用较低、素质较高。厦门市有科研机构120家、高等院校8所，中等专业学校12所，为当地培养了大批人才，城市人口中具有大专以上文化程度的占10%，可为企业发展提供各种类型的专业人才。

5. 产业基础较好

厦门的部分计算机、手机和视听产品已在全国范围内形成了独自优势和特色，具有了较大产业规模。目前，建设上述三大产业链的条件已基本成熟。已列入市政府今年工作重点，并开始付诸实施。这些都为建设完善上述三大产业链奠定了坚实基础。易于吸引其他企业来投资。尤其是日本和台湾的许多有实力的电子元器件企业已经在厦门建立了生产基地。

资料来源：厦门市政府官方网站，http：//www. xm. gov. cn/zfxxgk/xxgkznml/szhch/zsfzgh/200806/t20080610_234351. htm？type＝szf。

二、主导产业的选择依据

主导产业是在区域经济中起主导作用的产业，从量的方面来看，应是在国民生产总值或国民收入中占有较大比重或者将来有可能占有较大比重的产业部门；从质的方面来看，应是在整个国民经济中占有举足轻重的地位，能够对经济增长的速度与质量产生决定性影响，其较小的发展变化足以带动其他产业和整个国民经济变化，从而引起经济高涨的产业部门。

（一）什么样的产业可以成为主导产业

最早提出主导产业概念的是美国经济学家赫尔希曼，稍后罗斯托对主导产业进行了明确、系统的研究。罗斯托在《经济增长的阶段》一书中，根据他对西方国家经济学发展史的研究指出，在任何特定时期，国民经济不同部门的增长率存在着广泛的差异。这时，整个经济的增长在一定意义上是某些关键部门的迅速增长所产生的直接或间接的效果。他把这些关键部门称为驱动部门或主导部门。[①]

一般认为，主导产业是具有一定规模，能够充分发挥经济技术优势，以技术优势改变生产函数并对经济发展和产业结构演进有强大的促进和带动作用的产业，是产业结构的核心内容和产业结构演化的中心。

主导产业一般具有如下几个显著的特征：[②]

（1）主导产业担负着参与地区分工的经济职能，主导产业的产品大部分参与地区之间的交换，具有较强的市场扩张能力和出口创汇能力，是区域经济发展的支柱。

（2）主导产业综合利用了当地的自然资源、地理环境、社会经济力量、技术水平等有利条件，具有较高的生产增长率、较大的生产规模和较好的经济效益。

（3）一般来讲，主导产业是代表先进技术水平的产业，能够为经济发展创造良好的技术条件。合理的主导产业在近期能直接带动整个区域产业结构的技术装备更新，在远期能有助于先进科学技术转化为生

---

① 罗斯托：《经济成长的阶段》，商务印书馆1963年版。
② 李悦、李平、孔令丞：《产业经济学》（第二版），东北财经大学出版社2008年版，第104页。

产力。

（4）主导产业是处于生产联系链条中的关键环节，与其他部门有较强的直接或间接联系，其发展具有连续性，能带动一大批产业的形成和发展，即具有很强的"扩散效应"。

（5）主导产业在时间上具有阶段性，在不同的区域经济发展阶段，主导产业是不同的，随着经济成长阶段的更迭而转换。

（6）主导产业具有地域性，由于不同国家和地区的资源、经济发展、政策等条件不同，主导产业也会不同。

（二）主导产业的作用

1. 带动区域经济增长

主导产业是区域经济系统中的主体和核心，具有超出其他产业的高增长率，对国民经济具有较大贡献。在区域产业结构中，主导产业不仅产值比例大，而且处于整个产业链上的关键环节，关联效应强，它的发展能够带动区域经济的发展，是区域经济发展的驱动轮，并推动区域产业结构向高一层次演进。

罗斯托把主导产业对其他产业部门的带动作用称为"扩散效应"，具体包括：（1）前向效应，是指主导产业部门的发展诱发出新的经济活动或产生出新的经济部门；（2）后向效应，是指主导产业的发展对向其提供投入品的产业部门的带动作用；（3）旁侧效应，是指主导产业部门的发展对地区的影响，包括地区经济结构、基础设施、城镇建设以及人员素质等方面。主导产业正是通过这几个方面带动各个产业部门的发展，引起社会经济结构的变化，为经济的进一步增长创造条件。[①] 以房地产业为例来体现主导产业的扩散效应，如图 7-4 所示。

2. 优化产业结构

在一定时间和空间范围内，若国民经济系统中的主导产业或主导产业群充分发展，就能够促进产业系统的结构有序演变，使产业结构更加合理化，并实现产业结构的高级化。主导产业在处理工业化和现代化过程中出现的经济发展不平衡现象中起着重要的作用。

---

① 崔功豪、魏清泉、刘科伟：《区域分析与区域规划》（第二版），高等教育出版社 2006 年版，第 220 页。

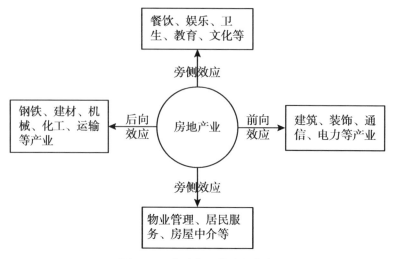

图 7 - 4　房地产业的扩散效应

3. 有效利用资源

主导产业应该是立足区域资源优势并具有较高资源利用水平的产业。正确选择了区域主导产业，就等于找到了区域的综合比较优势。通过发挥这些优势，开展广泛的区际间分工协作，取长补短，可以更好地实现资源的有效配置，从而有利于资源的合理利用。

4. 促进区域的就业

主导产业一般是占总就业人数比重较高的产业。主导产业通过自身发展和带动其他产业部门的发展，能够为区域创造较多的就业机会。

5. 承担高层次区域的地域分工

区域主导产业具有明显的相对优势，产出规模大，产品不仅满足本区域的需求，还面向全国或高层次区域，能承担起全国或高层次区域地域分工的某一重大任务，为全国或高层次区域经济发展做出独特的贡献。

（三）主导产业的转换与升级

主导产业的发展在一定程度上决定着整个区域经济发展的规模与水平，由于主导产业的发展具有阶段性，要与特定时期的发展环境相结合，因此，正确选择并促进主导产业升级是地区经济发展中的重大问题。

1. 主导产业转换与升级的必然性

按照美国经济学家罗斯托的观点，在每一个发展阶段都有与之相对应的主导产业。经济增长总是先由主导产业采用新技术开始，由于最早采用新技术，从而降低了成本，扩大了市场，增加了利润和积累，然后通过扩散效应，带动着整个国民经济的发展。然而，这种起带头作用的部门不是一成不变的，随着主导产业进入成熟阶段，其先进的技术及其影响已经扩散到各个部门之后，它就会陷入衰败。这时，必然有新的主导产业出现，再度影响其他产业，带动经济继续增长。因此，主导产业不断转换，产业不断升级。[①]

2. 主导产业转换与升级的推动力

主导部门的转换与升级不是任意的，而是具有技术的、经济的内在逻辑，呈现出有序的方向性。技术进步和发展是实现主导产业转换的重要推动力之一。由于某一产业引入了新技术，生产组织形式发生了变化，并通过部门间的技术联系对其他部门增长产生了广泛的、直接或间接的影响，成为经济转变的强有力的核心引擎。此外，人们需求的变化直接影响到某一产业的规模与效益，这种影响推动了主导产业的变化。在经济发展历程中，主导产业经历了从纺织工业向高新技术产业更替的历史发展阶段，我们可以看出技术创新和需求结构的变化起到了很大的推动作用。

3. 主导产业转换及升级的历史阶段

在经济发展的过程中，主导产业及其群体不断更替、转换的演进过程就是产业结构由低级到高级、由简单到复杂的渐进过程。经济发达国家工业化进程表明，主导产业的更替顺序依次为：纺织工业→食品工业→重化工业→汽车工业→家用电器工业→计算机→生物工程→航天工业等高技术产业。这种演替的内在逻辑为：非耐用消费品产业→原材料产业→耐用消费品产业。这种演替对于经济发展过程中需求结构变化的逻辑为：维持基本生存型需求→中间型需求→满足享受性发展型需求。这种演替对应于技术

---

① 谢强：《县域经济主导产业实证研究》，载《学术纵横》2008 年第 12 期。

革命引致的生产要素投入结构的变化逻辑为：资源依赖型→劳动密集型→资本密集型。表7-2显示了主导产业的转换和发展经历的五个不同历史发展阶段。[①]

表7-2　　　　　　　　　　主导产业发展的五个历史阶段

阶段	主导产业部门	主导产业群体或综合体
第一阶段	棉纺工业	纺织工业、冶炼工业、采煤工业、早期制造业和交通运输业
第二阶段	钢铁工业、铁路修建业	钢铁工业、采煤工业、造船工业、纺织工业、机器制造、铁路运输业、轮船运输业及其他工业
第三阶段	电力、汽车、化工和钢铁工业	电力工业、电气工业、机械制造业、化学工业、汽车工业以及第二个主导产业群各产业
第四阶段	汽车、石油、钢铁和耐用消费品工业	耐用消费品工业、宇航工业、计算机工业、原子能工业、合成材料工业以及第三个主导产业群各产业
第五阶段	信息产业	新材料工业、新能源工业、生物工程、宇航工业等新兴产业以及第四个主导产业群各产业

资料来源：苏东升：《产业经济学》，高等教育出版社2000年版，第289页。

4. 主导产业的转换及升级的路径

（1）顺应主导产业发展的规律。按照主导产业发展的规律，搞好主导产业的战略选择。主导产业的产业更替是一种自组织过程，其发展演变过程绝非是外界强加于系统的。产业经济系统是有人参与的系统，人在其中的作用就是顺应主导产业转换的规律，选准并搞好主导产业的发展。只有这样，才能够使经济系统处于良好的运行状态，才能保持国民经济持续、健康发展。

（2）选择先进的技术改造主导产业。在同一产业内部，通过技术进步实现产品结构的升级；或通过制度创新实现生产组织方式的重大进步，使原有主导产业大大提高劳动生产率，重新焕发出巨大的生命力和

---

①　李悦、李平、孔令丞：《产业经济学》（第二版），东北财经大学出版社2008年版，第105页。

活力。一个地区主导产业的发展是否成功，关键在于其技术水平和产品竞争力。[1]

（3）培育大型企业集团作为地区主导产业发展的载体。地区主导产业必须是在市场中富有竞争力的产业，主导产业要得到良好的发展，需要及时获得国内外同行业的最新信息，需要不断地实现创新和产品换代，需要多方面跨区域的经济技术合作。所有这一切，一般的中小企业难以胜任，只有资金雄厚、技术先进的大型企业集团才能够及时掌握国际国内技术动态，投入足够的资金进行研究与开发，从而为主导产业发展提供条件。

（4）扶持新的主导产业。一般而言，新主导产业是根据工业化进程中产业结构演变的基本框架逐步形成的，如以工业替代农业，以重工业替代轻工业，以深加工工业替代原材料工业，以技术密集型的产业替代资金密集型产业，以第三产业替代第二产业等。这些新的主导产业一旦形成，必然通过产业间的经济技术联系带动一批更先进的、技术水平更高的相关产业发展，从而促进区域整体产业结构升级。[2] 主导产业既然是代表区域发展方向的产业，那么区域经济发展必然要求主导产业逐步升级，要求扩散、压缩已有的技术层次较低的主导产业，扶持发展新的较高技术层次的主导产业。当新兴主导产业还不成熟，还缺乏市场竞争力时，需要政府予以大力扶持。

专栏 7 - 4

主导产业、优势产业与支柱产业辨析

与主导产业概念相近的还有优势产业和支柱产业。

主导产业是具有一定规模，能够充分发挥经济技术优势，以技术优势改变生产函数并对经济发展和产业结构演进有强大的促进和带动作用，是产业结构的核心内容和产业结构演化的中心。

优势产业则是指那些在当前经济总量中其产出占一定份额，运行状态良好、资源配置基本合理，资本营运效率较高，在一定空间区域和时间范

①　孙久文、叶裕民：《区域经济学教程》，中国人民大学出版社2003年版。
②　古和今、魏龙：《论产业结构演变与区域经济发展的关联性》，载《区域经济》2009年第9期。

围内有较高的投入产出比例的产业。在产业寿命周期曲线中，优势产业一般处于发展的中后期到成熟期的中期这一区间，它对整个经济的拉动作用处于或即将处于鼎盛时期，同时也处于后劲不足的衰退前夕，对经济的带动期已经很短暂了。优势产业强调资源的天然禀赋、资源的合理配置以及经济行为的运行状态。只有当它们都得到了比较好的结合，才有可能称为优势产业。

支柱产业指的是净产出在国民经济中占有较大比重的产业。支柱产业严格来说仍属于优势产业的范畴，但优势产业不一定都能成长为支柱产业，因为，它更强调某一产业在经济总量中所占的份额及其相关产业的带动作用。一种或一类产业要演化称为支柱产业，必须经历一个漫长的生长、发育、竞争、淘汰、成熟的过程，只有那些经过残酷竞争而生存下来且得到不断壮大，其经济规模在区域经济总量中占较大份额的产业，才有可能称为区域的支柱产业。

资料来源：崔功豪、魏清泉、刘科伟：《区域分析与区域规划（第二版）》，高等教育出版社 2006 年版，第 220～221 页。

三、主导产业的筛选方法与程序

在区域产业规划任务中，确定主导产业是非常重要的环节，正确筛选和培育主导产业对区域经济发展具有重要的战略意义。在主导产业确定的基础上，围绕其发展关联产业，形成结构合理、相互依存、互相促进的高效产业体系。

（一）主导产业选择模型

1. 区域主导产业选择基准[①]

一个产业部门要成为区域发展中的主导产业，至少应当具备四个条件：

（1）收入弹性基准。收入弹性高的产品或产业部门，随着国民收入的增加其社会需求也相对较高，市场前景广阔。因此，应选择需求弹性高的

────────

[①]　孙士强、张贵：《京津冀区域主导产业选择研究》，载《天津行政学院学报》2008 年第 2 期。

产业作为主导产业。

（2）技术进步基准。选择技术进步速度快、技术水平高、技术要素最密集的产业作为主导产业，可以保证区域产业结构不断保持技术领先，同时保证在区际分工中不断占据比较利益最大的领域。

（3）产业关联度基准。主导产业重要的任务是带动区域内其他产业部门的全面发展，而不仅仅是自身的发展，应选择具有较强的前项关联、后项关联和旁侧关联的产业作为主导产业重点发展，以带动和推动其他相关产业的发展。

（4）比较优势基准。重点发展那些可以充分利用相对优势的产业部门，然后按照产业部门之间的经济技术联系，逐步推动相关产业部门的发展，形成一个能充分利用本地区优势的产业结构。

2. 主导产业选择所选指标体系的构建原则

（1）体现选择基准。所选取的指标必须体现上述主导产业的选择基准。从评价的内容来看，该指标应确实能反映有关的内容。

（2）比较全面与可行性相结合原则。选择的指标要尽可能覆盖评价的内容，但同时也要考虑到尽量采用有数据支撑的指标，而对数据不可得的指标则只能作舍弃处理。

（3）客观性原则。评价指标的筛选要坚持客观的原则，尽量不受主观因素的影响，客观地分析所选指标的经济含义和重要性，并据此做出取舍。

3. 区域主导产业选择的理论模型

根据主导产业选择基准和指标体系构建的原则，采用需求收入弹性测度产业的市场潜力，用劳动生产率上升率、总资产产出率增长率测度产业的技术进步状况，用产业影响力系数、产业感应度系数测度产业的关联作用，用区位商、区内比较经济效率测度产业的比较优势。由此构建区域主导产业的理论模型。模型共分三层：目标层——区域主导产业选择；准则层——收入弹性基准、技术进步基准、产业关联基准、比较优势基准；指标层——需求收入弹性、劳动生产率上升率、总资产产出率增长率、影响力系数、感应度系数、区位商、区内比较经济效率。模型结构图如图7－5所示。

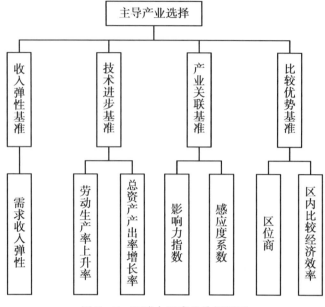

图7-5　区域主导产业选择模型

各指标的说明及其计算公式如下：

（1）需求收入弹性。需求收入弹性系数是指随着国民收入的增加社会对某产业产品需求程度的增加率。需求收入弹性越大意味着该产业的市场前景广阔发展空间较大，有强大的增长潜力。

$$某产业的产品需求收入弹性 = \frac{某产业产品的人均消费额增长率}{人均国民收入增长率}$$

用数学公式表示为：$E_i = \dfrac{\Delta D_i / D_i}{\Delta Y / Y}$

式中：ΔD_i表示i产业产品人均消费额增加量；D_i表示i产业产品上一期的人均消费额；ΔY、Y分别表示人均国民收入增加量及上一时期人均国民收入值。在选择主导产业时应选择需求收入弹性系数高的产业。

（2）技术进步。区域主导产业高于其他产业的经济增长速度必须借助于产业的高效率来实现，因而其技术应具有领先地位和较强的创新能力。选择技术进步率高的主导产业，可以更好地保证主导产业的有效发展，带动区域产业的技术领先和产业结构的优化。[1]

技术进步率一般采用余值法计算，计算公式为：技术进步率＝生产增

---

① 关爱萍、王瑜：《区域主导产业的选择基准研究》，载《统计研究》2002年第12期。

长率 $-\alpha\times$ 劳动力（工资）的增长率 $-(1-\alpha)\times$ 资本的增加率。

其中 α 是工资额占净产值（附加价值）的比例（又称"劳动分配率"）。

$$某产业劳动生产率 = \frac{该产业的增加值}{该产业从业人数}\times 100\%$$

$$某产业劳动生产率上升率 = \sqrt[n]{\frac{该产业报告其劳动生产率}{该产业基期劳动生产率}} - 1$$

$$某产业总资产产出率 = \frac{该产业的增加值}{该产业的总资产}\times 100\%$$

$$某产业总资产产出率增长率 = \sqrt[n]{\frac{该产业报告期总资产产出率}{该产业基期总资产产出率}} - 1$$

（3）产业关联度。产业关联度通常用影响力系数和感应度系数来衡量。某产业的影响力系数 $= \dfrac{该产业纵列逆阵系数的平均值}{全部产业纵列逆阵系数的平均值的平均}$

数学公式：

$$T_j = \frac{\dfrac{1}{n}\sum_{i=1}^{n} A_{ij}}{\dfrac{1}{n^2}\sum_{i=1}^{n}\sum_{j=1}^{n} A_{ij}} \qquad (i,\ j = 1,\ 2,\ \cdots,\ n)$$

式中：T_j 表示 j 产业部门对其他产业部门影响力系数；

A_{ij} 是 $(I-A)^{-1}$（里昂惕夫逆阵）中的第 i 行第 j 列的系数。

某产业的感应度系数 $= \dfrac{该产业横行逆阵系数的平均值}{全部产业横行逆阵系数的平均值的平均}$

数学公式：

$$S_i = \frac{\dfrac{1}{n}\sum_{j=1}^{n} A_{ij}}{\dfrac{1}{n^2}\sum_{i=1}^{n}\sum_{j=1}^{n} A_{ij}} \qquad (i,\ j = 1,\ 2,\ \cdots,\ n)$$

式中：S_i 表示 i 产业部门受其他产业部门影响的感应度系数；

A_{ij} 是 $(I-A)^{-1}$（里昂惕夫逆阵）中的第 i 行第 j 列的系数。

（4）比较优势。某地区的主导产业应该是立足于本地区资源优势和有利条件的基础上形成的具有一定专业化水平的产业。专业化水平通常用区位商来衡量。区位商是一个反映区域产业专业化的经济指标，通过各产业部门在地区的相对专业化程度间接地反映了区域间经济联系的结构和方向（公式详见前面论述）。如果区位商 $LQ_{ij} > 1$，则说明 i 地区 j 产业（部门）

具有比较优势；如果区位商 $LQ_{ij} < 1$，则说明 i 地区 j 产业（部门）不具有比较优势。

区内比较经济效率也可以衡量某产业在区域内的综合比较优势。其计算公式为：

$$EI_{ij} = E_{ij}/E_j = (R_{ij} \times V_{ij})/(R_i \times V_i)$$

其中：$R_{ij} = G_{ij}/L_{ij}$，$V_{ij} = G_{ij}/K_{ij}$，$R_i = G_i/L_i$，$V_i = G_i/K_i$。

式中：EI_{ij} 表示 i 区域 j 产业的比较经济效率；E_{ij} 表示 i 区域 j 产业的经济效率；R_{ij} 表示 i 区域 j 产业的劳动产出率；G_{ij} 表示 i 区域 j 产业的增加值；L_{ij} 表示 i 区域 j 产业的劳动力从业人数；V_{ij} 表示 i 区域 j 产业的资本产出率；K_{ij} 表示 i 区域 j 产业的资本量；R_i 表示 i 区域的劳动产出率；V_i 表示 i 区域的资本产出率；G_i 表示区域全部产业增加值，L_i 表示区域劳动力从业人数，K_i 表示区域所有产业资本总量；一般来说，$EI_{ij} > 2$，且该指标值越大越有可能成为区域主导产业。

（二）筛选过程

区域主导产业筛选过程主要有以下几个步骤：备选产业筛选；制订评估指标体系；对备选产业进行评估，确定主导产业；制订主导产业发展规划。如图 7-6 所示。

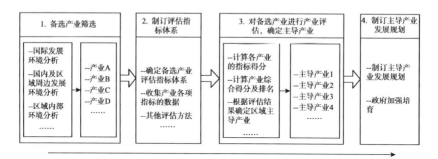

图 7-6　主导产业筛选过程

1. 备选产业筛选

这个阶段是对主导产业的一级筛选，即通过对区域的内外部发展环境进行的全面系统的分析，筛选出可能成为主导产业的候选产业。区域内部环境分析包括区域的经济发展阶段、产业结构现状及问题、生产要素及资源禀赋、区位条件等；外部环境分析一般包括国内外经济技术发展趋势、产业转移趋势、国家宏观产业政策与布局、产业区际分工与联系、外部市场需求结构及其变化等。

2. 制订评估指标体系

筛选出备选产业后，进入定量筛选阶段，这是对主导产业的二级筛选。根据主导产业选择基准，确定产业评价方法，制订评估指标体系，以此对产业的发展潜力、比较优势、产出率、技术进步率、关联度、竞争力等指标进行评估测定。

3. 对备选产业进行评估，确定主导产业

依据评估指标体系，收集数据对备选产业进行定量分析，得到各产业的评估指标得分和综合得分。根据产业的得分情况，对产业进行综合评价，并结合实际发展环境，确定哪些产业应该作为区域的主导产业来培育。

4. 制订主导产业发展规划

主导产业选定后，接下来要做的是制订主导产业的发展规划。制订主导产业发展目标、思路、布局，同时政府从改善产业发展环境、提供创新服务、行政协调等方面协助主导产业的发展，为主导产业的发展营造良好的发展环境。

（三）对主导产业的评价

所选择的主导产业是否能发挥主导产业的作用，带动区域经济的发展，提高区域竞争力，这就需要及时跟踪评价主导产业的成长状况，从主导产业的发展规模、发展水平、产品的市场竞争力、市场占有率水平、技术进步等情况进行考察，全面掌握主导产业的发展情况。

如果所选择的主导产业的发展情况不好，要及时进行干预，集中力量进行发展，调整发展规划或者经过慎重的研究和评估更换主导产业。

专栏 7-5

海兴县主导产业的筛选过程

海兴县位于渤海之滨，是河北省渤海新区的重要组成部分，与黄骅港

综合港区连为一体。世界经济发展史充分证明，沿海城市是各国经济发展最具活力和生机的区域，是要素集聚、产业集中、经济繁荣的发达地区，我国三大沿海经济带也都是依港而建，因港而生，靠港而兴。因此，海兴县积极发展临港产业，加快壮大临港经济，是历史的必然选择。海兴县临港主导产业的筛选过程如下：

1. 目标产业一级筛选

对海兴县的内外部发展环境进行分析，筛选出备选产业。

（1）根据国家的政策，明确当前国家重点鼓励发展的产业。

（2）珠三角、长三角和京津的功能定位转变和城市产业升级，将有部分产业可能向沧州市转移，进而海兴县可能承接沿海经济发达地区的部分产业转移，确定海兴县可能承接的产业。

（3）根据河北省沿海战略产业定位，明确海兴县应发展的产业。

（4）结合海兴县的发展现状和资源环境条件，明确海兴县可以发展的产业。

2. 筛选办法

根据临港产业集群的特点，结合传统的主导产业选择方法，提出临港产业集群主导产业选择体系流程（见图7-7）：利用决策理论，构建决策树模型，从产业对港口的依存程度、与临港产业区域战略规划的符合程度以及与周边区域产业的错位发展程度，对所有备选产业进行筛选。

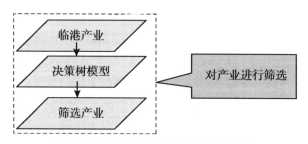

图7-7 海兴县临港主导产业筛选办法

3. 目标产业二级筛选

按照产业筛选方法和沿海战略等原则，将备选产业重新归类，进行筛选，最终确定海兴县发展的主导产业：精细化工、装备制造、现代物流、新材料、新能源、电子制造。

海兴县临港主导产业筛选过程如图7-8所示：

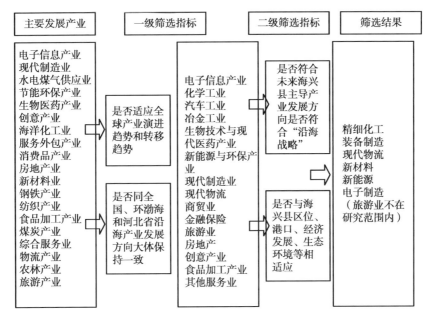

图7-8 海兴县临港主导产业筛选过程总结

4. 制订主导产业发展规划

筛选出主导产业后，按照时间进度分为近期和中长期两个阶段，并根据各个产业的特点确定产业发展目标、发展重点、发展思路、发展布局，并制订相应的政策措施，分阶段、分步骤、有重点推进主导产业发展。

资料来源：张贵主持：《河北省海兴县产业体系建设及其发展规划研究》，研究报告，2011年5月。

第三节 产业结构优化与空间组织结构

区域产业结构与区域发展阶段密切相关，一个区域处于社会发展的不同阶段，就具有不同的产业结构。当一个区域从一个较低的阶段向一个较高的阶段发展时，产业结构的升级是区域发展的重要推动力。因此，产业结构规划是产业规划的重要组成部分，合理的产业结构对区域经济带发展至关重要。

产业空间组织结构是产业在区域的空间布局，布局是否合理关系到产业未来的发展和区域整体经济的发展。在研究产业空间布局原则和影响因素的基础上，为产业规划选取合理的空间布局。

一、影响区域产业结构的因素

区域产业结构是指区域内具有不同发展功能的产业部门之间的内在联系和比例关系。从质量层面上来说，区域各产业部门之间需要具有一定的内在联系，从数量层面上来说，区域各产业部门之间需要保持一定的比例关系。区域产业结构主要受以下几个因素影响：

（一）资源状况

自然资源组合对产业结构的影响是显而易见的。自然资源的种类、数量、质量不同，其经济价值不同，对区域产业结构的影响程度也不同。煤铁组合势必导致以钢铁工业为主导的产业结构的形成，水力资源与有色金属资源的组合可能形成以有色冶金为主导的产业结构。然而，有些稀有金属或贵金属矿，尽管其经济价值很高，但其规模一般较小，开发后的产业关联度小，市场需求有限，对区域经济的带动影响不会很大，在较小的区域内有可能成为区域产业结构中的重要甚至主导产业，但在较大区域中，其地位一般不会高，对产业结构的影响也很小。[1]

（二）社会消费

社会消费结构是受生产力发展水平制约的。一般来说，生产决定消费，但消费又反作用于生产。消费结构与产业结构的关系，实质上就是消费与生产的关系。[2] 消费结构是安排和调整产业结构的出发点，是生产的先导，为生产提供方向和动力。所以社会消费结构既检验着产业结构的实际效益，又引导着产业结构向符合消费需要的方向变动，成为推动产业结构演变的重要原因之一。

（三）产业基础

区域原有产业基础对产业结构也有影响。区域现状的产业结构是从过去产业结构基础上发展演化过来的，而且产业结构的演化或转变并非要对原有基础实行摒弃、清除，而是要对其进行逐步改良、更新，这是要经过

---

[1] 崔功豪、魏清泉、刘科伟：《区域分析与区域规划》（第二版），高等教育出版社2006年版，第207~209页。
[2] 王树林：《从消费与生产的联系中寻求我省最佳产业结构》，载《河北师范大学学报》1987年第3期。

一个相当长的时期。因此，原有产业基础的影响不可忽视。同理，现状的产业结构对未来的产业结构也存在影响。在某些区域，如果存在某种生产传统，而且这种传统被认为是一种优秀的文化遗产，那么其对区域产业的影响将极为深远。

（四）　定位与分工

功能定位就是在一定的空间范围内和特定的宏观背景下，区域被赋予的发展定位。区域根据自己的基本条件，动态、宏观地把握区域的未来发展走向，明确区域在更高一层次区域中的性质、功能及地位，寻找区域的发展机会，探索区域的发展可能，确定区域的发展思路。不同的功能定位要求区域有不同的产业侧重点和发展结构。不同的定位伴随区域分工，也会对产业结构产生重要影响。在市场经济条件下，地域分工体现着协作、竞争和利益。

（五）　科技水平

科技进步是推动区域产业结构变动的主要因素之一。科学技术的日益现代化促使各产业部门发生变革，并通过主导产业的扩散效应推动相关产业部门不断高度化；技术进步不断扩宽劳动对象，使产业部门不断细化，新的产业部门不断产生；技术进步还不断引发人们的新需求，从而使新需求成为新产业部门成长的动力。[1] 一般而言，在科学技术水平较高或新技术消化吸收和推广运用水平较好的区域，生产领域的拓展和新产业形成的速度快，产业结构中高精尖技术产业成分比例大，并且多以资金密集型和技术密集型产业为主。

（六）　国际贸易

社会分工打破国界，导致了国与国之间在资源、产品、技术、劳务等方面的交换，即国际贸易。国际贸易是通过本国产品出口刺激本国需求增长和外国产品的进口以增加国内供给来影响本国产业结构的。进口贸易有利于各国发挥自己的比较优势，获得比较利益。进口贸易对产业结构的主要影响有：资源、商品、劳务的出口，对国内相关产业的发展起推动作用；国内紧缺资源、劳务的进口，可以弥补本国生产该类商品产业的不

---

[1]　黄本笑、张雪平、赵修卫：《科技进步与区域发展》，武汉大学出版社 2002 年版。

足,同时进口某些新产品、新技术还可以开拓本国市场、为本国发展同类产业创造有利条件,有利于推动本国产业结构的高度化。同时,有些商品的进口,也可能对本国某些产业的发展起抑制作用。当资本、技术、劳动力和人才在国际间移动时,无论对出口国还是进口国的产业结构都会产生影响。[①]

(七)投资结构

投资是影响产业结构的一个重要因素。产业的生成和扩张,没有投资是难以实现的。投资主要是通过其结构来影响产业结构。投资结构是指投资的方向和每个方向的投资数额。投资方向直接决定投资在各个产业间的分布,方向所指,产业实力大增。投资方向是投资在各个产业间的第一次选择,投资数额是投资在各个产业间的第二次选择,它把数额不等的投资分配给第一次选择出的产业,其结果是使那些获得较多投资的产业发展较快,得到较少投资的产业发展相对较慢。各个产业得到不同的发展条件,产业结构就会发生变化。

(八)经济政策

经济政策体现的是国家和政府关于经济活动的意愿,它主要是通过经济杠杆和行政手段来支持或限制产业的发展。经济政策具有强烈的波及效果,它不仅可以直接扶持或限制某些产业的发展,而且能够左右绝大多数影响产业结构的因素,间接地影响产业结构。政府在调整产业结构时,通常都要首先制订有关的经济政策以及对产业结构的调整施以诱导或强制限制。[②]

专栏 7-6

我国部分省市的产业结构

我国不同省市由于地理位置、资源条件、功能定位、经济政策等的不同,产业结构也有很大差别。

---

① 蒋选、杨万东、杨天宇:《产业经济管理》,中国人民大学出版社 2006 年版,第 106～111 页。
② 王传民:《县域经济产业协同发展模式研究》,中国经济出版社 2006 年版,第 87～88 页。

北京: 经国务院批准颁布的《北京城市总体规划 (2004~2020 年)》,将北京的城市性质定义为中华人民共和国的首都,全国的政治中心、文化中心,世界著名古都和现代国际城市;将北京未来发展目标定位为国家首都、国际城市、文化名城和宜居城市。基于北京的功能定位和产业发展的基础,北京第三产业的产值占总产值比重很大,2011 年北京三次产业结构的比重为 0.9:23.4:75.7。

上海: 上海是我国的第一大城市,是我国的经济、科技、工业、金融、保险、会展和航运中心。在上海推进"两个中心建设"的引导下,第二产业和第三产业融合发展、相互促进,2011 年上海三次产业结构的比重为 0.6:41.5:57.9。

山西: 山西省是我国的煤矿大省,在丰富的煤矿资源基础上,主要发展煤、焦、冶、电、化工等传统工业产业,第二产业的发展占据重要地位。2011 年,山西省三次产业结构的比重为 5.8:59.2:35。

辽宁: 辽宁省作为我国的老工业基地,装备制造业、原材料工业是其支柱产业,第二产业的发展居于主导地位。近几年来,随着辽宁省产业结构的优化升级,第三产业发展迅速。2011 年辽宁省三次产业结构的比重为 8.7:55.2:36.1。

海南: 海南是我国唯一的热带岛屿省份,其地理位置、气候条件得天独厚,热带农业、旅游度假观光得到很好的发展,第一产业和第三产业的贡献率很高,2011 年海南省三次产业结构的比重为:26.2:28.4:45.4。

资料来源:根据北京、上海、山西、辽宁及海南的 2011 年经济和社会发展统计公报整理。

二、区域产业结构的合理性

产业结构是否合理关系到区域经济能否实现协调稳定发展,关系到人民生活水平的提高,因此在产业规划中,需要根据区域条件和产业发展现状确定合理的产业结构。

(一) 合理的产业结构评价标准

在对产业结构合理化进行评价时,可以采用国际标准结构法。即将本国或本地区的产业结构调整后情况与国际标准数值进行对比,从而发现本国或本地区经济结构中存在的问题,进而由此提出进一步的解决措施。主要有:钱纳里的"产业结构标准模式"、库兹涅茨的"标准结构"、"钱纳

里—塞尔昆模型"等。[①] 或者，采用国内标准法，国内学者把区域产业结构合理化评价标准归纳为以下几点：[②]

1. 与区域资源结构相适应，能发挥区域的资源优势

资源结构指生产要素结构，即自然资源、劳动力、资金和科学技术之间的相对比例关系，各个区域生产要素禀赋各不相同，各种生产要素的供给能力和供给价格也就不同。在已形成的产业结构中，如果比较多地利用了区域相对丰富、价格相对便宜的生产要素，来从事商品生产，这些商品的生产成本就比较低，就能在市场竞争中处于有利地位，那么这样的产业结构就是比较合理的，即区域具有比较优势的资源，得到了优先、重点开发利用，其相对应产业和产品得到了优先、重点发展。

2. 产业系统功能能承担起全国地域分工的重要任务

一个较大区域包含有若干个范围较小的区域子系统，这些区域子系统的区域优势各不相同。如果各区域子系统都充分利用自己的优势条件，建立起以优势生产要素为专业化部门的产业系统，那这样的区域产业结构就是丰富多彩的，专业化部门是多样的。[③] 在发挥区域优势的基础上形成了经济分工，通过区域经济分工，区域所拥有的相对优势的生产要素得到充分利用和重点利用，专业化部门得到充分和重点发展。通过专业化部门产品的大量对外输出和交换，区域子系统之间经济分工得以实现。理论和实践都证明，区域之间的分工合作，是提高区域经济效率的主要途径之一，可以使各个区域子系统及包含这些区域子系统的整个区域都获得利益。

3. 区域内产业结构效益高、转换能力强、协调发展

结构性效益是指产业结构的状态及变动对经济增长的作用，它是衡量区域产业结构合理与否的最终标准。如果一个区域的经济效益较好，并且这个区域的经济效益是由其产业结构带来的，那么这个产业结构就是合理的；如果一个区域的经济效益不好，而且这个较差的经济效益是由其产业

① 王林生、梅洪常：《产业结构合理化评价体系研究》，载《工业技术经济》2011年第4期。
② 张沛：《区域规划概论》，化学工业出版社2006年版，第113页；张秀生：《区域经济学》，武汉大学出版社2007年版，第60页。
③ 陈新、赖荣欣：《福建产业结构与空间结构的区域统一性》，载《泉州师范学院学报》（社会科学版）2004年第5期。

结构带来的，那么这个产业结构就不合理。并且，区域内部的产业之间存在上下游关系，相互之间依赖性强，联系非常紧密。区域产业结构转换能力强，调整起来比较顺利，速度比较快且代价小，对区域经济发展有利。

4. 有利于科学进步和区域产业结构向高度化推进

在经济发展的不同阶段，由于受生产力发展水平、科技推动、需求拉动和竞争开放等因素的作用，产业结构的变化总是向着更高一级的结构演进。产业结构的合理化是产业结构高度化的基础，是一个不断调整产业间比例关系和提高产业间关联作用程度的过程，这一过程也就是产业结构的成长过程，为了提高区域经济的竞争力，必须使其产业结构逐步利用技术创新向高一级演进。

5. 实现区域人口、资源和环境的可持续发展

合理的产业结构要建立资源节约型和综合利用型的产业结构，充分考虑区域生态系统、区域社会系统和区域经济系统的内在联系和协调发展，以使区域经济系统耗用尽量少的自然资源和社会经济资源，对其进行综合而又合理的利用，生产出尽量多的对人类有用的经济产品，产生尽量少的废物，以对生态系统产生最小的损害，实现区域产业结构的可持续发展。

（二）产业结构的优化升级

产业结构优化升级是推动区域发展方式转变和经济增长的重要动力，是产业结构合理化和高度化的统一。产业结构合理化是高级化的基础，高级化是合理化的目标，这两方面是密切相关、相辅相成的。

1. 产业结构的合理化

产业结构合理化是指在一定经济发展阶段上，根据消费需求和资源条件，通过产业结构调整，实现生产要素的合理配置，使各产业协调发展，并满足社会不断增长的需求。前文已经对产业结构合理化做了专门论述，在此不赘述。

2. 产业结构的高度化

产业结构高度化是指在一定总量条件下产业结构的高素质化过程，是产业结构从一个低水平阶段向较高水平阶段发展的动态过程。通过这个过

程，产业结构向高技术化、高知识化、高资本密集化、高加工度化、高附加值化、低消耗、低污染等方向发展，资源配置更加高效合理，更有利于经济技术水平的提高。

判定一个时期某一地区产业结构高度化的指标体系正在不断完善和补充，需要进行适当评价和补充，常用的判断方法和衡量指标有：

（1）标准结构法。与国际标准结构数值或国内其他区域产业结构的水平进行比较，以确定本国产业结构的高度化程度。

（2）相似系数法。它以某一参照地区的产业结构为标准，通过相似系数的计算，将本地区产业结构与参照地区产业结构进行对比，以确定本地区产业结构的水平或高度。①

（3）三次产业结构比例指标。当经济发展水平较低时，从产值或劳动力总量来看，第一产业比重最大，第三产业比重最小；随着经济发展水平及人均水平的提高，第二产业的比重逐渐上升并成为最大的产业；当经济进一步发展后，第三产业成为比重最大的产业。随着第三产业比例的提高，产业结构向高度化发展。

（4）霍夫曼比例指标。这是反映工业内部产业结构演进的高度化程度的指标。德国经济学家霍夫曼根据近20个国家的时间序列数据，分析了制造业中消费资料工业和资本资料工业的比例关系。这一比例关系就是消费资料工业的净产值和资本资料工业的净产值之比（详见本书前面部分）。霍夫曼认为，在工业化的第一阶段，消费资料工业的生产在制造业中占有统治地位，资本资料工业的生产是最不发达的；在第二阶段，与消费资料工业相比，资本资料工业获得了较快发展，但消费资料工业规模显然还是比资本资料工业规模大得多；在第三阶段，消费资料工业和资本资料工业规模达到了大致相当的状况；在第四阶段，资本资料工业规模将大于消费资料工业规模。

（5）技术密集型集约化程度指标。这是反映由劳动密集型、资金密集型向技术密集型演进程度的指标，公式为：

技术密集型产值比重指标 = 技术密集型产业增加值/国内生产总值×100%

（6）新兴产业产值比重指标。② 当代知识经济时代，科学技术突飞猛进，新兴产业不断兴起，传统产业中不少产业逐渐衰退。为适应全球产业结构调整的大趋势，必须大力发展新一代信息技术、生物工程、新能源和

① 张秀生：《区域经济学》，武汉大学出版社2007年版，第61页。
② 杨建文：《产业经济学》，上海社会科学院出版社2008年版，第220~225页。

新能源汽车、新材料、航空航天、高端装备、节能环保等新兴产业和高技术产业。为此，应设立此项指标。公式为：

新兴产业产值比重指标＝新兴产业产值（增加值）/国内生产总值×100%

（7）基础产业超前系数。为适应国民经济持续快速健康发展，基础产业如煤炭、石油、采掘、电力、钢材及交通、信息通讯、广播等基础产业应适度超前发展。此指标公式为：

基础产业超前系数＝基础产业产值增长率/国内生产总值增长率－1

（8）生态环保产业的进程指标。实施可持续发展战略，保护资源和生态环境、增大环境保护的生态环保产业是产业结构调整中的新课题。其反映指标可包括：环保投资额的增长情况、环保产业结构及人员的增长速度、"三废"治理率，以及绿化面积及增长率。

（9）产业结构层次系数指标。[①] 产业结构的高度化要求资源利用水平随着经济技术的进步不断突破原有界限，从而不断推动产业结构中朝阳产业的成长。标志是代表现代产业技术水平的高效率产业部门比例不断增大，经济系统内显示出巨大的持续创新能力。无论是产业之间还是产业内部都有层次之分。设某地区有 n 个产业，将这些产业由高到低加以排列，所得产值比例分别记为 q(i)，由此可以定义该地区的产业结构层次系数为：

$$W = \sum_{i=1}^{n} \sum_{j=1}^{i} q(j)$$

W 越大，该地区的产业结构越高级，只有在进行区域之间的比较或结构变动考察时才有价值。

3. 产业结构优化升级的主要措施

（1）产业发展方向。[②] 一是要加快发展现代农业，进一步强化农业基础地位。农业结构调整的潜力很大，尤其是随着消费水平的提高，人们对优质、生态、安全农产品的需求越来越迫切。二是要加快发展战略性新兴产业。加快发展以重大技术突破、重大发展需求为基础的战略性新兴产业，坚持科技创新与实现产业化相结合，以企业为主体，推进产学研结合，把战略性新兴产业培育成为国民经济的先导产业和支柱产业。三是要加快发展服务业。服务业的繁荣发展是现代化的重要标志，也是产业结构

---

① 张沛：《区域规划概论》，化学工业出版社 2006 年版，第 139~140 页。
② 谢赤、王彭：《积极推动三次产业协调发展》，载《经济日报》2012 年 6 月 15 日。

优化升级的重要内容。大力发展服务业特别是生产性服务业，对于加强和改善供给，扩大就业，拓宽服务消费，减轻资源环境压力具有十分重要的战略意义。

（2）主导产业层面。[1] 准确选择、优先发展主导产业。区域主导产业的选择准确与否，是事关整个区域经济发展成败的重大决策。主导产业一经确定，即应力保其在投入、政策上得到优先重点发展，使之超前启动，有效担负起全国地域分工中的重任，并增强其带动经济发展的辐射力。

协调主导产业与非主导产业的关系。与主导产业关系最密切最直接的辅助产业在发展上应尽可能与主导产业形成配套；在建设时序上应尽可能与主导产业相衔接；在建设规模上应尽可能与主导产业相适应。基础性产业是区域生产、生活和社会正常运行的基本条件，应积极创造条件，力争在区域内达到平衡，以形成对区域主导产业和辅助产业的强有力支撑。

积极扶持潜在主导产业，促进区域产业结构及时合理转换。区域产业结构优化是一个动态概念。潜在主导产业，代表了区域未来的发展希望，应结合区域的具体经济发展状况与条件，选择有巨大发展前景的新兴产业作为潜在主导产业，在资金、技术、人才诸方面大力支持，促进其壮大发展。在原有主导产业不合时宜、进入衰退期后，潜在主导产业及时接替，成为新的主导产业，建立新的、合理的区域产业结构。

（3）配套政策。政府需加大对自主创新的资金投入，建设公共技术平台，鼓励企业进行技术研发，提高产业技术含量，提升企业创新能力；制订人才发展战略，进行人才资源开发、人才结构调整，为产业结构的优化升级提供人才支撑；加强与社会各类金融机构的沟通联系，统筹协同银行、证券、保险、信托等多种金融资源，提高社会融资总量。

专栏 7-7

河南省产业结构变动情况及优化升级方向

改革开放以来，河南产业结构实现了由"二、一、三"到"二、三、一"的历史性转变。第一产业占 GDP 的比重由 1980 年的 40.7% 下降到 2009 年的 14.3%；第二产业的比重由 1980 年的 41.2% 上升到 2009 年的

---

[1] 吴传清：《区域经济学原理》，武汉大学出版社 2008 年版，第 134～135 页。

56.6%；第三产业的比重由1980年18.1%的低起点起步后逐步攀长，到2003年达到34.3%的顶点后，近年来一直在30%左右徘徊。

结合国内外产业发展和转移的变动趋势以及近年来各行业的发展态势，总结出河南省产业优化升级的方向。

1. 战略支撑产业

金属冶炼、建材、化工、食品等行业有着较高程度的交集，说明这些产业在河南基础较好，影响大，带动性强，是河南的战略支撑产业。

2. 高成长性行业

综合分析，河南纺织服装业、通用专用设备制造业、交通运输设备制造业、仪器仪表及文化办公用机械制造业、电气机械及器材制造业成长性都相对较好（虽然燃气生产和供应业成长性得分较高，但由于其属垄断性行业，应该排除在外），是全省高成长性行业。

3. 竞争优势行业

综合各类因素，非金属矿及其他矿采选业、废品废料、非金属矿物制品业、食品制造及烟草加工业、金属冶炼及压延加工业、工艺品及其他制造业、木材加工及家具制造业、石油加工、炼焦及核燃料加工业、金属矿采选业、煤炭开采和洗选业、化学工业具有一定的竞争优势。

结合国内外产业结构发展的态势、河南省区位特点和既有优势，河南省应密切关注新能源、节能环保、新材料、生物医药、物联网、新能源汽车等新兴行业的发展态势，重点投入、及早布局。重点培育核电、风电、太阳能等新能源，智能电网、仪器仪表以及电子、自动控制、传感技术、生物技术、新材料、新能源汽车、物联网等河南省已有一定优势或产业基础的行业。

资料来源：河南统计网，http://www.ha.stats.gov.cn/hntj/tjfw/tjfx/qsfx/ztfx/webinfo/2010/07/1271304619032202.htm。

三、产业空间组织结构与布局设计

（一）影响区域产业布局的因素

产业布局的影响因素是指各类生产在其布局时，对其外部环境的要求。在符合布局总体原则的条件下，能否满足这些因素的要求，在很大程度上决定了一个企业或一个部门的合理程度及其具体的布局指向。影响因素主要有以下几点：

1. 自然条件和自然资源

土地、气候、水资源、矿产资源等自然界中的各个要素对产业发展与布局有影响。那些经济活动受自然条件和自然资源分布的影响比较大的产业，在空间分布上趋向于相关自然条件和自然资源集中的地方。

2. 原材料地

对原材料需求量大、运输成本高、所需原材料不宜存放的产业，产业应布局在距离原材料地附近，便于原料的获取，节省时间和成本。

3. 燃料动力

一些经济活动在生产过程中需要消耗大量的燃料或者是需要获得稳定的动力供给，它们在选择区位时趋向于选择靠近燃料、动力供给地。

4. 劳动力

部分经济活动在生产过程中需要大量使用劳动力或对某种类型的劳动力有很大的依赖。劳动密集型产业对于劳动工资的空间变化比较敏感，比较看重劳动力的成本，所以多布局在廉价劳动力聚集的区域；技术密集型产业对劳动力质量的要求比较高，更为看重劳动力素质和区域研发力量，所以多布局在技术劳动力比较密集的地区。[①]

5. 销售市场

有的经济活动在生产和经营的过程中产品销售受市场影响大或产品不能长途运输，布局的要点是考虑产品本身的特性、产品就近销售的比例以及消费地所能提供的产业间的协作规模。因此，它们的区位趋向于市场。第三产业的布局是消费地指向的。

6. 交通运输

对有的经济活动而言，运输费用在产品的成本中占的比例很高，或者是为了方便从不同的地方获得原材料及向许多地方发送产品，它们在选择区位时通常都趋向运输费用最低的地方，结果它们就通常分布在重要的交

---

① 聂华林、李光全：《区域规划导论》，中国社会科学出版社 2009 年版，第 109～112 页。

通枢纽。

7. 资本

资本是产业发展的重要依托，流动的资本与产业区域良好的对接是区域产业发展的有利条件。资本因素会对产业的发展方向、布局区位选择产生重要的影响。

8. 政府政策

正确的政策可以推动经济的发展和产业的合理布局，反之，则会对经济的发展产生消极后果。十一届三中全会后，我国实行了对外开放、对内搞活的经济政策，有力地推动了国民经济的发展和产业布局的深刻变化。[①] 政府对产业布局的影响可通过直接干预性产业布局政策（直接性投资或审批制、许可证制、配额制等强制性政策），以及间接诱导性产业布局政策（贸易与关税政策、信息服务、财政补贴、融资支持等政策）来实现。

（二）产业空间布局设计

产业只有落实到合理的地域空间才会得到较好发展，优势要素才能得到合理配置，才能取得良好经济效益、社会效益和生态效益，这样就必须制订合理的、科学的产业布局方案。

在第四章介绍的产业空间组织结构基础上，本部分认为产业空间组织结构是否合理，关系到区域产业的发展和区域经济的提升能否顺利进行。产业空间组合结构的布局设计就尤为重要。

1. 产业园区布局设计要点

在产业园区规划和布局过程中，要注意以下问题：

中长期战略规划。坚持工业园区产业发展和布局规划与区域经济发展、土地利用等规划相衔接。园区建设要做中长期规划，具有前瞻意识，眼光要放得远，重视长期建设，保证园区的可持续健康快速发展和后续开发潜力。

突出园区的特色。产业园区规划要体现园区的特色，在招商引资和吸引企业进入园区时要结合规划要求和自身优势，着重引进与园区自身特色

---

① 苏东水：《产业经济学》，高等教育出版社 2000 年版，第 315 页。

产业以及与特色产业相关联的企业和项目，打造特色产业集群。

考虑资源的获取情况。产业园区区位布局要结合区域自然资源、科技资源、人力资源等的分布情况，并根据产业园区的发展要求进行区位选择和规划。例如，高新技术产业园区对科技资源的要求比较高，因此在进行园区规划时要充分考虑科技资源分布和获取情况。

坚持可持续发展原则。产业园区要立足长远发展，进行科学规划，走可持续发展的道路。充分利用园区的基础配套设施，推进土地、能源、人才、资本等资源的集约使用，降低生产成本；提倡清洁生产，控制环境污染，发展循环经济，建立"低污染、高效益"的良性循环发展模式。

2. 产业带布局设计要点

根据产业带形成机理等，其布局设计要根据类型而定。[①]

按照跨行政区域空间尺度的不同，产业带分为跨省级行政的区域产业带、省级行政区内跨次级行政区的区域产业带等多种类型。如沿长江干流产业带即为跨省级行政区的区域产业带；江苏沿沪宁铁路产业密集带、湖北十堰—襄樊—随州—孝感—武汉汽车产业带即为省级行政区内跨次级行政区的区域产业带。这种跨行政区域空间越大，产业带布局设计难度越高，重要的是如何协调不同主体之间的利益分配。

按照形成机理的不同，区域产业带分为：①资源开发促进型产业带。在资源富集区，由资源开发而形成的产业带。②中心城市和城市群集聚型产业带。受中心城市的吸引，产业高度集聚于大城市和城市群的经济密集地带。③交通轴线引导型产业带。产业在空间上沿交通干线集聚和扩散所形成的产业带。这种产业带布局设计应抓住要素流动和集聚的规律和趋势，因势利导。

按照发展轴线的不同，区域产业带分为：①沿江河产业带。以江河干流为发展轴线的产业带。②沿海产业带。以沿海港口为增长极、以沿海航线为发展轴线的产业带。③沿陆路通道产业带。以铁路、公路干线为发展轴线的产业带，如沿陇海—兰新铁路产业带。④沿综合运输通道产业带。以多种交通方式为依托，以多条运输通道为发展轴线的产业带。此类产业带通常拥有高度发达的交通通讯等基础设施，发展优势明显，经济吸引和辐射能力强大。日本沿太平洋沿岸产业带、德国沿莱茵河产业带即属此类。这

---

① 吴传清：《区域经济学原理》，武汉大学出版社2008年版，第159～161页。

种产业带布局设计要点是应发展轴线，有步骤、分阶段、分层次推进。

3. 科学城布局设计要点

科学城的区位布局主要考虑以下几方面因素:[①]

科学城的性质。科学城的性质包括三方面的内容，即科学城的内部组成、外部联系和所处的发展阶段。科学城的内部组成直接影响科学城的区位，如由政府的研究机构组成的科学城一般应靠近首都，而主要从事航天工程和核试验的科学城，则应建在人烟稀少的地区；科学城的外部联系与其内部组成密切相关，它同样影响到科学城的区位，如专门从事生物研究的科学城，应靠近国家公园或动植物保护区等；若把所有科学城的发展看做一个过程的话，那么，单个的科学城在其中所处的阶段不同，其区位会有明显的区别，这表现在早期科学城的区位受旧城市体系的影响较大，而到晚期单个科学城的区位受整个科学城体系的制约。

智力资源。科学城中的主体产业以开发和利用人的智力资源为主要任务，因此，地区居民的一般文化水平和是否有某个名牌大学这样的智力中心，直接影响到科学城的选址。日本为拟定全国科学城的发展计划，就曾做了全国智力资源现状分布的调查和分析。

环境和生活条件。由于智力开发和利用在科学城中占有重要地位，人的生产和生活及其环境条件必将受到高度重视，从而良好的环境和生活居住条件成为科学城区位的主要影响因素。它们包括适宜的气候条件，优美的风景和清新的环境，充足和清洁的水资源，相对平坦而景观又不单调的土地，舒适的住宅和方便的生活服务等。有了这些才可使居民安心地学习和工作，有利于智力资源的充分开发和利用。

交通运输和通讯条件。既为了促进科学研究活动，也为了直接为社会经济生活服务，科学城都应布置在交通方便，信息灵通的地方。如从筑波科学城乘车到东京或成田国际机场所需时间均为一个小时多一点，九州的航空运输则非常发达。

4. 孵化器布局设计要点

区域在进行孵化器布局设计时，要注意以下几点:

高度重视。把孵化器工作作为科技创新工作的重要内容，根据当地资

---

① 蔡渝平:《科学城及其区位初探》，载《经济地理》1987 年第 1 期。

源、产业发展方向和市场需求，最大限度地整合已有的科技和产业资源，建立更多适宜当地需要的特色产业孵化器，发挥对特色产业集群的孵育功能，扩大创业服务的受益群体范围，以满足日益增长的创业企业发展的需要，适应国民经济发展的要求。

规模适度。在进行产业孵化器规划时，要按照节约用地的要求，提高土地使用效率，保持适度的规模，既要满足入驻企业需要，又要避免盲目建设造成浪费，在现有条件下，达到资源和生产要素最有效利用。

合理布局。产业孵化器要符合区域产业发展的规划，坚持统一标准，规范建设，既要满足生态、安全、环保等要求，又要突出产业特性、企业特征和实用性，同时综合考虑承接产业发展的辐射区，形成"企业集中、资本集聚、产业集群"格局。

加强合作。运用市场手段调整管理部门与战略投资者、高校科研院所、入驻企业之间的利益关系，加强交流与合作，促进生产要素优化组合，形成合作共赢的机制。

政策支持。孵化器最重要的功能就是降低创业门槛，提高创业成功率。孵化器不是一般的投资产品，以社会效益为主，而且见效慢，成果形式十分特殊，因此必须对各投资主体给予特殊的扶持，如在孵化场地、营业税减免、财政返还等方面给予支持。

专栏7-8

北京市"十二五"时期产业功能区布局

1. 北部——国家战略性新兴产业策源地

以中关村国家自主创新示范区为核心，以中关村科学城建设为着力点，围绕北清路、京藏高速、立汤路发展轴线，统筹产业发展空间资源，形成"一核三轴"的产业空间格局；大力推进新一代信息技术、新材料、节能环保等战略性新兴产业的先导技术研发与创新业态集聚，形成世界领先的战略性新兴产业的辐射发展高地。

2. 南部——高端制造业和战略性新兴产业发展新区

全面落实"城南行动计划"，立足南部地区产业空间资源优势，以北京经济技术开发区、北京高端制造业基地、北京石化新材料产业基地为产业发展主体平台，辐射带动八大特色专业产业集群协同发展，重点发展电子信息、新能源、新材料、生物和医药、高端装备等战略性新兴产业，打造"三极八基地"的产业发展格局，建设成为全国战略性新兴产业发展的强大引擎和高端制造业的重要基地。积极加强与河北省邻近城市产业的协同布局，发挥南部地区产业对外的辐射作用。

3. 东部——制造业与服务业融合发展示范区

以顺义临空经济区和通州新城为核心辐射区，依托东六环、京承、京平高速等交通干线的辐射拉动，结合重点乡镇特色产业基地建设，以物流服务业为纽带，实现制造业与配套生产性服务业的协同发展，建设顺义——通州高端制造业与生产性服务业融合发展与区域产业协作发展新区。加强与河北、天津邻近区域产业互动。

4. 西部——传统工业转型升级示范区

以新首钢高端产业综合服务区、中关村科技园区石景山园及石龙经济开发区为依托，充分利用现有的基础和资源优势，发展以生产性服务业为驱动的京西产业转型发展新区。重点发展高技术产业、生产性服务业等产业，吸引制造业企业总部和研发中心落户，努力成为产业转型升级的示范区，建设"宜业、宜居、宜游、宜文"的生态科技创意城。

5. 生态涵养区——都市绿色产业发展带

立足区域生态环境与产业要素特点，强化六大市级产业园区的先导作用，积极发展一批新兴专业化产业基地。大力发展低污染低消耗型都市工业、节能环保制造与应用示范、机械装备制造等产业。积极与京津冀临近区域协作发展，提升经济一体化程度。

资料来源：北京市经济和信息发展委员会，http：//www.bjeit.gov.cn/zwgk/ghjh/fzgh/201111/t20111111_19805.htm。

第四节 产业规划的方案设计

产业规划是产业发展的战略性决策，关系着区域未来的长远发展，因此产业规划的成功与否意义重大。产业规划的方案设计包括区域产业发展状况调查、规划的编制、规划的内容等方面。

一、产业调查

区域产业的发展状况调查是区域产业规划的基础和依据，经过深入细致地调查，才能对区域的发展情况有更全面正确的认识，产业的规划工作才能顺利地进行。

（一）调研目的

明确调研目的，即明确调研所要了解和发掘的资料。主要包括区域的区位条件、资源条件等基本状况；区域已有的产业类型，产业的发展现状、存在的问题、未来的发展趋势；区域对产业发展提供的政策条件、基础设施条件、优惠政策等；在区域现有的条件下，哪些产业具有发展优势、发展潜力，未来可以大力发展。

（二）调研方案设计

1. 确定调研目的

这是调研组织者在调研开始前首要解决的问题，即在调研过程中想要了解的事情。在对已经了解的问题和资料整理出来后，拟定调研提纲。

2. 确定调研对象和调研单位

调研对象是根据调研目的而确定的调研范围内需要调研的现象的总体，而调研单位是相应的个体。确定调研对象和调研单位，就是确定向谁调研，即确定具体的需要调研的产业、企业或是单位的名称和数量。

3. 确定调研时间、地点

调研时间是调研的具体时间和期限安排，调研地点通常与调研单位相统一。

4. 确定调研方式和方法

常见的调查方式有抽样调查、重点调查、典型调查、普查和报表等。具体的调研方法有访问法、观察法、问卷法和实验法等。在产业调研过程中，根据具体调研对象和调研任务可以采取不同的调查方法，可以多种方式和方法结合运用。

5. 调研资料分析

对调研所取得的资料进行研究分析，包括对资料的分类、编号、分析、整理、汇总等一系列的资料研究工作。

6. 确定提交调研报告的方式

主要包括调研报告书的形式和份数、报告书的基本内容、报告书中图表的格式等。

7. 制订调研组织计划

指实施整个调研活动过程的具体工作计划安排，主要是指组织调研领导、调研机构设置、人员的选择和培训、调研工作步骤安排及善后处理等。

（三）调研总结

通过调研，得到有关区域内产业发展的一些情况和数据，对这些数据进行分析和总结，对各产业的发展情况就有了全面的了解，为产业的规划打下基础。

专栏 7-9

黑龙江省工信委：新材料产业发展调研方案

按照省领导的指示精神，为进一步摸清我省新材料产业的发展情况，编制好我省新材料产业发展规划，推动我省新材料产业更好更快发展，培育工业经济新的增长点，制订本调研方案。

一、调研目的

通过对行业现状进行全面的调查分析，理清行业发展思路以及企业在改革、改组、改造等方面存在的问题，提出行业发展方向和工作措施。紧紧围绕扩内需、保增长、促发展和老工业基地调整改造，规划出一批具有牵动性的重大技术改造项目，加快新材料产业的发展，促进我省产业结构的优化升级。

二、调研内容

（一）产业现状

调查了解全国新材料产业发展情况；详细了解并掌握我省新材料产业现状，包括新材料产业在我省的布局及集中度、现有企业总数、资产情况、技术与装备水平、生产规模、重点产品、2008 年生产经营情况、在国家和我省的地位和作用、制约产业发展的主要问题等。

（二）重点龙头和骨干企业情况

调查了解企业现有资产及负债情况，现有产品市场分析，经济效益情况，产品和技术开发及技术中心建设情况，企业改革、改组、改造情况，企业在发展中存在的主要问题，今后的发展设想及政策措施建议等。

（三）新材料产品开发情况

调查了解我省大专院校、科研院所及企业技术中心研发项目进展情况，新材料开发重点项目进展情况及产业化项目实施情况。

（四）政策措施情况

调查了解国家和其他省市鼓励新材料产业发展的政策措施情况，详细了解掌握我省对国家和本省有关政策措施的贯彻落实情况。

三、调研方法、步骤和相关要求

（一）调研方法

1. 赴国家有关部委、行业协会、大专院校、科研单位调查了解国内外新材料产业发展现状、发展趋势、政策措施等情况。

2. 赴沿海发达地区调查了解当地新材料产业发展情况及它们推进新材料产业发展的好经验、好做法。

3. 赴省内重点市地和企业调查了解发展情况、存在的主要问题、推进我省新材料产业发展的对策建议。

（二）调研步骤

7 月 10～30 日，组成调研组分别赴各地进行调研。

8 月 1～15 日，形成总体调研报告（初稿）。

8 月 15～20 日，征求有关部门及专家意见。

8 月 20～25 日，形成总体调研报告或相关规划（送审稿），经征求意见后报省政府。

（三）相关要求

各有关单位要提高对这次调研工作重要性的认识，解放思想，实事求是，与时俱进，创造性地开展工作。牵头单位要积极组织精干人员，结合工作分工认真开展调研工作，充分了解掌握产业和企业现状、存在的主要问题，并在此基础上，提出今后发展思路和采取的主要措施，形成内容翔实的调研报告。各相关行业协会及各市地经委、信息产业局、中小企业局要配备专人负责联系和协调，积极主动配合各调研组工作，保证这次调研工作的顺利进行。

四、组织领导

盖如垠副省长牵头，省工信委具体负责。调研分 4 个组，分别开展电子、石化医药、冶金建材、航天航空新材料的调研。

资料来源：黑龙江省人民政府官方网站，http：//www. hlj. gov. cn/zt/system/2010/02/23/010005690. shtml。

二、规划编制过程

在对区域产业发展情况进行调研，有了全面了解之后，进入规划的编制工作阶段。

（一）组织与分工

区域的产业规划涉及到多个产业和区域发展的很多部门，覆盖面广，工作量大，是一项庞大的系统工程，为确保高效率、高质量完成规划编制工作，要做好规划工作小组的组织与分工。规划编制工作落实到具体的科室和人员，成立产业发展规划编制工作领导小组及专项规划编制小组。同时区域各部门和单位要积极协调配合，提供相关资料。

强化社会参与。在政府主导的前提下，努力增加社会参与的广度和深度。充分发挥专家的作用，邀请有关方面专家直接参与规划编制，或在规划编制过程中，组织专家对规划成果进行咨询论证；认真采纳公众意见；广泛征求社会各界的意见。

（二）编制流程与时间控制

区域产业规划的编制流程有以下几个阶段：

1. 制订实施方案和工作部署阶段

制订规划编制工作实施计划，成立规划编制工作小组，明确部门工作分工与职责，召开编制工作部署会议。

2. 产业规划编制阶段

根据有关单位提供的基础资料和调研得到的资料，组织有关部门和市内相关专家共同编制产业发展规划，提出区域产业发展的战略思路、目标、空间布局、政策措施等。在广泛听取各方意见的基础上，形成区域产业发展规划文本的送审稿。

3. 规划论证修改审定阶段

产业发展规划形成后，组织专家对规划成果进行咨询论证。在充分论证的基础上，进一步修改完善。

4. 产业规划申报阶段

产业规划整理成册，呈报政府审批并颁布实施。

5. 规划发布实施阶段

产业规划经政府审定后，由政府发布，并提出规划实施的指导意见。有关部门按照政府要求，制订相关的贯彻落实意见，确保规划顺利实施。

（三）讨论与反馈

产业规划编制成果形成后，在实施过程中要积极吸纳公众、社会、专家、政府部门的意见。同时对实施成果要定期反馈上级部门，如果在实施过程中遇到困难，更要及时报告，针对存在的问题进行讨论，有必要的话调整规划方案。

专栏 7-10

上海市经济信息化委关于开展开发区产业 发展规划编制工作的要求

为贯彻落实《工业和信息化部关于促进产业集聚发展和工业合理布局工作的通知》（工信部产业〔2009〕103 号）、《商务部关于 2009 年国家级经济技术开发区工作的指导意见》（商资发〔2009〕138 号），进一步加强产业规划对本市开发区发展的引导作用，加快推进高新技术产业化和特色产业集群发展，优化和完善本市产业布局，本市开发区产业发展规划编制工作要求如下：

1. 组织协调。本市各级各类开发区均应按照本通知要求编制产业发展规划。其中，国家级开发区的产业发展规划由各国家级开发区自行编制；各市级开发区的产业发展规划由所在区县经委组织各市级开发区编制。各区县经委要对本区域各开发区的产业发展定位和重点领域进行总体平衡，统筹考虑本区域的产业布局。各国家级开发区编制产业发展规划时，应考虑与所在区域产业布局的协调。

2. 编制期限。开发区产业发展规划编制期限为 2010 年到 2012 年。

3. 编制内容。开发区产业发展规划应根据本市和所在区域经济社会发展的总体要求，围绕本市产业发展重点领域、产业振兴规划和高科技产业化发展的具体要求，结合本开发区的实际情况进行编制。规划基本内容应包括产业发展现状、产业发展定位、产业发展重点领域、产业布局、保障措施等，具体内容可根据本开发区的实际情况进行调整。

4. 重点领域。各开发区产业发展定位和重点领域可参照国家统计局《国民经济行业分类与代码》（GBT 4754—2002）中确定的行业划分标准或根据本市产业发展重点领域的要求确定。我委将视各开发区的发展情况对其产业发展重点领域适时进行调整。

5. 意见征求。在组织征求意见时，各市级开发区产业发展规划须征求所在区县发展改革部门、规划土地部门、环保部门的意见，各国家级开发区产业发展规划须征求市发展改革部门、规划土地部门、环保部门以及相关区县经委的意见。

6. 规划报备。尚未制订产业发展规划的开发区，要尽快按照要求组织编制产业发展规划并向我委报备。已制订产业发展规划并征求过相关部门意见的开发区，在对规划修改完善后向我委报备；已制订产业发展规划但尚未征求相关部门意见的开发区，在征求意见并对规划修改完善后向我委报备。

资料来源：上海市经济和信息化委员会，http：//www.sheitc.gov.cn/cyfz/615678.htm。

三、规划的主要内容

产业规划的主要内容是产业规划编制的核心部分，主要包括以下七项：

（一）内外部环境分析

分析区域产业发展的内外部环境，能够清楚地了解产业发展的优势、劣势、机遇和挑战。外部环境，包括周边地区、国家和国外的产业发展现状、特点和趋势；内部环境包括本区域的地理位置、资源条件、交通条件、经济发展现状、地区政策等。

（二）产业发展未来需求

立足国内外产业的发展形势，分析产业的未来需求和市场情况，了解产业的发展潜力和拓展能力，发展那些未来市场需求量大、支持力度大、发展潜力大的产业。

（三）本地区的主导产业选择

结合区域的内外部环境、所处的经济发展阶段、现有产业的发展现状、区域市场的发展情况，制订主导产业评价指标，对备选产业进行评估，筛选出本地区的主导产业。

（四）产业目标定位

产业目标定位要研究目标定位的基本原则、指导思想、战略目标、阶段目标等，就是确定在规划期内产业的发展方向、发展到什么程度。发展目标包括规划阶段产业的发展规模、效益、税收、出口比重、投资强度、创新水平等一系列具体指标。

（五）产业发展战略

产业发展战略是指从产业发展的全局出发，结合产业发展的条件、影响因素以及自身的特点，为达到发展目标，对产业未来发展方向、发展重点所做出的部署和筹划。

（六）产业空间布局

产业在合理的地域空间内才能得到更好的发展。根据产业区位指向和产业的特点，结合区域经济、地理环境、基础设施建设情况、现有产业分布、区域发展目标，为产业安排空间发展格局。

（七）政策措施

为使规划产业健康发展，达到规划的目的，需要提出针对性强的政策措施，作为实施规划的基本保证，政策措施涉及产业实施主体的设置与管理、融资方案、技术研发、人才培养与引进等方面。

专栏 7-11

某地区产业体系建设及其发展规划

某地区某一规划期间的产业体系建设及其发展规划文本大纲如下：

一、内外部环境分析

1. 外部环境分析

2. 内部环境分析

3. 产业发展条件

4. 产业发展现状

5. 经济发展水平阶段

6. 制约因素

二、产业发展未来需求

1. 全球产业加快转移，提出产业发展新需求

2. 加快经济转型升级，提出产业发展新要求

3. 工业加快沿海转移，提出产业发展新需求

4. 区域经济竞争加剧，提出产业发展高要求

三、主导产业的战略选择

1. 产业选择标准

2. 筛选产业

3. 筛选办法

4. 筛选过程

5. 分阶段发展

四、产业的目标定位

1. 基本原则

2. 总目标定位

3. 分产业目标定位

五、产业发展战略

1. 总体发展思路

2. 分产业发展重点与发展思路

六、产业空间布局

1. 产业空间布局

2. 主要产业带空间布局及其分工

3. 对接京津冀产业群

4. 对接渤海区：协调发展

七、主要政策措施

1. 确立港口战略，实行港城联动

2. 加强产业规划，引导发展方向

3. 创新招商方式，加大引资力度

4. 做强主导产业，形成产业体系

5. 加大政策力度，推进园区建设

6. 提高准入门槛，推进资源节约

7. 实行联审机制，强化政府服务

8. 加大扶持力度，鼓励转型升级

9. 加强队伍建设，提供人才保障

10. 实施金融政策，拓宽融资渠道

☐ 思考与练习题

1. 区域产业的特点有哪些？

2. 区域产业发展的条件有哪些？

3. 产业竞争力的分析模型有哪几种？

4. 区域比较优势产生的基础有哪些？

5. 比较优势的衡量指标有哪些？

6. 何为主导产业？

7. 简述主导产业转换的历程。

8. 主导产业的选择基准是什么？

9. 简述主导产业的筛选过程。

10. 影响区域产业结构的因素有哪些？

11. 合理的产业结构的标准有哪些？

12. 如何实现产业结构的优化升级？

13. 产业空间布局的影响因素有哪些？

14. 合理的产业空间布局类型有哪几种？

☐ 延伸阅读文献

1. 罗斯托：《经济成长的阶段》，商务印书馆 1963 年版。

2. 张金锁、康凯：《区域经济学》，天津大学出版社 1998 年版。

3. 金碚：《产业组织经济学》，经济管理出版社1999年版。

4. 厉以宁：《区域发展新思路》，经济日报出版社1999年版。

5. 苏东水：《产业经济学》，高等教育出版社2000年版。

6. 黄本笑、张雪平、赵修卫：《科技进步与区域发展》，武汉大学出版社2002年版。

7. 陈秀山、张可云：《区域经济理论》，商务印书馆2003年版。

8. 孙久文、叶裕民：《区域经济学教程》，中国人民大学出版社2003年版。

9. 孙久文：《区域经济规划》，商务印书馆2004年版。

10. 崔功豪、魏清泉、刘科伟：《区域分析与区域规划（第二版)》，高等教育出版社2006年版。

11. 张沛：《区域规划概论》，化学工业出版社2006年版。

12. 蒋选、杨万东、杨天宇：《产业经济管理》，中国人民大学出版社2006年版。

13. 王传民：《县域经济产业协同发展模式研究》，中国经济出版社2006年版。

14. 张秀生：《区域经济学》，武汉大学出版社2007年版。

15. 刘秉镰、韩晶：《区域经济与社会发展规划的理论与方法研究》，经济科学出版社2007年版。

16. 李悦、李平、孔令丞：《产业经济学》（第二版），东北财经大学出版社2008年版。

17. 杨建文：《产业经济学》，上海社会科学院2008年版。

18. 吴传清：《区域经济学原理》，武汉大学出版社2008年版。

19. 聂华林、李光全：《区域规划导论》，中国社会科学出版社2009年版。

20. 蔡渝平：《科学城及其区位初探》，载《经济地理》1987年第1期。

21. 孙士强、张贵：《京津冀区域主导产业选择研究》，载《天津行政学院学报》2008年第2期。

22. 王林生、梅洪常：《产业结构合理化评价体系研究》，载《工业技术经济》2011年第4期。

23. 谢赤、王彭：《积极推动三次产业协调发展》，载《经济日报》2012年6月15日。

第八章 区域科技规划的方案设计

科学技术是第一生产力，是经济社会发展的重要引擎。随着区域发展理论研究的不断深入，区域科技规划对区域发展具有重要战略意义。在科学发展观指导下，区域科技规划是国家科技规划在具体区域的落实、发展和创新。该规划对于提高区域科学技术水平、增强区域创新能力、实现区域可持续发展具有重要意义。

第一节 规划的指导方针与思想

区域科技规划作为区域经济与社会发展规划的一个重要组成部分，肩负着为区域经济发展提供科技支撑的重大任务。我国科技工作以"自主创新、重点跨越、支撑发展、引领未来"为指导方针，立足国情，以人为本，坚定不移地走中国特色自主创新道路，为经济建设、构建社会主义和谐社会提供强有力的科技支撑。区域科技规划作为国家科技规划的进一步实施，其规划工作要以连续性、可操作性、创新性、战略性等为原则，整合区域实际情况，开展系统性研究，提高科技创新能力，形成支撑、引领区域经济社会发展的规划。

一、区域科技规划的特征与分类

区域科技规划以科学发展观为指导，立足国情，兼顾地域差异性。从当前的实践来看，制订区域科技规划是地方政府依托科技，推动经济社会发展的一种重要政策手段。

1. 区域科技规划的特征

（1）专业针对性。区域科技规划区别于其他规划的显著特征是具有专业针对性，区域科技规划是在经济领域中围绕科技进行的专项规划，它是对区域科技的系统筹划，是在科学发展观的基础上，结合实际情况进行的科学研究，具有科学专业性，同时也兼顾针对性，是区域科技发展的具体指南。

（2）趋势战略性。区域科技规划的重点在于要明确需要解决的问题，针对行业或领域的前沿问题规划基础研究和技术本身，并对地方的科技发展起到支撑、引导作用。如《上海市"十二五"科技发展规划》明确提出，推动上海经济社会走上创新驱动、内生增长的科学发展轨道。

（3）产业联动性。区域科技规划的目标是通过优化区域科技资源配置，带动经济增长、促进产业结构升级、实现区域可持续发展。一项重大科技专项会带动一个区域的产业崛起，同时带动相关产业的联动，实现区域产业结构跨越发展。产业联动性强调对其他产业的关联度。

（4）区域差异性。区域科技规划的战略定位、重大专项选取等都因所处区域不同而具有不同的侧重点和创新点。规划设计因受到区域具体条件（如经济发展水平、区域资源优势、区域产业结构、区域所处的行政级别、基础设施和服务设施等因素）的限制，会展现不同的区域特色。但是有时与国家发展规划相结合，如天津参与嫦娥、天宫一号和神舟八号的技术研究。另外，区域科技规划在空间上需保持完整性和一致性。例如，为了配合我国西部大开发战略的顺利实施、保障2008年北京奥运会的成功举办，增设了西部开发专项和奥运科技专项。

（5）协调一致性。区域科技规划作为区域规划与国家科技规划的交叉点，协调一致性是其主要特征。一方面，体现在区域科技规划要与国家规划、计划相协调；另一方面，体现在规划与经济、社会、环境的发展相协调。例如，《北京市海淀区科技发展重点领域指南（2009～2013年）》的编制就遵循了这个特性。首先，遵循"科学技术是第一生产力"的论断，落实"技术创新以企业为主体，以市场为导向"的国策，瞄准世界科技前沿领域，积极推动区域自主创新；其次，依据区域经济、科技、产业和资源的基础及特点，按照"突出重点、有所为有所不为"的战略，提出海淀区应优先发展的九大领域，即电子信息、新材料、生物与新医药、医疗与卫生、先进制造业、现代农业、生态环境与资源利用、新能源与节能和高技术服务业。[①] 此外，协调一致性还包括

[①] 资料整理自《北京市海淀区科技发展重点领域指南（2009～2013年）》。

区域间的协调，尤其是在公共卫生、环境生态建设等方面，区域间的联合协作显得十分重要。在京津冀地下水开采方面，三个区域就采取联合协作的对策。

（6）时代性。规划应与时俱进，不能墨守成规，在不同时期规划的侧重点不同。例如，新中国成立初期《十二年科技规划》确定了"重点发展，迎头赶上"的指导方针；《十年规划》确定了"自力更生，迎头赶上"的科学技术发展方针，提出"科学技术现代化是实现农业、工业、国防和科学技术现代化的关键"的观点；《1986～2000年科学技术发展规划》提出"面向、依靠"基本方针，旨在发展具有中国特色的科学技术体系；"十二五"科技规划深入贯彻落实科学发展观，坚持"自主创新，重点跨越，支撑发展，引领未来"的指导方针，以科学发展为主题，以支撑加快经济发展方式转变为主线，以提高自主创新能力为核心，深化改革开放，全面推进国家创新体系建设，实现我国科技发展的战略性跨越，为进入创新型国家行列奠定坚实基础。①

（7）可操作性。规划具备可操作性，是指规划的实施具备可操作性，该特性以科学性为前提，要实现可操作，一方面规划的专题、项目本身需要具备可操作性，另一方面规划必须在合理的运行机制设计保障下能顺利实施。我国863计划，项目的可操作性表现在：研究开发对象都是探索性强、代表世界高技术发展方向、对国家未来新兴产业形成和发展具有引领作用、可以进行应用示范、有利于产业技术更新换代的技术。与此同时，规划设置了863计划联合办公室、领域办公室和科技部所属的相关中心，分别为协调、监督、承担基础工作方面提供了保障。

专栏8-1

专业针对性的科技专项

西部开发专项：针对保护和治理西部地区生态环境、开发优势资源和特色产业，推动西部信息化建设，安排一批重大项目并进行联合攻关。专项的重点任务是：优化、重组或新建一批生态建设和特色资源增值转换化

---

① 资料来源：中华人民共和国科学技术部，由历史上的科技发展规划整理而来，http://www.most.gov.cn/kjgh/lskjgh/。

关键技术；构建西部重点地区高技术产业发展的新格局；开展西部地区多层次、覆盖面广的科技培训，建设一支高素质的科技人才队伍；初步建立优势互补、共同发展的东西部合作的良性机制。

奥运科技专项：针对成功举办北京奥运会必须解决的若干焦点问题和"瓶颈"问题，在环境、交通、数字奥运、运动科研和科普五个方面进行技术攻关和示范，为北京创造一个清洁、优美、安全、便捷的奥运会环境，为高水平办好2008年奥运会提供有力的科技支撑。

资料来源：《西部开发重点规划专项》、《北京市中长期科学和技术发展规划纲要(2008~2020年)》节选。

2. 区域科技规划的分类

按照不同标准，区域科技规划的类型也不尽相同，目前主要有以下四种分类标准：

（1）空间布局优化型。从优化空间布局战略角度考虑，依据规划主体的影响力度分为国家型区域科技规划、城市带动型区域科技规划和示范型区域科技规划。

国家型区域科技规划一般由国家级科技基地布局计划，体现着集聚优先的原则，实行阶梯式的规划思路，力图通过聚集的扩散效应，实现区域科技均衡发展。这种规划通过建设不同梯队来实现区域科技发展：一是带动型梯队，主要建设骨干科技体系、极点，以实现区域引领作用，通过规划使分散的创新、技术等要素在中心城市聚集，促进中心城市创新能力提高，为其发展高新技术产业、提高加工制造业附加值提供科技支撑；二是集聚型梯队，主要以集聚区为主体形成产业科技体系，如农业方面有陕西杨凌示范区、天津张家窝农业产业园区；三是辐射型梯队，借助集聚区科技的扩散效应，集中区域科技资源，实现联合攻关、促进科技成果的推广应用、加强地（市）级科研机构的能力建设、加强人才培训稳定科技队伍，带动周边地区及欠发达地区科技进步，即发展和储备双管齐下。

（2）区域分类发展型。按照区域的政策类型、科技能力、经济基础等因素分为政策指导型科技规划、科技主导型科技规划和经济导向型科技规划。

政策指导型科技规划以国家政策区域划分的东、中、西部和东北的分类为指导战略，针对不同的区域规划的重点不同。如京津冀、长江三角洲、珠江三角洲等东部地区的科技规划侧重于技术跨越、提高国际竞争优势；以郑州为中心的中原地区、以武汉为中心的长江中游城市群、以长株潭城市群等中部地区致力于形成产业、创新集群、提升区域综合竞争优势；西北地区、西南地区则以服务西部大开发为目标、兼顾环境生态保护制订科技规划；东北作为传统的老工业区其规划重点正逐步由振兴传统老工业向建设现代化新兴产业基地跨越。

科技主导型科技规划依托科技经济发展水平编制，我国区域科技经济发展水平为六类，在制订每一类区域的科技规划时都应结合其发展水平决定规划中的专项内容。不同区域的规划目标不一样，科技经济发展水平较低的区域侧重产业化的研究，发展水平较高的区域重视基础研究和创新源的研究，具体如表8－1所示。

表8－1　　　　　　　　区域科技经济发展水平分类

区域科技经济发展水平		科技侧重研究方向
一类	北京、上海、广东	产业化、基础研究、创新源
二类	江苏、浙江、天津等	
三类	河北、黑龙江等	产业化、科技攻关
四类	湖北、陕西、四川	
五类	安徽、云南、甘肃等	产业化
六类	新疆、山西、青海、西藏	

经济导向型科技规划是根据所规划区域的经济发展水平制订适合其发展，符合其经济基础的科技发展战略，即特殊类型的区域科技发展战略。例如，国家贫困县（区）的科技发展战略，以加强教育和科技扶贫为主要路径，强调科学普及；对于资源日益枯竭的老工业区则重视产业结构的调整、技术的改造，以培育新主导产业、发展现代农业为主体，实施科技兴贸；针对西北的水土流失和荒漠化、西南的酸雨、东中环境污染等问题，在这样的区域科技规划中要强调生态环境治理和保护的技术研发。

（3）优先发展科技经济密集区型。优先发展科技经济密集区型主要从国家、省级和省内层次划分的区域科技规划。

国家层次的区域科技规划。各种国家级的高技术开发区、经济开发区，以及国家战略层面的区域。这类规划主要包括：加强研发基地建设，增强区域的自主创新能力；强化创新要素的联动、资源共享、设施建设等，促进科技成果产业化；发挥创新平台作用，促进科技创新。

省级层次的规划战略以省级中心市为规划对象，重点建设科技园、高新区、经济开发区，大力强化园区孵化器功能，把园区纳入国家创新体系建设，依托优势学科，坚持走特色化的科技发展道路。

省内层次的规划主要针对区域内的科技园、高新区、产业集群区进行规划研究，主要包括产业集群的创新发展战略、中小企业集群的行业技术创新平台建设、以大企业为核心的研究开发联合体建设、大企业技术联盟建设等。规划中强调合作的重要性，依靠合作解决科技发展过程中遇到的资金不足、创新能力不足和风险高等问题，规划的内容有开发共性技术、进行行业技术普及教育、人力和基础设施资源共享、建立推行行业标准等。

（4）多层次区域创新体系型。按照体系覆盖范围分为跨省区域、省级区域、省内子区域三类创新体系。跨省区域科技体系建设的基本思路为以政府调控为主要路径、以加强企业技术创新和高校知识创新为突破重点、规范中介机构服务、建立投入机制、完善人才队伍、改善软硬环境、培育创新网络。实现省域间资源、技术共享，对关键共性技术采取联合攻关战略；省级区域创新体系建设与区域分类发展战略相似；省内子区域创新体系建设，主要包括中心城市创新体系、跨市县创新体系、科技经济密集区创新体系建设。

滨海新区打造"天津未来科技城"初步规划

"天津未来科技城"位于滨海新区西部的滨海高新区滨海科技园，紧邻东丽湖度假村和黄港水库旅游区，规划面积20平方千米，为全国四家科技城建设项目之一，具有重要战略地位。

科技城功能定位于"全新运行机制的国际人才特区"、"引领科技创新的全球研发平台"、"聚集高端要素的成果转化基地"、"发展新兴产业的国家战略高地"、"创新发展模式的先导示范区域"和"彰显人文生态的宜居乐业家园"。

科技城产业方向初步确定新能源、生物医药、航空航天、现代服务业、高端制造、节能环保、新能源汽车八个主导产业，并围绕相关主导产业发展与之配套的科技金融、高技术服务等，以发展产业集群带动人才集聚。

科技城计划力争在 5 年内，引进 30 名掌握核心技术并在行业内有重大影响的科技领军人才、300 名海内外高层次人才，高水平创业团队和研发人员总数超过 3000 人。在 10 年内，该科技城将建设为智力高度密集、朝阳产业荟萃并承载国家自主创新功能的现代卫星城，成为我国吸引和集聚海内外高层次人才创新创业的战略高地、成为全球科技创新中心和高技术产业基地。

目前，作为科技城的主要承载区域的滨海高新区滨海科技园已基本完成基础设施主框架，实现水电气热等完善配套。同时，滨海科技园综合服务中心、滨海科技园渤龙山庄已投用。

资料来源：北方网，http：//news. enorth. com. cn/system/2011/08/17/007144021. shtml。

3. 区域科技创新能力

区域科技规划是推动区域发展的一把"利器"，规划的首要任务是优化区域科技资源（区域科技创新资源）配置，以此带动经济增长、产业结构升级，最终实现区域可持续发展。

（1）科技资源配置。[①] 科技资源配置普遍存在于区域整合过程中，是提高区域科技创新能力、实现可持续发展的重要途径。

科技资源配置的要素包括人力、财力、物力、信息等资源。人力资源主要指科研人才包括区域内的在校大学生、科研机构的科研人员、企事业单位里从事科研工作的人员或工程师等。区域科技规划中的科技专项款、科技基金、科技设备等物资都属于要分配的财物资源。信息资源主要指各类科技发展规划、科技规划发展纲要、关键技术等一切可供利用并产生效益、促进区域科技发展的各种文字、数字、音像、图表、语言资源。

科技资源的重要配置主体为政府、企业、高校和科研院所，可以分为管理主体和执行主体两类，它们的科技活动行为会影响区域科技创新资源配置的运行效果。

首先，政府作为管理主体，引导、参与科技资源配置，并为相应工作提供适当的保障与支撑。区域政府主要提供财力资源与信息资源，并

---

① 王雪原、王宏起：《区域科技创新资源配置系统结构方程模型及模式选择》，载《技术经济》2008 年第 12 期。

从战略高度充分考虑国家的政策和规划以及区域经济和社会的现实情况，确定区域科技创新资源的配置方向与领域。地方政府可以通过编制科技计划等方式来支持相关科技创新团队进行研究开发，鼓励产学研联合研究，促进企业集群发展；通过一系列监督、检查与审核的手段保障科技创新资源的有效利用和科学配置；通过完善的科技创新环境和平台来支持科技成果转化等措施，提高区域科技创新效率和科技成果产业化水平。

其次，企业是区域科技创新中的技术创新主体。企业通过分析市场和技术需求，有针对性地选择适宜的研究开发对象，并通过自主开发或与高校及科研院所联合来配置各种科技资源，开发出具有市场竞争力的产品与技术成果。

最后，高校与科研院所是区域科技创新中的知识创新主体。该主体科技人力资源丰富，拥有先进实验设备、实验室、图书馆等科技创新物力资源，有利于科技知识和思想的传播与再创造，是从事基础研究和部分应用研究的主要势力。

综上所述，政府、企业、高校与科研院所等配置主体在科技资源的配置中的具体行为及特点可概括为表8-2。

表8-2　　　　　资源配置系统主体的行为和特点

内容	宏观配置主体	微观配置主体	
	政府	企业	高校和科研院所
关注重点	区域科技创新资源配置总体优化	充分利用企业内外部的科技创新资源	科技项目、经费和团队建设
目的	提高区域科技创新资源利用率	提高创新效率，实现经济目标	科研成果、服务社会
作用	整体规划，宏观指导，公共支持	技术创新，市场价值实现	知识创新，人才培养
地位	顶层管理	创新主体	创新体
行为方式	制订和组织实施科技政策和科技计划，建立科技信息平台	高新技术及产品开发，市场开拓	科研项目研究，提供技术、人才、信息支持

续表

内容	宏观配置主体	微观配置主体	
	政府	企业	高校和科研院所
资源条件	科技经费，政策，需求信息	技术与产品开发基础，研发队伍，研发经验，市场信息	优势学科，创新团队，专利及成果，科技信息
关系	向微观主体配置科技经费，引导其参加科技计划	接受政府科技计划任务，匹配科技资源，完成科技项目，反馈需求信息	

资料来源：王雪原、王宏起：《区域科技创新资源配置系统结构方程模型及模式选择》，载《技术经济》2008 年第 12 期。

　　在配置系统中，上述四个配置主体之间存在相互影响与作用的关系。企业增加人力、财力资源投入，加强与高校、科研院所的合作创新，将导致高校与科研院所增加对科技创新人力与财力资源的投入；政府增加科技经费投入对企业、高校与科研院所的创新活动行为将产生积极影响；高校与科研院所加强科技创新活动时，不仅会得到政府更多的支持，而且也会对企业提供更多的科技成果与技术支持。由此，得到如图 8 - 1 所示的区域科技创新资源配置系统结构方程模型的构架。

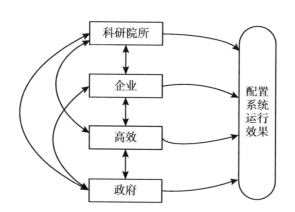

图 8 - 1　区域科技创新资源配置系统结构方程模型框架

资料来源：王雪原、王宏起：《区域科技创新资源配置系统结构方程模型及模式选择》，载《技术经济》2008 年第 12 期。

　　（2）区域科技创新能力指标评价体系。区域科技创新能力是区域内科研机构、企业、学校或自然人等在某一科学技术领域具备发明创新的综合能力，包括科研人员的专业知识水平、知识结构、研发经验、研发经历、科研设备、经济势力、创新精神 7 个主要因素。本书总结的区域科技创新能力指标体系包括 3 个一级指标、11 个二级指标、22 个三级指标构成（见表 8 - 3）。

表 8 - 3　　　　　　　　　区域科技创新能力指标体系

一级指标	二级指标	三级指标
初始区域科技创新能力	人力资源（V_1）	每万人口科技人员数（人/万人）（X_1）
		每万人口科学家和工程师数（人/万人）（X_2）
	科技经费（V_2）	R&D 经费占 GDP 比例（%）（X_3）
		科技活动经费（亿元）（X_4）
		地方政府科技拨款占财政支出比例（%）（X_5）
	科技意识（V_3）	人均图书消费额（元）（X_6）
		万人因特网用户（户/万人）（X_7）
	市场需求（V_4）	全社会固定资产投资（亿元）（X_8）
		居民消费水平（元）（X_9）
	劳动者素质（V_5）	每万人口大专及以上人员（人/万人）（X_{10}）
潜在区域科技创新能力	专利（V_6）	每万人口专利申请数（件/万人）（X_{11}）
		每万人口专利批准数（件/万人）（X_{12}）
		发明专利批准数（件）（X_{13}）
	科技论文（V_7）	国际科技论文数（篇）（X_{14}）
		每万科技人员国内科技论文数（篇）（X_{15}）
	企业技术创新投入（V_8）	企业技术开发费（亿元）（X_{16}）
		企业技术开发费占销售收入比重（%）（X_{17}）
	技术合作与应用（V_9）	外商直接投资额（亿美元）（X_{18}）
现实区域科技创新能力	宏观经济（V_{10}）	GDP（亿元）（X_{19}）
		财政收入（亿元）（X_{20}）
	企业技术创新产出（V_{11}）	新产品产值率（%）（X_{21}）
		高技术产业增加值（%）（X_{22}）

　　资料来源：马元三、李惠娟：《区域科技创新能力指标体系的构建》，载《统计与决策》2009 年第 21 期。

二、区域科技规划的定位与制订依据

1. 科技定位

为实现区域科技的良好发展,规划的首要前提就是制订出符合区域科技发展需求、利于区域综合实力提高,实现区域可持续发展的科技定位。科技定位的表现类型因划分依据不同各具差异。

(1) 按制订部门划分。科技定位的制订部门主要有科技主管部门和政府,有这两种不同层级的部门制订的科技定位在操作性和资源的配置等方面存在差异。具体表现为:科技主管部门职能有限,所以其在科技工作中的推动力较弱,进而可配置资源能力就要受到限制。但是,因为科技部门的专业性和专一性,所以它的定位的可操作性较强;政府定位相对于科技主管部门,因为权力范围的扩大,权威性强,所以易于执行,定位更加有效。但是,政府作为一个综合部门需要调节各个部门的工作,所以对定位不易操作。

(2) 按空间划分。科技定位从空间上可划分为跨省的科技定位、省级区域的科技定位、县市科技定位,以及科技园区的科技定位等。若从区域分类发展角度来划分,可分为政策区域的科技定位、科技发展水平的科技定位、特殊类型的科技定位。区域分类发展角度的划分通常是跨区域的科技定位,具体定位时要兼顾效率与公平,注重模式的多样化。

(3) 按科技发展战略划分。按科技发展战略可以将科技定位化为三个层次:国家层次、省级中心市和省内层次(大学科技园、高新区、产业集聚)。国家层次的定位偏重于宏观的协调;省级定位更重视区域特色;省内层次根据具体条件更具灵活性,如大学科技园明确要强化孵化器功能;产业集聚区的定位为技术联盟建设,搭建技术创新平台。

2. 制订依据

区域科技规划的制订要依据国家科技战略的指导思想,在坚持国家大的方针政策条件下结合区域发展特点、区域经济基础以及区域科技发展现状和潜力来制订符合各区域长远发展的战略定位。

具体的制订依据包括:国家科技计划、区域发展战略、经济基础、产业结构、需求、科技基础和能力、与区域外的合作交流等。在我国，国家科技计划主要有国家 863 计划、973 计划、国家科技支撑计划、国家重大科学研究计划、星火计划、火炬计划、国家重点新产品计划等。一项具体的区域科技规划，一般会同时参考上述依据中的两个或两个以上，这样才能制订出既紧贴国家计划，符合区域发展战略，又兼顾区域经济发展基础、产业结构以及科技力量的科技规划。在我国，一些区域科技重点计划也纳入到国家科技计划项目群里。例如，2008 年，厦门市 25 个项目被科技部列入国家科技计划项目，涉及星火计划、火炬计划、重点新产品计划和软科学研究计划四大类。其中，火炬计划有 12 个项目，包括节能减排项目，如"粉煤灰纤维纸浆项目"、"节能低辐射中空玻璃"和"高效多功能 LED 强光照明器出口推广"；装备制造业项目，如"金龙牌 XMQ6129Y 旅游客车产业化项目"和"金旅牌 XML6121 客车出口研发"；新兴产业项目，如"集成电路出口平台建设项目"、"年产千吨 4N－5N 太阳能多晶硅的产业化"和"厦门生物医药公共服务平台"项目等。[①]

专栏 8－3

蓝色硅谷：青岛实施调整发展战略

2009 年 4 月，胡锦涛总书记视察山东时强调指出："要大力发展海洋经济，科学开发海洋资源，培育海洋优势产业，打造山东半岛蓝色经济区"。2011 年 1 月国务院批复《山东半岛蓝色经济区发展规划》，是"十二五"开局之年第一个获批的国家发展战略，也是我国第一个以海洋经济为主题的区域发展战略。《规划》的批复实施是我国区域发展从陆域经济延伸到海洋经济、积极推进陆海统筹的重大战略举措，标志着全国海洋经济发展试点工作进入实施阶段，成为国家海洋发展战略和区域协调发展战略的重要组成部分。

青岛市在具体实施打造山东半岛蓝色经济区战略下，实施蓝色硅谷战略的核心区域规划，建设蓝色硅谷的三大功能区——科技创新驱动区、科

①　资料来源厦门市人民政府网站，http://www.xm.gov.cn/zwgk/bmxx/kxjsj/gzdt/200811/t20081121_289018.htm。

技成果孵化及产业区和科技创新综合服务区。

南走廊：打造科技成果孵化及产业区   该区域科技资源丰富，集聚了众多海洋科研机构和高层次人才，拥有 9 家国家级科研院所和 3 所国内知名高等院校，将重点打造青岛国际创新园、生物产业园等高科技产业集聚区，努力建立国际上第一个产、学、研、用一体化的海洋特征寡糖生产基地，打造全国最大的海洋生物科技成果转化平台之一，使该区域成为青岛打造蓝色硅谷的排头兵。

北走廊：打造科技创新驱动及服务区   总投资 12.82 亿元的国家深海基地项目，将在这一带重点建设。即墨市就此提出建设即墨蓝色经济区。

国家深海基地项目投入使用后，将为我国科学家走向深海，开展地球科学研究、海洋科学研究提供技术支撑，为我国海洋高技术研发提供技术和实验保障。对于处在蓝色硅谷核心地带的即墨来说，一个国家深海基地项目显然不能满足其科技发展的需求，因此，即墨正在规划建设青岛海洋科学与技术国家实验室、青岛国家海洋科研中心水产种苗产业化基地、国家深海基地等一批国家级、高水平的海洋科技研发创新平台，来实现青岛的目标——把即墨建设成为青岛蓝色硅谷的科技创新驱动区和综合服务区。

资料来源：《青岛日报》，2011 年 10 月 29 日，第 1 版。

三、处理好区域科技规划的三类关系

1. 科技计划体系内部的关系

（1）整体与部分。整体与部分的关系主要指区域整体与区域内不同地区的科技规划关系，这种关系可以概括为整体向局部配置资源，如省级的科技规划将分配一部分科技资源给县市级地区。

（2）科技部门与其他部门。科技规划的制订，不是单独一个部门就可以完成的，还需要其他部门的协助，所以科技部门与其他部门间存在密切的分工合作，只有其他部门的合作和帮助，才能保证科技规划制订的科学性和实施的彻底性。

（3）外部引进与自主开发。科技规划中选择外部引进技术还是自主开发创新，是一项重要内容，一般来说外部引进的风险小，是一条迅速提高科技创新能力的捷径；然而，外部引进技术、科技等资源有可能与本区域科技条件发生冲突，产生水土不服。自主研发作为另一种科技创新发展方式，一般适用于科技基础好、科技资源丰富的地区，它面临高风险高投入的挑战。在我国，科技发展一般选择"向外部引进—消化吸收再创新"方式，这样能够有效趋利避害，实现科技发展目标。

（4）规划内容倾向。科技活动有上下游之分，上游主要为科学研究，下游为科技成果的产业化，在区域规划中大部分地区倾向下游发展，即实现科技产业化。

此外，规划的制订要保证区域科技发展与经济社会发展的高度结合，以科技进步促经济发展，同时经济发展为科技进步提供支撑。与此同时，为了科技规划的有效性，应协调技术创新与体制制度创新，把这两种创新共同纳入科技计划中，提高科技计划的操作性。

2. 区域科技发展规划与国家规划的关系

国家规划由国家制订，具有全局性、战略性和指导性的规划；区域规划由区域政府制订，是国家规划的下属环节和具体实施，其内容比国家规划更加具体，更具区域特色。无论是国家规划还是区域规划，其制订原则是相互照应、互相适应和互动调整的，两者之间既有区别又有联系。

（1）区别。区域科技规划和国家规划的区别主要体现在三方面：一是使命不同。国家规划在支持经济、社会、环境发展的同时，还支持国防，这是区域规划中所不涉及的问题；区域规划主要承担执行国家战略的使命。二是功能不同。主要表现在资源配置、科技活动的组织管理和科技活动种类等方面。国家的规划在于资源的协调配置，以其权威性组织财政力量进行宏观的科技活动安排，且多为基础的公共性活动；区域科技规划主要定位于区域科技资源的整合，制订具体步骤引导资源的集聚，从微观上依靠市场力量组织具体、灵活的科技活动，并实现科技技术的基础应用。三是性质不同。主要从规划面向对象、制订层次、规模、规划时间等方面区分。在国家规划中，制订了面向全国的、具有宏观战略性的长远规划，主要集中在技术上游阶段，规划庞大且有完整性；区域规划主要针对地方问题，制订下游中长期的特色规划。综上所述，国家规划与区域科技规划的区别可概括为表8-4。

表 8－4　　　　　　　　国家规划与区域科技规划的区别

区别主体		国家规划	区域规划
使命	范围	不仅支持经济、社会、环境发展，还支持国防	没有国防问题
	目标	发展科学技术；建立和提升科技能力；建立国家创新体系	不以发展科学为使命；提升区域科技创新能力；建立区域创新体系
功能	资源	配置；协调	整合、集聚；引导
	组织和管理	宏观；财政力量；大纲	微观；市场力量；具体、灵活
	科技活动种类	基础、公共	应用
性质	阶段	上游；基础	下游；产业化
	规模	大型	中小型
	时间	长远；前瞻	中长期；现实
	层次	宏观、共性	中微观、个性
		战略	战术
	面向对象	全国范围	地方问题
	完备性	完整的能力	特色、优势

　　　　资料来源：范晓晨：《区域科技发展战略、规划与计划》，2011 年。

　　（2）联系。两种规划的联系首先表现为一致性，即目标的一致性，都是为发展区域科技，完成国家规划；区域规划随国家规划产生，随国家规划变革而调整改善，这促使两个规划形成和发展的一致性，同时规划体系也具有一致性，如国家自然科学基金和省市自然科学基金；国家重点实验室规划和省市高技术实验室规划；国家火炬规划和省市火炬规划等。其次，两种规划具有主从性，主要包括指导与被指导、配置资源与获取资源、分配任务与承接任务等。主从关系类型分为发达地区、欠发达地区与国家规划的关系。发达地区的规划体系为独立型规划体系，规划主题突出，独立性强，是自立、择优、实力竞争型的规划体系。欠发达地区的规划体系是整合型的，它的主题不如独立型体系突出，独立性也较差，一般为跟随型、借壳整合型和参与型。最后，两种规划具有相互依托性，国家区域相互补充，国家补充区域，区域承担国家规划项目，补充国家规划；另外，国家区域相互支持，国家给予区域项目、经费、优惠政策和平台等资源和条件，区域承担项目、将国家级项目列入区域规划、进行区域资金匹配，国家与区域友好互动。

3. 区际之间科技规划的关系

区域间规划的关系可概括为竞争与合作的关系。竞争关系表现为区域间对科技资源的争夺。合作主要有跨行政区的合作、不同层次区域的合作。首先，跨行政区合作规划存在于同等级的区域，因为区域间存在共同利益、资源同质等相同的因素，所以通过合作发展关联产业、实现技术互补和技术供求。其次，联合招标机制一般存在于不同等级的区域，如省市（县）联合招标等。通过区域间的科技竞争合作，有利于实现优势互补、提高资源利用效率、优化科技资源配置、节约成本。

"智慧地球"下的科技规划

物联网技术被称为是信息产业的第三次革命性创新。2008年以后，为了促进科技发展，寻找经济新的增长点，各国政府开始重视下一代的技术规划，将目光放在了物联网上。2008年11月在北京大学举行的第二届中国移动政务研讨会"知识社会与创新2.0"提出移动技术、物联网技术的发展代表着新一代信息技术的形成。2009年8月温家宝总理在视察中科院无锡物联网产业研究所时提出"感知中国"，由此物联网被正式列为国家战略性新兴产业之一，写入"政府工作报告"。与之相似的是，2009年在IBM提出"智慧地球"概念后，美国将新能源和物联网列为振兴经济的两大重点。"智慧地球"战略被拿来与当年的"信息高速公路"相比较，进而为全球关注。2011年，国家"十二五"规划把物联网列为战略性新兴产业，全国各地以此为纲领，根据地区特色进行了多样化的科技规划。

苏州：致力成为物联网区域应用中心

2011年6月苏州首家高铁物联网技术应用中心在苏州科技城投用，全新的客运服务系统和设备已为沪宁城际铁路发挥了最高的系统化、秩序化的服务。未来几年，将在江苏省建设物联网——聪明之省的战略框架下，把苏州打造成物联网区域应用中心。

海南："信息智能岛"不再是梦

1997年，海南省委省政府根据岛屿经济特色制订了发展信息产业的规划。1999 年, 海南省又深化《信息智能岛规划框架》。2009 年党中心国务院颁布了《关于推进海南国际旅游岛建设发展的若干意见》, 海南省搭上建设国际旅游岛快车, 《海南省信息智能岛规划》鲜亮出炉。《规划》明确提出 2010～2020 年信息智能岛强力支撑国际旅游建设, 努力实现的目标为: 率先在全国实现无线省, 高速宽带无线网络覆盖全岛; 实现"三网融合", 全国省级网络使用效率最高; 光纤进户率及人均宽带在各省中名列前茅; 率先在全国实现全省旅游业信息化达到国际化水平; 海南生态软件园成为国家支持的重要软件产业基地。

南京将借物联网技术全面实现"聪明青奥"目标

南京将借物联网技术全面实现"聪明青奥"的目标。在未来两三年, 南京将在智能交通、智能气象、赛事信息系统、聪明医疗、聪明能源等应用领域建设示范工程, 重点支持"聪明青奥"气象灾难防控物联网、"聪明青奥"移动物联网、"聪明旅游"物联网等示范工程的建设和推广。

资料来源: 由《物联天下: 智慧城市——物联网应用》, 《光明日报》2010 年 11 月 16 日第 1 版, 整理而得。

第二节　规划的重大专项

作为区域科技规划内容的重中之重, 重大科技专项 (简称重大专项) 是围绕国家目标, 为进一步突出重点, 在科技规划的重点领域中筛选出的若干重大战略产品、关键共性技术或重大工程。它的实施顺应了科技发展的紧迫需求, 有利于实现以科技发展的局部跃升带动生产力的跨越发展, 并填补国家战略空白。[①] 规划重大专项包括筛选重大专项的原则、方法和程序等。

一、确定重大专项的意义

科技规划将实施重大科技专项作为深化体制改革、促进科技与经济紧密结合的重要载体, 充分发挥了社会主义制度集中力量办大事的优势和市

[①] 　郭飞:《外商直接投资对中国经济的双重影响与对策》, 载《马克思主义研究》2006 年第 6 期。

场机制的作用，是新形势下实现"政产学研用"相结合的新型举国体制，其重大意义表现在以下几方面：

1. 促进经济社会发展

确定重大专项有利于集中力量突破一批关键共性技术，研发一批具有自主知识产权和市场竞争力的重大战略产品，建设一批技术水平高、带动性强的技术创新平台和产业化示范基地，将解决区域经济社会发展中面临的瓶颈问题，促进区域重点产业发展，实现区域经济社会的健康快速发展。[①]

2. 加快科技进步

明确科技发展的重大专项，针对具体专项进行科技资源的统筹配置，可以取得相关技术突破、获得重大的科技成果，形成区域核心关键技术和自主知识产权，带动科技资源流动，提升科技创新能力，实现区域科技进步。

3. 完善科技体制改革

重大科技专项的培育需要一批具有国际竞争力的创新型企业，需要有完成重大工程或关键技术的实验平台，需要拥有专业技术与能力的研发人员和工程师。协调这些大量投入的科技资源和建设基础平台，需要与时俱进的机制体制做保障，而区域内以往的科技体制会不适应新的科技发展要求，或者原本就不存在运行的科技体制，所以重大专项有利于深化科技管理体制改革和创新。

专栏 8-5

"核高基"："十一五"重大专项阶段科技成果

"核高基"是"十一五"重大专项取得的阶段科技成果，其中重大战略产品包括由我国自主研发，部分采用国产高性能多核CPU FT—1000和麒麟操作系统的千万亿次计算机"天河一号"；"华睿1号"高性能数字

---

① 资料来源：中华人民共和国科学技术部，http：//www.most.gov.cn。

信号处理器（DSP）；"龙芯"64 位高性能多核通用 CPU 以及麒麟服务器操作系统。

飞腾 1000 微处理器 主频为 1GHz，采用 65nm 工艺生产，片内集成 3.5 亿个晶体管。性能与 2006 年 Intel/AMD 主流的多核处理器相当，计算效率高于 Intel 最新的 6 核处理器。"天河一号"超级计算机位列 2010 年世界超级计算机 500 强第一名。

"华睿 1 号"高性能 DSP 处理器 打破了国外厂商的垄断，其性能达到国际同类产品先进水平。实测表明："华睿 1 号"的处理性能是国外同类处理器的 3 倍，功耗仅为其 1/3。

OPhone2.0 是我国自主研发的第三代移动通信终端嵌入式软件平台，自 2009 年 8 月，已经发布了 OPhone OS 1.0、1.5 和 2.0 三个版本的软件系统；终端合作伙伴已经上市 23 款 OPhone 终端，累计销量超过 60 万台，还有多款 TD 终端正在研发之中。

"核高基"取得的阶段性成果，增强了我国电子信息产业的自主创新能力和国际竞争力，促进了相关产业的快速发展，缩小了与国际先进水平的差距，提升了电子整机和国防装备自主可控发展的保障能力。

资料来源：《人民日报》，2011 年 3 月 21 日，第 2 版。

二、筛选重大专项的原则

区域间存在经济发展水平、科技基础、资源优势等差异，其选择的重大专项也有不同，但是在筛选重大专项时遵循的原则一致。

1. 战略前沿性

科技规划确定的重大专项是重点领域中具备战略意义的产品、技术。这些项目紧密结合经济社会发展的重大需求，能培育企业核心自主知识产权，提高企业自主创新能力，利用前沿技术攻关，解决经济社会发展的瓶颈问题。

2. 政策相容性

区域科技规划在确定区域科技专项时应充分参照国家或上一级行政区域的科技规划政策，依照总体科技专项项目库，选择适合本地的，且有能力完成的专项内容。比如，我国以"两弹一星"、载人航天、杂交水稻等若干重大项目的实施。

3. 区域协调性

重大专项的选择要注意区域间的协调，避免区域冲突，不要盲目跟风，规划项目硬上架，造成资源的浪费，可以根据区域的比较优势，发展具有比较优势的科技项目。

4. 需求导向性

要紧密结合经济社会发展的需求，选择对经济的发展具有推动力，能促进经济社会全面协调可持续发展的重点领域的重大科技专项，如计算机、物联网（智慧地球）。

5. 优化资源配置

启动重大专项需要根据国家或区域战略需求和发展形势的变化，对重大专项进行动态调整，分步实施。对于以战略产品为目标的重大专项，要充分发挥企业在研究开发和投入中的主体作用，以重大装备的研究开发作为企业技术创新的切入点，更有效地利用市场机制配置科技资源。

此外，筛选重大专项是还应遵循兼顾公平效率、发展模式多样化等原则。

专栏 8－6

关于征集 2012～2014 年天津市科技支撑计划重点项目的原则

符合科技规划。要紧密结合《天津市科技发展"十二五"规划》确定的重点任务进行申报，申报项目必须符合科技支撑计划重点项目指南。

突出企业主体。进一步突出企业在技术创新中的主体地位，加强产学研合作，实施品牌战略、知识产权战略与技术标准战略，造就一批具有自主知识产权、国际竞争力和持续创新能力的知名企业。

强化自主创新。加强原始创新，大力提高自主创新能力，突出集成创新和消化吸收再创新，形成具有自主知识产权的成果或相关技术标准。

资料来源：天津市科学技术委员会，http://www.tstc.gov.cn.

三、重大专项的选择标准及筛选方法

1. 选择标准

（1）对区域发展产生重大经济影响。重大专项要能促进经济发展，这样才能带动区域内的各种资源（人力、物力、信息资源）的流动，才有实施的可能性和原始动力。

（2）对主导产业产生重大影响。重大专项是对某一重大战略产品或技术，具有技术前沿性，有利于创新的产生，能促进主导产业的形成和发展，突出特色。

（3）对社会民生产生重大影响。重大专项涉及科技领域的各个方面，有生物基因技术、信息技术、纳米技术、智能材料和先进制造技术、航空航天。小到食品安全和健康风险，大到可持续发展与全球变化，从个人的衣食住行到国家安全都关系到国计民生。如信息技术的不断更新，缩小了世界，拉近了人与人的距离，为人们出行、联络等提供方便。

（4）制约区域发展瓶颈的难点和重点。解决发展中面临的重大瓶颈问题是制订专项的目的之一，也就是说重大专项的选择要能够借助其聚集各类资源的能力，实现技术上、发展中的难点问题。

此外，重大专项选择还要符合国家赋予的其他任务，如解决生态问题则需要确定生态技术等。

2. 筛选方法

（1）头脑风暴法。头脑风暴（智力激励法），1939年美国创造学家A. F. 奥斯本提出。该方法经各国研究者的实践和发展，已经形成了一个发明技法群，并深受企业和组织的青睐。头脑风暴法遵循以下四点规则[①]：

① 薛亮：《妙用头脑风暴法》，载《企业研究》2005年第5期。

一是禁止对现有观点的批评。对现有观点的批评不仅占用宝贵的时间和脑力资源而且容易遏制新观点的诞生。二是追求观点的数量而不是质量。单纯追求观点的质量容易拘泥于某一个有创意的观点，将时间和精力集中在对其的完善和修补上而忽视了其他观点和思路的开发，也不容易调动所有成员的积极性。三是鼓励狂热且夸张的观点。奥斯本发现"愚蠢"观点的产生由于改变了其他成员的思维方式因而可以激发出非常有用的观点。四是提倡在他人观点之上建立新观点。将他人的观点和自己的观点进行比较、融合产生新的思维成果。

采用头脑风暴法组织群体决策的一般具体程序如下：

第一步准备阶段。具体包括：研究所议问题、弄清问题实质，找到问题关键，设定所要达到的目标；参考确定参加会议人员；将会议的时间、地点和主要内容提前通知与会人员；布置会议现场。

第二步热身阶段。创造轻松、活跃气氛，使与会者进入一种无拘无束的状态，促进思维。

第三步明确问题。简明、扼要地介绍有待解决的问题。

第四步畅谈阶段。即创意阶段，大家自由发言、发挥，发掘新的创新。

第五步筛选阶段。对获得的创意想法进行整理、分析，筛选有价值的信息加以开发实施，即设想处理。

实践证明，对问题客观、连续的分析，可以排除折中方案，得到一组切实可行的方案，因而头脑风暴法常被应用于军事决策和民用决策之中。例如，美国制订长远科技规划时，就邀请 50 名专家采取头脑风暴法开了两周会议。

（2）专家咨询法。专家咨询法是利用专家知识、经验和分析判断能力对所选对象进行鉴证的一种方法。该方法的基本过程是：

①选择专家。专家的选择是否合适是决定结论质量高低的关键。在选择专家过程中要明确以下两个问题：一是什么是专家；二是怎样选择专家。一般所选择的专家，应在密切相关行业专业领域内来确定，专家要精通业务，有一定名望，有一定代表性。

②分析处理专家意见。运用统计分析方法对专家意见进行分析处理，形成最终的意见。常用的方法有：平均法、众数法和其他一些统计方法。

专家咨询法是一种简单易行、应用方便的方法，但是因为受主观因素影响比较大，如专家的专业水平和权威性、专家的心理状态、专家对项目的兴趣等，都可能影响鉴证结论的准确程度。

（3）归纳演绎法。一般来讲，归纳是由特殊到一般的推理，演绎是由一般到特殊的推理。在认识过程中二者是相互联系、相互补充的。演绎依据的理由，是对特殊事实的归纳、概括，归纳的结论是演绎的前提，演绎离不开归纳；而归纳对特殊现象的研究，又必须有一般原理为指导，才能找出其特殊的本质，从而进一步补充、丰富这种共同本质的认识，故归纳也离不开演绎。在区域科技规划中，此类方法是常用的方法，地方可以根据国家或上一级的科技规划项目，从中筛选出适合地方发展的专项内容，这种方法简单、易操作且成本小，所以是一般地区的首选方法。

除上述方法外，还有美国人卡尔·格雷高里创立的 7×7 法，日本人川田喜的 KJ 法，兰德公司创立的德尔菲法。

专栏 8-7

规划设计中的 KJ 法

KJ 方法是日本的人类文化学家、东京工业大学教授川喜田二郎创立的，KJ 是他姓氏川喜（Kawaji）的英文缩写。在比较分类的基础上由综合求创新是其主要特点。

一般而言，KJ 法依照如下四个阶段操作完成——记录、编组、图解和成文。当成文不是必要的结果时，到图解阶段为止也可以。操作过程中，卡片作为不可或缺的辅助工具，在不同阶段都扮演着重要角色的操作程序为。

记录　记录阶段有两大步骤：收集资料和记录卡片，最终形成"基础卡片"。

编组　编组阶段是整理分类这些"基础卡片"的过程。按照卡片内容的相似度分为几个大组。为后面的步骤做准备。

图解　对于被分类编好的组，基于各组之间的关系，可以在平面范围较大的背景纸或黑板上，用图式的方法将彼此之间的关系标示出来。常用的符号可参考图 8-2。

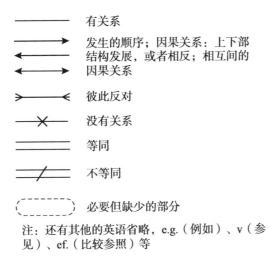

注：还有其他的英语省略，e.g.（例如）、v（参见）、ef.（比较参照）等

图 8－2　KJ 法常用图解符号

资料来源：川喜田二郎：《发想法》，日本：中央公论社 1967 年版，第 89 页。

成文　成文阶段是指一边看图解，一边将主题内容以文章的方式表达出来的过程。

资料来源：戴菲、章俊华：《规划设计学中的调查方法 7－ —KJ 法》，载《中国园林》2009 年第 5 期。

第三节　科技规划的主要内容

区域科技规划具有引领区域科技腾飞的重要作用，科技规划的意义不仅在于优化资源配置，还在于确定区域发展的重点，区域发展什么样的科技项目，集中攻破什么样的关键技术，建设怎么样的创新环境等。

一、制订原则

1. 突出特色、突出重点、突出创新

规划内容要在符合国家政策，结合区域发展现状和科技能力的基础上突出区域特色，统筹国家科技发展和区域科技发展，突出科技重点，突出重点领域的创新。

2. 提高资源配置效率、实现资源整合

规划的主要项目和内容要充分利用区域内外部资源，在发挥优势资源的基础上，利用区域间科技资源的互补，提高资源利用率，优化资源配置。

3. 协调三类关系

规划内容时，需正确处理好域规划体系与国家规划、区域间规划和区域规划内部这三类关系。

4. 分清市场和政府的角色

在规划中市场和政府扮演的角色不同，政府起引导性作用，通过制订国家科技发展战；而市场的作用较为灵活，可以根据需求配置资源的自由流动，更加促进科技创新的积极性。

二、编制采用的程序

无规矩不成方圆，2000 年欧盟发布的《里斯本战略》，因缺少必要的编制程序和合理的评价方法，做出了对全球经济发展趋势乐观的判断，最终导致该计划无法实施。近年来，世界各国普遍认识到规划编制程序的重要性。按照相关学者研究，具有科学性、合理性及可实施性的依据和前提。在编制规划或决策过程中高度重视对发展环境和趋势的分析，通过详细地、严密地推理和描述，科技规划编制程序大概分为以下五个阶段：[①]

1. 规划准备阶段

科技规划准备阶段主要包括工作报告的编制和进行科技规划的工作计划、组织和人员、经费和物资、技术业务等准备工作。为此，首先由政府负责人以行政方式向有关委、办部署科技规划任务。根据上一期科技规划实施情况，结合下一期科技规划编制要求，以国家方针、政策为指针，以经济规律和科技发展规律为准则，运用现状调查法进行宏观的调研，拟定科技规划编制工作报告。经领导审批后下发文件，转入具体的准备工作。用计划协调技术方法制订科技规划工作计划，用系统结构方法建立由领

---

① 徐耀宗、蔡秀兰、唐启刚：《科技规划编制方法研究》，载《科学学研究》1989 年第 4 期。

导、专家、管理人员三结合的科技规划领导小组及下属部门，对参加规划工作的人员进行培训，筹集科技规划工作经费和有关物资，用项目招标法对软课题进行项目招标。以上这些准备工作为后几个阶段任务作准备。

2. 调查分析阶段

科技调查一是调查收集国内外行业、地区、学科科技数据和情况；二是诊断分析科技现状；三是预测科技发展趋势。为此，根据它的工作计划，召开科技规划编制工作动员大会，经统一思想、明确任务和组织分工后，以地区、行业、学科为划分单位，运用现状调查方法、纵横比较方法、诊断分析方法和未来预测方法等技术方法，分组进行科技数据和情况调查、收集和整理，对科技现状的诊断内容和发展趋势的预测内容，开展现状诊断分析报告、科技发展预测报告和科技现状分析及发展趋势总报告。由经济、社会、科技专业人员组成的小组对科技与经济、社会协调发展进行研究。最后，在科技规划汇报会或其他形式进行汇报，得出是否满意并转入下一个阶段的意见。

3. 战略研究阶段

科技发展战略研究主要任务有四方面：一是研究科技发展战略思想；二是研究科技发展战略目标和战略重点及其选择；三是研究科技发展战略措施和政策；四是研究科技进步指标体系。为此，根据它的工作计划，召开科技发展战略研究部署会议。经统一思想，明确任务和组织分工后，遵照经济建设的战略目标、科技工作的战略方针，引用层次分析法、结构分解协调方法、多目标决策方法和可行性分析方法等技术方法，分组进行科技发展的战略思想、战略目标、战略重点、战略措施和政策、科技进步指标体系的研究，并开展目标和重点选择模型及其优化工作。最后形成科技发展战略研究总报告。其中包括科技发展战略思想研究报告、科技发展战略目标及其选择研究报告、科技发展战略重点项目及其选择研究报告、科技发展战略措施和政策研究报告、科技进步指标体系研究报告。在科技发展战略研讨会或以其他形式进行研究讨论，得出是否可行并转入下一个阶段的意见。

4. 规划编制阶段

科技发展规划编制阶段一方面要编制科技发展规划；另一方面，要编制专项科技发展规划。为此，根据工作计划，召开科技发展规划编制工作部署会议。经统一思想，明确任务和组织分工后，根据上述的战略研究结果，运用综合平衡方法和优化决策方法等技术方法，分组编制科技发展规划纲要和专项科技发展规划，开展规划方案优化模型工作。最后形成科技发展规划纲要、重点行业科技发展规划、重点地区科技发展规划、重点基础研究项目规划和新兴领域科技发展规划等。经科技发展规划评审会或以其他形式进行评审，得出是否通过并转入下一阶段的意见。

5. 规划落实阶段

科技发展规划落实阶段主要完成四项任务，即编制中短期专项科技计划；拟定科技规划经费预算；拟定科技规划机构设置和人员编制；拟定科技规划的其他具体措施和政策法规。为此，根据其工作计划，召开科技发展规划落实工作部署会议。经统一思想、明确任务和组织分工后，以地区、行业、学科为划分单位，运用综合平衡方法、滚动计划方法、项目招标方法等技术方法和经济手段，分组完成上述的主要任务。形成中短期专项科技计划、科技规划经费预算报告，科技规划机构设置和人员编制报告、科技规划的具体措施和政策法规等，上报有关政府部门和领导审批。最后进行科技规划编制工作总结。

三、科技规划的主要内容

1. 确定重点领域及其优先主题

重点领域是指在国民经济、社会发展和国防安全中重点发展、亟待科技提供支撑的产业和行业。优先主题，是指在重点领域中急需发展、任务明确、技术基础较好、近期能够突破的技术群。

确定优先主题的原则：一是有利于突破"瓶颈"制约，提高经济持续发展能力；二是有利于掌握关键技术和共性技术，提高产业的核心竞争力；三是有利于解决重大公益性科技问题，提高公共服务能力；四是有利于发展军民两用技术，提高国家安全保障能力。

未来相当长的时间，能源、水、矿产资源、环境等方面是重点领域，因为这些能源环境因素对于我国经济发展的制约性越来越明显，需要采取适宜的科技政策加强对这些领域的指导，实现资源与环境的可持续性发展。制造业、交通运输业对于我国国际竞争力的提升非常重要，但是制造业的低水平发展，交通运输业发展的滞后，已经严重阻碍了我国经济持续有效的发展，也需要采取相应的科技政策予以调节。

上海市"十二五"科技发展重点

为推进规划的深入研究，开展三部分（共9个专题）的研究：

第一部分：科技发展总体战略研究。通过深入分析国际、国内形势，研究"十二五"期间上海经济社会发展的重点方向，凝练其中蕴涵的重大科技需求，并提出上海科技发展的指导思想和原则，明确总体战略和布局。第一部分由发展研究处、发展计划处牵头协调，有关处室和机构参加研究，专题设置及分工如下：

专题1："十二五"科技重大需求和科技发展总体战略研究。由发展研究处、发展计划处牵头，联系市发改委、市经信委、市卫生局、市教委、市知识产权局等，组织市科研院所等单位共同实施。

第二部分：科技发展重点任务研究。围绕上海中长期科技规划的"四个上海"目标，结合上海高新技术产业化九大领域推进和战略性新兴产业培育，对接国家需求，提出"十二五"期间科技支撑引领经济社会发展的目标、任务和攻坚重点，并编制重点产业技术路线图。第二部分由发展计划处牵头协调，有关处室组织实施。专题设置及分工如下：

专题2：基础研究和应用基础研究前沿重大问题研究。

专题3：生物医药领域（健康上海）重大科技问题研究。

专题4：社会发展领域（生态上海）重大科技问题研究。

专题5：先进制造领域（精品上海）重大科技问题研究。

专题6：信息技术与现代服务领域（数字上海）重大科技问题研究。

第三部分：科技创新体系和创新环境建设研究。围绕自主创新能力建设，研究"项目、基地、人才"紧密结合的相关保障机制与政策。重点面向"十二五"期间科技服务经济社会发展需求，针对科技投入优化、产业集群创新、国际国内合作资源扩展、人力资源建设和科普素质提高等具体问题，提出改革发展的政策建议。第三部分由体制法规处牵头协调，有关处室组织实施，专题设置及分工如下：

专题7：高新技术园区产业创新研究。由开发区管理处牵头，联系浦东新区、张江高新区等，并组织相关单位共同实施。

专题8：科技投入与资源优化配置研究。由条件财务处牵头，联系市财政局等，并组织相关单位共同实施。

专题9：科学普及与公众科技素养研究。由科普工作处牵头，联系市科协等，并组织相关单位共同实施。

上海市"十二五"科技发展规划总体组织构架如图8-3所示。

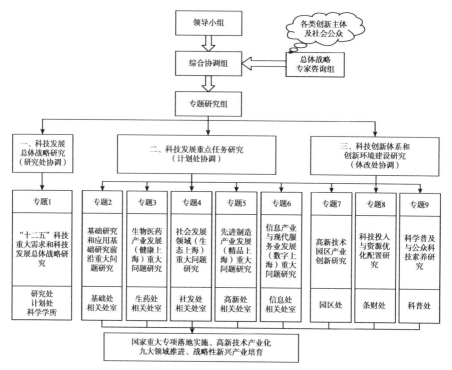

图8-3　上海市"十二五"科技发展规划总体组织构架

资料来源：上海市科学技术委员会：《上海市"十二五"科技发展重点规划》。

2. 重大专项

重大专项作为科技规划的重要内容，它的确定充分发挥了社会主义制度集中力量办大事的优势和市场机制的作用，并填补了国家战略空白。其主要内容已在第二节中介绍，这里不做重复叙述。

重大专项的实施，要根据国家发展需要和实施条件的成熟程度，逐项论证启动。同时，根据国家战略需求和发展形势的变化，对重大专项进行动态调整，分步实施。对于以战略产品为目标的重大专项，要充分发挥企业在研究开发和投入中的主体作用，以重大装备的研究开发作为企业技术创新的切入点，更有效地利用市场机制配置科技资源，国家的引导性投入主要用于关键核心技术的攻关。

北京市中长期科学和技术发展18项重大科技专项

在明确科技工作部署和首都区域创新体系建设任务的基础上，为进一步突出战略重点，实现若干关键共性技术或重大工程的突破，需要紧密围绕经济社会发展目标，筛选出18个北京市重大科技专项：

资源环境类3项：分别为"蓝天"专项、"碧水"专项和"节能减排"专项。

生产性服务业类6项："研发服务业"专项、"现代物流"专项、"软件"专项、集成电路"专项、"新一代宽带无线移动通信"专项和"文化创意"专项。

民生服务类4项："社区服务"专项、"传统服务业提升"专项、"健康市民"专项和"快速通勤"专项。

现代制造业类2项："基础装备"专项、"高性能材料"专项。

新农村建设类2项："都市农业"专项、"农村环境改善"专项。

科技奥运类1项："科技奥运"专项。

重大专项的组织实施要根据北京发展的实际需求和科技发展的最新趋势进行必要的适时调整。

资料来源：《北京市中长期科学和技术发展规划纲要（2008～2020年）》。

3. 前沿技术

前沿技术是指高技术领域中具有前瞻性、先导性和探索性的重大技术，是未来高技术更新换代和新兴产业发展的重要基础，是国家高技术创新能力的综合体现。

选择前沿技术的主要原则：一是代表世界高技术前沿的发展方向；二是对国家未来新兴产业的形成和发展具有引领作用；三是有利于产业技术的更新换代，实现跨越发展；四是具备较好的人才队伍和研究开发基础。

根据以上原则，要超前部署一批前沿技术，发挥科技引领未来发展的先导作用，提高我国高技术的研究开发能力和产业的国际竞争力。例如，靶标发现技术、动植物品种与药物分子设计技术、智能感知技术等。

4. 基础研究

基础研究以深刻认识自然现象、揭示自然规律，获取新知识、新原理、新方法和培养高素质创新人才等为基本使命，是高新技术发展的重要源泉，是培育创新人才的摇篮，是建设先进文化的基础，是未来科学和技术发展的内在动力。国家需要加强对基础研究的财政支持。

基础研究规划主要包括以下方面：学科发展、科学前沿问题、面向国家重大战略需求的基础研究和重大科学研究规划等。

5. 科技体制改革与国家创新体系建设

深化科技体制改革的指导思想是：以服务国家目标和调动广大科技人员的积极性和创造性为出发点，以促进全社会科技资源高效配置和综合集成为重点，以建立企业为主体、产学研结合的技术创新体系为突破口，全面推进中国特色国家创新体系建设，大幅度提高国家自主创新能力。相应的政府应该通过产业政策、区域政策、财政政策进行引导。

专栏 8－10

上海张江国家自主创新示范区创新成果展

自 2011 年 1 月 19 日，国务院批复同意张江高新区建设国家自主创新示范区以来，上海市委、市政府对推进张江示范区建设进行了全面部署，并围绕股权激励、科技金融、人才特区、财税改革和管理创新五个方面进行改革突破。

张江示范区股权激励等政策相继出台，首批三家试点企业已进入实质操作阶段。集成电路全程保税监管政策、扩大入境特殊生物材料检验检疫改革、管理体制机制改革准备工作也在逐步完善。目前为止，张江示范区汇聚的企业总数已达到 1.6 万家，其中，高新技术企业 940 余家；研发机构达到 1000 余家。累计上市企业达到 92 家，新引进战略性新兴产业重大项目集中落地 79 个，在孵企业达到 1500 余家。

2010 年年底，张江国家自主创新示范区第一阶段正式扩区，在原来八园的基础上，又新增加虹口、徐汇、长宁、松江和闵行五个园，面积达296.4 平方公里，形成"一区十二园加一"的大张江范畴，为张江示范区集聚科技创新资源、提升产业功能、推进深化改革、实现新的发展提供了更为广阔的空间，也为把张江示范区建成上海"创新驱动、转型发展"发动机提供了更加有利的条件。

为展示上海张江高新区"一区多园"创新成果，2011 年 2 月张江国家自主创新示范区创新成果展在上海科技馆开幕。成果展以"创新与未来"为主题，融"成果性、科普性、互动性、趣味性"为一体，秉持"上善若水、海纳百川、物竞天择、舍我其谁"的理念，将成为创新成果的展示平台，创新知识的传播窗口，创新交流的互动基地。

资料来源：上海科学技术委员会，http://www.stcsm.gov.cn.

6. 人才队伍建设

人才资源已成为最重要的战略资源。科技创新，人才为本。人才队伍建设主要包括：人才的培养和开发；人才的引进和发展；人才成长环境的构建等。具体措施有：加强党政人才、技术人才和管理人才培养，加大对优秀青年科技人才、本土人才的发现、培养、使用和资助力度；构建"项目、人才、基地"三位一体的创新人才培养模式；健全完善竞争激励机制；建立统一开放的人力资源市场；完善政府人才公共服务系统；人才柔性流动和人才柔性聘用；① 加大对人才发展的投入等。

专栏 8–11

北京市人才计划

雏鹰计划 该计划是市教委、市科委推出增强基础教育在创新人才培养中的基础作用，通过挖掘科技项目、科研成果以及科普基地的教育价

---

① "人才柔性流动"是指按照市场经济发展要求，打破国籍、户籍、身份、档案等对人才流动的制约，突破工作地、工作单位和工作方式的限制，以智力服务为核心，以项目、课题为纽带，形成与人才资源开发配置市场化、社会化、全球化形势相适应的，政府引导、市场调节、自主选择、来去自由的人才流动方式。"人才柔性聘用"是指在人才柔性流动的基础上所采取的一种聘用方式，它突破了人才工作单位与所在单位的限制，是一种新的人才聘用方式。

值，使科研工作者与教育工作者联手，将前沿科技成果和研发过程转化为课程教学资源，丰富基础教育资源的一项创新人才培养的工作。

翔翔计划　该计划是市教委、市科委等以国家课程研究性学习为课程载体，以在高校、科研院所实验室的科研体验为主要实践形式，修习时间集中与分散相结合，最终以过程性表现和业绩水平为评估手段，以"在科学家身边成长"的方式，培养拔尖创新人才的工作。

资料来源：北京市科学委员会，http://www.bjkw.gov.cn.

四、科技规划运行机制设计

科技规划运行机制规定了如何做才能保证规划的顺利实施。科学、合理而又全面的运行机制设计，能够解决规划实施中的许多问题。[1] 运行机制设计的基本内容主要包括以下六个方面：[2]

1. 职能业务分析与设计

以完整、准确、正确地履行职能为目的，分析规划相关部门、机构承担的每项职能，分别应该通过开展哪些具体业务来实现。开展这项工作，要统计相关机构现时承担的业务，分析这些业务对履行职能的必要性和充分性。以此发现一些越位、缺位、错位和不到位的情况，提出并进行相关业务事项的调整（取消、增设、改变或加强）。除此之外，职能业务分析还会发现不同部门和不同层级部门所承担职能与业务的交叉、重叠或脱节，为现时或未来业务、职能、体制与机构的调整提供科学依据。

2. 人员分工规范化

许多工作，需要不同层级政府和不同政府相关部门、机构和岗位的人员协同完成。因此，应该明确每一项工作中参与者的具体角色、作用，具体的任务和责任承担。特别是集体决策、分工负责的工作必须尽量细化和明确。

3. 基本职能实现机制设计

基本职能实现机制的范畴包括职能具体化的行政业务设计、行政程

---

[1]　李习彬：《规范化管理——管理系统运行设计方法论》，中国经济出版社，2005年。
[2]　李习彬：《全面的运行机制设计：大幅度改进政府管理的有效途径》，载《中国行政管理》2007年第10期。

序、行政标准、行政条件、行政决策及执行规则等。对于必须开展的业务，要在既往工作经验教训的基础上，制订出业务工作规范（简称：业务规范）。然后，在业务规范的基础上，还要进行业务流程优化（或再造），对关键工序环节进行科学化结构化研究，以实现业务每一环节（工序）和整体（业务流程）的最大限度地增值、高效，并降低成本。

4. 保障机制和发展机制设计

在业务规范的基本运行机制设计的基础上，融入各种保障机制（如政务公开机制，科学化民主化机制，多方位的监督机制，预防、预警和纠错机制，绩效考核、责任追究机制等）和发展机制（如开放机制，学习机制，竞争、创新、激励机制等）的设计。这一工作开展的内容之一，是分析并明确相关法律法规或规章，是否及应该如何在业务规范中具体体现和落实。

5. 业务规范的协调性检验

检查有关机构、岗位在业务承担及职责方面是否留有缺口，是否重叠、交叉和相互矛盾，在协同完成的工作中各方的任务分工是否明确、职责权限是否均衡、各种各类运行机制是否协调，是否实现了整体优化。

6. 业务、职能、体制与机构调整

运行机制设计的过程，实际上是对政府或部门职责权配置的合理性、协调性进行全面、系统、深入地检验并优化的过程。通过这种研究，发现规划方案中存在的种种问题，为现时的或未来的体制改革、机构与规划调整提供科学依据。

7. 若干重要政策和措施

科技规划的目的就是鼓励创新，提高国家的科技力量。其政策体系主要包括：实施激励企业技术创新的财税政策；完善和调整国家产业技术政策，加强对引进技术的消化、吸收和再创新；制订鼓励自主创新、限制盲目重复引进的政策；实施促进自主创新的政府采购；实施知识产权战略技术标准战略；实施促进创新创业的金融政策；加速高新技术产业化和先进适用技术的推广；建立科技投入与科技基础条件平台等。

专栏 8-12

威海市"十二五"科学技术发展规划纲要（节选）

"十二五"是我市经济社会发展的重大战略机遇期，也是科技发展的重要跨越期。为全面贯彻落实科学发展观，加快创新型城市建设，推进经济发展方式转变和产业结构调整，打造威海高端产业聚集区和蓝色经济区，特制订本规划纲要。

为规划顺利实施，提出如下保障措施：

（一）加大科技投入，建立政府引导、企业主体、多元化的投融资保障机制。确保市县（区）财政科技投入的年均增幅高于财政支出的增长速度。鼓励和引导企业增加科技投入，高新技术企业、科技型企业研发经费支出占销售收入的比重高于规定标准。积极开展科技金融业务，加快银企融合步伐。优化科技经费支出结构，重点加强公共科技、民生科技、战略性新兴产业、科技创新平台的投入。

（二）加强科技人才队伍建设。发挥科技计划的作用，围绕特色优势产业、战略型新兴产业、重点学科领域，实行人才、项目、基地、平台并重，着力培养一批特色鲜明、结构合理、具有发展潜力的高层次创新创业团队，构筑人才聚集高地。吸引国内外高校、科研院所和企业在我市设立研发机构，积极引进国内外高层次科技创新创业人才来我市工作。鼓励企业采取多种方式吸引人才来威创业。

（三）加强产学研合作。支持企业与高校院所共建实验室、工程技术研究中心、企业技术中心、行业技术中心、产业技术创新战略联盟等，促进产学研合作创新成果转化。强化与中国科学院、中国工程院的合作，推进院士工作站建设。设立产学研合作专项资金，支持和引导企业引进和转化高新技术成果，引导、推进我市企业与驻威高校开展针对性的合作创新。

（四）全面实施知识产权战略。加大知识产权培育力度，加大对专利创造的扶持力度。将专利创造和拥有情况作为科技立项、高新技术企业认定、平台建设、专业技术职称晋升等的重要指标和条件。鼓励企业采取专利权入股、质押、信托等多种形式募集发展基金。深化专利技术交易市场培育，建立健全专利技术交易机制。完善知识产权维权援助机制和侵犯知识产权行为举报制度。

（五）深化科技管理体制改革。深化与财政、金融、税务等部门的合作，抓好研发费用加计扣除、高新技术企业认定、科技项目贷款风险补偿等政策的落实。建立适应重大战略需求和区域经济社会发展的知识创新体系、技术创新体系和服务创新体系。建立和完善科普工作长效机制，大力传播科学思想、推广科学方法、普及科学知识，提高全民科学素质和创新意识。

（六）强化组织领导。切实加强对规划实施的组织领导，形成有关部门密切配合，全社会力量广泛参与的科技工作格局。建立各级常委会、政府常务会定期听取科技工作专项报告制度。健全各级科技工作领导机构，形成系统联动、协调高效、整体推进的科技工作运行机制。完善科技自主创新考核办法，建立市县党政领导干部科技进步目标责任制。对自主创新年活动中涌现出的先进集体、企业、个人进行表彰、奖励和宣传。

资料来源：威海政府门户网站，http：//xxgk.weihai.gov.cn.

思考与练习题

1. 简述区域科技规划的特征与分类。
2. 区域科技规划的制订依据。
3. 区域资源配置的主体有哪些，它们之间是如何相互作用的？
4. 简述如何处理区域科技规划的三类关系。
5. 概述重大专项的含义及其制订原则。
6. 概述筛选重大专项的方法。
7. 概述区域科技规划的主要内容。
8. 科技规划编制程序的步骤有哪些？
9. 科技规划顺利实施需要哪些保障措施？
10. 结合现实，说说你所在或熟悉地区有哪些科技规划（计划），规划的特色是什么？为保障科技规划的顺利完成，地方政府采取了什么样的政策机制？

延伸阅读文献

1. 路甬祥：《中国科技规划、计划与政策研究》，山东教育出版社2007年版。
2. 贺桂梅：《区域科技规划研究：渭南》，科学出版社2000年版。
3. 申金升、徐一飞、雷黎：《科技规划方法论研究》，中国铁道出版社2001年版。
4. 方在农：《区域科技创新的理论实践和政策研究》，东南大学出版社2003年版。
5. 李国平：《京津冀区域科技发展战略研究》，中国经济出版社2008年版。
6. 王柯敏：《泛珠三角区域科技创新合作专题战略研究》，湖南科学技术出版社2006年版。

第九章 区域空间规划的方案设计

空间规划作为区域与城市规划的重要组成部分，其空间结构的设计，不是单一的要素分布，而是综合功能的整体布局，是对一个区域所有土地的统筹安排。空间规划的目的是在一定的地区建立合理的地域空间结构，创造一个更加合理的土地利用和功能关系的领土组织，最终实现社会、经济与环境和谐发展。

第一节 区域空间规划概况

一、空间规划的兴起

"空间规划"兴起的原因，基本可以归结为以下四个方面：①

（1）空间联系的复杂性不断增加。空间结构的本质变化是"空间规划"兴起最为重要的原因之一。随着交通和通信技术的迅速发展，经济社会行为的流动性大大增强，而区位限制则相对变得越来越弱。这种变化使地区之间联系更为复杂，动态性更强，从而根本地改变了传统的空间发展格局。②对规划而言，在某种程度上，"功能区"比"行政区"的意义更大。

（2）可持续发展日益受到重视。可持续发展理念的实现必然是一个跨部门、跨领土以及跨区域的长期协作过程，各种发展政策需要在这个过程中得到整合与协调。而作为政策整合和实施评价工具的规划则被赋予了更

---

① 钱慧、罗震东：《欧盟"空间规划"的兴起、理念及启示》，载《国际城市规划》2011年第3期。

② Albrechts. L & Mandelbaum. S（eds）. The Network Society：A New Context for Planning. London：Routledege, 2005.

高的要求。[①] 和传统的土地利用规划相比，"空间规划"在实现可持续发展方面具有更大的潜力。

（3）政府角色的转变。政府角色尤其是地方政府角色的转变产生了"空间规划"需求。一方面，地方政府在地方发展中发挥着越来越积极和重要的作用，进一步推动了发展权力由中央政府向地方政府的转移。另一方面，政府在发展中的角色正逐步从用地空间管制转向制订长远发展战略框架，提供发展所需要的服务和机制。

此外，欧盟对区域空间整合发展的重视是"空间规划"兴起的最直接的原因。1997 年 ESDP 的出版直接推动了欧洲规划向"空间规划"的转变。规划的职能不再局限于对用地空间的安排，而是整合各种政策的空间治理的工具。与之相匹配的一系列经济政策（欧盟基金）支撑了"空间规划"的迅速推广。

二、空间规划的内涵

根据中国台湾 ODPM 的定义，空间规划的核心是领土融合和政策协调。这种协调不仅包括横向的平级部门之间的协调，也包括纵向的不同层级政府之间的协调和区域内以及区域间的跨行政界线协调与合作。"空间规划"本身并没有固定的空间范畴，理论上它适用于从地方层面到国家层面甚至跨国界的各级空间层面。更重要的是，"空间规划"并不局限于行政空间界限；相反，它侧重于对更有利于理解其内部经济联系、环境体系和日常生活的时空格局的功能性空间的规划。规划工作的重心在于抓住那些影响地区功能和本质的因素，同时，致力于通过对发展资源的有效利用来实现地区的可持续发展。

为了实现这个目标，"空间规划"的内涵应包括以下六个方面：[②] 一是必须在充分研究地区现状、特色和地方发展目标的基础上为地区未来的发展制订合理的空间愿景（spatial vision），并将其细化为有利于实施的时序性政策和空间安排计划；二是应该在空间发展中充当协调者和整合者的

　　① Nadin V. The Emergence of the Spatial Planning Approach in England. Planning，Practice & Research，2007，22（1）：43 – 62.
　　② Wong. C. Baker. M. and Kidd. S. Monitoring of Spatial Strategies：the case of local development documents in England. Environment and Planning C：Government and Policy，2006，24：533 – 552；Wong. C，Qian. H，and Zhou. K. In Search of Regional Planning in China：the case of Jiangsu and the Yangtze Delta. Town Planning Review，2008，79（2 – 3）：143 –176.

角色，为不同部门和机构的政策和计划的整合与协调提供有效的平台；三是规划对象应该为一个连续的功能区，而不应该受行政空间界线的限制；四是规划是一个战略决策的过程，它应该具备更强的合作性和更广泛的参与性；五是规划政策的制订必须配以有效的实施机制以确保空间目标的实现以及为政策框架的调整提供反馈；六是规划需要一个实时的监测系统来跟踪分析规划政策实施的成果。

除此之外，很多学者认为"空间规划"是一个政治过程，在这个过程中，市场、政府和相关机构在地方发展中相互作用，包括官方的规划政策机构，其他政策部门和机构以及利益相关者等。基于此，"空间规划"更多地被看成是具有政治性质的空间治理过程。

三、区域空间规划的内容

区域空间规划是对区域所有土地的全局安排，其规划内容分为确定区域增长中心、协调区域经济增长中心与外围吸引区域的关系、确定区域经济发展轴和发展带、确定产业园区及其他功能区等五个内容。①

1. 区域增长中心的确定

在区域经济发展中，把投资集中于一个中心城市，特别是城市中的工业和第三产业，可以促进城市的快速增长，从而带动整个区域的发展。一个城市若选作经济中心，其应该满足以下条件：②

（1）具有一定规模。要想成为中心城市，必须有一定的人口和经济规模，城市大，吸引力就打，吸引的范围就广，城市的市场也随之增大，带动区域发展的能力就会更大。

（2）具有完整的经济体系。经济中心城市应该具有先进的城市经济和服务、管理体系，不但要带动区域经济发展，还必须有先进的经济体系，能够为区域而不仅仅是城市本身的人民和经济发展服务。

（3）具有完善的城市基础设施。基础设施是城市经济增长的必要条件，工业和第三产业的发展对基础设施的依赖性很大，对整个区域的发展也有相当大的影响。

区域经济增长中心并不局限于一个，其空间结构可以是双中心或多中

---

① 孙久文：《区域经济规划》，商务印书馆 2005 年版，第 163~170 页。
② 吴顺发、程和侠：《区域性中心城市功能研究》，载《技术经济》2007 年第 4 期。

心的模式，也可以在主中心周围建设副中心。如北京市的中心区域中关村、经济开发区、CBD 等已经发展比较成熟，并对周边地区如大兴、通州、顺义等地区扩延；又如上海的周围也有昆山、苏州、嘉兴等副中心。我国长江三角洲地区的上海市、珠江三角洲地区的广州市和深圳市、京津唐地区的北京市和天津市、东北地区的沈阳市等，都扮演着区域经济增长极的角色。

2. 中心城市与外围吸引区域的关系协调

一般来讲，整个规划区域都应当是外围吸引区域。但是，由于经济区与行政区的边界不统一，有时规划区域有一些部分属于其他区域经济增长中心的吸引范围。例如，北京市面积虽小，但其吸引范围是京津冀北地区。

对于一个区域来讲，中心—外围关系也表现为中心城市与周边地区的关系。协调中心—外围关系的具体措施有：一是加快实现中心城市现代化，即尽量运用高技术，实现工业和农业现代化生产，提高生产率和增加生产量。二是通过城乡一体化的发展经济模式，组织生产综合体，促进城乡经济有机结合，促进城市经济和技术向农村渗透和扩散，促进农村与城市的协调发展。

城市区域与农村区域的关系在众多需要调节的关系中是最重要的。在协调过程中应处理好城市与农村区域发展存在的诸如经济空间分布、产业结构、人口迁移等方面的矛盾。通过重新布局，加强对农村地区的资金投入，健全交通和信息网络，发展贸易、金融、文化等第三产业缩小城市和农村差距；鼓励人口在城乡之间的双向流动，解决人口迁移问题。

3. 区域发展轴、发展带的确定

区域经济发展轴是指规划区域经济聚集的主要轴线，该区域的经济增长中心应当位于这些发展轴上；发展带是指有一定的交通、通信和能源供应线构成的带状区域，是规划区域未来发展和产业聚集的重点地区。

区域经济增长中心、主要发展轴线和发展带之间也有一个协调问题，有时需要对其相互关系进行强制性的协调，这就是对规划区域的管制协调。[①]

---

① 管治协调方法：根据区域空间发展要求与生态环境约束要求，重点进行产业空间组织、城镇空间发展、基础设施建设、环境保护等多要素空间整合，提出具有针对性的控制管理内容与协调要求。管治手段应体现强制性、指导性并重，对影响区域生态环境的规划建设、重大区域基础设施的空间布局提出强制性协调要求。

4. 产业园的区位选择

区域经济发展要靠产业发展来支撑，产业发展必须有一定的空间来分布。实践证明，园区是调整经济结构、转变发展方式的有效载体；也是招商引资、产业升级的承接平台；又是推进新型工业化和实现产业升级的重要抓手。园区的发展在地方乃至国家实现经济腾飞过程中，发挥越来越重要的作用。

产业园区一般可以分为工业园区、高技术产业园区和农业产业园区。根据园区不同性质，布局时的要求也不尽相同，如工业园区选择时侧重市场、资源、交通等区位条件；高技术园区在选择时则重视选址，周边有无科技支撑（大学城、技术城等）。

5. 其他功能区的规划

除了产业园区，区域空间规划中的功能区还包括农牧业区、主要旅游区和主要生态保护区等。

（1）主要农牧区。主要农牧区是区域内最广大的产业发展地区，涉及区域的经济发展基础，应当充分重视。要保证一定面积的土地种植粮食作物。养殖业要有明确的地域界限，要防止现代养殖业对区域土地和水源的污染。

（2）主要旅游区。主要旅游区的区位要根据区域的山水风光、文化古迹的分布状况，划定具体的范围，要保证旅游区内的生态环境质量，在任何情况下都不在旅游区建设有污染的工业企业。

（3）主要生态保护区。主要生态保护区市规划区域的生态屏障，对这类地区划定之后，要交地方的立法机构立法保护，划定红线，在任何情况下，都不能突破红线进行开发建设，保护区内的产业发展必须以不破坏环境为标准。

专栏 9-1

一轴三带：京津冀区域空间新布局

京津冀地区发展存在着整体竞争力不高、区域发展协调程度不高、资源利用缺乏合理、资源环境约束日益突出等问题。由此在京津冀地区空间发展布局构想中提出，以"首都地区"的观念塑造合理的区域空间结构，构筑"一轴三带"的空间发展骨架。

"一轴"是指以京、津两大城市为核心的京津走廊为枢轴；"三带"是指以环渤海湾的"大滨海地区"为新兴发展带、以山前城镇密集地区为传统发展带、以环京津燕山和太行山区为生态文化发展带。"三带"有利于提高首都地区的区域竞争力、资源环境承载力和文化影响力，推动京津冀地区的均衡发展。

在这一发展格局中，以中小城市为核心，推动县域经济发展，扶持中小企业，形成"若干产业集群"，带动社会主义新农村建设，改变"发达的中心城市，落后的腹地"的状况，促进首都地区的社会和谐。"发展轴"和"发展带"都要以绿色开放空间加以分隔，采取"葡萄串"式空间布局，避免连绵发展。梳理南北向大交通，建设"曹妃甸—天津—黄骅"滨海通道。以天津滨海新区为核心，以秦皇岛、唐山、沧州滨海地区为两翼的"大滨海新区"，作为京津冀地区发展的引擎。

资料来源：搜狐新闻，http://news.sohu.com/20061022/n245929081.shtml，2006年10月22日。

第二节　区域城镇体系规划设计

城镇体系是在一个区域范围内，由一系列不同等级、不同规模、不同职能的城镇形成的有机整体，在布局上有一定的规律可循。

一、区域城镇体系规划概述

1960年，美国地理学家邓肯（O. Duncan）在《大都市和区域》一书中首次使用了"城镇体系"一词，并用这种新的观念来描述美国的国家经济和国家地理。

1. 城镇体系的概念

城镇体系是指在一个相对完整的空间地域中，以大城市为核心，以中等城市和小城镇为主体，形成不同职能分工、不同等级规模，既联系密切又相互依存的城镇有机体。城镇体系是区域的骨架，区域内经济活动主要

在城镇体系中进行的,它以一个区域内的城镇群体为研究对象,而不是把一座城市当做一个区域系统来研究,主要包括以下几层含义:

(1)相对完整并具有一定关系的区域。城镇体系必须对整个区域进行研究,只有符合区域城镇体系系统特征的研究方法才能奏效。要求整个特定含义区域中的城镇,各自分担一定职能,达到共同维系和发展其区域的目的。

(2)城镇体系的核心是中心城市(即大城市或特大城市)。一个具有一定经济社会影响力的中心城市,才能形成有现代意义的城镇体系。

(3)职能分工和等级规模不同。区域内各城镇因形成的基础和发展条件不同,构成各自的职能和性质、规模大小也不等,分布随机错落,形成城镇网络。城镇与城镇之间不断地进行着物质、人口、信息的交流而使整个区域经济社会活动形成有机整体。

2. 城镇体系规划类型

城镇体系规划按不同标准可分为以下五大类:①

(1)全国城镇体系规划。这种规划涉及全国领域,区域尺度最大。规划包括设市城市、重要县城,规划一般由国务院规划行政主管部门组织编制。

(2)跨省、自治区、直辖市域城镇体系规划。这种规划涉及的城镇包括设市城市、县城。目前,我国已完成京津冀区域城镇体系规划、珠江三角洲城镇体系规划和长三角洲城镇体系规划等。

(3)省、自治区、直辖市域城镇体系规划。这种规划涉及的城镇包括市、县城、重要的建制镇等。

(4)地区、市域城镇体系规划。这种规划区域面积一般几千至几十万平方公里,属中尺度城镇体系规划。规划涉及的城镇包括市、县城、建制镇、独立工矿区等。

(5)县域城镇体系规划。这种规划面积几百至几千平方公里,属于最小尺度城镇体系规划。规划涉及的城镇包括建制镇、独立工矿区、集镇等。

---

① 李秉毅:《构建和谐城市——现代城镇体系规划理论》,中国建筑工业出版社2006年版,第12~13页。

3. 城镇体系规划的内容

城镇体系规划的基本内容包括以下十个方面：[①]

（1）综合评价区域与城市发展和建设条件。主要包括城镇体系发展的历史背景，特别要重视历史上区域中心城市的转移和变迁；城镇体系发展的区域基础，分析区域经济和城镇发展的有利条件和限制因素；城镇体系发展的经济基础，指出各城镇主要部门发展方向。

（2）预测区域人口增长，确定城市化目标。主要考虑规划区域内建制镇以上等级的居民点的合理发展，适当考虑与集镇关系。这项工作的关键在于收集每个城镇最接近实际的城市人口资料。

（3）确定本地区的城市发展战略，划分城市经济区。依据公平和效益相结合的原则，处理好区域内城镇和地区发展的均衡与不均衡的关系。

（4）提出城镇体系的职能结构和城镇分工。通过收集区域内各个城镇经济结构的统计资料和定量、定性相结合的分析，明确各城镇之间职能的相似性和差异性，实现城镇的职能分类。对城镇现状职能加以分析，制订出有分工、有合作，符合比较优势原则，对重点城镇具体确定其规划性质。

（5）确定城镇体系的等级和规模结构规划。具体包括：分析各城镇人口规模的变化趋势和行对地位的变化，预测今后的动态；分析现状城镇规模分布的特点；分析规划期内可能出现的新城镇，包括某些农村集镇的普升和因基本建设可能新建的城镇；结合城镇的人口现状、发展条件评价和职能的变化，对新老城镇做出规模预测，制订城镇体系的规模等级规划，形成新的、合理的城镇等级规模结构。

（6）确定城镇体系的空间布局。具体包括：分析城镇现状空间网络的主要特点和城市分布的控制性因素；设计区域不同等级的城镇发展轴；划分区域内的城市经济区，为充分发挥城市的中心作用，促进城乡经济结合，带动全区域的发展提供地域组织的框架；综合评价区域城镇的发展条件；综合各城镇在职能和规模的网络结构中的分工和地位。

（7）统筹安排区域基础设施和社会设施。

（8）确定保护区域生态环境、自然和人文景观以及历史遗产的原则和措施。

（9）确定各时期重点发展的城镇，提出近期重点发展的城镇的规划建议。

[①] 建设部：《城镇体系规划编制审批办法》，1994 年颁布。

（10）提出实施规划的政策和措施。

哈尔滨大都市圈城镇体系规划

为实现哈尔滨经济社会发展空间一体化、合理调配区域产业布局、使哈尔滨及其周围地区互动联合城乡一体协调发展，开展了哈尔滨大都市圈城镇体系规划工作。

（一）发展定位

1. 国际定位：在东北亚地区经济贸易交往与合作中承担重要角色并富有重大影响力的以哈尔滨中心城区为核心的现代化城市群体。

2. 国内定位：我国与东北亚地区进行经济贸易往来的国际大通道和协调枢纽，东北地区城市群体中的主要核心群体。全国重要的装备制造业基地、高新技术产业基地、绿色食品基地和国际冰雪文化名城。

3. 省内定位：黑龙江省省域经济、城镇发展的核心，为黑龙江省全面推行"Y"形和"T"形的点轴开发模式的中枢灵魂，在促进全省的"南联北开"的发展战略中起关键作用的城镇群体。

（二）发展战略目标

发展成为等级优化、类型完备、职能明确、功能互补、布局合理、网络化发展的具有国际竞争力的以哈尔滨中心城区这一区域性国际城市为核心的现代化城市群体。

（三）规划范围

哈尔滨大都市圈是指《黑龙江省城镇体系规划》中所确定的以哈尔滨为核心的哈尔滨城市经济区的范围，包括哈尔滨市区、阿城市、双城市、尚志市、五常市、呼兰县、宾县、方正县、依兰县、巴彦县、木兰县、通河县、延寿县、肇东市、绥化市区、望奎县，兰西、青冈、庆安、明水、绥棱、海伦市，共22个市县，总面积84430平方公里。

（四）发展规模

1999年：大都市圈总人口1420万，哈尔滨部分总人口927万，绥化部分493万。

2005年：大都市圈总人口1485万，哈尔滨部分总人口965万，绥化部分520万。

2020 年：大都市圈总人口 1620 万，哈尔滨部分总入口 1050 万，绥化部分 570 万。

（五）城镇体系发展目标

促进城市规模结构合理化，城市类型完备，实现城市规模等级优化；完善城市职能结构，实现有序分工，功能互补；调整城市群体的空间结构，实现合理布局，促进大都市圈城市群体向网络化方向发展；协调规划和合理建设，完善大都市圈内的大型基础设施，提高大都市圈基础设施印经济效益。

（六）城镇体系协调发展规划

（1）城镇体系职能等级划分为大都市圈中心城市、区域中心城市、地方性中心城、市、重点城镇和一般建制镇五个层次。职能功能规划除确立综合性的多功能城市外，还形成加工工业、贸工农、农贸、商贸、交通枢纽、风景旅游等不同层次，不同职能类型的城镇体系职能结构。

（2）等级规模规划从区域平衡的视角出发，以哈尔滨市区、尚志市区、绥化市区，远景的方通联合体作为大都市圈东、北、西南及全域的地区的支点，构建具有国际竞争力的城镇体系规模等级结构。

（3）空间协调发展规划与模式集中力量建设核心城市；构筑三大圈层分工协作，节点轴线式发展体系和以三大经济区为龙头的建设模式。调控大都市圈城镇体系整体格局时采用"分散——集中"的空间发展模式以"网络化组合城市"为大都市圈的新型中心城市空间结构模式。大都市圈工业化和城镇化的推进采用"非均衡发展模式"。

资料来源：哈尔滨市城乡规划局。

二、城镇职能分工与规划设计

规划区域内的城镇，由于发展条件的异同会表现出相同或相异的城镇职能，这些城镇对区域内外的政治、经济、文化发生不同程度的各种作用。因此，需要对城镇体系内各城镇的职能进行共性研究和分类研究，从整个规划区域乃至全国的全局视角来认识各个城镇的性质。[①]

1. 城镇职能划分

城镇职能是城镇的经济、社会和文化等因素的集合，由于要素的不同组

---

① 杨荣南：《泉州市域小城镇职能类型划分研究》，载《现代城市研究》1998 年第 2 期。

合，形成城镇为区域服务的职能特点。包括在工业、商业、交通通信、文化教育、科研和旅游等方面的作用。合理的城镇体系，应该是各类职能的合理组合。对于城镇职能的划分，从划分方法方面来看，目前有三种方法：①

（1）描述性城镇职能类型划分。以英国学者奥隆索分类法为代表的描述性城镇职能类型划分，从城市的性质出发，抓住城市的最近本特征，进行简答而通俗的定性划分，具体如表9－1所示。这种分类方法强调城镇职能的专门化，突出一项职能，但缺少综合功能的分析，也缺少量化的概念。

表9－1　　　　　　　　　　描述性城镇职能分类法

体系类型	城镇类型
行政城市	首都、税收城市
文化城市	大学城市、艺术中心城市、宗教中心城市
防御城市	要塞城市、驻军城市、海防城市
生产城市	加工业城市
交通运输城市	运输城市、贸易城市
娱乐城市	疗养胜地城市、度假城市、旅游观光城市

资料来源：M. Aurosseau, Distribution of Population, Geographical Review, 921 (11), 563。

（2）统计法城镇职能类型划分。为了能够准确地确定城市的主导功能，人们借助统计学的分析方法，利用统计资料，用各行业的就业人数占城市就业人数的比例作为主要的标识，并根据职能专门化相似程度进行分类。最具有代表性的是日本学者土井喜九一和美国学者哈里斯。哈里斯的统计法按城镇职能类型划分，如表9－2所示。

表9－2　　　　　　　　哈里斯统计法划分的美国城镇职能体系

城镇体系	类型号	总量（个数）	比重（%）
加工业城市	M	118	19.50
制造城市	M	140	23.14
综合型城市	D	130	21.49
零售商业城市	R	104	17.19
交通运输业城市	T	32	5.29

① 张敦富：《区域经济学原理》，中国轻工业出版社1998年版，第65～67页。

续表

城镇体系	类型号	总量（个数）	比重（%）
批发商业城市	W	27	4.46
娱乐休闲城市	X	22	3.64
教育城市	E	17	2.81
矿业城市	S	14	2.31
行政城市	P	1	0.14
总计		605	100.00

资料来源：刘国光：《中外城市知识辞典》，中国城市出版社1988年版，第192页。

（3）多变量城镇职能类型划分。随着现代城市的发展和影响因素的多样化、复杂性，以及城镇体系研究手段的更新，出现了多变量分类方法，研究的变量涉及经济、政治、人口、文化、就业和收入等各个方面。例如，1977年韩国学者成俊庸提出的韩国多变量城镇职能分类，共计算了5组34个变量，如表9-3所示。

表9-3 **成俊庸多变量城镇职能体系**

城市体系	城市名称
综合性大城市	汉城
大城市、工业城市	釜山、仁川、浦项、大丘、水原、大田、光州、群山、马山、蔚山
汉城邻近城市	城南、议政府、安养、富川
综合职能城市	春川、全州、青州、晋州、安东、镇海、木浦
停滞型城市	原川、丽水、江陵、庆州、天安、三千浦
孤立型城市	济州

资料来源：刘国光：《中外城市知识辞典》，中国城市出版社1988年版，第67页。

（4）我国城镇行政职能分类。[①] ①国际型城市。国际型城市是指在某一方面的功能突出，超越了地域与国家的界限，在国际交往中发挥重要作用的城市。从国际性城市的主导功能来看，可以分为政治型、经济型、交通型、文化型和宗教型等国际性城市。②首都。全国政治、文化中心和管理中心，对国家城镇体系的发展具有举足轻重的作用。③直辖市。具有特

[①] 赵伟：《城市经济理论与中国城市发展》，武汉大学出版社2005年版，第37页。

殊政治、经济意义的特大城市。我国的四个直辖市分别为北京市、天津市、上海市、重庆市。④省会（或自治区首府）全省（或自治区）的行政管理中心。此外，还包括地级城市、县城和乡镇等。

2. 城镇职能结构规划

城镇规划就是按照城镇职能，依据一定的原理，进行合理的组合，其结构规划思路为：①

（1）针对城镇体系现状职能结构特点和问题，根据区内外劳动地域分工的原理和区域发展战略，建立起新的城镇职能分工体系，把许多雷同的内向型城镇职能转变为分工协调的外向型城镇职能结构，充分展示各城镇的优势和特色。

（2）要完善城镇的职能层次分级。以地级市域为例，按照高级到低级的顺序把城镇的职能层次分为六级，即市域中心城市——市域副中心城市——县域中心城市——县内中心城市——职能分工明确的小城镇——发展水平低的乡集镇。城镇职能的等级不同，职能的类型组合就会有差异。

（3）进一步确定规划期各城镇的职能类型组合。就市域中心城市而言，工业的优势专业化职能和第三产业的一些广义服务职能要同步发展，薄弱的交通、商贸、科技、教育、信息等中心作用要优先发展，与省会城市和大区域中心城市接轨。市域中心城市的优势专业化职能的作用要尽可能扩展覆盖到周边地区或更广大范围。市域副中心城市的部分职能具有超出辖区范围影响到几个县的作用，需要有较明确的优势专业化职能和比较齐全的基础设施及社会服务设施，分担市域中心城市的部分职能。县域中心城市应根据地方条件建立起若干专业化部门，朝着专业化与综合发展相结合的方向发展。县内中心城市的影响范围一般达到几个乡镇，使之既有较突出的专业化职能，又有一定的综合职能。现有的建制镇和规划的建制镇在规划期都要有适当的专业化职能分工，并通过加强基础设施和社会服务设施建设，强化镇域中心的职能，成为吸纳农村剩余劳动力的重要场所。发展水平低的乡集镇，往往聚居人口少，区位交通条件不便、乡域人口外流，如无突变因素，在规划期只能缓慢发展，难以形成专业化职能部门，更难以成为乡域中心。

---

① 张沛：《区域规划概述》，化学工业出版社2005年版，第170～171页。

专栏 9-3

长江三角洲地城镇职能分析

长江三角洲地区位于全国"两横三纵"城市化战略格局中沿海通道纵轴和沿长江通道横轴的交汇处，包括上海市和江苏省、浙江省的部分地区。

该区域的功能定位是：长江流域对外开放的门户，我国参与经济全球化的主体区域，有全球影响力的先进制造业基地和现代服务业基地，世界级大城市群，全国科技创新与技术研发基地，全国经济发展的重要引擎，辐射带动长江流域发展的龙头，我国人口集聚最多、创新能力最强、综合实力最强的三大区域之一。

——优化提升上海核心城市的功能。建设国际经济、金融、贸易、航运中心和国际大都市，加快发展现代服务业和先进制造业，强化创新能力和现代服务功能，率先形成服务经济为主的产业结构，增强辐射带动长江三角洲其他地区、长江流域和全国发展的能力。

——提升南京、杭州的长江三角洲两翼中心城市功能。增强南京金融、科教、商贸物流和旅游功能，发挥南京在长江中下游地区承东启西枢纽城市作用，建设全国重要的现代服务业中心、先进制造业基地和国家创新型城市，区域性的金融和教育文化中心。增强杭州科技、文化、商贸和旅游功能，建设国际休闲旅游城市，全国重要的文化创意中心、科技创新基地和现代服务业中心。

——优化提升沪宁（上海、南京）、沪杭（上海、杭州）发展带的整体水平，建设沪宁高新技术产业带。培育形成沿江、沿海、杭湖宁（杭州、湖州、南京）、杭绍甬舟（杭州、绍兴、宁波、舟山）发展带，积极发展高新技术产业和现代服务业，加强港口和产业的分工协作，控制城镇蔓延扩张。调整太湖周边地区产业布局，建设技术研发和旅游休闲基地。

——强化宁波、苏州、无锡综合服务和辐射带动能力。宁波建设成为长江三角洲南翼的经济中心和国际港口城市，苏州建设成为高新技术产业基地、现代服务业基地和旅游胜地，无锡建设成为先进制造业基地、国家传感信息中心、商贸物流中心、服务外包和创意设计基地。

——增强常州、南通、扬州、镇江、泰州、湖州、嘉兴、绍兴、台州、舟山等节点城市的集聚能力，加强城市功能互补，提高整体竞争力。

　　——发展高附加值的特色农业、都市农业和外向型农业，完善农业生产、经营、流通等服务体系，建设现代化的农产品物流基地。

　　——加强沿江、太湖、杭州湾等地区污染治理，严格控制长江口、杭州湾陆源污染物排江排海和太湖地区污染物入湖，加强海洋、河口和山体生态修复，构建以长江、钱塘江、太湖、京杭大运河、宜溧山区、天目山——四明山以及沿海生态廊道为主体的生态格局。

　　资料来源：国务院印发《全国主体功能区规划》，2011年。

三、城镇等级规模与规划设计

　　城镇等级规模体系是城镇体系的一个重要子系统。根据城镇体系的规模分布理论，高效的区域城镇群体会在等级规模组合方面表现出序列性，通过对城镇规模分布的研究，可以明确不同规模等级城市的组合特征和发生、发展规律，并在此基础上制订城镇体系发展战略，以更好地发挥各级城市的作用。

1. 城市规模分布

　　城市规模分布，指一个国家或区域，城市人口规模的层次分布，如大、中、小城市在城镇体系中各自所占比重。通过城市规模分布的研究可以明确城市从大到小的序列与其人口规模的关系。城镇规模分布理论主要围绕首位式分布和序列式分布两个分析法展开，其代表理论有以下三种：[①]

　　（1）城市首位律。马克·杰弗逊（Mark Jefferson）1937年提出首位城市法则，首位式规模分布结构是指区域中首位城市的规模特别大，在政治、经济、社会、文化生活中都占据明显优势，特大城市直接支配许多中小城市（镇）。通常用首位度来衡量首位城市的地位，后来学者们又提出四城市指数和十一城市指数概念。[②]

　　（2）城市金字塔。一个国家或区域的城市，按规模大小分成等级，就会出现规律性现象，即规模越大的城市数量越少，规模越小的城市数量越多，城市为序排列犹如金字塔，塔顶是一国（或区域）内的首位城市或少数大城市，塔基是众多小城镇，而相应的城市人口数目以倒金字塔排列。

---

　　① 郑长德、钟海燕：《现代西方城市经济理论》，经济日报出版社2007年版，第49页。
　　② 四城市指数：$S = P_1/(P_2 + P_3 + P_4)$；十一城市指数：$S = 2P_1/(P_2 + P_3 + \cdots + P_{11})$，式中$P_1$、$P_2 \cdots P_{11}$为城镇体系中按人口规模从大到小排序后，某位次城市的人口规模。

在现实应用中，通过比较不同国家、不同区域的城市金字塔形态来分析城市等级规模差异或变动趋势，也可以分析某一区域城镇等级规模的变动趋势。

（3）位序—规模法则。位序—规模法则最早由奥埃贝奇提出，经过罗特卡、辛格、捷夫等人得以完善。它揭示了城市位序与城市人口之间的关系，是一个城市的规模及该城市在一国所有城市按人口规模排序中的位序关系之间的规律。

2. 我国城镇规模分布模式

（1）城市金字塔模式。根据我国目前对城市的分类，对于国家发展的实际情况，一些学者建议采用七级城市规模分类体系，即超巨型城市、巨型城市、超大城市、特大城市、大城市、中等城市和小城市（见表9-4）。[①]

表9-4　　　　　　　　中国城市规模分布体系（2002年）

城市规模类型	划分标准（万人）	城市数量（个）	占城市总数比例（%）	代表城市
超巨型城市	>1000	1	0.15	上海
巨型城市	500~1000	2	0.30	北京、天津
超大城市	200~500	12	1.82	广州、武汉、重庆、西安、杭州等
特大城市	100~200	30	4.55	昆明、兰州、太原等
大城市	50~100	64	9.70	烟台、西宁、厦门等
中等城市	20~50	225	34.09	宝鸡、北海、宜宾等
小城市	<20	326	49.39	曲阜、三亚、黄山等

资料来源：《中国城市统计年鉴》，中国统计出版社2004年版。

（2）首位度。按照我国的省区城市首位度指数大小，可将省区城镇体系划分为以下三大基本类型（张沛，2006）：

双极型。经济发达水平居中的各省区，城市首位度指数较低，一般都在1.0~2.0。由于它们是经济发展中的省区，受近代交通因素作用明显，省区城镇体系在等级规模关系和地域空间结构方面都呈双极发展形式。如宁夏的银川—石嘴山、山东的济南—青岛等。

---

① 程道平：《现代城市规划》，科学出版社2004年版，第7页。

均衡型。在经济发达的省区，中心城市作用明显，城市等级规模系列比较完整。因此，城市首位度指数居中，一般介于 2.0～4.0，如江苏（含上海）、辽宁等。

极核型。在经济发展中的省区，由于中心城市刚刚形成或正在形成，次级城市非常薄弱，城市首位度指数一般都比较高，如湖北、陕西等。

3. 城镇等级结构规划

（1）分析总结现有城镇体系分布的特点和规律。分析区域重要城镇的发展速度、城镇化水平和相对地位变化，总结城镇分布特点和规律，把包括城镇规模等级是否完善、等级状况如何、中心城镇与次级城镇之间是否相差悬殊等。一般而言，层次越高，规模越大，则数量越少；层次越低，规模越小，则数量越多。城市数量分布由高层次到低层次表现为正金字塔形分布；城市人口分布由高层次到低层次却表现为倒金字塔形分布。

（2）确定区域城镇规模发展战略。城镇规模发展战略主要研究城镇规模优先发展问题，战略选择通常会考虑以下几方面：①

①城镇化的发展模式。主要从结构分析的角度，研究城镇在空间布局上的多样性是如何形成的，主要包括城市主导产业决定的城镇产业发展模式、城镇空间结构决定的城镇功能模式以及城镇成长阶段决定的城镇演化模式。

②城镇化的发展道路。发展道路主要有工业化与城市化均衡互动的渐进式道路、混合推进的加速型道路、工业化强拉式的跨越式道路和政府控制型的滞后性道路。

③城镇化的发展战略。现代城镇发展战略主要有市场主导型、政府主导型和混合型三种。

（3）推算各级城镇的合理规模。主要以人口预测和城市化预测为中心。

①区域人口预测。在一个城镇体系内，各城镇的人口可以从几千人变化到上千万人，人口规模是城市最为重要的特征，人口数量的大小标志着各个城镇在城镇体系中地位的提高，因此，对一定地域内各城镇人口数量的分析就自然地成为城镇规模等级体系研究的重点。

人口预测中城镇发展总水平的预测及区内差异是城镇体系规划首先需要回答的问题；城镇规模有其自身的发展规律，各地城镇体系的等级规模

---

① 周天勇：《城市发展战略：研究与制订》，高等教育出版社 2005 年版，第 75～120 页。

规划应根据自己的条件和特点酌情处理。预测区域总人口，首先要从自然增长和机械增长两方面预测区域总人口。无论是现状还是规划期，都要考虑外来常住人口的情况，还要考虑本地户籍人口常年在外的情况，进而通过调查估算得到一个比较准确的现状常住总人口数和常住总人口预测数。[①]

区域人口的预测方法主要有回归分析法（一元回归、二元回归和指数回归）、综合增长率预测法、比例预测法和其他预测方法（灰色系统模型预测法、系统动力学预测法、人口动态模型预测法等）。

②城市化水平预测。城市化测度指标包括单一指标和复合指标两种。对于城市化水平预测，各国的统计口径是不同的，有的是以非农业人口统计，有的是以城镇人口统计，中国是以城镇人口占城镇体系范围内总人口比例作为城市化计算标准，公式如下：

$$区域城市化水平 = (非农业户籍人口数 + 从事第二、三产业的农业户籍人口数 + 居住一年以上的暂住人口数)/常住人口数 \times 100\%$$

世界各国城市化过程所经历的轨迹表明，城市化发展大致可分为以下三个阶段：低水平城市化阶段，城镇人口占总人口比例在30%以下；中等水平城市化阶段，城镇人口占总人口的比例在30%~70%；高水平城市化阶段，城镇人口占总人口的比例在70%~90%。

城市化水平的预测方法有联合国法、回归分析法、农村剩余劳动力转移法、非农业人口预测转换法和其他预测方法。

（4）确定城镇规模结构规划方案。经过前述准备工作，可以制订出大城市规划、中等城市规划、小城市规划、县城镇规划与小城镇规划，并给出不同等级城镇规划实施的保障措施。最后以规划图表及文字说明的形式整理出区域城镇体系等级结构规划。

专栏9-4

余杭区城镇体系等级规模分析

把余杭区打造成为杭州现代服务业副中心、长三角先进制造业基地、创新科教基地、文化休闲旅游中心、区域综合交通物流中心，杭州大都市区北部集"经济强区、生态城区、文化名区"为一体的现代化生活品质都

---

① 崔功豪、魏清泉、刘科伟：《区域分析与区域规划》（第二版），高等教育出版社2006年版，第287页。

市新区，具体发展规模见表9－5。

表9－5   区域发展规模

时间	常住人口规模	城镇人口	城市化水平	城乡建设用地规模
2010年年末	135.35万人	92.4万人	68.30%	196.48平方公里
2020年年末	164.94万人	132.4万人	80.30%	244.79平方公里

1. 人口规模与城市化水平

余杭区域2010年年末常住人口规模为135.35万人，城市化水平达到68.3%，城镇人口92.4万人。

2020年年末常住人口规模将为164.94万人。城市化水平将达到80.3%，城镇人口132.4万人。

2. 用地规模

余杭区至2010年城乡建设用地总规模达到196.48平方公里，其中城镇建设用地规模为128.94平方公里，控制弹性增长空间14.16平方公里。

至2020年城乡建设用地总规模达到244.79平方公里，其中城镇建设用地规模为192.37平方公里，控制弹性增长空间29.36平方公里。

资料来源：《杭州市余杭区土地利用总体规划（2006~2020年）》，杭州市国土资源局余杭分局。

四、城镇空间发展与规划设计

1. 城镇体系空间布局类型

我国的城镇体系空间布局按照城市作用和区域性质不同，大体有以下四大类型：①

（1）大城市地区城镇体系空间布局类型。这类城镇体系形成条件是：中心城市区位特别优越并伴随着强有力的外向推动力，发展速度大大超前于周边地区，在我国这一类型的城镇体系较多。

（2）多中心城镇体系空间布局类型。这一类型城镇体系表现为中心城市的主从关系不明确，城市间相互依存又相互制约，体现在区域原材料、

---

① 崔功豪、魏清泉、刘科伟：《区域分析与区域规划》（第二版），高等教育出版社2006年版，第491页。

能源供求关系及城镇产业结构等。如苏锡常地区、湘东地区等。

（3）以自然资源综合开发利用为主的城镇体系空间分布类型。这种类型的空间布局又分为两种：一种是以多种丰富的自然资源综合开发为主体；另一种是以某种丰富的自然资源综合开发为主体。

（4）行政—经济区域城镇体系空间布局类型。以行政—经济区为地域单元建立起来的城镇体系特征是：等级序列明显，不同等级城镇间职能分工明显，同一等级城镇职能较单一、雷同。由于长期以来的计划体制影响及地方政府干预，经济发展水平不均衡，中心城市地位较突出，小城镇发展多依赖农副产品的开发利用。在我国地方级城镇体系中，此类型城镇体系最多。

2. 城镇体系空间发展规划

在城镇体系的空间结构规划中，要考虑城镇生长点、增长极、发展轴等，并且给予不同层次、不同级别的限定，实际上这也是对未来城镇发展态势的限定。在现代社会化大生产背景下，城镇体系布局的空间结构应当打破自求平衡、自成体系、条块分割、相互封闭的传统体制，力图造成远离平衡状态的开放结构，是城镇体系与外部环境及体系各城镇之间，形成一种不断交换物质、能量和信息的内在机制。[1] 区域经济学称为中心城市和经济区关系问题，前者作为"点"，后者作为"面"，通过各种交通线、通信线等轴进行经济技术的全面交流与协作，从而形成"点、线、面、域"有序的城镇体系空间结构（参见第三章第三节相关内容）。

3. 城镇体系空间结构规划内容

通过以上空间结构的介绍，我们知道，要设计合理的城镇体系空间结构，应充分考虑点（城镇）、县（交通线、动力线、通信线等）、面（区域）的有机结合，规划基本内容包括以下几方面：[2]

①剖析城镇空间结构特点和城镇体系布局现状。②分析影响城镇布局的影响因素。即根据各个城镇的交通与信息联系，寻找城镇发展的限制因素和有利因素，并进行深入研究。③确立城镇体系布局规划的主导战略，战略思想的确定要从以下几点出发：一是要加快城市进程确立战略思想；

---

[1]　顾朝林：《中国城镇体系——历史、现状、展望》，商务印书馆1992年版，第414页。

[2]　陈修颖：《区域空间结构重组——理论与实证研究》，东南大学出版社2005年版，第78~80页。

二是要立足于各地区区位条件、资源特点、产业结构和发展潜力，以推动经济发展与社会进步为确立目标确立战略思想；三是从区域协作与区域统筹出发确立战略思想。④城镇体系布局规划方案。在制订方案时，对于采取什么样的空间结构形态，需要因地制宜；此外，要确定重点发展城镇，控制发展城镇及空间结构规划实施的保障措施。

专栏 9－5

省域视角下的"淮安增长极"

在《江苏省城镇体系规划（2010～2030）》纲要中，闪现着很多原来没有的"淮安亮点"。

1. 城镇空间结构新亮点

"一带、两轴、三圈、一极"的城镇空间结构，是全省四个可能的城镇空间结构方案中被优先推荐的一个。

规划形成"紧凑型城市与开敞型区域"空间格局。以沿江、沿海及沿东陇海地区为重点城镇集聚空间，苏北腹地和宜溧金高地区以城镇点状建设为主，通过"核心地区＋据点式发展"，形成腹地开敞、带轴集聚的空间格局。

该方案基本延续了江苏"三圈五轴"的城镇空间格局，突出了省域生态空间保育和分区特色化发展，有利于形成紧凑型城市和开敞型区域；淮安作为发展方式转型的先导区，强化淮安有利于辐射带动苏北腹地发展，促进区域协调发展。

2. "淮安增长极"列入重要城镇空间

纲要提出，以"强化功能、构筑枢纽、特色发展"为原则，加快淮安作为江苏新兴增长极的规划建设，带动苏北腹地发展，促进区域协调发展。

具体来说，淮安应优化城市发展环境，充分发挥区位、交通等优势，构建区域性重要的公共服务中心、物流中心和旅游集散地。推动三淮空间实质性一体化进程，促成三城（原淮阴市中心城区、原淮阴县城区和原淮安市城区）融合、五区（清河、清浦、淮阴、楚州、开发区）联动。

构筑公路、铁路、航空、水运、管道综合协调发展的一体化交通网络，形成快捷化、多样化的交通运输方式。加强与长江三角洲交通系统的衔接、腹地城镇与增长极的联系，提升淮安增长极区域交通的地位。推动淮安市区和周边地区联合发展，整合中心城区、空港地区等重要功能地区的发展。

将淮安作为全省发展方式转型先导区，积极争取省政府对农业及生态补偿和财政转移支付政策。

3. 淮安成为六个二类区域中心城市之一

根据城市综合性和专业化功能的辐射影响范围，规划将省域城市功能体系确定为三级五类。

区域中心城市，是省域内融入全球分工体系、实施国家战略、提升全省综合竞争力的核心城市，根据功能分为两类。

地区中心城市，具有明显的聚集性、扩散性特征，承担着地区公共服务中心、生产服务中心和交通枢纽等职能，根据功能分为两类。

县（市）域中心城市，是县（市）域层面引导人口和产业聚集的重要载体，该类城市主要带动本地区城乡协调发展，通常具有综合服务功能。

全省一类区域中心城市只有南京一个，淮安与无锡、苏州、徐州、连云港——赣榆、南通等六个城市被列为二类区域中心城市，盱眙、洪泽、金湖、涟水被列为县（市）域中心城市。

最后，在铁路方面，全省规划布局南京东、徐州、淮安、海安四个省级铁路枢纽。

资料来源：《淮海晚报数字报》，2011年1月14日第12版。

五、城镇网络结构与规划设计

城镇体系的网络结构规划是在城镇体系的职能分工结构规划、等级规模结构规划与空间规划的基础上，对地域的行政管理、工业、交通、商业、科技情报、文化、教育、卫生和财政金融信贷等网络进行统一规划，以提高全地域城乡居民物质和精神生活水平，推动地域社会经济的发展。同时，城镇体系的网络结构规划并非依附于职能分工结构、等级规模结构和城镇空间结构及其规划而存在，而是在一定程度上对以上三大结构规划起着反馈影响和制约作用。

1. 网络联系形式

我国城镇体系内城市（镇）间的联系，主要有自然、经济、技术、社会和行政管理五种基本类型，各种类型又具有不同的城镇体系联系方式。就城镇体系的联系网络而言，主要包括以下几类：自然联系网络、交通联系网络、基础设施网络、产业联系网络、资金联系网络、技术联系网络、社会联系网络和行政管理网络（见表9-6）。[①]

表9-6   城镇体系的网络联系形式

类型	形式
自然联系网络	自然综合体、地理单元、河流水系及流域、生态相互关系、灌溉系统
交通联系网络	道路交通运输网络、河流及水运网络、铁路、航空及管道运输网络
基础设施网络	能源供应商网络、商品供应商网络、卫生医疗网络、教育训练进修联系、工作通勤流、市场网络等
产业联系网络	生产联系（包括产前、产后和横向联系）、材料及半成品
资金联系网络	财政金融网络、资金流、收入流
技术联系网络	技术扩散形势（集聚型和分散型）、电讯系统
社会联系网络	人口迁移及移民流、旅行及旅游流、居民原籍关系、亲属关系、风俗和宗教信仰等
行政管理网络	行政机构隶属关系、政府预算过程及其实施程序、监督管理机构组织

资料来源：彭震伟：《区域研究与区域规划》，同济大学出版社1998年版。

城镇体系的网络结构主体是城镇，尤其是中心城市。中心城市在网络结构中的作用是将其工业、资金、技术、信息等作用和能量通过网络渠道辐射到整个区域，以促进区域整体的协同发展。

2. 网络结构关系

（1）行政管理网络。我国现行行政区划分为省、自治区、市；县、自治县分为乡、民族乡、镇；直辖市和较大的市分为区、县；自治州分为县、自治县、市。我国城镇体系的行政管理网络与之相对应，也形成首都—县城（直辖市、自治区首府）—省辖市、地级市—县级市、县城—镇的五级行政管理网络系统。

（2）交通运输网络。交通运输是沟通生产和流通的先决条件。在城镇体系内，以中心城市为核心，城市为节点，通过交通线联系，便形成了城镇体系的交通运输网络。交通运输网络的合理与否，以及与区域城镇体系发展进程的协调程度，都会对城镇体系正常功能的发挥产生影响。

[①] 彭震伟：《区域研究与区域规划》，同济大学出版社1998年版。

在交通运输网络规划中，应在分析交通方式现状的基础上，提出发展和改进现有交通运输系统的方针、原则及具体建设项目和管理对象等，其中主要任务是通过调查分析，明确系统薄弱环节，并采取有效的措施加以改进。

（3）生产协作网络。在我国城镇体系中，各城市工业企业按照自愿、平等、互利、扬长避短、择优发展的原则，以骨干企业为依托，发展城市间生产协作，可形成以下三种生产协作网络。

①市—县城—镇自上而下的城镇工业扩散网络系统。这种网络以骨干企业为依托，发展城市的企业之间产品加工和技术扩散作用，自上而下逐级扩散，最终形成市—县城—镇自上而下的城镇工业经济系统。

②镇—县城—市自下而上的集聚式深加工协作网络。这种网络以原材料加工、矿业、农副产品加工工业为基础，随着技术和精加工程度的提高，而不断逐级由下而上呈集聚式，形成城镇体系内生产的深加工协作网络。

③横向联系密切，协同发展的城镇群生产综合体经济网络系统。这类网络系统是城镇群经济组织的高级阶段。它们围绕一两种资源，同一分工、协作配套，形成有机联系且具有地域特征的生产联系网络系统。

（4）商品流通网络。在我国社会主义市场经济条件下，商品流通网络系统正日益成为城镇体系内联系生产和消费，联系各地区乃至全国所不可或缺的经济桥梁和纽带，它的结构关系主要表现形式有以下两种：

①城市商品批发流通网络。我国商品批发流通，以省会城市形成一级站，依托城镇体系形成了一级站—二级站—三级站—零售店的商品流通网络。

②城乡商品流通网络。有的学者将其概括为五级商品流通网络：全国性流通中心（大城市）—地区性流通中心（中等城市）—地方性流通中心（小城市）—农村商品流通中心（县城）—农村商品流通末梢（小城镇）。

3. 网络结构规划的内容

城镇空间网络组织的规划研究就是把不同职能和不同规模的城镇落实到空间，要综合考虑城镇与城镇之间、城镇与交通网之间、城镇与区域间的网络关系，其主要工作包括以下内容：[1]

---

①　徐学强、周一星、宁越敏：《城市地理学》，高等教育出版社1997年版，第204页。

（1）分析区域城镇现状空间网络的主要特点和城市分布的控制性因素。

（2）区域城镇发展条件的综合评价，是解释地域结构的地理基础。

（3）设计区域不同等级的城镇发展轴线、高级别轴线穿越区域城镇发展条件最好的部分，连接尽可能多的城镇，特别是高级别的城市，体现交互作用阻力最小或开发潜力最大的方向。本区域的结构网络要与更大范围的空间结构相协调。

（4）综合城镇在职能、等级和网络结构中的特点与作用，对其发展政策进行归类，为未来生产力布局提供参考。

（5）根据城镇间的交互作用，划分区域内城市经济区，为充分发挥城市中心作用，促进经济发展提供地域组织框架。

专栏9－6

《南京都市圈规划（2002~2020）》（节选）

——网络化与极化共同发展的都市圈空间结构

南京都市圈"承东启西、承南接北"，地处中国重要沿海和沿江发展轴线的交会点，是东部与中西部经济发展的转换地带、南北经济发展的交融分区域，具体有战略性的枢纽地位。南京都市圈规划范围包括南京市、镇江市、扬州市、马鞍山市、滁州市、芜湖市的全部行政区域，淮安市的盱眙县、金湖县和巢湖市的市区、和县、含山县。

空间总体结构：形成一个核心、两个圈层的空间结构，重点发展一带一轴三通道。

一个核心包括南京主城和以主城为核心、半径约30公里范围内的城镇和潜在的城镇发展地区，即规划中的南京都市发展区。该区域是南京城市功能重组和集聚新兴城市功能的重点区域。两个圈层包括核心圈层和紧密圈层。核心圈层：与核心城市联系紧密、接受核心城市强烈辐射。紧密圈层：与核心城市联系密切，圈层地带节点城市有相当的规模。

空间发展策略："强化核心，提高沿江、带动纵深。"

空间组织结构：形成网络化与极化共同发展的都市圈空间结构。

资料来源：江苏省建设厅.南京都市圈规划（2002~2020），2003年。

第三节　区域基础设施规划

　　基础设施是社会经济发展现代化水平的重要标志，对生产力和城镇的发展与空间布局有重要影响。区域基础设施规划中应坚持高起点规划、高标准设计、高质量建设、高效能管理，实现科学布局，保证设施配套完善。

一、基础设施的特征与分类

1. 基础设施的特征

　　（1）基础性。基础设施所提供的公共服务是所有的商品与服务的生产所必不可少的，在社会的每一个生产过程和生活过程中都发挥着基础作用，是区域经济增长的必要前提条件，虽然社会基础设施不一定直接影响区域经济发展，但是若缺少这些公共服务，其他商品与服务（主要指直接生产经营活动）便难以生产或提供。

　　（2）系统性。基础设施是一个由很多子系统相互联系、相互作用而成的复杂系统，它是各个部分相互独立又相互联系的整体，任何一部分的设施落后或者功能不健全都会影响系统的其他部分，并对整个系统及区域经济的发展产生不利影响。此外，作为一个整体，基础设施具有不可分性，只有达到一定规模时才能提供服务或有效地提供服务。如电站大坝不能只建到河中间、机场跑道不能留半截不修完、连接两城市的轻轨不能只建一半等。

　　（3）不可贸易性。绝大部分基础设施所提供的服务几乎是不能通过贸易进口的。一个国家可以从国外融资和引进技术设备，但要从国外直接整体引进机场、公路、水厂是难以想象的。

　　（4）共享性。基础设施是一种准公共物品性，有一部分的基础设施提供的服务具有相对的非竞争性和非排他性，类似于公共物品。基础设施是为整体区域社会经济发展服务的，因为一般不能独占，所有主体共同使用，共同享受。①

---

　　①　聂华林、李光全：《区域规划导论》，中国社会科学出版社2009年版，第139页。

（5）长期性。对于基础设施的建设来说，不仅静态规模建设规模比较大，投资需求多，而且还会随着经济社会的发展，不断产生新的建设需求。因此，基础设施建设在表现出较长施工周期的同时，大规模的建设投资也需要较长的回收周期。此外，基础设施建设所带来的环境效益、生态效应以及社会效应也需要经过相当长的时间才能看到。因此，基础设施的长期性特征就显而易见了。

（6）规划性。区域性基础设施建设体现了区域的整体发展要求，所以，区域性基础设施的建设不仅着眼于自身利益的改善，还着眼于区域整体利益的诉求，要在维护区域整体利益的前提下，统一规划，有序建设，减少基础设施建设上的浪费，促进其最大效益的发挥。

专栏 9－7

基础设施的"乘数效应"

基础设施建设具有所谓的"乘数效应"，即能带来几倍于投资额的社会总需求和国民收入。一个国家或地区的基础设施是否完善，是其经济是否可以长期持续稳定发展的重要基础。

20 世纪 30 年代，为了应对空前的经济大萧条，美国总统罗斯福推行了著名的"罗斯福新政"，其中很重要的一项政策就是政府主导的大规模基础设施建设，这些基建项目，不仅提高了就业，增加了民众收入，还为后期美国经济的大发展打下了坚实的基础。

当前，为了应对由于全球性金融危机及国内诸多因素造成的经济下滑的巨大风险，中国政府推出"四万亿"投资的经济刺激计划，"四万亿"经济刺激预计每年拉动经济增长约 1 个百分点，其中近一半资金投向交通基础设施和城乡电网建设，这不仅可以使中国加快摆脱全球金融危机所带来的负面作用，还可以扩大内需，刺激中国经济的发展和消费的增长。配合中央政府的计划，全国各省市政府纷纷以基础建设项目为重点，以投资拉动经济增长，2008 年全社会总投资将超过 16 万亿元。

广东省政府在 2009 年完成 1.3 亿元投资，主要用于交通基础设施、水利工程、城市基础设施、港口水利建设、公共交通网络、节能减排基础设施建设、保障性住房建设、服务业及教育卫生等社会事业、生态环境保护等领域。并将于今后 5 年内，在上述 10 个领域，拿出实际项目和具体措施扩大内需，为扩大内需的项目投入约 2.3 万亿元。

重庆长江大桥建成后，使重庆市 80% 以上的工厂收益，每年为工业企业增收节支 1093 万元。基础设施的乘数效益还可以从反向说明，如大连市前几年缺水每年损失工业产值 6 亿元，上海市因交通不畅造成的损失约占国民收入的 20%，估计为 25 亿元。

资料来源：南博网，http://www.caexpo.com/news/special/invest/2012jcss/2012/03/01/3553845.html。

2. 基础设施分类

（1）按基础设施的属性划分为：经济性基础设施。包括交通运输、动力、通信、给排水、排污等；社会性基础设施。包括行政管理、文化教育、医疗卫生、商业服务、金融保险、社会福利、环境保护等设施；制度性基础设施。包括法律、法规、政策、秩序等。

（2）按基础设施所在地域划分为：①农村基础设施。农村基础设施包括农业生产性基础设施、农村生活基础设施、生态环境建设和农村社会发展基础设施四个大类。②城市基础设施。城市基础设施是指为城市直接生产部门和居民生活提供共同条件和公共服务的工程设施，是城市生存和发展，顺利进行各种经济活动和其他社会活动所必须具备的工程性基础设施和社会性基础设施的总称。它对生产单位尤为重要，是其达到经济效益、环境效益和社会效益的必要条件之一。

（3）区域性基础设施依据其四大系统划分，可分为：①交通运输系统，包括铁路、公路、水路、航空、管道的线网、港站等设施。②给排水系统，包括给水的水源工程、输水管道、自来水生产和供应设施，以及雨水排放管道和污水排放的处理设施。③动力系统，包括电路生产及输变电设施，区域性的煤气、燃气、石油液化气的生产输配设施和热力生产供应设施。④邮电通信系统，包括邮电局所、各种通信手段收发和传输设施。

除此之外，区域基础设施规划中还包括减灾防灾设施的规划。

3. 基础设施发展模式

（1）超前型发展模式。超前型又叫优先发展模式，是指基础设施建设相对于直接生产活动超前一个时期，能为区域经济发展创造良好的基础，代表国家如英国。

（2）同步型发展模式。同步型又称平行发展模式，是指基础设施与生产消费引起的需要相适应，直接生产部门与基础设施的形成和扩大同步发展，代表国家如美国、加拿大和瑞典。

（3）滞后型发展模式。它指基础设施发展滞后于直接生产部门，是一种低成本追求利润最大化的行为，代表国家如苏联、东欧及大多数发展中国家。

（4）"随后—同步"型发展模式。该发展模式的特点是直接生产部门投资现行，基础设施随后紧跟，经济发展与基础设施的迅速发展亦步亦趋，在保证对经济发展"不形成阻力"时，保持"最低限度的必要量"。①

区域规划要在对各种基础设施发展过程及现状分析的基础上，根据人口和社会经济发展的要求，预测未来对各种基础设施的需求量，确定各种设施的数量、等级、规模、建设工程项目及空间分布。本章将从区域交通运输规划、区域能源设施规划、区域通信设施规划和区域防灾减灾规划四个方面进行论述。

二、区域交通运输规划设计

交通运输系统是基础设施的骨架，是国家或区域社会经济发展的先行条件。交通运输的基本要求，是使交通流达到便捷、通畅、经济、安全，在当代，尤其要形成快速化、网络化、系统化的交通运输结构。因此，交通运输规划内容应包括：客货运量及流量、流向的预测；运输方式结构的确定；提出交通运输网的基本方案；选定重大交通工程项目（例如高速通道）和具体布局；以及工程修建时间和造价估算等。一般地域范围越大，规划内容越宏观，侧重于交通骨架和交通枢纽以及交通运输网络的结构和布局。

区域交通运输系统规划主要包括铁路网规划、公路网规划、水运网规划、航空港规划及综合运输网规划。

交通运输规划步骤一般包括以下几个程序②：客货运输与交通网现状的调查与分析；未来客货运量、流量、流向预测；客货运量在各种运输方式间的合理分配；运输网规划和主要建设工程项目的基本方案；估算投资、修建时间和经济效果分析。

1. 现状调查与分析

（1）现状运输网组成特点。区域运输网包括各种运输方式交通线路的起讫点、长度、密度、分布、通过能力、战场、港口位置、规模、起卸能力、港口腹地面积、码头类型、航道深度、通航吨位及公路等级等。应着重分析运输方式的现状、潜力及其发展的可能性，以及运输网中现存的薄弱环节，为规划提供依据。

（2）运输经济现状。区域运输经济包括：主要物资流量、流向、总运量和周转量现状及增长情况，运输系统和货物构成，各种运输方式的分工协作（各自承担货物种类和比例）和运输设备利用现状等。

（3）交通运输发展条件分析。①交通地理位置与特点。基本上可以分为通衢位置、中心位置和边缘位置三种。交通地理位置优越与否往往影响到区域交通的经济地位，通过分析可以看出本地区交通运输在全国或地区的意义，并据以拟定本地区发展交通运输的原则及其与其他国民经济部门之间的配合问题。②交通运输发展的自然条件。通过对交通自然条件的分析，明确区域交通运输的有利条件和不利因素及如何加以充分利用和合理改造，因地制宜地搞好区域运输网的布局。③交通运输发展的经济条件。着重分析自然资源分布及其利用状况，生产力发展和分布特征，国民经济部门（主要是工业和农业）构成和相互联系情况，城镇居民点分布特点，以及这些方面今后发展变化的趋势。

（4）区域交通的发展需求分析。区域交通的发展需求分析是区域交通运输规划布局的重要依据，一般由以下部分组成：一是掌握中央和地方有关交通运输发展规划主要内容。如规划新建、扩建等工程和运输量增长比例等。二是查明区域内近、远期运输量增长对运输的要求。三是分析现状交通运输中存在的问题。它主要包括交通运输网、交通运输组织、交通工具分工、交通运输流量及流向中存在的问题。四是分析区域内经济发展后反映在交通运输上的新要求。对于新建、扩建、改建的工程，应该分析新建、扩建、改建哪些工程，怎样建造才经济合理，这些工程建设后对整个区域交通运输系统、交通组织、邻近地区的交通将产生哪些影响，对城市、工业布局有何影响等。

2. 区域交通网络规划

（1）铁路网规划布局。铁路网规划的任务是根据区域自然环境和社会经济特点，以及铁路技术经济要求，构筑一个与其他运输方式相协调的铁路网系统。从区域规划范围看，铁路一般多作为区域运输网的骨干，担任长途运输的任务，铁路运输的作用在于为区内外经济联系服务及为外区的通过运输服务。按布局要求，如其作用是前者，则线路的布置应尽量通过或接近区域经济中心和工矿点，以减少短途运输的压力和费用；如其作用主要是后者，则线路方向以径直为宜，以大量节约长期的通过运量营运费。铁路网规划内容一般包括线网规划（新线建设、旧线改造）、站场规划（车站选址、枢纽布局）以及牵引动力和高速铁路等环节组合而成的新旧结合、干支结合的铁路网络。

（2）水路网规划布局。该规划主要包括航道开发与水利工程，港口布局与规模。前者要确定航道等级，航道水深和船闸建筑，以及处理跨越航道的铁路和公路桥梁。后者要考虑区域客、货运的分点流向和流量，港口分布特点，确定客货运腹地范围，确定港口规模，以及相应的配置与腹地相联系的交通线路。

（3）公路网规划布局。公路干线在区域运输网布局中具有重要地位。公路是短途运输最主要、最基本的运输方式。在区域规划中，完整和谐的公路网对区域均衡发展意义重大。公路网规划的原则是：充分满足运输网布局的要求；深入城乡腹地，与铁路、水路有机衔接，为广大区域的交通联系提供保证；充分考虑社会经济和国防需要；建立干支相结合、经济便捷的路网形式。规划内容包括公路线路经济选线、线路走向和等级、车站位置与规模的确定以及建立合理的路网结构等。

（4）航空港规划布局。航空线开辟主要服从全国、全省的需要，应组成以首都及大城市为中心的航空网，考虑在较大的或特定的城市设置机场。飞机场址的选择以既不干扰城市又不远离城市为宜，机场与市区要开辟等级较高的公路。

3. 城市交通网络规划

城市交通格局被称为城市空间结构的骨架，而城市交通流则是城市的血液。城市交通主要通过土地价格和土地利用类型及程度来影响空间结构的。城市交通规划包括确定城市交通发展战略与编制交通规划两个不同的阶段。城市交通发展战略研究包括：[①] 确定城市交通发展的目标和水平

---

① 谭纵波：《城市规划》，清华大学出版社 2005 年版，第 265 页。

（包括市民出行质量、货物流通频率、道路运行状况和整体交通环境等）；决定城市交通方式结构（各种交通方式在城市交通中所占比重）；确定城市交通综合体系布局与规模（包括城市对外交通、市内客货运输、内外交通衔接等）；制订相应的城市交通政策。

其中，城市交通网络结构可以分为放射状、格网状和环带状三种：①

（1）放射状交通网络。放射状交通网络强调城市与中心区（常常是中央商务区）的联系。这种交通网络结构有利于强化中心城市的功能，加强中心与区域的联系，同时有利于城铁和公共交通的发展。如东京、巴黎、伦敦。

（2）格网状交通网络。格网状交通网络是最简单的和最容易理解的交通结构。从交通的角度来看，这种结构的优势是它为空间上的任何两点提供了无限的可能路径，因而最有可能将交通流均匀地分散到整个交通网络，而不是将交通流集中到几条交通干道。这种模式适用于中央商务区、高密度的社区、混合土地利用。如希腊城市、美国纽约曼哈顿岛、英国新城米尔顿凯恩斯等。

（3）环带状交通网络。环带状交通网络主要的目的是为穿越城市或穿越部分城市的车辆提供路径，因而环带路通常都是高速公路，并开辟有限的进口来与城市连接。随着城市的发展，环带公路承担了相当一部分的城市交通流。正是由于环带公路是为中长距离的交通服务的，美国的城市一般仅有一条完整闭合的环带状高速公路。实证研究表明，环带状交通网络最不利于城市公交系统的发展和完善，因而小汽车的使用最多的（人均车公里数最大），休斯敦就是如此。

专栏9-8

广州市立体交通网络发展规划（节选）

根据相关规划，在基础设施规划方面，广州市在2020年将形成较为完善的综合运输网络，其中铁路网和高速公路网将加强各个城市之间的联系，加速了珠三角一小时都市圈的进程，城市道路网和公共交通网增强城市内部各组团间的联系，引领了城市空间的发展。

---

① 丁成日：《城市空间规划——理论、方法与实践》，高等教育出版社2007年版，第51～58页。

1. 航空运输网

白云机场最终形成 5 条飞行跑道（4F 等级飞行区），2 个航站区，并辅以公务机基地、海关监管区、FedEx 亚太转运中心、空港物流园区等，成为珠三角地区最大的国际性综合航空枢纽和航空客、货运中心，同时建设国际、国内航线均衡发展的干、支线航线体系，形成以白云机场为核心的"枢纽——干线——支线"机场网络。2020 年白云机场的年旅客吞吐量将达到 7500 万人次，货物吞吐量 400 万吨。

2. 铁路运输网

构筑由武广、广深港、贵广、南广等高速铁路（客运专线）和京广、广深（广梅汕）、广茂、广珠等铁路干线组合成的国铁网络，同时，以广州为中心，建立"一环、七射、三联络"的珠三角城际轨道网络，打造以广州为中心的珠江三角洲一小时交通圈。

3. 水路运输网

形成四个港区（南沙港区、黄埔港区、新沙港区、内港港区）和两级航道（出海航道、内河航道）组成的水运网络，广州港 2020 年港口年货物吞吐量达到 6.0 亿吨、集装箱吞吐量 2000 万标箱、客运吞吐量 250 万人次。

4. 道路运输网

在区域层面，构建以广州、佛山主城区为核心，覆盖珠三角，辐射华南地区的"两环十六射"环型放射状的区域高速公路网络，区域高速公路网络的构建将进一步推动广佛同城化以及珠三角一体化，提升广佛的区域中心地位。在市域范围内，中心片区形成以两环、七条联络线、十七条放射线高等级道路和十二横、十纵区域性交通主干道组成的环形放射状路网；在番禺区形成由八横七纵高快速路、十一横八纵区域性交通主干道构成的方格网状路网；在花都形成由四横六纵高快速路、五横五纵区域性交通主干道组成的方格网状路网；在增城形成以荔城、新塘为核心的六横六纵一环的格网状路网；在从化形成以街口镇为中心，太平、良口、鳌头为纽带的四纵四横的带形格网状城市道路网络。

5. 公共交通运输网

在城市内部区域，围绕轨道交通站点开展客运组织，构筑以快速轨道交通为骨干，常规公交为主体，出租车和水上客运等其他交通方式为补充的多模式、多层次、高效率的功能完善的公共交通网络。城市轨道交通网络在远期将形成"环形线＋放射线＋X 对角线"的结构，总里程达到 677公里。同时，通过积极扩展公交线网覆盖范围，加快建设公交专用道及大容量快速公交（BRT）网络，加强对外交通与市内交通、轨道交通与常规公交、常规公交与常规公交良好衔接，增强各级公共交通枢纽的衔接功能，进一步增强公共交通在城市客运交通体系中的主导地位，基本形成"衔接方便、层次合理、通达城乡、沟通内外"的多模式一体化公共交通格局，达到各种交通方式有效衔接的目的。

资料来源：《广州市"十二五"时期综合交通体系建设规划》。

三、区域能源设施规划设计

能源是经济社会发展和提高人民生活水平的重要物质基础。合理的能源规划是构建可持续发展城市的基础和前提条件，制订并实施能源发展规划，解决好能源问题，直接关系到区域或城市的现代化建设进程。

1. 水利系统规划

区域水利规划的主要目的是实现水资源的合理调配。在规划中要正确处理各方面的矛盾，保证各行业对用水的需要；在季节和地理上平衡矛盾，以适应生产力布局对水资源日益增长和多种多样的需要；根据资源分布特点，因地制宜，在规划上趋利避害以达到最好利用自然、改造自然为生活服务的目的。

水利系统规划的主要内容有给水规划、排水规划、农业用水规划和水利枢纽规划。其中，水利工程规划属于水利部门专业规划，可参考相关专业规划，本部分主要介绍给水规划、排水规划、农业用水规划。

（1）区域给水规划。区域给水系统一般由水源、取水工程、净水工程和输配水工程四部分组成。给水规划的主要内容有：确定各项水量标准，预测区域或城镇用水总量；水资源开发利用情况评估，区域用供需平衡；合理选择水源，确定取水方式；确定给水系统的形式、水厂厂址和供水能力和区域管网布局。

①需水量预测。区域用水包括城镇生活用水、工业用水、市政环境工程用水及农村用水。城镇生活用水及农村生活用水采用定额法预测，在确定了当地居民用水定额和规划人口后，相乘即可得出。[①] 计算公

---

① 生活用水水平与城镇规模、水源条件、生活水平、生活习惯和城市气候等因素有关；据世界一些重要大城市生活用水量的统计资料，每人每天用水较低的为100～200L，一般为300L，最高可达600L以上，中国一些大城市为100～150L，最高达200～250L，最低为70～80L；按规划期末人口规模和人均日用水量标准即200～400L/d，估算日常生活用水。

式为：

$$Q = Nqk$$

式中，Q 为居民生活用水量；N 为规划期末人口数；q 为规划期限内的生活日用水量标准；k 为规划期用水普及率。

工业用水一般是指工、矿企业在生产过程中，用于加工、制造、冷却、空调、净化、洗涤等方面的用水。工业用水与工业结构、工业生产的技术水平、节约用水程度、用水管理水平、供水条件和水源多少等因素有关。在规划时，可按万元产值用水量和远景工业产值进行估算，也可按趋势法和相关方法进行预测，预测公式为：

$$W = W_0 (1 + D)^N$$

式中，W 为规划期工业需水量；W_0 为起始年工业用水量；D 为工业用水年平均增长率；N 为预测期。

②给水水源。积水水源包括地下水源和地面水源。一般应选择水量充沛，水质良好，便于防护和综合利用矛盾小的水源，同时，最好接近用水大户，有利于经济合理地布置给水工程。

③取水工程。它指在适当水源和取水地点建造的取水构筑物。它的主要功能是为城镇提供足够数量且优质的水。

④净水工程。它指建造的给水处理构筑物，它的主要任务是对天然气水质进行处理，以满足国家生活饮用水水质标准。

⑤输配水工程。包括由水源获取水工程至净水工程之间的输水管、渠或天然水河道、隧道，以及由净水工程和用户之间的输水管网和泵站、水塔、水池等的构筑物。它的任务是把用水保质、保量。稳压地输送给用户。

（2）区域排水规划。按照水来源和性质排水分为三类：生活用水、工业废水和江水。其中污水是指排入城市排水管道的生活污水和工业废水的总和。由于工业废水和生活污水对环境污染日益加重，一般都采用雨污分流制。

区域排水规划的内容有：确定区域各城市排水体制、划分排水区域，估算污水总量，预测污染负荷；进行城市排水系统布局，选择主要泵站的位置，确定排水干管渠走向、位置和出水口位置；确定污水处理厂的位置、规模等。规划具体步骤如下：

①污水量预测。城市污水量包括城市生活污水量和部分工业分水量，与城市性质、发展规模、经济生活水平、规划年限等有关。城市生活污水

量由居住区生活污水量、公共建筑物水量和工业企业生活污水量等组成。生活污水量的大小直接取决于生活用水量、通常生活污水量占生活用水量的80%～85%来计算。

②污水管网规划。根据地形和水网划分排水区域，确立排污管走向、断面、泵站位置。

③污水处理厂。一般选择距城镇工业区一定距离的河流下游，经物理、生物、化学等方法处理达到排放标准后，方能排入河道。

（3）农业用水规划。农业用水规划包括农、林、牧、副、渔及灌溉用水，其中以灌溉用水所占比例最大。该规划要根据水利化标准和要求抗旱能力须达到的水平，确定用水指标，计算需水量，这与气候、土壤及作物的种类有关。蒸发大于降水者，对灌溉要求高；土壤有机质的含量和结构影响水分吸收的快慢和保存实践的长短；各种作物的播种、发育、抽穗等时间各不相同，它们对各个阶段的需水量也不同。其次要规划灌溉主体工程，着重研究灌区的灌溉方式和渠系的骨干工程的布置。此外，在几个比较大的区域范围内，还应了解航运、发电等对一定用水量的要求。灌溉用水计算方法为：

$$Q = mq/a$$

式中，Q为灌溉需水量，亿立方米；m为灌溉面积，万亩（15亩＝1公顷，下同）；q为灌溉净定额，立方米/亩；a为灌溉水利用系数（0～1）。

2. 区域（水）电力规划

电力规划必须满足国民经济和人民生活不断增长的需要，廉价、安全、质高的电能供应必须有经济、合理、可靠的电源和输配电网络结构系统。电力规划应以大区域的供电系统为基础，根据本区域经济社会发展和人民生活对用电量的需求，制订出电力系统规划。[1]

（1）进行现状基础资料收集和分析。包括发电厂、变电所及输配电线路的主要设备规范、位置和接线方式，运行的经济性，扩建、改造的可能性和合理性；用电负荷和负荷结构、负荷分布；能源矿藏储量、分布、开采条件和经济合理性；交通运输现状和发展要求；国民经济发展、人口规模和居住生活水准、城市规划等资料。

---

① 崔功豪、魏清泉、刘科伟：《区域分析与区域规划》，高等教育出版社2006年版，第451～453页。

（2）进行需电量预测。① 根据本区域社会经济发展和人民生活水平提高对用电负荷的需求，采用多种方法加以预测，估计出一个比较准确的负荷水平。

（3）进行电源建设规划。电源一般来自发电厂或变电所。根据需电量预测和现状电源的不足，规划电源建设。电源一般分为火电、水电、核电以及风能、潮汐能电站等。我国电力行业应优先发展水电，适当发展大型火电，积极发展核电和其他电能。各地宜充分利用自身的优势能源进行电源建设，同时可以通过远距离超高压直流输电到消费地，如葛洲坝输电给千里之外的上海。

（4）进行电网规划。为了保障电力供应，必须完善电网，做到有电能输，有电能用。输变电网按其电压等级可分为低压、中压、高压和超高压，电压越高，输送容量越大，距离越远。因此，一个地区的电网结构要根据负荷量的大小和输送范围选择适宜的主网架和送配电网络。

（5）确定高压线走向。高压线电压很高，露天架设尤应注意安全、经济，留出高压走廊。确定高压线走向的一般原则是：①线路尽量短捷；②尽可能避免穿越城镇建设用地；③尽量减少与铁路、公路、河流和工程管线的交叉；④应避开洪水淹没区、河岸冲刷区或容易塌方、有泥石流活动等地区；⑤应避开空气污染严重的地区和雷电活动多发地区。电力线路的高压走廊通常考虑到倒杆危险，而预留出杆高两倍的宽度，并对各种设施和建筑物都有一定的距离要求。

专栏 9-9

贵州电网"十二五"电力系统设计

报告预测：到 2015 年贵州省全社会需电量为 1520 亿千瓦时、最大负荷将达到 2600 万千瓦。

报告提出：根据预测的负荷水平，结合黔电送粤、黔电送桂以及外送

---

① 预测方法包括弹性系数法、增长递推法、单耗法和综合分析法等。其中，"弹性系数法"指同时期电力增长水平与国内生产总值增长水平之比。"增长递推法"是按照历年电力增长水平推算到规划期末电力增长水平。"单耗法"按工业企业单位产品耗电量或单位产值耗电量计算出年用电量，也可以根据典型设计或同类企业估算该工业企业用电量。在工业发达区域，工业用电量常占总用电量的70%以上，从而可推算出总用电量。"综合分析法"是分别对工业、农业、运输电讯和城乡生活用电进行预测，再加以综合，得出远景用电量。

周边需求，2015年贵州省全社会电源总装机容量达5118万千瓦。"十二五"期间，黔电送粤规模由2010年的800万千瓦，提高到2015年的1100万千瓦；外送广西规模由2010年的30万千瓦增加到2013年的90万千瓦；预计到2015年向周边省送电将达305万千瓦。

"十二五"期间，贵州规划新增电源项目主要有清江电厂、盘南电厂扩建、大方电厂二期、安顺电厂三期、普安电厂、黔西电厂二期、清镇电厂"以大代小"、织金电厂一期等项目，新增电源接入220千伏及以上电网总容量1926万千瓦，其中，接入500千伏电网容量620万千瓦，接入220千伏电网的容量1306万千瓦。

"十二五"期内，贵州电网将建成"三横一中心"的500千伏骨干网架，三横为：北部毕节——遵义东——大兴横向输电通道、中部安顺——贵阳西——贵阳（青岩）——醒狮——福泉——施秉——铜仁横向输电通道、南部兴仁换流站——独山输电通道。一中心为：围绕贵阳、安顺、福泉形成的500千伏环网中心。在"十二五"期间，贵州电网将形成多通道的坚强主网架结构，电网供电可靠性、防灾能力和稳定运行水平大幅提高。同时报告根据电源、负荷发展情况和电网建设发展需要，提出"十二五"期间贵州电网将新建毕节、遵义东、凯里、贵阳西、大兴、水场、深溪等七个500千伏变电站的布点规划。

资料来源：云南电力网，http：//www.yunnanpower.cn/showinfo.asp? id=13727，2011年6月27日。

四、区域防灾减灾规划设计

灾害是危害人类及其生存条件的各类事件，是人类社会发展中一个重要的障碍因素，是区域发展中的必然现象。灾害问题往往带有区域性，甚至全球性，不仅严重干扰、破坏社会正常的生产生活秩序，酿成巨大经济损失，而且还能导致人的心理与生理创伤，甚至危及生命。因此，编制防灾减灾规划显得更加迫切和需要。

1. 防灾减灾内容

防灾减灾是对灾害采取的避防性措施，这是最经济且有效的减灾措施。防灾的内容包括三大方面：一是在制订设计规划和工程选址时应尽量避开灾害危险区；二是在灾害发生前将人和可动资产撤离灾区；三是种种工业流程在灾害发生时对某些重要环节采取自控的或人为的减灾技术。

防灾减灾体系是为了消除或减轻灾害对生命财产的威胁、增强抗御、承受灾害的能力，灾后尽快恢复生产、生活秩序而建立的灾害管理、防御、救援等组织体系与防灾工程、技术施舍体系，包括灾害研究、监测、灾害信息处理、灾害预报、预警防灾、抗灾、救灾、灾后援建系统，是社会、经济可持续发展所必不可少的安全保障。开展各种灾害研究，大力加强防灾减灾工作，是中国走可持续发展道路的重要组成部分。防灾减灾体系是一项涉及广泛的系统工程，已被列为《中国 21 世纪议程（1994）》的重要议题。

2. 防灾减灾规划

基本原则：贯彻"预防为主，防、抗、避、救相结合"的方针；坚持以人为本，城乡统筹，推动城市综合防御和村镇全面设防；坚持预防为主，做到防灾常态管理与灾时应急管理并重；坚持科学防灾，综合防灾，统筹考虑空间管理与过程管理、近期安排与长远谋划。

（1）防洪规划。防洪规划侧重城区防洪和重点乡镇防洪堤岸工程、水文监测网络及洪水预警预报系统建设。防洪工程的建设主要从工程性措施、科学技术性措施和行政性措施三方面出发。其中，工程性措施包括河堤海堤工程、分洪、分潮工程以及洪水多发区的工程加固等；科学技术性措施包括灾害预警、预报系统，提高预测水平等；行政性措施包括区域内各级防灾指挥系统、紧急救援系统、社会救济系统以及灾后重建系统等。

规划的具体思路：[①] ①以区域规划及所在江河流域防洪规划为依据，坚持全面规划、统筹兼顾、标本兼治、综合治理的原则，实行兴利除害结合，开源节流并重，防洪抗旱并举，加强水利建设，从根本上提高防御干旱及洪涝灾害的能力。②区域背景分析。分析洪灾危险性，指所在地区在给定年限内，可能遭到的洪水影响给予预测分析。在分析过程中，应抓住区域气候条件、洪灾历年情况、区域构造稳定性、河岸边坡稳定性等方面来综合评估洪灾发生的可能性。③制订不同地区防灾防涝标准，制订防灾防涝对策。对区域现有防洪工程、洪水来源及新的建设用地使用功能布局，提出区域防洪体系；对超标准洪水要划定蓄滞洪淹没区，提出受灾地区公众避险安置规划。④给出防洪防涝工程设施规划。主要措施有：堤防

---

① 张沛：《区域规划概论》，化学工业出版社 2006 年版，第 212 页。

工程，整治河道和护岸，防洪闸，分蓄洪区和水库，生物工程措施，山洪和泥石流的拦蓄排导工程，排涝措施等。

（2）抗震规划。规划的基本目标：逐步提高区域及城镇的综合抗震能力，最大限度地减轻地震灾害，保障人民生命财产的安全和经济建设的顺利进行，使城镇在遭到相当于国家规定的基本烈度的地震影响时，要害系统不受较重破坏，重要工矿企业能正常或很快恢复生产，人民生活基本正常。[1]

规划的具体思路：①区划各区域地震烈度。根据研究区域的地震地质、历史地震活动和近现代仪器观测的地震活动等资料，对地震发生规律和统计特征进行分析。然后，根据发震背景和构造条件，对区域的地震危险性（区域构造稳定性）做出判断，主要结果可表示为不同地区地震烈度的地震烈度区划图。②制订各区域抗震标准及抗震对策。抗震标准即为抗震设防烈度，一般情况下采用基本烈度。中国工程建设从地震基本烈度6度开始设防，6度地震区内的重要城市与国家重点抗震城市和位于7度以上地区的城市，都必须考虑城市抗震问题。③城镇抗震设施规划。城镇抗震设施主要包括避震和震时疏散通道及避震疏散场地。布局时要满足以下要求：远离火灾、爆炸和热源辐射，地势较高、不易积水处、易于设置临时供水设施；无崩塌、地裂与滑坡危险地区，易于敷设临时供电和通信设施。

（3）生命线工程防灾减灾规划。主要包括交通、通信、供电、给排水、供气、输油等工程，由于对现代社会生活是至关重要的，被人们形象地称为生命线工程。有的规划也涉及核电站、大坝、大型水电站、海洋平台等重要工程。

（4）水土保持工程规划。要分片进行水土保持的规划，根据规划区域内不同片区的土壤和排水条件，制订相应的水土保持措施。诸如土壤改良措施、农业技术措施和营造防护林措施等。规划中遵循的思路如下：①了解当地地质灾害发于现状、特征及危害性；②进行地区地质灾害的易发生区规划；③给出区域重点地区（旅游区、重点经济区、地质公园等）地质灾害防治建议。

（5）气象灾害防治规划。进行区域气象灾害状态分析、针对气象灾害特征，制订相应防灾对策，应注意以下几个方面：①城市面临的气象灾害

---

[1] 天津市政府：《天津市城镇抗震防灾规划编制工作暂行规定》。

及极端天气状况；②地域发展使气象灾害出现的新规律及新特点；③建立城市气象灾害监测、预警、评估及应急建设；④进行气象防灾减灾系统建设（主要指研究突发性、灾变性事件与气象的关系）；⑤指出区域气象防灾尚存的问题。

（6）疫情、虫害防治规划。如农林业发达地区，要进行防治农业、林业病虫害生物灾害规划，坚持"以防为主，综合防治"的植保方针，确保农业、林业生产持续稳定发展。同时，完善农作物、禽兽、森林等生物预警预报监测站的网络体系，使重大病虫害、疫情得到及时检测、预报和防治。

（7）应急预案。面对突发事件（如自然灾害、重特大事故、环境公害及人为破坏）的应急管理、指挥、救援计划等。它主要包括确定、建立组织完善的指挥系统；建立强有力的应急工程抢修保障体系；建立协调作战保障体系；灾时生产运营保障体系；后勤保障体系；预警模式等。

中山市城市综合防灾减灾规划

第一节　综合防灾减灾

应对灾害事故的措施及保障：

（1）建立以110接警为龙头的值班和指挥中心、119为指挥设备中心，并建立市政府、110、119、120、122、武警中山支队作战室相连接的专线通信网络。

（2）由中山市政府牵头建立应急救援指挥中心，成立各有关部门单位以及专家"智囊团"参与的专职、兼职、义务等不同类型的救援队伍。

（3）针对各项可能的重大、特大灾害事故情况，提前制订各项《中山市重大、特大灾害事故应急救援预案》。

（4）重视队伍建设、人员培训、设备配备。提升各级干部的快速应急指挥能力、各种专业队伍的施救能力、协调联动能力。

（5）加大城市"生命线"设施和单位的安全保障系数。如城市政府、公安、医疗等单位的安全和城市水、电、交通、通信等基础设施的多源、环状布置系统。

第二节　防洪排涝工程

防洪（潮）标准：主城区近期100年一遇，远期200年一遇；其余片区近期50年一遇，远期100年一遇。山洪20年一遇设计，50年一遇校核；防潮50~100年一遇。

排涝标准：近期按10年一遇24小时最大暴雨，远期按20年一遇24小时最大暴雨（中顺大围），在遭遇5年一遇的外江水位，以及1994年以来4次洪涝灾害的外江最高水位中最高值作为外江设计水位，要求达到2天排干。

防洪（潮）堤：防洪（潮）堤走向尽量与现状堤防和沿江道路结合。在用地紧张、拆迁困难、无规划道路通过的地段，可采用防洪墙设防。堤顶高程要综合考虑防洪和城市景观要求，在保证防洪标准的前提下尽量降低生活岸线堤顶高程。

排涝方式：采用自排方式，并通过新开、拓宽和清淤河道，拆除阻水建（构）筑物，新建、改扩建水闸，保留农田低地和城市水面等措施提高排涝标准。

第三节　人民防空规划

人防设防标准：中山市为人民防空城市，应按有关标准设防。

疏散、留城比例：2020年的疏散比例为50%，留城比例为50%。

防护重点：主城区、疏散干道。

第四节　消防工程规划

消防站布局：根据接警后5分钟内迅速到达火场的标准规划，建设陆上消防站和水上消防站。

消火栓的建设：城市道路每隔120米应设一个消火栓，每个消火栓的保护半径为150米，消火栓建设应与城市建设、道路改造统一规划，同步实施。充分有效地利用天然地表水源，建设消防天然水源专用取水设施。

城市消防通道：进一步完善城市道路网，增加道路网的密度，保证消防通道间距不大于160米，提高道路连通率，减少交通堵塞，以提高消防车通行能力。

第五节　抗震工程规划

设防标准：中山市抗震设防烈度规划为7度，部分地区为6度。规划以城市快速路、主干道组成抗震疏散救助通道，抗震通道两侧的建筑必须满足抗震规范要求，清除现有的影响防灾的障碍物，改造沿途的危险建筑物。以居住区的公共绿地、中、小学操场、集贸市场和邻近的人防工程为近地疏散场所，以城市公园、防护绿地、体育场、城市广场和地下人防工程为分流疏散场所，旧城区改建应结合公共绿地和人防工程的建设设置近地疏散场所。

第六节　危险品运输通道规划

危险品运输通道：通过城区的危险品运输车辆必须根据有关规定，服从交通警察的指挥，在规划及规定道路上行驶。

资料来源：《中山市城市总体规划（2004～2020）纲要特辑》，载《中山日报》，2005年9月5日第3892期A12版。

第四节　空间设计的艺术与思路

空间设计遵循一定的原则和思路，并兼顾艺术性，是现实和艺术的完美结合。完美的空间设计既与所处的地理位置和环境相关，又具有独特的艺术欣赏性。正如亚里士多德所说："一座城市的建设，必须不仅能给居民以保护，还要给居民以快乐。"空间设计除了技术问题之外，还需要考虑艺术问题。本节将从艺术与美学角度探讨空间设计，主要是城市的空间设计。

一、空间设计的特征

1. 协调性

空间设计的协调性包括三方面的内容。一是建筑的协调性。沙里宁说："形式上的相互协调是最终目标，至少达到这样的目标应当采取何种手段，则属于次要问题，风格上是一致或多样化，都无所谓。"[1] 二是与自然的协调。空间设计要注意与自然形式（平原、山区、盆地等）相协调，中世纪及其以后的欧洲临水城市如美因河畔的法兰克福、巴黎、威尼斯、阿姆斯特丹等都遵循协调原则。三是与社会发展相协调，空间设计应该使城市的结构适应社会经济的发展及科学技术的进步，同时促进社会经济发展。

---

[1]　[美] E. 沙里宁著：《城市：它的发展衰败与未来》，顾启源译，建筑工业出版社1986年版，第44页。

2. 多样性

多样性要求空间设计要充分利用地形、自然景色的特征，形成各自的个性。在城市的设计中，城市会因建筑风格或者城市色彩呈现多样化。正如芒福德所描绘的那样：红色的锡耶纳、黑与白的热那亚、灰色的巴黎、五彩缤纷的佛罗伦萨和金色的威尼斯。

3. 科学性

空间设计不能凭空想象，纸上谈兵，要兼顾科学性，以科学指导实践，如此才能将设计付诸实践，提高设计的合理性与可实施性，促进社会经济的发展。

4. 有机性

空间设计时需要充分考虑空间要素的有机结合，该特征与协调性相互呼应。如设计城市的广场和街道，应该像设计房间一样，城市建设是一个建筑上的问题，必须按照真正的建筑原则来设计城市的广场，即"有机秩序"的基本原则来解决城市建设问题。[1]

5. 色彩性

色彩性主要指城市色彩，它是城市的外部空间中各种视觉事物所具有的色彩总和。"一座城市如果没有成功的景观色彩设计，纵然建筑形式千变万化，规划布局严谨合理，也难体现出具有浓郁感情色彩的城市美来。"[2] 城市色彩包括土地、植被等自然环境色彩，以及建筑物、广告、交通工具等人文色彩。城市色彩深刻影响着人们的视觉感受，在一定程度上代表了城市、国家的文化，成功的色彩选择会带来良好的经济结果。[3] 城市色彩规划设计是对所有的城市色彩构成因素统一进行分析规划，确定主辅色及点缀色系统，确定各种建筑物和其他物体的永久固有基准色，再确定包括城市广告和公交车辆等流动色、街道点缀物等临时色。

---

① ［奥］C. 西特著：《城市建设艺术》，仲德昆译、齐康校，东南大学出版社 1990 年版。
② 叶南客、李芸：《战略与目标——城市管理系统与操作新论》，东南大学出版社 2000 年版。
③ 邓清华：《城市色彩探析》，载《现代城市研究》2002 年第 4 期。

国际国内案例：城市色彩

巴黎的奶酪色。在色彩规划与建设上，老城区无论是历史古迹还是普通民宅，在城市色彩规划部门的统一指导下，建筑墙体基本是由亮丽而高雅的奶酪色系粉刷，而建筑物的屋顶则主要是由深灰色涂饰。为此，奶酪色系与深灰色系就成为巴黎的标志色彩。简单明了、整齐划一的颜色，也使得巴黎在欧洲众多城市色彩建设当中显得出类拔萃、独树一帜。

罗马的橙黄色。罗马以橙黄色系与橙红色系为主色调，是最具历史厚度和魅力的色彩，在为后人默默诉说着这座城市的辉煌历史。

伦敦的黑土色。建筑、桥梁、地铁站、街灯杆、交通指示灯杆、垃圾箱、道路护栏、雕塑等公共设施，以及皇家卫兵、伦敦警察的服装、的士汽车皆为黑色。这样的色彩倾向在世界范围的城市当中也堪称是独树一帜，它代表了伦敦的理智、成熟的形象。

北京的灰色。2000 年北京为城市建筑定下了"外立面主要采用以灰色调为主的复合色"的调子，既映衬着皇城根儿的独有气质，又体现着政治文化中心的恢弘气势。

无锡的浅色。无锡是江南水乡，因此规划把城市的整体色调确定为清新淡雅的浅色调，以此凸显江南古韵。

成都的复合灰。以复合灰为城市建筑主色调，体现成都休闲从容、兼收并蓄的城市性格，也与历史名城的品位相符合。

西安的三色。西安城市建筑主色调为以灰色、土黄色、赭石色。灰色系列体现出浓郁的文化气息，符合西安的古都特色，如钟楼、鼓楼、明清传统民居、西安城墙等。土黄色系列体现平和、稳重的关中地方色彩，如大雁塔与小雁塔。赭石色系列表达对传统古建筑的尊重，也能体现古都西安浓郁的历史文化氛围，如现存的汉唐建筑。

资料来源：作者根据相关资料整理。

二、空间设计的艺术性

一个良好的空间设计如果形象真实，具有独特的感染力，在心理上就具有了认知的基础。空间的艺术形象，是空间形态美的外在表现，它是人们接受美和培养美的媒介，是社会生活的本质反映，同时也是规划师、设计师和建筑师思想情感的表现和表达。我国江南一些中小城市之所以让人难忘，就是因为有合理的结构。也就是说，城市空间形态的真，必须先要考虑结构合理，然后再考虑在正式的形态下去塑造形象。空间设计的美学艺术包括形态、环境和意象三个范畴。真的形态是人们认知空间的基础；善的环境是实现美学和目的性的关键；美的意象表述的是形态的艺术创造与情感体验。好的设计应该是真、善、美高度统一的艺术综合体。[①]

1. 环境美论

（1）自然观。自然观的不同将直接主宰人们对空间形态的审美判断。

在中国人看来，自然之美存在于主观世界和客观存在的和谐平衡之中。因此，中国人探索自然之美的办法是通过对自然的仔细观察和深刻感悟与联想来寻找其必然性。"道法自然"是中国人的一种独特审美观，也是中国人探索和欣赏自然美并将其运用于环境设计的方式。如苏州园林、颐和园等。

与中国人对待自然的态度不同，西方世界对自然的认识经历了一个曲折的过程。自然对于他们，不论是从语义学方面还是从哲学角度讲，这个词都是个难点，在理解和应用上通常都让人迷惑。从某种角度上说，这或许也代表了西方人理解自然的一种心态。

文艺复兴前，在基督教哲学中，真实的自然是非常可怕的。黑暗的森林、荒芜的山峦以及充满神秘的水域都与安静和谐的伊甸园大相径庭，甚至连艾丝美拉达的自然之美也成了罪恶。随着经验主义的发展，也受到中国园林、绘画和欧洲风景化的启发，英国也出现了英中式园林形式。

荷夫（Michael Hough）认为，环境观是空间设计的一项基本要素，文艺复兴以来城镇规划设计所表达的环境观，除一些之外，大都与乌托邦理想有关，而不是与作为城市形态的决定者——自然过程有关。景观规划设计并非简单意味着寻求一种可塑造的美，在某种意义上，景观设计寻求的是一种包含人及人赖以生存的社会和自然在内的，以舒适性为特征的多样化空间。[②]

（2）生态观。霍华德在探讨工业化的进程给英国城市带来的膨胀问题时，提出了城市空间的发展与环境相关联，城市应有容量限制的论点。在

---

① 徐苏宁：《城市设计美学》，中国建筑工业出版社 2006 年版，第 224～245 页。

② Michael Hough. City Form and Natural Progress. The MIT Press，1984.

"花园城市"中，他主张任何城市发展到一定规模时，应停止生长，其增长部分应由另一个新的城镇来接纳。他的重要贡献在于将动态与静态平衡观点引入城市的设计中来。

20世纪初，格里芬（Walter Burley Griffin）在堪培拉规划设计中将花园城市、美国的带形实验以及象征主义主题等多种富于刺激性的设想杂烩在一起。在他的规划中，城市被组织在自然山脉、人工湖泊之中，充分体现了其结合自然环境和生态环境的设计原则。

麦克哈格是第一个将生态观运用于城市设计领域的理论专家。他在城市设计上应用自然价值观，强调分析大自然为城市发展提供的机会和限制条件，认为从生态角度看，"新城市形态绝大多数来自我们对自然演化过程的理解和反响"。[①]

麦克哈格的生态思想有两个目的，一是生存，二是健康，即健康城市环境。这需要每个生态系统去寻找其最适合自己的环境，然后改变自己或改变环境去增加适合程度。对于生态观与城市设计美学的关系，麦克哈格认为，美是建立在人与自然环境长期的交往而产生的复杂和丰富反应上。这也是美与善的连接。

（3）艺术观。把环境视为艺术，在环境中加入设计，并不是现代人的发明。中国古代的造园学，西方世界的造园艺术都已体现了这一点。环境的艺术性需要自然的要素，也需要人工的要素来实现。为打破传统上生活与艺术相隔离的状态，需要创造出一种能使观众犹如置身其中的艺术环境。这也对现代环境艺术的形成和发展起到重要作用，同时，城市园林化思想的提出和城市园林艺术的发展，环境设计及大地景观规划等学科的进展，都从不同的方面促进了环境艺术观的形成和发展。

环境艺术与人的生活空间是结合在一起的，行为的改变会带来视点的改变，由此形成的空间环境也会随之发生改变并具有了时间的顺序。[②]这样，空间不再是三维的形式，而将以四维的形式出现，环境艺术因而就具有了时间和空间的序列。

2. 空间美论

（1）整体观。美是一种整体的和谐，城市空间的美体现在空间的各组成部分，即自然环境、园林绿化、建筑、雕塑和壁画等的相互关联、相互

① 周猛军：《城市园林绿地的生态化设计》，载《中国城市经济》2011年第14期。
② 徐苏宁、郭恩章：《城市设计美学的研究框架》，载《新建筑》2002年第3期。

作用上。

　　首先，整体观体现在对场所精神的理解和传承上。只有当空间（Space）从它所处的历史事件、社会文化、人类活动等特定条件中获得了文脉意义时，它才能被称为场所（Place）。每一个场所都具有独特的特征，既包括各种物质属性，也包括文化属性，即人类在漫长的历史中对它的文化意义的体验，以及因使用而赋予它的某种环境氛围。人们为了发展自身，发展他们的社会生活，就需要一种相对稳定的场所体系。[①] 这种需要给形体空间带来情感上的重要内容——就是所谓的场所感。

　　其次，整体观表现为对空间可变化形态的控制。例如，巴黎城市形态研究室（TAV Group）提出的城市形态分层积淀式的拼贴，为城市形态的研究提供了必要的哲学基础。

　　最后，整体观是空间特征的统一和协调意识。那些令人印象深刻的地方，都具有统一的形式、统一的色彩、统一的韵律。例如，佛罗伦萨、威尼斯、锡耶纳等。

　　（2）行为观。建立正确的行为观对空间环境的创造将会起到有益的帮助作用。人对空间的体验和感知程度也就决定了空间创造的成功与否。

　　行为体验是人们形成环境意象的唯一途径。积极的行为体验有助于人们形成头脑中的认知地图、了解空间的意义。积极的行为体验可以激发联想和想象过程，拓展人们的思维空间，并密切环境与行为的互动关系。

　　（3）艺术观。黑格尔说："建筑是与象征型艺术相对应的，它最适宜于实现象征艺术的原则，因为建筑一般只能用外在环境中的东西去暗示移植到它里面去的意义。"这就是说，建筑并非是现实的反映，它只是一种象征的艺术形象，这种象征形象，通过结构构件、装饰手法，特别是空间组合而激发人的悬念、联想，造成宁静，高昂或崇高的艺术体验。

　　空间环境是由自然景观、地形地貌、建筑群体、基础设施、园林绿化等物质要素共同组成的。研究空间布局的美，既要关注上述各构成要素之间所形成的整体美，也要研究各构成要素自身的美。其中，建筑艺术、园林艺术、环境艺术等都是空间美的重要内容。

3. 生活美论

　　（1）物质观。空间规划离不开土地，而土地是有限的，并且随着人类

　　[①] 袁媛：《中国普通历史建筑遗产保护性再利用研究》，载《全球视野下的中国建筑遗产——第四届中国建筑史学国际研讨会论文集》（《营造》第四辑），2007年6月。

人口、城市化、生产和娱乐等活动的增加，土地的利用也发生变化。人们的行为在某些程度上已经受到土地有限性的阻碍。在很多地方，尤其是城市中，人们在生产、生活中排放废弃物的能力已经远远超过城市自身的净化能力。因此，针对各种需求和土地利用的全面考虑，空间设计是，应该从可持续发展观出发，引导城市公众正确的物质消费，探讨有利于空间发展的设计方法，健全空间形态的美学原则。

（2）文化观。不同区域的人们在文化观念和文化程度上存在差异，因此经常会听到人们对不同区域空间设计或城市的评价。一个区域居民的文化水平对该区域形态美的创造有直接影响。随着人们交际范围的扩大，以及区域间合作的增强，一个区域内的居民文化水平参差不齐，使人们交往越来越困难，为维护社会秩序，形成良好社会风气，为区域经济发展创造良好的环境，对居民的行为方式、伦理规范、文化修养也要有一定要求和规定。

（3）艺术观。生活的艺术是一种技术，艺术的生活则是一种境界。生活的艺术观是这两种方式的结合，是优美、惬意的环境美创造的重要组成部分。

生活与艺术的关系，不仅要求具有良好物质生活基础设施，而且要求具有完善的文化生活设施，各类学校、图书馆、博物馆、音乐厅、美术馆等大众性的文化活动场所。同时，艺术的变现还需要设计者的感觉、想象以及对艺术的理解。空间设计者在设计时必须深入现实生活，获得深刻的社会体验和生活体验，在这种体验中去发觉美，只有饱含对生活的情感，充满对生活的美好追求，才能获得对生活的理解和想象，才能把生活中的美加以提炼和凝聚，才能设计出空间的艺术美。正如巴萨伦所说，区域规划"是门建筑在科学原则基础上的，组织空间的艺术"，"是一种恢复空间秩序，保证形成使人满意的美的环境和通过技术的措施创造新的价值的'实用艺术'"[1]。

三、空间艺术设计的思路

一般而言，空间艺术设计应遵循变化与统一、对称与均衡、节奏与韵律、对比与调和、比例与尺度、视点与流线的思路。[2]

① 彼得·萨伦巴等：《区域与城市规划》（讲稿及文集），城乡建设环境保护部城市规划局编，1986年。
② 张海波：《现代构成艺术中的形式美学法则》，载《陕西教育》2009年第4期。

1. 变化与统一

变化与统一是指形式组合的各部分之间要有一个共同的结构形式与节奏韵律，使整体既有变化与差异，又是一个统一的整体。

布鲁诺认为，整个宇宙的美就在于它的多样统一。他说："这个物质世界如果是由完全相像的部分构成的，就不能是美的了，因为美感体现于各种不同部分的结合中，美就在于整体的多样性。"这段话充分说明了这一点，即在变化中求统一，统一中找变化。

2. 对称与均衡

均衡有两种基本形式，一种是静态的均衡，另一种是动态的均衡。

静态的均衡即是我们常说的对称，体现出一种严格的对应制约关系，能给人以秩序、安静、稳定、庄重等心理感受。

动态均衡是指不等量形态的非对称形式，是不以中轴来配置的另一种形式格局。动态的均衡在心理上偏于灵活与感性，具有对称形式。

3. 节奏与韵律

构成要素做长短、强弱的周期性变化产生节奏，韵律则不是简单的重复，它是具有一定变化规律的相互交替。

最单纯的节奏变化是以相同或相似的形、色为单元作规律性的重复组织或排列组合。

韵律有极强的形式感染力，能在空间中造成抑扬顿挫的变化，渐强、渐弱、渐大、渐小的韵律能打破单调沉闷，令人顿生情趣，满足人们的精神享受。

4. 对比与调和

对比是指设计中包含着相对的或矛盾的要素，是构成要素的区别与分离，是差异性的强调，利用构成要素的互比衬托来强化量感、虚实感和方向感的表现力。

调和是一种和谐状态，是相同或相似的要素在一起，是近似性的强调，能满足人们潜在心理对秩序的追求。

5. 比例与尺度

比例是部分与部分或部分与整体的数比关系，优美的比例能给人以美感。空间设计的比例有两种特性，一种是设计各部位的对称视觉比例，另一种则是在整体构成形态内各部位的相对视觉比例。优美的比例给人和谐的匀称感，含有鲜明的数理意念，是一种恰到好处的完美分割，在空间中建立起匀称的和谐感。

尺度是特定设计的整体与局部及人的生理反应或习见标准之间的大小关系。

6. 视点与流线

在空间设计中视点即为常说的轴线，是用来组织空间的一种重要形式要素。轴线确定了观者的方向性与位置感。空间规划常以轴线来展开，空间的轴线可能有一个也可能有数个，即有主辅轴线之分，它们在空间成形时是十分重要的因素。

有时根据设计主题的需要，在空间安排特异的轴线，可以造成新颖奇特的视觉感受，吸引人的视线，获得不同凡响的展示效果。

流线是人在空间中的行动路线，它既有功能性的，也有形式表现的。功能性流线必须符合建筑空间功能性要求，而形式表现流线则必须吻合人们审美心理的要求。

专栏 9－12

"湖光山色　淡妆浓彩"的泉城济南

济南自然景观独特，历史文脉丰厚。山、泉、湖、河、城有机融合，素有"泉城济南"的雅称。七十二名泉蕴涵着丰富的色彩，从黑虎泉、珍珠泉，到朱砂泉、玛瑙泉，再到青泉、柳泉，呈现出灰、白、赤、黄、青等五大中国传统色域，反映出泉城的传统色彩观念。按照"彰显泉城特色，传承历史文脉，融合现代文明，塑造山水相融、特色鲜明、底蕴深厚的魅力泉城"的指导思想，编制了《济南市中心城色彩规划研究》，将济南城市色彩总定位为"湖光山色、淡妆浓彩"。

色彩规划首先从山体、水体、植被、岩土、光照、季节、气候等自然要素出发，把握济南城市的背景色彩。在此基础上，围绕历史文脉、泉城风貌、色彩演进等方面，研究分析城市的色彩特色与构成，归纳提炼城市的色彩谱系与定位。

济南城市色彩有着时间和空间上的演进。从明府城以传统灰色调为主的青砖黛瓦，到近代商埠区中西合璧的红砖褐瓦，到"一城三区"现代新城的儒雅明快、沉稳大气，体现出济南对地域自然环境和时代人文环境的选择与融合，反映了城市风貌特色的发展演进。根据"东拓、西进、南控、北跨、中优"的城市空间发展战略，济南城市色彩呈现"东冷、西暖、南暖、北冷、中灰"的格局。城市色彩由南至北，色彩趋势由暖到冷，由中心向东西两端，色彩趋势由灰到艳。

湖光山色：以独特的自然山水风光为城市背景色，立意于"四面荷花三面柳，一城山色半城湖"，集中概括"山、泉、湖、河、城"浑然一体的城市自然背景色彩，表达济南既有大山大水、古韵敦厚的北方风貌特色，又兼具泉水肆意、烟柳画桥的江南婉约风韵。

淡妆浓彩：适应华北气候环境，以暖灰、素雅、明快的"淡妆"为基调色，以低明度、中艳度、高彩度的"浓彩"为点缀色，恢复老城潇洒似江南、北城南相的城市意象，塑造新区明快素雅、浓淡相宜的儒雅风采，表达济南沉稳大气、中庸随和的海纳情怀。

资料来源：中国城市发展网，http：//www. chinacity. org. cn/cspp/csal/68720. html，2011 年 4 月 6 日。

□ 思考与练习题

1. 简述空间规划的内涵与意义。
2. 概括空间规划的主要内容。
3. 简述城镇体系建设的意义、内容与任务。
4. 概括城镇职能结构规划的思路。
5. 概括区域城镇规模发展战略。
6. 简述城镇体系空间结构。
7. 概述区域基础设施的重要性。
8. 简述区域交通网络布局的原则。
9. 概述区域能源设施规划的主要内容。
10. 概述减灾防灾规划的主要内容及意义。

□ 延伸阅读文献

1. 刘秉镰、韩晶：《区域经济与社会发展规划的理论与方法研究》，经济科学出版社 2007 年版。

2. 孙久文：《区域经济规划》，商务印书馆 2005 年版。

3. 陈秀山、张可云：《区域经济理论》，商务印书馆 2003 年版。

4. 周杰：《区域规划管理体系创新研究》，载《特区经济》2005 年第 2 期。

5. 崔功豪、魏清泉、刘科伟：《区域分析与区域规划》，高等教育出版社 2006 年版。

6. 聂华林、李光全：《区域规划概论》，中国社会科学出版社 2009 年版。

7. 牛文元：《中国城市化与区域可持续发展研究》，新华出版社 2004 年版。

8. 张沛：《关中"一线两带"城镇群发展规划研究》，西安地图出版社 2004 年版。

9. 叶堂林：《小城镇建设的规划与管理》，新华出版社 2004 年版。

10. 马东辉、郭小东、王志涛：《城市抗震防灾标准实施指南》，中国建筑工业出版社 2007 年版。

11. 周南森：《城市交通规划》，机械工业出版社 2011 年版。

12. 朱照宏、杨东援、吴兵：《城市群交通规划》，同济大学出版社 2007 年版。

13. 程道平：《现代城市规划》，科学出版社 2004 年版。

14. 丁日成：《城市空间规划——理论、方法与实践》，高等教育出版社 2007 年版。

15. 周春山：《城市空间结构与形态》，科学出版社 2007 年版。

16. 徐苏宁：《城市设计美学》，中国建筑工程出版社 2006 年版。

17. 饶会林：《城市经济理论前沿课题研究》，东北财经大学出版社 2001 年版。

18. 陆玉麟：《区域发展中的空间结构研究》，南京师范大学出版社 1998 年版。

19. ［卢森堡］克里尔编著，金秋野、王又佳译：《城镇空间——传统城市主义的当代诠释》，中国建筑工业出版社 2006 年版。

20. Michael Hough. City Form and Natural Progress. The MIT Press，1984.

第十章　区域环境规划的方案设计

改革开放以来，随着我国经济的持续快速增长和城市化水平的不断提高，生态环境保护越来越凸显，尤其是当前密集的人类开发活动，大规模的基础设施建设和高物耗、高污染型的产业发展，给区域生态系统造成了强烈的生态胁迫效应。[①] 环境规划作为一种协调人类经济社会活动与自然过程、促进可持续发展的途径已显得越发重要。

第一节　区域环境保护与生态建设

环境问题主要分为两个方面：一是环境保护，抑制恶化的环境；二是加强生态建设，追求社会经济效益与环境发展的高度统一。

一、区域环境保护

（一）环境保护问题的提出与发展

环境问题自古以来时刻困扰着人类活动。早在 19 世纪，为抑制环境恶化，各国根据自身的环境状况，相继进行了各种保护措施，其发展主要经历了四个阶段。

1. 限制阶段

自 20 世纪 50 年代以来，随着全球工业化进程的不断加快，社会经济迅速发展，人口数量急剧增加，环境问题进一步恶化。比利时马斯河的谷烟

[①] 王如松：《循环经济建设的产业生态学方法》，载《产业与环境》2003 年第 S1 期。

雾、美国洛杉矶的光化学烟雾、英国伦敦的烟雾、日本的水俣病和骨痛病等"八大公害事件"的发生对人类发展产生了巨大危害。针对这些问题，各国只是纷纷制订了相关法律，限制燃料的使用，以此来抑制环境污染的蔓延。

2. "三废"治理阶段

20 世纪 50 年代末 60 年代初，发达国家环境污染问题日益突出，美国海洋生态学家蕾切尔·卡逊在 1962 年出版的《寂静的春天》首次提出了环境保护问题。在这个阶段，政府投入了大量资金，采取给工厂企业补助资金，帮助工厂企业建设净化设施，颁布了一系列环境保护的法规和标准，然而尽管环境污染有所控制，环境质量有所改善，但所采取的尾部治理措施，从根本上来说是被动的，因而收效并不显著。

3. 综合防治阶段

1972 年联合国召开了人类环境会议，并通过了《人类环境宣言》。这次会议对人类环境保护具有重大意义，它加深了人们对环境问题的认识，开始从单向的对环境污染的治理转向了对环境问题的综合防治，是人类进行环境保护道路的历史性转折。1973 年 1 月，联合国大会决定成立联合国环境规划署，负责处理联合国在环境方面的日常事务工作。

4. 规划管理阶段

20 世纪 80 年代初，能源危机席卷全球，各国相继出现了经济大萧条，全球都在努力寻求一种平衡发展、就业和环境三者之间的关系的方法和途径。1992 年 6 月，联合国在里约热内卢召开了环境与发展大会，标志了世界环境保护工作的新起点，探求环境与人类社会发展的协调方法，实现人类与环境的可持续发展。至此，"环境与发展"成为世界环境保护工作的主题。

（二）我国的环境保护历程

我国环境保护工作起步于 20 世纪 70 年代。1972 年 6 月我国首次派代表团出席联合国在斯德哥尔摩召开的第一次人类环境会议。1973 年 8 月，召开了第一次全国环境保护会议，这次会议标志着我国环境保护事业的开端。1974 年 10 月，国务院正式成立环境保护领导小组。①

---

① 资料摘自各种媒体、网络、报刊等，由笔者汇集而成。

改革开放后，国家进一步加强了对环境保护工作的一系列战略部署。1979 年 9 月 13 日，颁布了第一部《环境保护法》。此后，就环境保护工作国务院又陆续下发了《国务院关于在国民经济调整时期加强环境保护工作的决定》、《国务院关于环境保护工作的决定》等 5 个重要的决定，这 5 个决定作为环境保护的纲领性文件，指导着我国经济社会与环境的协调发展。1981 年国务院提出了"谁污染、谁治理"的原则，要求工厂企业必须切实负起治理污染的责任。1983 年首次提出保护和改善生活环境和生态环境，防治污染和自然环境破坏，是我国社会主义现代化建设中的一项基本国策，从此环境保护的重要性被提高到一个新的高度，并建立了"预防为主、防治结合、综合治理"、"谁污染、谁治理"、"强化管理"的环境保护三大基本政策。进入 20 世纪 90 年代以来，国务院再一次明确了环境保护的基本国策地位，关闭了 8 万多家严重浪费资源、污染环境的小企业，防止不符合产业政策的小企业污染和破坏环境，对保护资源起到了重大的作用。①

进入 21 世纪，环境事业又有了进一步发展。2002 年"环境影响评价法"的通过正式将环境影响评价纳入了法律框架。2005 年国务院进一步阐明了环境保护的重要战略地位。"十一五"以来，国家提出从宏观战略层面解决环境问题，并提出了"三个历史性转变"的要求，即从重经济增长轻环境保护转变为保护环境与经济增长并重；从环境保护滞后于经济发展转变为环境保护和经济发展同步；从主要用行政手段保护环境转变为综合运用法律、经济、技术和必要的行政办法解决环境问题。② 至此，环境保护事业上升到了一个新的高度。

专栏 10 -1

联合国人类环境宣言

——环境保护史的里程碑

1972 年 6 月 5 ~ 16 日，在瑞典斯德哥尔摩举行了联合国人类环境会议，是国际社会就环境问题召开的第一次世界性会议，标志着全人类对环

---

① 叶汝求：《改革开放 30 年环保事业发展历程——解读历次国务院关于环境保护工作的决定》，载《环境保护》2008 年第 21 期。

② 毛玉如：《环境保护调查方法》，化学工业出版社 2010 年版，第 17 页。

境问题的觉醒，是世界环境保护运动史上一个重要的里程碑。会议通过了
《联合国人类环境会议宣言》（简称《人类环境宣言》）。《人类环境宣言》
提出了 7 个共同观点和 26 项共同原则，初步构筑起了环境保护的理论
框架。

其中，7 个共同观点包括：①人是环境的产物，也是环境的塑造者。
②保护和改善人类环境关系到各国人民的福利和经济发展，是人民的迫切
愿望，是各国政府应尽的责任。③地球上许多地区出现越来越多的人为损
害环境的现象。④在发展中国家，多数环境问题是发展迟缓引起的。⑤人
口的自然增长不断引起环境问题。⑥当今的历史阶段要求人们在计划行动
时更加谨慎地考虑到将给环境带来的后果。⑦为了达到环境目标，要求每
个公民、团体、机关、企业都负起责任，共同创造未来的世界环境。

26 个共同原则可概括为 7 个方面，即人权原则、自然资源保护原则、
经济和社会发展原则、发展规划原则、人口政策原则、环境管理原则和国
际合作原则。

《人类环境宣言》不仅揭示了环境问题的根源，还提出了社会、经济
改革的方向，标志着现代环境保护思想的一次革命。

资料来源：刘利、潘伟斌：《环境规划与管理》，化学工业出版社 2006 年版，第
16 页。

（三）环境保护的内容

环境保护是指人类为解决现实的或潜在的环境问题，协调人类与环境
的关系，保障经济社会的持续发展而采取的各种行动的总称，是人类有意
识地保护自然资源并使其得到合理的利用，防止自然环境受到污染和破
坏；对受到污染和破坏的环境必须做好综合治理，以创造出适合于人类生
活、工作的环境。[①] 环境保护的内容主要包括：

1. 生产和生活引起的环境污染

生活污染主要是人类在消费活动中产生出来的"三废"，尤其是在人
口较为集中的区域。其保护重点需要通过合理规划、统一部署，并加大对
废物的回收利用，同时，呼吁人们注重节能环保。

生产污染主要指农业产生的污染，包括过度使用化肥，焚烧秸秆等对

---

① 王新、沈新军：《资源与环境保护概论》，化学工业出版社 2009 年版，第 11 页。

土壤造成的破坏，并对湖泊、大气引起连锁污染反应。对此，重点是要集中管理、严格控制，倡导农业中的良性循环。

2. 建设和开发引起的环境破坏

主要指随着经济的快速发展，城市化进程的不断加剧，建设范围不断扩张所造成的污染，包括大型工程、公路、铁路、机场、码头的建设以及大量的伐木，对资源无休止的开采等。对此，应重点加强管控力度，尤其是土地的侵占和绿化的减少，严格控制在一定的标准内。

3. 保护有特殊价值的自然环境

包括对珍稀物种及其生活环境、特殊的自然发展史遗迹、地质现象、地貌景观等提供有效的保护。另外，城乡规划，控制水土流失和沙漠化、植树造林、控制人口的增长和分布、合理配置生产力等，也都属于环境保护的内容。环境保护已成为当今世界各国政府和人民的共同行动和主要任务之一。中国则把环境保护宣布为中国的一项基本国策，并制订和颁布了一系列环境保护的法律、法规，以保证这一基本国策的贯彻执行。

专栏 10 – 2

环境保护纪念日

国际湿地日：每年的 2 月 2 日。根据 1971 年在伊朗拉姆萨尔（RAMSAR）签订的《关于特别是作为水禽栖息地的国际重要湿地公约》，湿地是指"长久或暂时性沼泽地、泥炭地或水域地带，带有静止或流动或为淡水、半咸水、咸水体，包括低潮时不超过 6 米的水域"。湿地对于保护生物多样性，特别是禽类的生息和迁徙有重要的作用。

世界水日：每年的 1 月 18 日。1993 年 1 月 18 日，第 47 届联合国大会做出决议，确定每年的 3 月 22 日为"世界水日"。决议提请各国政府根据各自的国情，在这一天开展一些具体的活动，以提高公众意识。从 1994 年开始，我国政府把"中国水周"的时间改为每年的 3 月 22 日至 28 日，使宣传活动更加突出"世界水日"的主题。

世界气象日：每年的 3 月 23 日。1960 年，世界气象组织把 3 月 23 日定为"世界气象日"，以提高公众对气象问题的关注。

地球日：每年的 4 月 22 日。1969 年美国威斯康星州参议员盖洛德·纳尔逊提议，在美国各大学校园内举办环保问题的讲演会。不久，美国哈佛大学法学院的学生丹尼斯海斯将纳尔逊的提议扩展为在全美举办大规模的社区环保活动，并选定 1970 年 4 月 22 日为第一个"地球日"。

世界无烟日：每年的 5 月 31 日。1987 年世界卫生组织把 5 月 31 日定为"世界无烟日"，以提醒人们重视香烟对人类健康的危害。

世界环境日：每年的 6 月 5 日，是由 1972 年 6 月 5 日在瑞典首都斯德哥尔摩召开的世界上第一次《联合国人类环境会议》所建议，于 1972 年 10 月，经第 27 届联合国大会通过确定的。每年这一天，联合国各成员国要以各种形式开展保护环境的宣传活动，从 1974 年开始，联合国环境规划署根据这一年的世界上的主要环境问题，确定一个宣传的主题。

国际保护臭氧层日：每年的 9 月 16 日。1987 年 9 月 16 日，46 个国家在加拿大蒙特利尔签署了《关于消耗臭氧层物质的蒙特利尔议定书》，开始采取保护臭氧层的具体行动。联合国设立这一纪念日旨在唤起人们保护臭氧层的意识，并采取协调一致的行动以保护地球环境和人类的健康。

世界动物日：每年的 10 月 4 日。在 100 多年前，意大利传教士圣·弗朗西斯在每年的 10 月 4 日倡导人们向给人类献过爱心的动物们致谢。为了纪念他，人们把 10 月 4 日定为"世界动物日"。

世界粮食日：每年的 10 月 16 日。全世界的粮食正随着人口的飞速增长而变得越来越供不应求。为提醒人们珍惜粮食，在 1979 年举行的第 20 届联合国粮农组织会议上决定将每年的 10 月 16 日定为"世界粮食日"。

资料来源：摘自各种媒体、网络、报刊等，由作者汇集而成。

二、区域生态建设

（一）区域生态建设的重要性

生态建设是根据生态学原理进行的人工设计，充分利用现代科学技术与生态系统的自然规律，是自然和人工的结合，以达到高效和谐，实现环境、经济、社会效益的统一。[①]

近年来，随着工业化的进一步加剧，各种环境与发展的问题越发困扰着人类社会。人口的剧增，对资源的大量开发和不合理利用，使各种资源

[①]　杨筠：《生态建设与区域经济发展研究》，西南财经大学出版社 2007 年版，第 10~12 页。

不断减少，生态破坏和环境污染日趋严重，自然生态系统对人类生存和发展的支持和服务功能正面临着严重的威胁。因此，建立与自然和谐的资源利用与开发方式、经济发展方式与人的生活方式就显得尤为重要（杨筠，2007）。

（二）区域生态建设的目标

1. 按时间划分

可将生态建设分为短期、中期和长期建设目标。短期建设目标要能够解决目前的环境问题，且要有明确的评定内容；中、长期建设目标要在国家长期战略的发展框架下，对环境进行长期预测，制订相应目标。

2. 按空间划分

可分为国家级建设目标、省级建设目标、市县级建设目标，下级要在上级的目标框架中制订对应目标，且要与上级目标保持一致。

3. 按实现的难易程度及层次划分

可分为初级目标、中级目标和高级目标。初级目标一般为应付当前的棘手环境问题，且较容易完成；中高级目标对应长远的生态环境建设，一般较难完成，且中高级目标又是由许多初级目标所组成的。

（三）生态建设的主要内容

生态建设按建设类型分，可分为五大类：

1. 保护物种，防止物种灭绝，建立保护区系统[①]

物种的存在对整个环境系统都有着重要意义，物种越丰富，所构成的生态系统越复杂，生态功能也就越强大，对物种进行保护，顺应自然发展规律，是建立生态系统的首要任务。目前，我国保护物种主要是通过立法，建立保护物种的自然保护区，[②] 我国自然保护区共分三大类别九个类型（见表 10 - 1）。

---

① 张沛：《区域规划概论》，化学工业出版社 2006 年版，第 232 页。
② 自然保护区是指对有代表性的自然生态系统、珍稀濒危野生生物种群的天然生境地集中分布区、有特殊意义的自然遗迹等保护对象所在的陆地、陆地水体或者海域，依法划出一定面积予以特殊保护和管理的区域。

表 10 - 1　　　　　　　　　　　　自然保护区类型

类　别	类　型
自然生态系统	森林生态系统 草原生态系统 荒漠生态系统 内陆湿地和水域生态 海洋和海岸生态系统
野生生物类	野生动物 野生植物
自然遗迹类	地质遗迹 古生物遗迹

2. 防止水土流失，进行土地整治，建立水土保持体系

水土流失是指地球上人类赖以生存的土壤和水分，在山区、丘陵区和风沙区，由于不利的自然因素和人类不合理的经济活动，造成地面的水和土离开原来的位置，流失到较低的地方，再经过坡面、沟壑，汇集到江河河道内去的现象。水土流失产生的危害极大，容易破坏地面完整、使土壤肥力衰退，耕地减少，土地退化严重，影响水资源的开发利用，加剧洪涝灾害，生态环境恶化，加剧贫困等。① 为此，1991 年颁布了《水土保持法》，陆续推行了一系列措施：（1）加强水土保持宏观战略研究；（2）提升水土保持生态建设的科技水平；（3）科学实施小流域综合治理；（4）坚持退耕还林还牧；（5）建设高标准农田、兴建农田水利工程、修筑梯田、改造坡耕地；（6）推广节灌技术，采用合理的种植制度、耕作制度、施肥制度等。同时，对不同类型的水土流失分类管理、保护和治理，完成水土流失重点防治区、重点保护区和重点预防监督区的规定及公告工作。

3. 防止风沙灾害，保护农田，建立防风固沙系统

风沙现象是指风挟带起大量沙尘，按一定路径移动扩散，造成空气浑浊、能见度显著降低的现象。风沙灾害主要是吹蚀土壤，流沙掩埋耕地、村庄、公路、铁路及其他工程设施，造成并加剧土地沙漠化，影响交通运输，造成空气污染，破坏国土资源与生态环境。风沙活动除受气候、地表土性质、地形等自然条件控制外，还与耕植、伐木、采樵、挖药以及取水、采矿、工程建设等人为活动有关。② 在防治风沙的工程中，除国家给

---

① 钱易、唐孝炎：《环境保护与可持续发展》，高等教育出版社 2000 年版，第 289~310 页。
② 吴正：《风沙地貌学》，科学出版社 1987 年版。

予一定的扶持外，主要依靠地方和社会各方面的力量，坚决制止乱砍、滥垦、滥牧、滥挖等行为，按照适树适草的原则，因地制宜采取浇、灌、溉相结合的方式，并充分利用先进科学技术，建立防风固沙系统，遏制沙化土地扩展（钱易、唐孝炎，2000）。

4. 防治大气污染，建立大气防污系统

大气污染通常是指由于人类活动或自然过程引起某些物质进入大气中，呈现出足够的浓度，达到足够的时间，并因此危害了人体的舒适、健康和福利或造成环境污染的现象。大气污染的主要危害有：危害人类健康，致使人类不同程度的中毒；对工农业生产的危害，对大气和气候的影响等。[1]

2011 年 7 月，我国确立"三区六群"为大气污染防控重点区域。"三区"为京津冀地区、长三角地区、珠三角地区；"六群"为辽宁中部城市群、山东半岛城市群、武汉城市群、长株潭城市群、成渝城市群、海峡西岸城市群。其中，"三区"是防控的重中之重。主要采取的措施有：合理安排工业布局和城镇功能分区，加强绿化，加强对居住区内污染源的管理，改进燃煤技术，控制燃煤污染，开发新能源等。

5. 保护海洋资源，建立防止海洋环境污染系统

海洋污染是指直接或者间接地把物质或者能量引入海洋环境，产生损害海洋生物资源、危害人体健康、妨害渔业和海上其他合法活动、损害海水使用素质和减损环境质量等有害影响（钱易、唐孝炎，2000）。

我国于 1982 年制订了《海洋环境保护法》，确立了保护和改善海洋环境，促进经济和社会的可持续发展的基本方针。1998 年我国政府又发布了《中国海洋事业的发展》白皮书，进一步确立了中国在海洋事业发展中遵循的基本政策和原则。

专栏 10 -3

我国现存的生态问题

土地退化。首先，表现为水土流失。我国是世界上水土流失最严重的

---

① 钱易、唐孝炎：《环境保护与可持续发展》，高等教育出版社 2000 年版，第 289～310 页。

国家之一，从新中国成立至今，因水土流失毁地 4000 多万亩，水土流失量年均 50 亿吨，范围覆盖山区、丘陵区、风沙区，几乎所有的省市、自治区都存在不同程度的水土流失。其次，土地沙漠化，目前全国荒漠化土地面积超过 169.6 万平方公里，占国土面积的 17.7%，且每年仍以 3000 多平方公里的速度扩展。最后，土壤污染严重，不断从单一污染趋向复合型污染。

水资源恶化。我国是一个水资源短缺的国家，淡水资源总量为 28000 亿立方米，扣除难以利用的洪水径流和散步偏远地区的地下水资源后，仅为 11000 亿立方米，人均可利用水资源为 900 立方米，且其分布极不均衡。加之我国水污染严重，这将成为阻碍人类社会生存和发展的最关键因素之一。

植被破坏。首先是森林破坏，我国森林资源不足，覆盖率只有全球平均水平的 2/3，人均森林面积 0.145 公顷，不足世界人均占有量的 1/4，然而对木材的需求量很大，森林资源的增长远不能满足社会发展对木材需求的增长。其次是草原退化，其中，2009 年，全国共发生草原火灾 192 起，受害草原面积 2.5 万公顷；鼠害危害 4087.2 万公顷，占全国草原面积 10.5%；虫害面积 2076.2 万公顷，占草原面积 5.3%。

生物多样性的改变。目前，我国有 15% ~20% 的物种处于濒危和受威胁状态，包括 4600 多种高等植物和 400 多种野生动物。近几十年已绝迹的高等植物就有 200 多种，野生动物有 10 余种，还有 20 多种濒临灭绝。

资料来源：蔡玉秋、于晓晨：《我国农村生态环境问题研究》，载《东北农业大学学报》2011 年第 2 期。

第二节　规划分类、指标设计与编制方法

环境规划编制是为环境规划提供了理论基础和一定的技术方法，并可对环境规划的合理性进行评估，补充和完善规划体系。

一、环境规划的概念及特征

环境规划是国民经济与社会发展规划的有机组成部分，是环境决策在实践、空间上的具体安排。这种规划是对一定时期内环境保护目标和措施所做出的规定，其目的是在发展经济的同时保护环境，使经济环境协调发

展（刘利、潘伟斌，2006），概括起来主要有以下六大特征：①

（一）整体性

区域环境的各要素在运行中并不是相互独立的，而是构成了一个相互联系、相互影响的整体。各要素之间既有一定的联系，而且各要素自身的环境问题特征和规律也十分突出，各有其相对确定的分布结构和相互作用的关系，从而各自形成独立的、整体性强、关联度高的体系。

（二）综合性

规划所涉及的领域广泛、影响因素众多、对策措施综合、部门协调复杂。当今的环境是自然、技术、经济、社会相结合的综合体，也是多部门集成化的结果。因此，环境规划也必然集合了多个学科，其中，无论是信息采集、识别、运用归档，还是方案的生成、环境的区划，均运用的不同方法，采用了大量技术。并且随着社会的发展，这些涉及不同学科、不同技术的规划越具有复杂性、综合性。

（三）区域性

环境问题的区域性特征十分明显，环境规划必须注重因地制宜。主要表现在环境及其污染控制系统的不同；主要污染物的不同；社会经济发展现状及速度不同；控制方案所选用指标体系的不同；各地的技术条件和基础数据条件不同。因此，规划的原则、规律、方法等必须融入地方特征才能有效。

（四）时效性

区域环境规划具有很强的时效性。它的影响因素在不断变化，无论是环境问题，还是社会经济条件等都在随时间发生变动，基于一定条件制订的环境规划，随着社会经济发展的方向、发展政策、发展速度以及实际环境状况的变化，势必要求区域环境规划工作具有快速响应和更新能力。

---

① 张洪军：《生态规划——尺度、空间布局与可持续发展》，化学工业出版社2007年版；丁钟浩：《环境规划与管理》，机械工业出版社2007年版。

（五）信息密集性

信息的密集、不完备、不准确和难以获得是环境规划所面临的一大难题。在整个区域环境规划的过程中，信息和资料的占有是十分关键的。资料的收集、消化吸收、参考和处理各类相关的综合信息贯穿着规划的始终。规划的成功与否在很大程度上取决于搜集的信息是否完全，能否识别、提取可靠的信息；取决于能否有效地组织、利用这些信息。

（六）政策性

政策性强也是环境规划的一个重要特征。规划的最初立题、课题设计至最后的决策分析，制订实施计划的每一个技术环节中，都要从各种可能性中进行选择。而我国目前已有的政策、法规、制度等正是进行筛选所需要参考的重要依据。目前，我国的环境政策、法规、制度、条例和标准以及总体体系框架已经完成，地方性的工作正在逐步进行和改善之中。

二、环境规划的主要任务

（一）促进环境与经济、社会可持续发展

面对不断恶化的生存环境，实现环境与经济、社会的协调发展，实现最终的整体可持续已显得尤为迫切，同时也作为环境规划最基础、最重要的责任。

（二）保障环境规划纳入国民经济和社会发展计划

生态环境是我国经济生活中的重要组成部分，它与经济、社会活动有着密切联系，必须将环境发展纳入国民经济和社会发展计划之中，进行综合平衡，才能得以顺利进行。环境规划作为环境发展的行动计划，是进行环境保护和生态建设最基本的保障。

（三）加大落实环境政策、法规和制度

政策、法规和制度，是一个国家或地区在某一特定时期为实现某个特定目标而制订的一系列行为准则。我国已颁布的一系列环境法规需要通过环境规划得以实施，环境规划已成为运行我国环境政策、法规和制度的重

要载体和实施的主要途径。

（四）实现以最小投资获取最佳效益

环境规划说到底是一个行为，是一项任务，它的成功与否很大程度上要看是否在有限的资源和资金条件下，用最少的投资获得了最大的收益。其中，投资包括人力、物力、财力及机会投资，效益包含了经济效益、社会效益与环境效益。

专栏 10 - 4

杭州市"十二五"环境规划重点任务

生态文明城市创建。包括加强推进生态文明建设的组织领导，科学编制生态文明城市建设规划，完善生态文明建设的体制机制和地方政策法规，制订计划逐步推进区（县、市）生态文明建设。

低碳城市建设。"十二五"时期，要着力做好"结构低碳、基底低碳、方式低碳"三篇文章，推进生产过程和生产方式的低碳化，控制温室气体排放；切实加强生态环境保护。

水环境保护。以保障城乡群众饮用水安全、维护和改善水生态健康为出发点，建立健全流域、区域水质目标管理机制，加大流域、平原河网、湖库的污染整治力度。

大气环境保护。深入推进清洁空气行动计划，构建区域联动的大气污染防控机制，全面加强二氧化硫、氮氧化物、挥发性有机物（VOCS）和颗粒物等排放控制，着力控制城市灰霾、酸雨及臭氧等大气污染问题。

声环境保护。建立联防联控的噪声污染防治机制，加强社会生活、建筑施工和道路交通等各类声源监管。到 2015 年，区域环境噪声平均等效声级小于 55 分贝，城市道路交通噪声平均等效声级小于 68 分贝。

固体、土壤等污染防治。主要内容有加大固体废物污染治理力度，加快推进污泥处置设施建设，加强土壤污染防治，全面开展重金属污染防治。

污染物总量控制。对不同地区和行业实行差异化政策，因地制宜，分类指导，总量控制目标制订应基于分区域分类基本一致的环境建设（治理）要求，并着力实现基本环境服务均等化。

扎实做好辐射污染防治。加大辐射和核废料历史遗留问题的环境监测和污染防控，强化核与辐射安全审评和监督。

农村环境和生态环境保护。构建农村循环经济体系，加大农村环境综合整治，建设完善农村环境基础设施，大力发展生态农业，全面实施水产和畜禽养殖污染控制，加强农村自然生态保护与建设。

环境安全保障体系建设。加强环境监测监控能力建设，加强环保能力建设，形成有效的区域联防联控机制。

资料来源：杭州市环境保护局：《杭州市"十二五"环境规划》（节选），2010 年4 月。

三、环境规划的分类

环境规划从不同角度考虑有不同的划分方法：①

（一）按时间期限划分

按时间期限长短可将环境规划分为短期、中期和长期规划。通常短期规划为 1～5 年，主要解决目前所面临的一些问题，以及在某些方面实现环境质量的明显改善；中期规划为 5～15 年，根据对未来经济社会的预测，制订相匹配的环境规划；长期规划为 15 年以上，一般以 20 年、30年、50 年为限，在中期规划的基础上，对未来生态环境进行设想，实施相应的规划。

（二）按环境要素划分

可将环境规划划分为大气污染防治规划、水污染防治规划、土壤污染防治规划、噪声污染防治规划等。

（三）按行政区域划分

环境规划包括国家环境保护规划、省市自治区环境保护规划、县域环境保护规划等。

---

① 马晓明：《环境规划理论与方法》，化学工业出版社 2004 年版，第 13～15 页。

（四）按规划本身的性质划分

可将环境规划分为污染控制规划、国民经济整体规划和国土利用规划三大类。其中，污染控制规划是针对由污染引起的环境问题而编制的，主要是对工农业生产、交通运输、城市生活等人类活动对环境造成的污染而规定的防治目标和措施。国民经济整体规划是在国民经济发展规划中相应地安排环境规划，随着国民经济计划的实现达到保护和改善环境的目的。[①] 国土利用规划是指国家根据各地区的自然条件、资源状况和经济发展需要，通过制订土地利用的全面规划，对城镇设置、工农业布局、交通设施进行总体安排，以保证国家的经济发展，防止环境污染和生态破坏。

四、环境规划的指标设计

环境规划的指标体系是在环境调查的基础上，通过收集和整理相关分析资料而建立起来的，从环境发展本身入手分为环境质量指标、污染物控制指标、环境管理指标以及其他相关指标，具体的指标选取要根据科学性、规范性、适应性、针对性原则，指标体系见表 10 - 2。

表 10 - 2 　　　　　　　　　　　环境规划指标

指标类别与内容		应用范围			
		省域	城市	部门	流域
环境质量指标	大气				
	TM10 年日均浓度值		√		
	SO_2 年日均浓度值		√		
	NOx 年日均浓度值		√		
	降尘年日均值		√		
	酸雨平均 pH	√	√		
	水环境				
	饮用水质达标率		√		
	COD 浓度	√	√		
	地下水矿化度、总硬度、硝酸盐氮浓度、亚硝酸盐氮浓度		√		
	海水 COD、石油、氨氮、磷浓度	√	√		√
	噪声	区域噪声平均值和达标率		√		

---

① 节选自 2010 企业法律顾问《经济与民商》：环境保护法。

续表

指标类别与内容			应用范围			
			省域	城市	部门	流域
污染物控制指标	大气污染物控制	大气污染物总排放量、燃烧废气排放量、消烟除尘量、工艺废气排放量、工业废气处理量、新增废气处理能力	√	√	√	
		大气污染物去除量和去除率	√	√		
		1t/h 以上锅炉数量、达标量、达标率	√	√	√	
		汽车数量、耗油量、NOx 排放量				
	水气污染物控制	工业用水量和工业用水重复利用率；新鲜水用量	√	√	√	√
		废水排放量、工业废水总量、外排量；生活污水总量	√	√	√	√
		工业废水处理量、处理率、达标率；处理回用量和回用率；外排工业废水达标量、达标率		√	√	√
		新增工业废水处理能力		√	√	√
		万元产值工业废水处理量	√	√	√	√
		废水中污染物的产生量、排放量、去除量	√	√	√	√
	工业固体废物控制	工业固体废物产生量、处置量、处置率、堆存量、累计占地面积、占耕地面积	√	√	√	
		工业固体废物综合利用量、综合利用率、产品利用量、产值、利润、非产品利用量	√	√	√	
		有害废物产生量、处置量、处置率	√	√	√	
环境管理指标	环境综合整治	燃料气化；建成区居民总户数、使用气体燃料户数、城市气化率		√		
		城市民用煤量		√		
		采暖建筑面积、集中供热面积、热化率、热电联产供热量		√		
		汽车尾气达标率		√		
		区域污水量、处理量、处理率、处理厂数、能力、污水排海量、土地处理量		√		
		地下水位、水位下降面积、区域水位降深、地面下沉面积、下沉量		√		
		工业固体废物集中处理厂数、能力、处理量	√	√		√
		生活垃圾无害化处理量、处理率；机械化清运量、清运率；建成区人口、绿地面积、覆盖率；人均绿地面积		√		

续表

指标类别与内容			应用范围			
			省域	城市	部门	流域
环境管理指标	污染源治理	工业废水、生活污水、COD、氨氮纳入水量 BOD、DO、氨氮浓度	√	√	√	√
		工业废水和生活污水入海量	√	√	√	
		污染物处理量、消减量、工程建设年限、投资预算及来源	√	√	√	
	投资	环境保护投资总额占国民收入百分比	√	√	√	
		环境保护投资占基本建设和技改资金的比例	√	√	√	
其他相关指标	生态建设	森林覆盖率、人均森林资源量、造林面积	√	√		
		草原面积、产量、载畜量、人工草场面积	√	√		
		耕地保有量、人均量；污灌面积、农药化肥污染面积	√	√		
		水土流失面积、治理面积、减少流失量	√	√		
		土地沙化面积、沙化控制面积	√			
		土地盐渍化面积、改良复垦面积				
		生态农业试点数量及类型				
	经济	GDP、人均 GDP、GDP 年增长率、各产业产值、各产业产值增长率	√	√		
	社会	人口数量、人口增长率、人口密度、人口结构等	√	√		

注：√项为区域规划必须考虑的指标。

资料来源：尚金城：《城市环境规划》，高等教育出版社 2008 年版，第 85～88 页。

五、环境规划的主要编制方法

（一）环境规划调查方法

由于规划的对象与目标不同，所涉及因素的广度与深度也不同，因而调查所采用的方法和手段也不尽相同，主要有以下四种：[①]

1. 实地调查

实地调查收集资料是最直接的方法，尤其在小区域、大比例尺规划

[①]　张洪军：《生态规划——尺度、空间布局与可持续发展》，化学工业出版社 2007 年版，第 91～92 页。

中，实地调查更为重要。

2. 历史调查

人类活动与自然环境长期相互作用与影响，形成资源枯竭、土地退化、环境污染、生态破坏等问题多是历史上人类不适当的活动直接或间接造成的后果。在生态调查中，对历史过程进行调查了解，可以为规划者提供探索人类活动与区域环境问题之间关系的线索。

3. 公众参与的社会调查

生态环境规划强调以人为本，体现公众参与。因此，通过社会调查，了解区域内不同阶层的人们对发展的要求及其关注的焦点问题，在规划中充分体现公众的愿望。同时，通过社会调查，进行专家咨询、座谈，可将专家的知识与经验结合于规划中。

4. 遥感调查

近年来，遥感技术发展迅速，为及时准确获取区域空间特征资料提供了十分有效的手段。随着地理信息系统发展与应用，遥感资料的处理得到技术上的保障，已成为生态环境规划的重要资料来源。

（二）环境规划预测方法

环境预测是一项针对环境领域有关问题的预测活动，在现状调查和科学评价的基础上，结合相关的社会、经济等要素，对环境的发展趋势的发展趋势进行科学的推断。常用的预测方法有以下几类：[1]

1. 回归预测法

环境系统内各部分之间往往存在这种因果关系，如产量的增加会导致污染加重。这种关系有时无法用模型表示，而只能通过大量数据统计出其内在联系。回归分析就是通过对数据进行处理，确定事物的相关关系的方法。回归分析可分为线性回归和非线性回归。

（1）线性回归。将预测对象作为因变量 y，各影响因子为 $x_i(i=1,2,3,\cdots,k)$，y 与 x 表示为：

---

[1] 尚金城：《环境规划与管理》，科学出版社 2009 年版。

$$y = \beta_0 + \beta_1 x_1 + \beta_2 x_2 + \cdots + \beta_k x_k$$

式中，β_0 为回归常数，$\beta_i (i = 1, 2, 3, \cdots, k)$ 为回归系数。

$\beta_0 \beta_1 \beta_2 \beta_k$ 无法得到其精确值，通常要通过 y 与 x 的大量观测数据得出其估计值，确定参数估计通常采用最小二乘法，而后对模型参数进行检验。检验方法主要有 F – 检验、t – 检验、DW 检验等。

（2）非线性回归。因变量与自变量的关系为曲线形式时，称为非线性。非线性又可分为一元非线性和多元非线性。

①一元非线性：

对数双曲线回归：$y = \log_{(a)} x$

幂函数曲线回归：$y = ax^b + e$

指数曲线回归：$y = ab^x + e$

多项式回归：$y = b_0 + b_1 x + b_2 x^2 + \cdots + b_k x^k$

②多元非线性回归。多元非线性回归通常无法表示成特定的函数模型，其一般表达式为：$y = f(x_1 x_2 x_3 \cdots x_k)$。非线性同线性类似，也要进行参数的检验与验证。通常是将非线性转化为线性模型，再进行参数的估计和检验。

2. 时间序列平滑预测

回归分析从系统内部入手，通过大量数据建立回归模型。但有时影响环境的某些因子数据无法得到或得到的成本太高，回归方法就不再适用。时间序列分析法根据过去的统计数据，找到其随时间的变化规律，建立时序模型，从而推断未来数值。指数平滑假定：近期数据对未来预测值影响较大，远期数据对未来预测影响较小，影响力呈几何级数减少。[①]

（1）一次指数平滑。一次指数平滑法以本期实际值和上期指数平滑值的加权平均值作为本期指数平滑值，并作为下一期的预测值，[②] 数学表达式为：

$$S_{t+1} = aY_t + (1 - a)S_t$$

式中，a 为平滑指数（$0 \leq a \leq 1$），S_t 为 t 时刻的指数平滑值，Y_t 为 t 时刻的实际观测值。

平滑指数 a 的选择对未来预测值有着直接影响，通常需要根据实验，选择使平滑预测值和实际观测值差的误差最小的 a；平滑的初始值 $S_1 = Y_1$。

---

① 王彤、王良：《BUG 数据的分析与预测》，载《现代计算机》2007 年第 12 期。
② 肖金树：《指数平滑法在水质预测中的应用》，载《福建环境》1996 年第 4 期。

（2）二次指数平滑。当时间序列呈直线趋势时，在一次平滑的基础上，再进行一次平滑，修正一次平滑值的滞后误差，用 S′ 表示一次指数平滑值，S″ 表示二次指数平滑值（肖金树，1996），公式表示为：

$$S'' = aY + (1 - a)S'$$

$$S''' = aS' + (1 - a)S''$$

二次指数平滑消除了原时间序列的不规则变动和周期变动，使序列更具有长期性。

（3）三次指数平滑。三次指数平滑主要用于非线性时间序列的预测，是在二次平滑基础上再做一次平滑，然后用平滑值建立预测模型。其模型为：

$$F = a_t + b_t + \frac{1}{2}c_t m^2$$

$$a = 3S_t' + 3S_t'' + S_t'''$$

$$b = \frac{a}{2(1-a)^2}[S_t' - (10 - 8a)S_t'' + (4 - 3a)S_t''']$$

$$c = \frac{a^2}{2(1-a)^2}(S_t' - 2S_t'' + S_t''')$$

3. 马尔可夫预测

马尔可夫预测法是将时间看做一个随机过程，通过对事物的不同状态的初试概率和状态之间的转移概率之间的研究，确定变化趋势，预测未来状况。[①] 假设事件从初始状态经过 k 次转移以后达到 E_j，$\pi_j(k)$ 表示事件经过 k 次状态转移后达到 E_j 的概率，则有公式：

$$\pi_j(k) = \sum_{i=1}^{n} \pi_i(k-1)P_{ij} \quad (j = 1, 2, \cdots, n)$$

如果某一事件在 0 时刻的初始状态已知，则可以根据公式得出在任意时刻所处状态的概率。经过无穷次的状态转移后得到平衡状态，根据公式推导可得平衡状态所满足的条件为：

$$\pi = \pi P; \ 0 \leqslant \pi_i \leqslant 1; \ \sum_{i=1}^{n} \pi_i = 1$$

马尔可夫预测法要求转移概率必须具有一定的稳定性，因此必须建立在大量的数据之上（夏秀芳，2002）。

----

① 夏秀芳：《马尔可夫模型的构建及应用》，载《商业研究》2002 年第 1 期。

此外，环境预测还有灰色系统理论、系统动力学等方法，感兴趣的读者可以查阅相关资料。

（三）环境总量控制方法

环境总量控制即指污染物总量控制在一定范围之内，使其达到规划目标的一种方法。[1] 规划方法有线性规划、整数规划、离散规划和动态规划。线性规划可获得总污染源排放量最大、总污染源削减量最小、削减污染物总投资最小；动态规划可解决总排放量的分配问题；整数规划和离散规划可获得最佳削减污染物的措施和方案。

1. 线性规划

线性规划的目标函数为：$\max(\min)\ Z = \sum_{j=1}^{n} C_j X_j$

约束条件为：$\sum_{j=1}^{n} A_{ij} X_j \leqslant (=,\ \geqslant) B_j,\ X_j \geqslant 0$

式中，Z 为费用，X_j 为第 j 个源的削减量，C_j 为第 j 个源的单位削减量费用，A_{ij} 为第 j 个单位源在第 i 个控制点上的浓度值，$B_i = B_i^0 - B_i^1$，B_i^1 为第 i 个控制点上的环境目标值，B_i^0 为第 i 个控制点上的原浓度值。

2. 动态规划

动态规划是解决多阶段决策过程最优化的一种数学方法，把多阶段决策问题转换为一系列相互联系的单阶段问题，然后逐个解决。[2] 动态规划的关系式为：

$$f_k(S_k) = \max[g_k(x_k) + f_{k+1}(S_k - x_k)],\ 0 \leqslant x_k \leqslant S_k$$
$$f_n(S_n) = \max g_n(x_n) \quad (k = n-1,\ n-2,\ \cdots,\ 1)$$

式中，S_k 为分配给第 k 个到第 n 个污染源的排放量，x_i 为第 i 个污染源的排放量，$g_i(x)$ 为第 i 个污染源相对应的生产效益。

利用该方法逆推，最后求得 $f_1(a)$。

（四）环境规划评价方法

在环境规划编制中，对区域的资源环境进行生态评价，主要是对区域

---

① 王泽华、林宣雄、陆新元、田为勇：《国家环境监理信息系统与污染物排放总量控制》，载《中国软科学》2000 年第 7 期。

② 孙晚华：《关于动态规划顺序求解法的教学探讨》，载《北京交通大学学报》2004 年第 3 卷第 1 期。

的自然资源与自然环境的性能、区域生态系统的结构、功能与其演化特征以及区域生态环境的敏感性与稳定性，系统发展演化趋势等进行综合评价分析，以认识系统发展的潜力与制约因素，它是协调复合生态系统发展与环境保护关系的需要，也是制订生态环境规划的基础。生态评价的技术方法主要有：

1. 因子综合法

该方法首先是给出各个参评因子的具体指标值，再按照各因子（或因子组）的相对重要性赋予不同的权重，求出总的综合指数值，最后按评价标准划分不同的评价等级。[1] 其计算公式为：

$$I_{CP} = \sum_{i=1}^{n} W_j L_{pij}/n$$

式中，W_j 为参数的权重，L_{pij} 为某类指标具体值，$L_{pij} = \sum_{i=1}^{k} W_S D_i$，$W_S$ 为单因子权重，D_i 为参数与标准值比，k 为评价因子数量。

根据计算结果，参照表 10 − 3 评价标准，即可得评价结果。

表 10 −3　　　　　　　　　　因子综合法评价等级

等级	I_{CP}	评价结果
1	<0.4	好
2	$0.4 \leqslant I_{CP} < 0.5$	较好
3	$0.5 \leqslant I_{CP} < 0.75$	较差
4	$0.75 \leqslant I_{CP} < 1.0$	差
5	≥1.0	最差

注：以环境污染为例，此指标为各因子取值，越小越好。

2. 环境污染指数法[2]

（1）单一污染物的污染程度指数。单一污染物对环境的危害取决于其浓度、毒性，以及在保证环境污染程度不超过允许限度的条件下环境所能承受的污染物最大数量，即污染物的评价标准。

$$P_i = C_i/C_s$$

---

① 唐莉：《新产品开发方案的模糊综合评价法》，载《长沙交通学院学报》1999 年第 15 卷第 3 期。
② 孙久文：《区域经济规划》，商务印书馆 2005 年版，第 325 页。

式中，P_i 为污染物的环境污染程度指数，C_i 为污染物的浓度，C_s 为污染物的评价标准。评价标准一般采用国家规定的标准依据。

（2）多种污染物的污染程度指数：

$$P_j = K_1 P_1 + K_2 P_2 + \cdots + K_n P_n = \sum_{i=1}^{n} K_i P_i$$

式中，P_i 为第 i 种污染物的污染程度指数，P_j 为多种污染物下 j 介质污染程度指数，j 为水、大气、土壤等，K_i 为第 i 种污染物的权重。

（3）综合环境污染程度指数：

$$E = Q_1 P_1 + Q_2 P_2 + \cdots + Q_m P_m = \sum_{j=1}^{m} Q_j P_j$$

式中，E 为综合环境污染程度指数，Q_j 为第 j 种介质污染权重，P_j 为第 j 种介质污染程度指数。

3. 模糊评价法

模糊综合评价是借助模糊数学的一些概念，对实际的综合评价问题提供一些评价的方法。具体来说，模糊综合评价就是以模糊数学为基础，应用模糊关系合成的原理，将一些边界不清、不易定量的因素定量化，从多个因素对被评价事物隶属等级状况进行综合评价的一种方法。综合评判对评判对象的全体，根据所给的条件，给每个对象赋予一个非负实数——评判指标，再据此排序择优。模糊评价法的步骤一般为：建立评价因素集、确定模糊关系、分组综合评价、总体综合评价。[1]

4. 主成分分析法

主成分分析法，即 PCA 方法，是将多维信息压缩到少量维数上，构成线性组合，并尽可能地反映最大信息量，且第一轴携带信息最多，从而在众多参评因子中找出少数能代表原来诸多参评因子的综合因子，以尽可能少的新组合因子（主成分）反映参评因子之间的内在联系和主导作用，从而判定出客观事物的整体特征。

环境规划评价还有其他的一些方法，如污染损失率法、模糊综合指数法等，限于篇幅限制，在此不再一一介绍。

---

[1] 刘俊民、杨平、方增强、马玉峰：《模糊层次综合评价法在工程环境评价中的应用》，载《人民长江》2007 年第 11 期。

第三节　环境规划的方案设计与主要内容

环境规划方案的设计是整个规划编制的中心，它是在考虑国家或地区有关政策规定、环境问题和环境目标、污染状况和污染削减量，以及投资能力和效益的情况下，提出具体的污染防治和自然保护的措施和对策，并根据人类社会生存和持续发展的需要，从各种可供选择的实施方案中，通过分析、评价、比较，选定一个切实可行的环境规划方案。[①]

一、区域环境保护规划

环境保护规划按其步骤和程序的理解，主要可分为七大步骤，即环境调查、环境影响评价、环境预测、环境规划目标设置、环境功能区划、环境规划的生成和决策、环境规划的实施。这七大步骤构成了一套完整的环境保护规划，如图 10 - 1 所示。

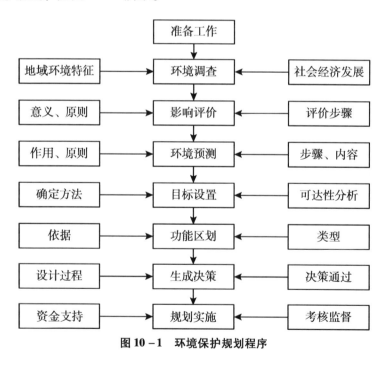

图 10 - 1　环境保护规划程序

---

① 郭怀成、尚金城、张天柱：《环境规划学》，高等教育出版社2001 年版，第47 ~ 84 页。

（一）环境调查

综合国内外相关规划和文献，主要有以下四种调查方法：[①]

1. 地域特征调查

（1）地形地貌调查。对地形地貌的调查主要包括区域内地质、岩性、矿产资源、非金属矿，以及山地形态、组成、高度、山脉走向、海拔等。

（2）气象特征调查。对气象特征调查主要包括风向、风速、气温、降水、日照、能见度等，以及地区的水文情况，如水质、水位、流速、流量等。

（3）土壤、生物调查。对土壤的调查主要包括土壤类型、土壤肥沃程度、土壤发育、土壤剖面结构、土壤的元素含量等；生物调查包括对农作物的类型、发育状况以及陆生、水生物种等。

2. 经济发展调查

对经济发展的调查包括宏观经济的调查和产业发展的情况调查。宏观经济发展主要有 GDP、人均收入、GDP 增长率、CPI 等宏观经济指标；产业发展状况主要包括各产业的产值、各产业产值所占的比重、工农业产品类型及能源使用量等，都要分类分别收集资料，供环境规划使用。

3. 社会发展调查

主要对人口数量、组成、密度分布、劳动力情况、经济密度、建筑密度、交通及公共设施情况的调查；对农业产值、农田面积、作物品种及种植面积、灌溉设施及方法、牧场面积，乡镇企业布局与行业结构、排水量、污染治理设施等的调查。

4. 环境特征调查

（1）污染状况调查。污染状况调查可分为工业污染、农业污染、生活污染。工业污染以企业为主线，主要包括企业数量、名称、位置、占地面积、规模、产品种类、产量、环保机构数，原材料和燃料的种类、消耗

---

① 郭怀成、张天柱：《环境规划学》，高等教育出版社 2001 年版，第 47~84 页。

量、重复利用率、电耗、供水量，排污设施情况、污染物数量、种类、性质、控制方法、处理方法等。农业污染的调查主要是对农药的使用情况、品种、数量、方式，以及农业废弃物的数量、种类、处理方式等的调查。生活污染主要调查居民的人口数量、密度、人均用水量、排水量、排水方式，民用燃料的种类、数量、使用方式，以及生活垃圾的总量、处置方式、处置地点、采用的技术等。

（2）环境质量调查。环境质量调查主要包括对大气中的 CO_2、SO_2、NOx 等含量以及水中废弃物进行测算，对区域环保部门的数量、规模、人数、技术装备以及区域绿化面积等进行调查。

专栏 10 – 5

渤海污染综合调查

1975 年，国务院环境保护办公室及国家海洋局根据国务院 158 号文件及国环字（75）号精神，在秦皇岛市召开了《渤海污染调查检测协作会议》，对东北工作站拟定的《渤海污染调查方案》进行审查和论证。同时，国家海洋局和辽宁、河北、山东、天津共同制订了 1976 年的《渤海污染调查实施计划》。

期间，《渤海污染调查》在 5 月枯水期、8 月丰水期，分别进行了两次大规模的调查活动，共动用了 4 条船，参加人员达 180 多名。学科综合性强，包括了水文气象、化学、地质、生物等专业。通过调查，采集到样品达 1 万多份，获得室内分析数据 5 万多个，累计航程 1 万海里。

《渤海污染调查》及渤海污染控制治理和研究，为国家治理渤海污染决策，提供了大量的基础资料和科学依据，并于 1978 年在全国科学大会上获成果奖。

资料来源：毛玉如：《环境保护调查方法》，化学工业出版社 2010 年版，第 17 页。

（二）区域环境保护影响评价

环境影响评价（EIA）是指对规划和建设项目、区域开发计划及国家政策实施后可能造成的环境影响进行分析和评估，从而能够提出预防或者减轻不良环境影响的对策和措施，并进行跟踪监测的方法与制度。① 环境影响评价是环境规划中不可或缺的步骤，可分为七大步骤，如图 10 − 2 所示。

（1）建立评价小组，确定评价时间；

（2）根据评价内容确定评价方案和评价体系；

（3）根据评价内容对规划方案进行分析，收集相关信息，并进行现场调研、勘察；

（4）根据评估体系整理、计算、分析相关数据；

（5）通过分析和公众参与，得出方案结果；

（6）根据方案结果，检验规划是否合理，进行及时反馈；

（7）撰写评价报告，并交与有关部门。

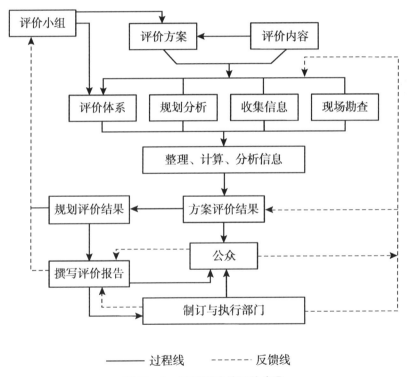

图 10 − 2　环境影响的评价步骤

①　金鉴明等：《环境科学大词典》，中国环境科学出版社 1991 年版。

（三）环境预测

环境预测是指根据人类过去和现在已掌握的信息资料、经验和规律，运用现代科学技术手段和方法，对未来的环境状况和发展趋势及主要污染物和污染源的动态变化进行描述和分析，其实质就是对经济社会所产生环境影响的未来空间变化的科学认识。[①] 据有关学者，目前环境预测主要包括预测类型、预测步骤和预测内容三大部分，具体为：

1. 预测类型

根据预测目的和采用的数据的不同，预测类型可分为以下三类：

（1）警告型预测（趋势预测）。它是在经济结构与环保投资占 GDP 比例保持不变的情况下，对环境质量的下限值进行预测，预测环境所能实现的质量状况。

（2）目标导向型预测（理想型预测）。它是指人们主观愿望达到的水平。目的是提供环境质量的上限值，是为了使水平年污染物浓度达到环境保护的要求，排污系数应有的递减速率及污染排放量应达到的基准。

（3）规划协调型预测（对策型预测）。它是指通过一定手段，使环境与经济协调发展所能达到的环境状况。这是预测的主要方法，规划的主要依据，是比较切合实际的预测。它充分考虑了经济发展、技术进步和产业结构变化，以及企业管理能力等动态因素。

2. 预测步骤

（1）确定预测目标。通常根据预测的对象和内容拟定预测的目标，然后根据目标来确定预测的期限、范围及如何收集资料、选择预测方法。预测目标一定要明确，它是进行有效预测的前提。

（2）集合分析资料。资料和数据是进行预测的依据，所有影响预测对象未来发展的内部和外部等历史、现状的资料都要收集，并加以分析、归纳和选择，剔除某些偶然出现异常的数据。其中，资料来源为资料调查的相关信息。

（3）建立预测模型。预测工作的核心是建立符合客观实际的模型。要

根据预测对象的特点，遵循事物发展规律，分析内部和外部诸因素的相互作用，选择适当的预测方法等来确定预测模型。对某些预测，如环境预测有的则可利用已有的模型，同时在使用前和使用过程中要不断修正模式参数。

（4）对预测结果进行评定和鉴别。预测完成后，应对预测结果进行一定的经验判断、比较、误差检验等，对误差的造成因素进行分析、筛选。若是由于模型的不合理，则应重选或调整模型，再次预测；如果由于不确定因素的影响，就应该重新调查进行必要的调整。

3. 预测内容

（1）社会经济发展预测。主要是预测一些社会经济因子的发展变化所带来的各种环境问题。包括规划区内人口总数、人口密度、人口分布等的发展变化趋势，区域内居民的生活水平、消费倾向、环境保护意识道德思想以及对环境污染的承受能力等方面的变化，区域生产布局、生产力发展情况、区域经济基础、经济规模等方面的变化，预测随着经济社会发展可能带来的环境问题等。

（2）环境污染预测。这主要包括废气、废水的排放总量，各种污染物的产生量及浓度分布变化，水域的纳污量及浓度分布变化，废渣产生总量、类别、占地面积、综合利用，噪声，农药和化肥施加量、农药在土壤、作物中的残留量等，预测规划期内由于环境质量的变化可能造成的各种社会和经济损失等。

（3）环境容量和资源预测。根据区域环境功能的区划、环境污染状况和环境所达目标来对区域的环境容量、资源开采量、储备量、资源开发利用效果等方面进行预测。

（4）环境治理和投资预测。环境治理主要包括治理过程中实用的治理方案、技术、装置及效果检验等；投资预测主要包括规划期内环境保护总投资、投资比例、投资重点、投资期限和投资效益等。

（四）环境保护规划目标设置

环境保护规划目标是为改善、管理、保护该区域的环境而设定的，拟在该规划期限内力求达到的环境质量水平与环境结构状态。环境规划目标可用精练而明确的文字概括阐明，在确定总目标的基础上，针对最突出的环境问题和规划期的工作焦点，将必须实施的规划目标和措施作为纲领或总任务确定下来，充分体现规划的重点。[①]

1. 目标分类

按照不同标准，环境保护规划的目标有不同类型：[②]

（1）环境目标按层次划分可分为总体目标和阶段目标。总体目标是这一阶段的最高目标，要根据区域特点、背景、发展基础，兼顾经济、人口、资源的协调发展，制订环境总体发展的基本总则。阶段目标是为最终实现总体目标，按时间或步骤将总体目标拆分成若干个小的目标。

（2）环境目标按实现时间划分为远期目标、中期目标和近期目标。具体的时间长短需要根据区域特色及实现能力设定。远期目标是对地区发展一段时期后宏观经济的要求或设想，是制订中期目标和短期目标的依据；中期目标作为连接远期目标和近期目标的桥梁，一般既包括长远的规划设想，也包括短期内要实现的具体定量指标；近期目标是对最近阶段要完成任务的概述，短期目标设定要明确、具体，可以通过定量指标进行衡量。

（3）按部门可将环境目标划分为工业部门、农业部门、商业部门、交通部门和建设部门。实现环境总体规划需要各部门的共同努力和相互配合，因此，要制订各部门的具体目标。根据各地区的特点，对污染重的行业还可对部门目标进行细分。

（4）从空间上规划可将环境目标划分为国家环境目标、省市自治区环境目标、市县级环境目标。省级、市县级环境目标要在国家环境目标的大框架下制订，市县级环境目标要符合省级环境目标的制订方向，与国家级、省级发展目标保持一致。

（5）根据规划体系，将环境目标分为环境质量目标、环境建设目标、环境控制目标。环境质量目标是环保要求的最终实现，同时也是衡量环保工作成效的最低指标。环境质量可进一步分为环境污染和生态因子，只要这两个指标符合要求，就实现了环境质量目标。环境污染和生态因子可分为若干个环境因子，即作为决定环境质量的因素，环境质量随环境因子变化而变化。环境建设目标作为环境质量目标的上游目标，环境控制目标作为下游目标，与环境质量目标共同构成了环境目标的规

---

① 国家环保局计划司：《环境规划指南》，清华大学出版社1994年版。
② 张明顺：《环境管理》，中国环境科学出版社2005年版，第113～152页。

划体系。①

2. 确定方法

环境保护目标的确定方法分定性和定量两种方法。定性方法不用具体的数值计算，主要通过职业经验和理论基础来确定环境保护目标的方法，主要有经验判断法、问题导向法；定量分析法则是以统计学、运筹学、系统论、控制论等为基础，通过对已有数据的分析，建立各种预测模型，从而确定环境目标的方法。目前主要有以下几种方法：②

（1）经验判断法。国家或上级区域根据本区域的宏观总体规划及区域自身性质特点、发展水平，结合本区域环境保护所面临的问题、治理能力、管理水平等，先按区域的性质和环境状况制订一个合适的标准，然后计算要达到该标准所削减的污染物总量，并根据目前应有的技术和可行性，调整、完善目标，通过反复平衡和综合分析，得出区域发展的不同目标。

（2）问题导向法。在了解区域环境保护所面临的问题后，在符合国家政策和地方特色的框架下，对存在的问题进行回答，对所做回答进行整理，从而确定总体目标并筛选出阶段目标等。

（3）趋势外推法。这种方法基于最初对一个指标的分析，通过对指标过去的时间段内综合分析，得出在今后时间段内该指标随时间变化的变化趋势，并以此为基础，进行趋势外推，推算出某个时间段后的指标状态。主要模型有约束外推预测法、相关回归模型预测法、灰色系统预测法等。

（4）最佳控制水平确定法。一方面，这种方法把污染给人们带来的损失量化；另一方面，把治理污染需要一定的人力及物质的消耗量化。污染越大，污染损失越大，污染治理费用越大；相反，污染越小，污染损失越小，污染治理费用则越小。因此，从整体损失最小出发，通过建立污染损失函数和污染治理函数，确定整体最优的解，进而确定环境目标。

（5）情景分析法。它是对未来情景的一种描述。通过分析现有的状况，对其发展发展趋势进行预测，改变现有的有些变量及假设条件，再对

---

① 刘继莉：《环境规划中水环境质量目标确定技术的研究》，载《中国科技信息》2011年第24期。

② 科学技术部农村与社会发展司、中国21世纪议程管理中心、中国科学院地理科学与资源研究所：《中国地方可持续发展规划之南》，社会科学文献出版社2006年版。

未来状况进行预测，分析每一种情况所得出的结果，在综合考虑各种可能结果及所需人力物力的分析后，确定合适的目标。

3. 环境目标可达性分析

目前，对环境目标可达性分析主要有三大内容:[①]

（1）环保投资。环境保护目标确定后，污染物总量削减指标及环境污染防治、环境建设的指标和应达到的水平也可确定。据此可以估算环境保护投资及其占国民生产总值的比例，并分析其可能性。如我国某年环境保护投资约占同期国民生产总值的1%。根据这一基准，在下一年污染物控制的环境目标，特别对于重点城市，其环境保护投资占同期国民生产总值的比例，必然会大于1%，如果达到1.2%则是可行的；如果污染现状比较严重，环保投资需达到占同期国民生产总值的1.5%或更大，则根据我国国情在现阶段是不可行的。对于这样的地区应考虑调整环境目标的要求。

（2）污染负荷削减的可行性。污染负荷削减主要是在确定总产值不变或以某一固定值变动的情况下，确定污染削减的目标。这往往需要通过调查、预测分析目标能否实现。例如，我国某地区规划年度（5年）制订目标为主要污染物减少10%，即在工业产值正常增长的情况下减污（10%）。已知该地区规划前万元产值工业废水排放量为80t，工业产值为 D_0，工业产值年平均增长率为10%，则规划后产值 $D_1 = D \times (1 + 0.1)^5 = 1.6D$，工业废水排放量设为 A。按照环境目标的削减要求：

$$AD_1 = 0.9 \times 80D_0$$

$$1.6AD = 72D$$

$$得出\ A = 45(t)$$

由此可看出，该地区工业废水排放量要由规划前的80t降至规划后的45t，平均年递减率要达到10.9%，而根据现实条件，工业废水年平均递减率一般不超过8%。因此，环境保护规划的目标需要调整。

（3）从"三个效益的统一"综合分析。第二次全国环境保护会议提出，"要实现经济效益、社会效益与环境效益的统一"，这是环境保护工作总的落脚点，同时也符合国家发展的战略方针，满足人类社会发展的要求。在分析论证环境目标的可达性时，还应综合分析三个效益，做到整体

[①] 刘天齐、黄小林等:《区域环境规划方法指南》，化学工业出版社2001年版，第86~87页。

与局部的辩证统一。①

（五）　环境功能区划

　　环境功能区划依据社会经济发展的需要和不同地区在环境结构、环境状态和使用功能上的差异，从环境功能的本质内涵出发进行环境功能类型的归纳，将环境按照其功能特性划分为具有科学性、可操作性的环境功能类型，并且对区域进行合理的划定。② 从而更好地研究环境质量的现状和发展变化趋势，揭示人类自身活动与环境的关系（张惠远、金陶陶、张萧，2010）。环境功能区划从不同的角度有不同的划分方法，主要包括按范围划分、按内容划分以及按单要素环境划分：③

1. 按范围划分

　　环境功能区划按区划范围划分可分为工业区、居民区、商业区、娱乐区、风景旅游区、绿化区、水源区、污灌区、文化教育区和新经济开发区，以及农产品生产基地、特殊历史文化纪念地等。

2. 按内容划分

　　按内容划分又可分为综合环境区划和部门环境功能区划。综合环境区划主要以区域中人群活动方式以及对环境的要求为分类准则，一般分为：重点环境保护区，一般指区域中的风景游览、文物古迹、疗养、旅游、度假等综合环境质量要求高的地区；一般环境保护区，主要是以居住、商业活动为主的综合环境质量要求较高的地区；污染控制区，一般指目前环境质量相对较好，需严格控制新污染的工业区；④ 重点污染治理区，主要指现状污染比较严重，在规划中要加强的工业区；新建经济技术开发区，通常以其发展速度快、规模大、土地发展强度高和土地利用功能复杂为主要特征，这类区域环境质量要求以及环境管理水平要求较高，具体根据开发区的功能确定。

---

　　① 丁浩忠：《环境规划与管理》，机械工业出版社 2006 年版，第 22 页。
　　② 张惠远、金陶陶、张萧：《环境功能区划：实现环境科学管理的基础》，载《环境保护》2010 年第 14 期。
　　③ 张明顺：《环境管理》，中国环境科学出版社 2005 年版，第 145~146 页。
　　④ 张丽君、白占雄、王志琳：《基于 ArcGIS 的台州市环境功能区划研究——以声环境功能区划为例》，载《华北农学报》2005 年第 S1 期。

3. 按单要素环境划分

单要素环境功能区划以单一要素为研究对象，是在综合环境功能区划的基础上进行的，不同环境单元的社会功能不同，因此不同环境单元对单一环境要素环境质量提出的要求也不尽相同。一般包括大气环境功能区划、水环境功能区划、噪声功能区划等。对于其他环境，目前还没有制订相应的功能区划方法和质量标准，往往根据污染物对环境的危害情况和研究区的实际情况具体研究确定。

（六）环境规划的生成和决策

1. 方案生成依据

环境规划生成的主要依据有：①环境现实问题；②各有关政策和规定；③污染物削减量；④环境目标；⑤投资能力及效益；⑥环境保护措施。[①]

2. 方案设计过程

环境规划方案的设计主要包括四部分：首先，分析调查环境评价和环境预测结果。前者包括环境质量、污染状况、主要污染物和污染源、现有环境承载力、污染削减技术和资金等；后者主要是指明环境存在的问题，明确环境现有承载力、削减量和可能的投资、技术支持等，考虑实际的环境问题和解决能力。[②] 其次，详细列出环境规划的总目标和各分目标，明确现实环境和环境目标的差距，给未来发展指明方向。再次，制订主要任务和发展步骤。最后，制订对策建议，对方案实施不同环节可能出现的问题及薄弱环节予以相应的政策支持，从而保证规划的顺利实施。

3. 方案决策

方案决策主要包括决策方法、决策系统和决策影响机制：[③]

---

① 程胜高、张聪陈：《环境影响评价与环境规划》，中国环境科学出版社 1999 年版，第 171 页。
② 郭怀成：《环境规划学》（第二版），高等教育出版社 2009 年版。
③ 尚金城：《城市环境规划》，高等教育出版社 2008 年版，第 104～107 页。

（1）决策方法。规划决策是要在特定历史阶段，根据人类社会生存和持续发展的需要，制订一定时期的环境目标，并从可供选择的实施方案中，通过分析、评价、比较，选定一个切实可行的环境规划方案。决策方法从低级到高级，由简单到复杂包括三种机制，即单一经验型规划决策、综合知识型规划决策和系统智能型规划决策。其中，以系统智能型规划决策为主体。

（2）决策系统。其决策系统具有输入、处理、输出、调节及控制反馈等过程：①输入。运用定量和定性方法得出的实现各规划指标所必需的各项信息。②处理模块。由决策模型、电脑和人构成，通过建立评价决策模型并利用电子计算机求解。③控制反馈。对于处理结果，在获得承认以前应征求意见，以便使结果不断趋于真实，并不断修正，直到获得满意结果为止。④调节。合理选择系统自身的行为，对评价决策方法的合理选用。⑤输出。输出结果，为决策提供信息（见图10-3）。

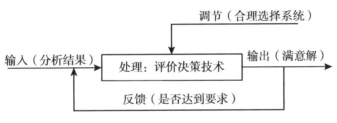

图10-3　规划决策评价系统

（3）决策影响机制。对于决策者来说，需要从以下几方面考虑，进行决策并不断优化。①决策风险。在进行规划决策时，要充分考虑风险发生的概率，给区域造成的危害大小等因素，努力实现收益—风险的最佳状态。②决策实效。决策者在选择最佳环境规划方案时，必须选择一个是适度的时间域，使规划实施的长远利益与短期利益有机结合，避免以短期行为和短期利益代替长期行为和长期利益。③社会成本核算。它是指根据投入产出原理，对环境规划方案所需的社会投入和规划实施后产生效益之比来衡量规划方案是否划算。核算的目的就是在比较成本、比较收益的基础上，选择最佳的规划方案，能够以较小的成本获得较大的收益。④决策机会。它是指选择环境规划方案所拥有的时间条件和空间条件。要求决策者能够善于发现机会，勇于抓住机会，在最佳的时空条件下选择最佳的规划方案付诸实施。

除上述四大因素外，投资决策还要考虑决策方法、公众参与、专家咨询等，通过反复循环、多次反馈，直到获得最佳规划方案为止。

4. 方案的审批

审批的程序为：地区规划项目或国家委托地区项目方案完成后，呈送当地环保部门；当地环保部门在收到报告后，进行初步审查，合格后报上级环保部门；上级环保部门进行严格审查后，得出批准或驳回的结论，逐级下达给申报单位。

（七）环境规划的实施

对环境规划的批准结论下达后，在环保部门的监督下，各级政府部门应根据规划中对本单位提出的任务和要求，组织各方面力量，促使环境规划付诸实施。主要包括资金政策的支持、监督考核机制的建立以及相关的技术支持。

1. 资金政策的支持

资金政策的支持是环境规划的关键。环境保护投资规模常用其占当年GDP的百分比表示，如我国"十一五"期间达到了 1.4% ~ 1.5%。国家下达的《关于环境保护资金渠道的规定的通知》明确了我国环境保护资金的八条渠道：①基本建设"三同时"投资资金；②企业更新改造资金中的环境保护投资；③城市建设中的环境保护投资；④超标排污费；⑤工矿企业为防治污染的综合利润提成；⑥银行贷款；⑦专项资金；⑧环境保护部门自身建设经费。此外，还有国家环境保护基金、自筹资金、外商投资、私人及其他经济组织的投入与参与等。[1]

2. 监督考核机制的建立

在环境规划的实施过程中，对规划效果进行监督考核是十分重要的。规划的好与坏，能否与经济社会发展相融合，在哪些地方还需要修正完善等，都需要实践的检验。考核内容主要包括污染物总量控制计划，污染削减计划完成情况，污染物排放总量年度变化情况，是否超出排污许可证的范围，辖区单元环境质量变化情况等。

---

[1] 张承中：《环境规划与管理》，高等教育出版社 2007 年版，第 122 页。

3. 相关技术的支持

实施规划方案，必须有相应技术支持作保证，主要包括两方面：一是加强环境规划实施的技术支持，发展综合决策技术支持系统等的建设，使环境规划的操作、环境管理能够跟上现代化建设的要求；二是加强对环境规划监督与服务性监测，实施对规划的动态跟踪，并保证能够精确采样，加强对废水、废气等排放量的计量，提高对污染总量的控制力度。

专栏 10 - 6

绵竹市"十二五"主要污染物总量控制规划

1. 调查分析

综合调查分析绵竹市主要污染物 2010 年排放总量，包括化学需氧量排放量和氨氮排放量、二氧化硫排放量和氮氧化物排放量。

2. 指导思想

3. 基本原则

4. 规划编制依据

5. 污染物增量预测

根据"十二五"主要污染物预测方法，结合"十一五"期间主要污染物实际排放情况为基础和"十二五"发展规划，对绵竹市"十二五"期间主要污染物新增排放量进行预测，见表 10 - 4。

表 10 - 4　　　绵竹市"十二五"主要污染物分类新增量汇总表　　　单位：吨

	化学需氧量	氨氮	二氧化硫	氮氧化物
工业	366	29		
城镇生活	2047	251	926	406
农业	372	12		
合计	2785	292	926	406

6. 目标设置及可达性分析

绵竹市"十二五"期间主要污染物减排目标任务如表 10 - 5 所示。

表 10-5	绵竹市"十二五"主要污染物总量减排目标任务表			单位：吨
	化学需氧量	氨氮	二氧化硫	氮氧化物
存量减排	565	68	284	184
新增量减排	2785	292	926	406
合计	3350	360	1210	590

7. 绵竹市"十二五"期间主要污染物总量减排措施

通过对绵竹市主要污染物化学需氧量、氨氮、二氧化硫和氮氧化物排放现状、社会经济发展所带来主要污染物新增排放量预测以及主要污染物减排途径综合分析，提出减排计划，重点实施产业结构减排、工程治理减排和管理减排。见表 10-6。

表 10-6		绵竹市"十二五"主要污染物计划减排量				单位：吨
减排方式		项目数量	化学需氧量	氨氮	二氧化硫	氮氧化物
工业源	工程减排	3	20	0	0	500
	结构减排	15	208	4	1254	985
生活源	工程减排	6	2647	345	0	0
	管理减排	1	400	45	0	0
农业源	工程减排	9	132	31		
合计		34	3407	425	1254	1485
"十二五"减排任务			3350	360	1210	590

8. 保障措施

（1）加强领导，明确目标，落实责任。

（2）建立有效的资金保障机制。

（3）严格控制新污染源，实行容量总量控制。

（4）发挥市场资源配置作用，强化政策引导，调整优化产业结构。

（5）加大和调整落后产能力度。

（6）对不符合城市规划污染企业实施关闭、搬迁。

（7）加大建设城市和镇乡场镇生活污水集中处理设施力度。

（8）加强农村环境综合整治力度。

（9）着力抓好工业污染整治。

（10）强化监管力度，确保工业企业全面达标。

（11）大力发展循环经济，全面推行清洁生产。

（12）加强宣传，提高全民节约意识。

资料来源：《关于印发绵竹市"十二五"主要污染物总量控制规划的通知》，四川省绵竹市人民政府网站，http：//www. mz. gov. cn/zwnews/ShowArticle. asp? ArticleID = 14749。

二、区域生态建设规划

生态规划按其程序可分为六个步骤：生态调查、生态系统分析评价、生态规划、功能区划、规划方案的建立，以及方案选择与评价、规划实施，如图 10 - 4 所示。

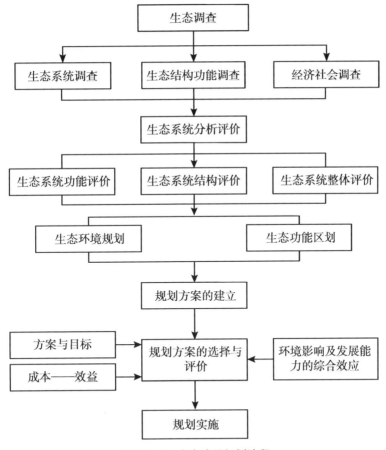

图 10 - 4　生态建设规划流程

（一）生态调查

生态调查是为充分了解规划区域的生态现状、生态潜力与制约生态发展的因素而进行的对调查区域自然、社会、人口、经济的资料和数据搜集分析的过程。

1. 调查步骤

生态调查是生态建设的前提，是一项综合性的基础工作，主要分为四个阶段，如图 10 - 5 所示。

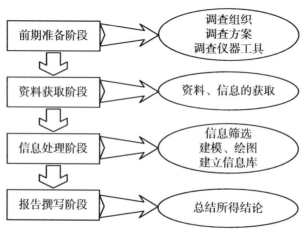

图 10 - 5　生态调查的步骤

（1）前期准备。主要包括成立调查组织、明确调查方案和选定调查仪器工具。调查组织一般由承担生态规划的单位人员及相关专业人员组成，专业涉及环境保护、经济、法律、工业、规划、地理等多个领域。明确调查方案需要确定调查指标、调查步骤、调查方式，以及其他的相关安排，是实现调查的基准。调查仪器的准备是根据调查的方案、方式及专业人员能力所确定的。

（2）资料获取。这是调查的关键阶段，直接决定着调查的质量，一项完善的调查很大程度上取决于资料的占有。资料获取常用的手段有走访调查、实地考察、定点采样等，主要针对所调查区域的地形地貌、气候环境、土壤质量、生物资源、经济社会发展状况等，通过不同的方式、方法获取一手、二手资料。

（3）资料编辑与信息处理。该阶段是对收集来的资料进行处理。首先，根据不同的收集渠道进行筛选，对一些无用的资料进行取出，对一手资料进行整理，对二手资料进行辨别；其次，根据原先设计的指标体系进行数据和信息的处理，通过建立模型、绘制表格等方法，构建不同的系统结果，得出相应的调研结论。此外，对于大量的信息，还应根据一定的方法，建立信息库，以便日后对信息的查询或验证。

（4）生态调查报告撰写。该阶段是生态调查的最后一步，是对所收集信息数据进行处理后所得结论的总结，生态报告的撰写，要包含经济社会、产业发展、生态建设、环境质量等各个方面，它将作为下一步生态评价的基础和依据。

2. 调查方式

（1）概查或踏查，这主要是通过对调查地区大致的粗略调查，从而有一个初步的了解。

（2）系统调查，在进行完概查后，按照设定方案，进行严密调查，包括对经济、产业、生态、社会等进行系统性调查，调查要尽可能全面、系统。系统调查通常较为复杂，工作量大、耗时多，需要分步、分组进行。

（3）重点详查，这是在系统调查的基础上，对某一重要领域或多变化的区域进行重点的详查，这些区域一般会对整体起着重要作用或制约着整体的发展。

（4）专题调查，根据规划主题，对某一特定生态环境要素进行专项调查，如动植物资源专项调查、水质调查、土壤调查等。对于专题调查的结果，通常需要编写专题调查报告。

（5）补充调查，在完成整个调查后，通常会发现调查某些环节的不完善，或是调查过程中所遇到的新问题，因此，需要进行补充调查，补充调查一般要有针对性，同时也需要反复多次的重复进行。

3. 调查内容

调查内容主要包括自然环境及自然资源、环境质量状况、土地利用状况和社会经济发展状况：①

---

① 高甲荣、齐实：《生态环境建设规划》，中国林业出版社 2006 年版，第 61～64 页。

（1）自然环境及自然资源。自然环境和自然资源是天然的、原始的、最基本的生态环境。自然环境主要包括地理位置、地形地貌、气候、水文、土壤、植被、动物；自然资源主要有气候资源、水资源、土地资源、动植物资源、矿产资源、地址和景观资源等。见表10-7。

表 10-7　　　　　　　　　自然环境及自然资源调查内容

一级指标	二级指标	三级指标
自然环境	地形地貌	高山、丘陵、平原、河流、湖泊、湿地、海拔分布
	气候	太阳辐射、热量带、平均气温、降水量、日照时数、湿度、天气灾害
	水文	河流、湖泊、水库数量及分布、水位、潮汐、水文灾害
	土壤	土壤类型及面积分布、土壤肥力、土层厚度
	植被	植被数量及分布、植被覆盖率
	动物	动物数量、分布及种类
自然资源	气候资源	光热资源、风能资源、太阳能资源
	水资源	地表水储量、地下水储量、人均水资源占有量、潮汐资源
	土地资源	可耕地资源、草地资源、未利用土地资源、湿地资源
	动植物资源	珍惜动植物资源、原始森林、自然保护区
	矿产资源	石油、煤、天然气、有色金属等
	地质与景观资源	山地地貌、河流地貌、火山地貌、风沙地貌、冰川地貌等

（2）环境质量状况。环境质量的调查主要是针对人类生存密切相关的一些环境质量指标进行的，调查对象可分为大气质量、水环境质量、土壤环境质量、农产品质量。见表10-8。

表 10-8　　　　　　　　　环境质量状况调查内容

一级指标	二级指标
大气质量	TSP、SO_2、CO_2、NO_X、其他污染气体、有害微生物
水环境质量	总磷量、总氮量、COD、BOD、重金属和农药含量、有害微生物数量、浑浊度
土壤环境质量	养分含量水平、重金属与农药残留状况
农产品质量	重金属与农药残留状况、激素含量等

（3）土地利用状况。它是生态调查的重要一项。土地是空间地域的组成单元，也是物种和人类活动的载体，尤其是近几年来人类对土地的不合

理利用，使得土地不断破坏和土地需求日益增加的矛盾不断上升。土地的合理利用成为生态建设的重要部分。其具体包括耕地、林地、园地、林地、草地、商务住宅用地、工矿仓储用地、公共管理用地、水利水域用地等。见表 10 - 9。

表 10 - 9　　　　　　　　　土地利用状况调查内容

一级指标	二级指标
耕地	水田、水浇地、旱地
园地	果园、茶园
林地	有林地、灌木林地
草地	天然草地、人工草地
商务用地	住宿餐饮用地、商务金融用地
工矿仓储用地	工业用地、采矿用地
住宅用地	城镇住宅用地、农村住宅用地
公共设施用地	机关团体用地、科教用地、医卫慈善用地、文体娱乐用地、公共设施用地、公园用地、风景名胜用地、交通用地
水利、水域用地	河流、湖泊、水库、沿海滩涂、渠沟、冰川积雪

（4）社会经济发展状况。社会经济指标是判断一个地区的发展状况和综合经济实力的重要参数，通常，生态建设地区的综合实力作保障和后盾，需要与地区的经济社会状况保持协调。经济社会指标包括宏观经济指标、产业结构指标、人口指标、人民生活指标等。见表 10 - 10。

表 10 - 10　　　　　　　　社会经济发展状况调查内容

一级指标	二级指标
宏观经济状况	GDP、人均 GDP 及增长率
产业结构状况	三次产业产值、比重、工业发展情况
人口资源环境	人口数量、主要污染物排放量、废弃物利用率、森林覆盖率
公共设施及人民生活	人口平均受教育年限、社会保险覆盖范围、就业情况、人均收入

（二）生态环境评价

生态评价是根据合理的指标体系和评价标准，运动恰当的生态学方法，评价某区域生态环境状况、生态系统环境的优劣及其影响作用关系（项雯等，2009）。生态评价的对象是生态系统和生态环境，并将贯穿在整个生态环境规划过程中，它既要对历史和现状进行评价，找出差异原因，也要对规划结果进行评价，预测未来，进行对比。

1. 评价类型

生态评价从不同的角度可分为不同的类型：① 按时间划分可分为回顾性评价、现状评价、影响评价、预测评价；按评价对象的层次可划分为生态因子的评价和生态系统的综合评价，前者可以看做要素过程评价，后者可以看做系统生态关系评价；按评价对象的不同可分为农业生态环境评价、城市生态环境评价、森林生态系统评价、草原生态系统评价、海洋生态系统评价等；根据评价的侧重点，可分为生态适宜性评价、生态风险性评价、生态安全评价、生态环境容量评价、生态环境现状评价、生态服务功能评价等。

2. 评价内容

生态评价按评价的对象划分，主要包括生态水平评价、生态健康评价、生态安全评价、资源环境评价以及生态服务评价：②

（1）生态水平评价。这是根据区域生态建设的需要，建立生态环境指标体系，对某个区域生态水平进行考核，以便国家对区域生态环境进行统一规划和法制管理。生态水平评价目前已成为国内外研究的热点问题和国家生态环境考核管理制度的主要内容。我国现行的生态示范区试点和生态城市建设等生态区都已经可以通过指标体系进行评价。

（2）生态健康评价。生态健康是指一个生态系统所具有的稳定性和可持续性，即在时间上具有维持其组织结构、自我调节和对胁迫的恢复能力。一般认为，可通过生态系统的活力、组织结构、恢复力、生态系统服务功能的维持、管理选择、外部输入减少、对邻近系统的影响及人类健康的影响八个方面来衡量其健康状况，其中前三项尤为重要。③

① 张合平、刘国云：《环境生态学》，中国林业出版社 2002 年版；徐新阳、于庆波、孙丽娜：《环境评价教程》，化学工业出版社 2004 年版。

② 科学技术部农村与社会发展司、中国 21 世纪议程管理中心、中国科学院地理科学与资源研究所：《中国地方可持续发展规划指南》，社会科学文献出版社 2006 年版。

③ 付会、刘晓丹、孙英兰：《大沽河口湿地生态系统健康评价》，载《海洋环境科学》2009 年第 3 期。

（3）生态安全评价。生态安全是指一个地区的生态环境条件及所面临的生态问题不对其生存与发展造成威胁，该地区所处的自然生态环境能满足人类持续生存与发展的需求，而不损害自然生态环境的潜力，是国家安全与社会稳定的重要组成部分，是区域保护的首要任务（杨美霞，2007）。其评价着重从自然生态系统状态、人文社会压力和环境污染压力三个指标层选取相应的指标来分析诊断生态环境系统的安全性。

（4）资源环境评价。这种评价是指运用生态学原理与方法，对区域的自然资源的性能、区域生态系统的结构、功能与其演化特征以及生态环境的敏感性与稳定性，以及其与人类活动的关系进行综合的分析，其目的是认识和了解区域资源和环境的生态潜力与制约，为区域规划奠定生态学基础。

（5）生态服务评价。生态系统的服务功能是生态系统固有的物质、所呈现的状态服务于人类社会的功能。其内涵包括水源涵养、荒漠化控制、水土保持、生态环境系统的产品生产、生物多样性的形成与维持、生物防治，保护和改善环境质量、土壤肥力的维持与营养物质的循环、净化空气、调节气候、废弃物的解毒与分解等。其评价主要是用评价目标区域卫星遥感技术和统计资料，计算出整个区域生态系统服务价值。

（三） 生态功能区划

1. 生态区划的内涵

生态区划是生态建设规划的基础。生态区划是在对生态系统客观认识和充分研究的基础上，应用生态学原理和方法，揭示各自然区域的相似性和差异性规律，从而进行整合和分区，划分生态环境区域单元。由于自然界的复杂性，除依据生态学理论外，生态区划还必须结合地理学、气候学、土壤学、环境科学和资源科学等多个学科和知识，同时考虑人类活动对生态环境的影响及社会经济发展的特点，因此，生态区划是综合多个学科，充分考虑自然规律和人类活动因素的一项综合生态环境研究。其目的是为区域资源的开发利用和环境保护，即为区域社会经济的可持续发展提供可靠的科学依据，从而减少人们在经济活动中的盲目性及片面追求经济效益的短期性。由此可见，生态区划关系到国计民生的长远发展战略。[①]

---

① 刘国华、傅伯杰：《生态区划的原则及其特征》，载《环境科学进展》1998 年第 6 期。

2. 生态功能区划的基本类型

生态功能区划是依据区域生态敏感性、生态服务功能重要性及生态环境特征的相似性与差异性而进行的功能导向型地理空间分区。具体划分为三级分区：一级分区是以自然气候、地理特点与生态系统特征来划分自然生态区；二级划分是以生态系统类型、生态系统服务功能类型和生态环境敏感性评价来划分生态区；三级区划是在生态功能的基础上，以生态服务功能的重要性和生态环境敏感性等指标为依据，来明确关键及重要生态功能区。生态功能区划的划分边界时应遵循以下原则：在一级区划界时，应该注意区内气候特征的相似性和地貌单元的完整性；在二级区划界时，应该注意区内生态系统类型与过程的完整性以及生态服务功能的一致性；在三级区划界时，应该注意生态服务功能的重要性、生态环境敏感性等的一致性（刘康、李团胜，2004）。

目前，我国生态区划按其内容划分一般可分为以下五个方面：重点环境保护区，是指区域中的风景游览、文物古迹、疗养、旅游、度假等综合环境质量要求高的地区；一般环境保护区，主要包括对环境质量要求较高的居住区、商业区等；污染控制区，是指目前环境质量相对较好，需严格控制新污染的工业区；重点污染治理区，是指现状污染比较严重，在规划中要加强的工业区；新建经济技术开发区，通常以其发展速度快、规模大、土地发展强度高和土地利用功能复杂为主要特征，这类区域对环境质量要求及环境管理水平要求较高，具体根据开发区的功能确定。[①]

鄂西北山区生态功能区划标准

根据区划原则，鄂西北山区划分为 4 个生态功能区，分别为 I 以中低山林地生态系统为主的水源涵养区，II 以低山丘陵灌草生态系统为主的水质保护区，III 以低山丘陵林灌生态系统为主的水质保护区，IV 以中低山林

① 刘康、李团胜：《生态规划——理论、方法与应用》，化学工业出版社 2004 年版，第 75～76 页。

地生态系统为主的生物多样性保护区，如表 10 – 11 所示。

表 10 – 11   鄂西北山区生态功能区划标准

项目	I 水源涵养区 （中低山林地）	II 水质保护区 （低山丘陵灌草）	III 水质保护区 （低山丘陵林灌）	IV 生物多样性保护区 （中低山林地）
海拔	500～3500	200～1500	200～1500	1000～3500
地貌类型	中低山	低山、丘陵	低山、丘陵	中、低山
土壤	褐土、棕壤	褐土为主	褐土为主	棕壤为主
植被	乔木林	灌丛、草丛	灌丛、乔木	乔木林
主导功能	涵养水源	保护水质，涵养水源	保护水质，涵养水源	保护生物多样性

资料来源：王家骥等：《区域生态规划理论、方法与实践》，新华出版社 2004 年版，第 211 页。

（四）规划方案选择

生态区域规划的最终目标是促进区域经济社会发展、生态环境条件的改善，以及区域可持续发展能力的增强。选择一个合理的生态区域规划方案，一般采用以下三种方法：①

1. 成本效益分析

规划方案与措施的实施需要资金和资本的投入，同时，各方案实施的结果也会带来经济的、社会或环境的效益。各方案所要求的投入产出的效益也有所不同，因此，要对各方案进行成本效益分析，进行经济可行性评价，以便筛选出那些投入产出比较高的方案措施。此外，还要重视资源与环境的代价，那些经济效益好，但对环境有巨大破坏的方案显然是不能被接受的。

2. 规划方案与规划目标的一致性分析

在方案的选择与评价中，还应该分析各个规划方案所提供的发展潜力，能否满足规划目标的要求。当不能满足要求时，通常调整规划方案或规划目标，并做出进一步的分析，即分析规划目标是否合理及规划方案是否充分发挥了区域资源环境与社会经济的潜力。

---

① 聂华林、李光全：《区域规划导论》，中国社会科学出版社 2009 年版，第 250～251 页。

3. 对环境的影响及区域可持续发展能力的综合效应

区域的发展必然对区域自然环境产生影响，要对自然资源潜力的利用程度、对区域环境质量的影响、对景观格局的影响以及自然生态系统的不可逆行分析等方面。此外，还要分析生态规划对区域可持续发展能力的影响，并将能否增强可持续发展能力作为决定其取舍的重要准则。

（五）规划实施

生态建设规划的实施是整个规划的实现过程，是评判一个规划好坏最实际的标准。同时规划的实施也需要相应的法律保障、相关措施制度的支持，以及检测与优化等工作，主要有以下三点：

1. 完善相关立法，严格执法

规划是在国家社会经济发展的大框架下设计的，符合国家长远的发展方向，因此，可制订相关法律法规，并纳入国家大法，严格执法，以法律的形式保证规划顺利执行。

2. 加强相关保障措施

生态规划由各级行政主管部门负责协调有关部门纳入国土规划、土地利用总体规划和城市总体规划等相关规划，围绕规划目标及预计规划实施过程中可能出现的问题，制订相关措施，包括政策措施、资金措施、技术支持、人才保障等，并且提出的措施要明确、具体、针对性和可操作性强。

3. 加强生态监测

要进行生态监测，建立监测的指标体系。生态监测时，对规划的完成情况、遇到的问题等进行及时反馈，结合规划本身的特点与地区发展情况进行综合分析，以进行进一步优化和修订。

（六）生态建设规划文本的基本内容

根据《生态示范区、生态县、生态市、生态省建设规划编制导则》提

出的要求，生态规划报告文本一般包括以下几个部分：[①]

1. 规划总论

规划总论是对整个规划的说明，主要包括规划任务的由来、规划编制的依据、规划时限、规划范围和规划的技术路线等。

2. 规划区基本情况

主要介绍规划区域的自然地理条件和生态环境现状，以及社会、经济、文化背景及现状，这部分的撰写主要依据生态调查阶段获得的基本数据资料。

3. 现状分析与评价

主要对规划区域的经济、社会和环境现状在深入调查的基础上进行分析评价，分析实现规划目标的有利条件和制约因素。在分析评价的基础上，对经济、社会、环境的发展进行预测。

4. 规划的指导思想与基本原则

指导思想作为规划编制和实施建设的指针和灵魂，务求明确、准确。其中，指导思想要讲清楚规划建设的理论依据、发展定位、主要战略措施和达到的最终目标；基本原则要概述清楚规划编制必须遵循的基本准则。

5. 规划目标

规划目标是根据生态环境现状评价的结果，结合规划区自然资源与生态环境基础以及区域发展战略分析和社会经济发展实力而定的。目标要明确，具体；指标要先进、切实。

6. 生态经济功能区

生态经济功能分区是确定规划区域建设总体布局的依据，一般根据规划区现状及未来发展需要的不同，划分为若干个功能区。

---

① 章家恩：《生态规划学》，化学工业出版社 2009 年版，第 110～111 页。

7. 建设重点领域与主要任务

重点领域和主要任务包括可持续发展建设能力、增强生态系统的服务功能和优化系统结构三大任务。其中，可持续发展建设能力为重点。

8. 重点工程建设

根据规划的总体目标、主要任务和建设步骤，通过规划分析确定若干大型重点建设工程。

9. 经费概算与效益分析

按照国家关于工程、管理经费概算方法，编制按照规划内容涉及所有的工程建设和管理项目的经费概算。同时，对规划所带的经济效益、生态效益和社会效益进行测算。

10. 实施规划的保障措施

提出规划建设目标的组织、政策、技术、资金筹措、管理等方面的对策措施，提出的措施要明确、具体、有针对性和可操作性。

专栏 10 - 8

天津市生态建设和环境保护第十一个五年规划

（2006 年 3 月）

一、环保"十五"计划完成情况

（一）"十五"期间环保工作主要进展（暂用 2004 年数据）

（二）"十五"期间天津市环境问题

二、规划总体思路与目标

（一）指导思想

（二）规划总体思路

（三）规划目标

1. 生态保护规划目标

2. 水环境规划目标

3. 大气环境保护规划目标

4. 固体废物污染防治规划目标

5. 声环境规划目标

6. 辐射环境规划目标

7. 环保能力发展目标

三、"十一五"规划指标

1. 生态环境规划指标

2. 水环境规划指标

3. 大气环境规划指标

4. 固体废物污染防治规划指标

5. 声环境规划指标

6. 辐射环境规划指标

四、环境保护与生态建设规划

（一）生态环境保护与恢复规划

1. 追求人与自然和谐，构建城市生态空间总体构架

2. 重要生态功能区得到切实保护，生物多样性保护水平提高

3. 加强农村环境保护，控制面源污染

4. 生态示范项目的建设

（二）水环境污染防治规划

1. 加强饮用水源保护，保障饮水安全

2. 加强景观河道综合整治，加快南北排污河治理

3. 加快污水处理厂建设，提高污水处理率

4. 开展示范工程建设，改善城乡水环境

5. 加强近岸海域水质保护，加快沿海生态防护体系建设

6. 推广节水技术，有效节约水资源

7. 开发非常规水水源，充分利用海水资源

（三）大气污染防治规划

1. 改善能源结构，提高清洁能源比例

2. 加快热电建设，改善城市采暖期空气环境质量

3. 加强燃煤设施污染防治，燃煤电厂严格实现脱硫除尘

4. 实施清洁生产、开展节能工程

5. 严格控制各类施工扬尘污染，防治道路扬尘污染，全面加强颗粒物各类开放源的控制

6. 全面加强各类工业污染源控制

7. 加强中心市区的绿化和硬化

8. 加强城市生态环境系统建设

9. 发展公共交通，推动轨道交通，加强汽车尾气防治

（四）固体废物污染防治规划

1. 加快历史遗留固体废物处理处置，消除三大渣污染

2. 加快产业结构调整，实施清洁生产，减少固体废物产生量

3. 加强固体废物综合利用，形成循环经济基础框架

4. 加强城市生活垃圾分类收集管理及综合利用，提高建筑垃圾的处置利用

（五）噪声污染防治规划

1. 加强环境噪声治理，严格污染源监管

2. 严格交通及施工噪声治理，保证居民生活质量

3. 加强工业噪声治理，合理规划工业企业布局

（六）辐射环境污染防治规划

1. 贯彻落实《放射性同位素与射线装置安全和防护条例》（国务院第44号令，新修定）

2. 贯彻实施《天津市电磁辐射环境管理办法》

3. 加强法制建设，完善地方法律体系

4. 提高监测网络的监测能力

5. 做好反核恐怖袭击及核与辐射事故应急工作

6. 科学宣传辐射环境保护知识，搞好辐射环境科研工作

（七）推动循环经济发展

1. 全面提高水资源和能源的利用效率

2. 大力推进天津经济技术开发区和大港区新型生态工业示范园区建设

3. 重点构建石化、冶金、汽车行业循环经济产业链

4. 构筑社会循环体系

（八）滨海新区生态环境保护规划

1. 加快滨海新区生态建设，将滨海新区三城区率先建成生态城区

2. 大力发展循环经济，加快生态工业区建设

3. 水资源和能源综合利用

五、环境保护事业能力建设

（一）环境执法监察能力建设

1. 加快环境保护法制建设

2. 加强我市环境监察队伍标准化建设

3. 强化辐射环境监管，保障辐射环境安全

（二）环境监测体系建设

（三）环境管理支持体系建设

1. 创新科技体制，整合环境科技资源

2. 加大开展环境宣教力度

3. 加强环境保护信息化建设

4. 规范固体废物管理，实施智能化建设

5. 加强三支队伍建设，实施人才工程

六、环保科技发展

（一）开展生态城市建设研究，适应生态城市建设要求

（二）重要生态功能区生态修复与重建，实现抢救性生态修复、重建和保护战略

（三）加强环境质量管理与控制研究，提供决策依据

（四）推动清洁生产与循环经济研究，促进环保产业发展

（五）强化环境与健康研究，保护人体健康

七、保障措施

（一）建立领导绩效考核制度，完善环境管理长效机制

（二）完善环境监管机制，理顺环境管理机制

（三）严格新建项目审批，提高环保准入门槛

（四）严格执法，加大对违法排污企业的打击力度

（五）增加环保投入，实施环境保护重点工程

资料来源：天津环境保护局，2006年3月1日。

□ 思考与练习题

1. 环境保护的发展历程是怎样的？

2. 为什么要进行生态建设？

3. 生态建设的内容有哪些？

4. 环境规划的主要任务是什么？

5. 环境规划要遵循哪些原则？

6. 环境规划有哪些方法？

7. 环境保护规划的目标有哪几种？

8. 为什么要进行环境预测?

9. 环境保护规划如何生成?

10. 生态调查包括哪些内容?

11. 为什么要进行生态评价?

12. 什么是生态区划? 区划的依据是什么?

13. 结合实际分析环境保护规划和生态建设规划的基本过程。

☐ 延伸阅读文献

1. 国家环境保护局计划司:《环境规划指南》,清华大学出版社 1994 年版。

2. 盛连喜、曾宝强、刘静玲:《现代环境科学导论》,化学工业出版社 2002 年版。

3. 刘利、潘伟斌:《环境规划与管理》,化学工业出版社 2006 年版。

4. 宋永昌、由文辉、王荣祥:《城市生态学》,华东师范大学出版社 2000 年版。

5. 丁钟浩:《环境规划与管理》,机械工业出版社 2007 年版。

6. 白志鹏、王珺:《环境管理学》,化学工业出版社 2007 年版。

7. 燕乃玲:《生态功能区划与生态系统管理:理论与实证》,上海社会科学院出版社 2007 年版。

8. 海热提:《城市生态环境规划理论、方法与实践》,化学工业出版社 2005 年版。

9. 程水源、崔建升:《建设项目与战略环境影响评价》,中国科学环境出版社 2008 年版。

10. 方创琳:《区域发展规划论》,科学出版社 2000 年版。

11. 李晓冰:《环境影响评价》,中国科学出版社 2007 年版。

12. 欧阳志云、王如松:《区域生态规划理论与方法》,化学工业出版社 2005 年版。

13. 张合平、刘云国:《环境生态学》,中国林业出版社 2002 年版。

14. Corrado D., Bruno Z. Planning the urban sustainable development:The case of the plan for the province of Trento, Italy. Environmental Impact Assessment Review 20:299 –310.

15. Forman R. T. Some general principles of landscape and regional ecology. Landscape Rcology, 1995, 10 (3).

16. Steier F., Kenneth B., Ecological Planning:A review. Environment Management, 1981, 5 (6).

17. Bailey R. G. The factor of scale in ecosystem mapping. Environmental Management, 9 (4):271 –275.

18. Daily, G. E. Nature's Services—Societal Dependence on Natural Ecosystems [M]. Island Press, Washington, 1997.

19. Seiler H. Legal questions of safety planning. International Journal. Environment and Pollution, 1996, 6 (2), 415 –427.

第十一章 规划的组织
保障与实施

区域规划是对区域内经济社会的总体战略部署，不仅仅是一个规划部门的事情，它需要健全的实施机制、明确的政策重点、完善的管理体制，以及良好的市场机制和社会环境。

第一节 规划中的经济政策及其设计

在规划实施过程中要将规划内容转变为若干政策重点，按照制订和实施主体分为国家区域政策和地方区域经济政策。这些经济政策又可按照政策的属性和职能划分为区域产业政策、区域财政政策、区域金融政策和区域科技创新政策等。

一、国家和地方区域经济政策

1. 国家区域经济政策的主要任务

国家区域经济政策的主要任务分为区域发展援助、区域均衡发展和区域优先发展三大类。

（1）区域发展援助。在社会经济发展中，总有一部分地区在发展方面存在严重的障碍，致使其较大落后于发达地区。造成这些结果的原因有三：一是这些地区由于自然条件和历史原因经济和社会发展停滞，如荒漠化地区、戈壁湿地等；二是原有的产业逐渐衰落，而新的产业又未能及时发展起来，如一些依托矿产生存的地区，当资源开采枯萎匮乏时，新的接续产业没有形成；三是由于人类或自然严重破坏，急需恢复原有的生态和自然平衡的地区，例如，对青海三江源的破坏，就属于这种情况。

　　这些地区的经济和社会的严重落后，造成了一系列的问题。首先，当地经济发展缓慢或者停滞不前，人民就业机会少，收入增加较慢，生活水平长期不高，导致社会问题频出，矛盾加剧。其次，政府财政收支不平衡，主要靠上级拨付，吃饭财政很难改善民生、发展经济。最后，对于一些经济滞后的多民族地区、边疆地区来说，会引起严重的民族矛盾和社会冲突，甚至影响整个国家的统一和领土安全。在这种情况下，中央政府要通过制订相应的国家区域经济政策，采取经济手段来对这些地区发展进行援助。

　　（2）区域均衡发展。在经济发展中，由于各地的自然条件、资源禀赋、历史人文、社会环境等不尽相同，加之各地的政府在经济运行中发挥的作用也各有所长，这就造成地区间的不均衡发展。如果按照既有的模式发展下去，这种差距会进一步扩大，而且这种发展会造成以下几方面后果：一是代际之间的牺牲和损害，为了本代人，疯狂地、浩劫地利用各种资源和能源，破坏环境和生态平衡，最终损害的是全人类；二是区际之间的牺牲和损害，以本地区经济发展为核心，不顾及周边地区和相关地区的利益，最终影响整个全局利益等。鉴于此，中央政府要从代际、区际、全局和长远出发，调整各利益相关主体的行为，实现区域经济均衡发展，即对一些破坏比较严重的地区也采取了限制和禁止措施。

　　（3）区域优先发展。随着全球经济快速发展，人们越来越认识到非均衡发展成为当前经济发展主要途径。相关的发展理论也应运而生，如佩鲁－布代维尔的"增长极"、缪尔达尔的"循环累计因果效应"、赫尔希曼和费里德曼的"核心—外围"理论，以及梯度开发理论，这些学说从各自角度解释了经济发展的规律。在实践中也出现了亚洲"四小龙"和金砖国家等。这些启示，成为中央政府在人财物有限的情况下，对某些经济发展潜力较好、辐射带动作用强的地区进行重点投资和政策倾斜，以实现率先发展、领先发展、跨越发展，如我国20世纪80年代的深圳开放、90年代的上海浦东开发、21世纪初天津滨海新区开发开放，以及之后的海西经济区、黄三角、长株潭、成渝、中原经济区等。①

----

　　① 目前，上升到国家战略层面的经济优先发展区域可以分为三种类型：一是由国家制订单独成型的区域规划，包括北部湾、珠三角、江苏、辽宁、横琴、关中—天水等区域；二是由国家制订区域性政策的，包括长三角、海西经济区、滨海新区等；三是国务院批准的综合配套改革试验区，包括浦东、武汉、长株潭、成都、重庆以及深圳等。

2. 地方区域经济政策的主要任务

由于职权和管辖范围所限，地方政府的区域经济政策不同于中央政府，其主要任务是如何促进所辖区域内的地方经济和社会发展。这些任务一是促进经济发展，这是当前的一条工作主线，通过基础建设、项目投资、园区开发，以及区域合作，促进当地经济上水平、上层次，快速发展；二是促进当地民生发展，从就业、教育、卫生、医疗、社保、体育、精神文明、文化事业等方面，构建和谐社会、幸福社会；三是构建生态文明，建设宜居城市（区域），主要是从人与自然角度促进社会发展。这三大任务，首当其冲的是经济建设，但是随着社会发展，以及各种问题和矛盾的频出，其他两项任务也越来越重要。

专栏 11-1

"十二五"规划中的国家区域经济政策

充分发挥不同地区比较优势，促进生产要素合理流动，深化区域合作，推进区域良性互动发展，逐步缩小区域发展差距。

1. 推进新一轮西部大开发

加强基础设施建设，扩大铁路、公路、民航、水运网络，建设一批骨干水利工程和重点水利枢纽，加快推进油气管道和主要输电通道及联网工程。在资源富集地区布局一批资源开发及深加工项目，建设国家重要能源、战略资源接续地和产业集聚区，发展特色农业、旅游等优势产业。坚持以线串点、以点带面，推进重庆、成都、西安区域战略合作，推动呼包鄂榆、广西北部湾、成渝、黔中、滇中、藏中南、关中——天水、兰州——西宁、宁夏沿黄、天山北坡等经济区加快发展，培育新的经济增长极。

2. 全面振兴东北地区等老工业基地

发挥产业和科技基础较强的优势，完善现代产业体系，推动装备制造、原材料、汽车、农产品深加工等优势产业升级，大力发展金融、物流、旅游以及软件和服务外包等服务业。深化国有企业改革，加快厂办大集体改革和"债转股"资产处置，大力发展非公有制经济和中小企业。加快转变农业发展方式，建设稳固的国家粮食战略基地。着力保护好黑土地、湿地、森林和草原，推进大小兴安岭和长白山林区生态保护和经济转型。促进资源枯竭地区转型发展，增强资源型城市可持续发展能力。统筹推进全国老工业基地调整改造。重点推进辽宁沿海经济带和沈阳经济区、长吉图经济区、哈大齐和牡绥地区等区域发展。

3. 大力促进中部地区崛起

进一步细化和落实中部地区比照实施振兴东北地区等老工业基地和西部大开发的有关政策。加快构建沿陇海、沿京广、沿京九和沿长江中游经济带，促进人口和产业的集聚，加强与周边城市群的对接和联系。重点推进太原城市群、皖江城市带、鄱阳湖生态经济区、中原经济区、武汉城市圈、环长株潭城市群等区域发展。

4. 积极支持东部地区率先发展

发挥东部地区对全国经济发展的重要引领和支撑作用，在更高层次参与国际合作和竞争，在改革开放中先行先试，在转变经济发展方式、调整经济结构和自主创新中走在全国前列。着力提高科技创新能力，加快国家创新型城市和区域创新平台建设。着力培育产业竞争新优势，加快发展战略性新兴产业、现代服务业和先进制造业。推进京津冀、长江三角洲、珠江三角洲地区区域经济一体化发展，打造首都经济圈，重点推进河北沿海地区、江苏沿海地区、浙江舟山群岛新区、海峡西岸经济区、山东半岛蓝色经济区等区域发展，建设海南国际旅游岛。

5. 加大对革命老区、民族地区、边疆地区和贫困地区扶持力度

大力支持西藏、新疆和其他民族地区发展，扶持人口较少民族发展。深入推进兴边富民行动，陆地边境地区享有西部开发政策，支持边境贸易和民族特需品发展。在南疆地区、青藏高原东缘地区、武陵山区、乌蒙山区、滇西边境山区、秦巴山——六盘山区以及中西部其他集中连片特殊困难地区，实施扶贫开发攻坚工程，加大以工代赈和易地扶贫搬迁力度。支持新疆生产建设兵团建设和发展。推进三峡等库区后续发展。对老少边穷地区中央安排的公益性建设项目，取消县级并逐步减少市级配套资金。实行地区互助政策，开展多种形式对口支援。

资料来源：《国民经济和社会发展第十二个五年规划纲要》，http://www.gov.cn/2011lh/content_1825838_6.htm，2011年3月16日。

二、区域产业政策

产业政策是政府为了实现一定的经济和社会目标，对区域内的产业形成和发展进行干预的各种政策的总和。区域产业政策的功能主要是加快主

导产业发展，优化产业结构，保护幼小产业成长，促进资源有效配置，保持区域的可持续发展。

1. 区域产业政策的特征

区域产业政策具有系统性、区域性、层次性和变化性特征。

系统性是指区域产业政策内部外部都是一个复杂变化的大系统，对内促进主导产业、引导新兴产业、促进特色产业、调整传统产业、保护优势产业、扶持幼小产业、限制淘汰产业。区域产业政策又要与区域财政政策、区域融投资政策、区域科技创新政策相互配合，形成共同的产业政策体系。

区域性是指区域产业政策一定要从规划区域实际出发，因地制宜发挥区域比较优势，在此指导下形成具有区域特色的区域经济和社会，也就是说，区域产业政策是当地的产物，而不是放之四海而皆准的政策。

层次性是指在产业体系内部的政策有侧重、有优先。如重点发展区域民生工程，优先发展区域主导产业。

变化性是强调区域产业政策不是一成不变的，要随着国家经济和社会发展趋势、国家政策，以及区域情况的变化，进行调整和变化。有时候，区域发展要服从国家发展大局，如 2004 年后，河北省张家口和承德两地区，为京津两大城市发展，调整原来重化工业发展规划，改为以生态涵养与旅游业为主。

2. 国家级区域产业政策和地方性产业政策

按照规划的制订主体可以划分为国家级区域产业政策和地方性产业政策。国家级区域产业政策主要包括区域产业发展、产业空间布局、区域开发和区域环境保护。

区域产业发展政策是通过鼓励、限制和禁止的办法，以及市场准入门槛来发展区域支柱产业和主导产业。如 2010 年的《全国主体功能区规划》中，修订现行的《产业结构调整指导目录》、《外商投资产业指导目录》和《中西部地区外商投资优势产业目录》，进一步明确不同主体功能区鼓励、限制和禁止的产业。编制专项规划、布局重大项目，必须符合各区域的主体功能定位。严格市场准入制度，对不同主体功能区的项目实行不同的占地、耗能、耗水、资源回收率、资源综合利用率、工艺装备、"三废"排放和生态保护等强制性标准。在资源环境承载能力和市场允许的情况下，依托能源和矿产资源的资源加工业项目，优先在中西部国家重点开发区域布局。建立市场退出机制，对限制开发区域不符合主体功能定位的现有产业，要通过设备折旧补贴、设备贷款担保、迁移补贴、土地置换等手段，促进产业跨区域转移或关闭。

产业空间布局政策从国家层面，对全国领土、领空和领海做出全局性、战略性的规划。如2010年的《全国主体功能区规划》对国家层面的主体功能区做出了明确划分，将全国形成"两横三纵"城市化战略格局、"七区二十三带"农业战略格局、"两屏三带"生态安全战略格局；① 同时，积极实施主体功能区的产业政策，明确国家层面优化开发、重点开发、限制开发、禁止开发四类主体功能区的功能定位、发展目标、发展方向和开发原则。

区域开发政策是从国家层面对某一地区优先或者重点开发，是集全国力量，或者某些优惠政策对某一地区进行优先或重点开发，形成区域增长极，以此来带动全国经济和社会整体发展。如2006年的《国务院推进天津滨海新区开发开放有关问题的意见》中，明确指出天津滨海新区开发开放，有利于促进我国东部地区率先实现现代化，从而带动中西部地区，特别是"三北"地区发展，形成东中西互动、优势互补、相互促进、共同发展的区域协调发展格局；依托京津冀、服务环渤海、辐射"三北"、面向东北亚，努力建设成为我国北方对外开放的门户、高水平的现代制造业和研发转化基地、北方国际航运中心和国际物流中心，逐步成为经济繁荣、社会和谐、环境优美的宜居生态型新城区。

区域环境保护政策是基于区域人类与生态的协调关系，从全局出发，对某些重点区域实施限制或者禁止性开发。这种政策的原则是保护生态、尊重历史、可持续发展。目前，我国的环境保护政策已经形成了一个完整的体系，主要包括"预防为主，防治结合"、"谁污染，谁治理"、"强化环境管理"三大政策，以及"环境影响评价"、"三同时"、"排污收费"、

---

① "两横三纵"城市化战略格局是以陆桥通道、沿长江通道为两条横轴，以沿海、京哈京广、包昆通道为三条纵轴，以国家优化开发和重点开发的城市化地区为主要支撑，以轴线上其他城市化地区为重要组成的城市化战略格局。优化开发环渤海、长三角、珠三角，形成3个特大城市群；重点开发哈长、江淮、海峡西岸、中原、长江中游、北部湾、成渝、关中——天水等地区，形成若干新的大城市群和区域性的城市群。"七区二十三带"为主体的农业战略格局是以东北平原、黄淮海平原、长江流域、汾渭平原、河套灌区、华南和甘肃新疆等农产品主产区为主体，以基本农田为基础，以其他农业地区为重要组成的农业战略格局。"两屏三带"为主体的生态安全战略格局，是指以青藏高原生态屏障、黄土高原——川滇生态屏障、东北森林带、北方防沙带和南方丘陵山地带以及大江大河重要水系为骨架，以其他国家重点生态功能区为重要支撑，以点状分布的国家禁止开发区域为重要组成的生态安全战略格局。

"环境保护目标责任"、"城市环境综合整治定量考核"、"排污申请登记与许可证"、"限期治理"和"集中控制"等八项制度。

地方性产业政策是省级或县级政府对本地区产业进去的总体布局和政策决策，主要优势产业扶持政策和产业结构调整政策。

优势产业扶持政策是地方政府通过财政、税收等各种优惠政策，鼓励和扶持本地优势支柱产业发展。因为，不同于国家的全局性战略部署，地方政府由于职能所限，会更多地关注于本地民生，必须用有限的资源来带动当地经济和社会发展，一般会寻找当地的优势支柱产业，重点突破，带动全局（区域）。如天津市在"十一五"期间，围绕航空航天、石油化工、装备制造、电子信息、生物医药、新能源新材料、轻纺、国防科技等，形成了八大优势支柱产业。2010年，八大产业工业总产值超过15000亿元，比2005年净增了9000亿元，占天津市规模以上工业比重由75%提高到92%，对全市工业增长的贡献率由80%提高到90%以上。

产业结构调整政策是遵循产业演进规律和发展趋势，从低层次的产业迅速转变为高层次产业，从劳动密集型产业转向资本密集型、技术密集型产业，从低附加值的产业调整为高附加值的产业，从低加工度的产业转向高加工度的产业，从衰退产业调整到朝阳产业。从产业结构变迁的角度来看，"苏州模式"是一个很好的样本。1984年前后，苏州的经济发展的主体事实上是乡村政府主导型的乡镇企业模式。1992年中央做出开发浦东的决策之后，苏州、无锡等地区因为靠近上海的地理位置的优势，走出了一条以吸收FDI进行加工贸易的国际化道路，出口产品结构也逐渐转为以机械电子产品为主，电子信息产业得到大发展。尽管外资加工贸易模式能够迅速推动苏州产业升级，但由于外资加工企业是外来引进的，在经济结构上属于"嵌入性的"或外生的，而不是内生演化而来的，由此引起的当地产业结构的失衡和潜在危机（刘志彪，2005）。为此，在今后的产业调整中必须考虑本土企业的技术水平和配套能力，选择性地引进外资；鼓励外资企业的出口加工品增加本土企业的附加值、延长出口加工品的本土企业的生产链条；通过各种方法鼓励外资企业与本土企业建立合资企业；鼓励本土企业，尤其是民营经济的发展。

3. 产业政策的主要手段

历史经验表明，好的产业政策要有好的政策手段相配合。根据产业政策目标要求，选择适当的政策手段或各种手段组合。

从影响过程和作用机理来看，产业政策手段可以分为三大类：

（1）间接性手段。这种手段主要是指政府通过经济杠杆进行间接管理对象，主要包括财政投入、转移支付、财政补贴、税收减免、特别财务制度，贷款差别利率、贷款不同期限、贷款政府保证，以及保护关税、关税减免，还有政府采购商品和劳务。

（2）直接性手段。这种手段主要是政府运用行政权力对经济管理对象进行直接干预，主要有行政管制和行政协调两大类。前者包括市场准入、外汇配额、信贷配额、进口配额等，以及对价格、技术、环境保护和生产安全的管制。后者主要是指政府机构与外部各种经济、社会主体之间通过转变政府职能，建立或撤销政府机构，政府职能分化，公民参与磋商、行政反馈等方式进行协调。

（3）指导性手段。这是政府利用政治权力和信息进行政策引导，主要包括：向企业传播国民经济发展趋势信息，引导产业调整；提供信息服务；提供信息交换场所，传递市场信息。

 专栏 11-2

广东的"腾笼换鸟"与产业结构升级政策

珠三角地区是中国改革开放最早的试验田，也是中国30多年来经济增长奇迹的缩影。广东省提出的"腾笼换鸟"无疑提供了一个经济发达地区如何进行产业升级的实践样本。

自改革开放以来，珠三角地区的发展之路一直是沿着一条特定的路径行进——通过廉价的劳动力、优越的政策和低物流成本吸引外资，以"三来一补"的方式一举发展为世界工厂。据《新世纪周刊》的报道，珠三角地区每年大致能够吸引两千万到两千五百万的农民工在此工作。2008年遭遇了全球金融危机的冲击，"企业倒闭潮"和"民工返乡潮"同时出现。在此背景下，2008年5月以《中共广东省委、广东省人民政府关于推进产业转移和劳动力转移的决定》（下称《决定》）正式提出了"产业转移和劳动力转移"双转移战略（"腾笼换鸟"），具体是指：珠三角劳动密集型产业向东西两翼、粤北山区转移；而东西两翼、粤北山区的劳动力，一方面向当地第二、第三产业转移；另一方面其中的一些较高素质劳动力，向发达的珠三角地区转移。

2008 年 5 月底，广东省委、省政府在《决定》中指出在未来 5 年投入 500 亿元人民币，调整结构、升级产业、优化劳动力素质、提高人均 GDP。

《决定》还指出，珠三角各市要"依照国家产业政策，实行行业准入差别对待政策，提高产业的用地、能耗、水耗和污染物排放标准，提高劳动密集型产业准入门槛，积极转移部分低附加值劳动密集型产业"。

值得注意的是，《决定》中还提到上述转移工作将"纳入经济社会发展规划和年度计划，并作为政绩考核的重要内容。实行领导负责制，建立目标责任考评制度，逐级落实目标管理"。

在促进"双转移"方面，另一举措便是加快产业转移园区建设，使转移走的产业能够在东西两翼和北部山区的产业转移园中安居落户。

该战略实施至今已有两年半的时间，但一直饱受争议。战略提出的当年汪洋力排众议，表示政府不能去救"落后生产力"，"金融危机办到了政府想办但办不到的事。"

2010 年广东省的 34 个产业转移园区共创造产值 1953.6 亿元，创造税收 108.85 亿元，分别比 2009 年增长 115.35% 及 104.99%。

2010 年，广东省的经济增速达到了 12.8%，回复到了金融危机前的水平。而"腾笼换鸟"这一提法也不再如 2008 年那样常常出现在各大媒体。现在广东省的新方向是"幸福广东"。

一些低附加值的劳动密集型企业已经悄然离开珠三角了。此外，像电镀厂、造纸厂、化工厂、水泥厂一批高污染、高能耗的企业也搬离了。根据《广东统计年鉴（2010）》，珠三角地区 GDP 在 2008 年、2009 年保持接近两位数的高速增长的情况下，用电增速却只有 2.49% 和 2.03%，远低于此前 2003～2007 年的 21.27%、16.82%、11.65%、11.82% 和 12.97%。

"腾笼换鸟"是非常正确的，因为现在"民工荒"越来越厉害，廉价劳动力的优势已经不大了。珠三角劳动密集型产业发展了将近 30 年，积累了一定的资本、技术、人才。广州地区现在聚集了一大批高校和科研院所，人口素质也在逐步提升。现在完全可以发展金融业、服务业等高附加值的产业。

资料来源：李跃群：《广东"腾笼换鸟"》，《东方早报》2011 年 1 月 20 日。

三、区域财政政策

区域财政政策是指国家或地方政府通过财政支出与税收政策来调节总需求，实现一定时期内的经济与社会发展目标。区域财政政策的主要职能是实现有限资源的宏观配置，产业空间的合理布局，以及支持区域经济格局发展。区域财政政策主要包括区域税收政策、财政转移支付政策、区域投资政策等。同样，区域财政政策也有国家和地方之分。

1. 区域财政税收政策

国家区域财政税收政策是国家对某些特定区域的企业，通过部分或全部税收减免，以促进当地经济和社会发展。这种政策对当地经济发展具有直接效应，它有重点、有选择地运用优惠或者限制的税收政策来解决，实现区域均衡、协调发展，也可以积极影响当地发展速度，形成区域增长极。例如，2011 年我国对新一轮西部大开发税收优惠政策，明确表明我国以西部大开发为基点，利用财税政策调整区域经济结构的思路将延续。[①]

区域财政政策的手段主要有：一是地区税收。税收是财政收入的主体，主要通过税种、税率来确定和保证国家地方的财政收入，促进经济稳定协调发展和社会的公平分配。税收的关税、消费税等归中央固定收入，营业税、个人所得税、房地产税等归地方；增值税、资源税和企业所得税是中央和地方共享。二是财政支出。通过国家预算拨款和引导预

---

① 财政部、海关总署、国家税务总局联合印发《关于深入实施西部大开发战略有关税收政策问题的通知》（以下简称《通知》），明确了进一步支持西部大开发的一揽子税收政策。《通知》自 2011 年 1 月 1 日起执行。
在关税政策方面，《通知》规定，对西部地区内资鼓励类产业、外商投资鼓励类产业及优势产业的项目在投资总额内进口的自用设备，在政策规定范围内免征关税。
在企业所得税方面，《通知》规定，自 2011 年 1 月 1 日至 2020 年 12 月 31 日，对设在西部地区的鼓励类产业企业减按 15% 的税率征收企业所得税。鼓励类产业企业是指以《西部地区鼓励类产业目录》中规定的产业项目为主营业务，且其主营业务收入占企业收入总额 70% 以上的企业。《西部地区鼓励类产业目录》将另行发布。
《通知》还明确，对西部地区 2010 年 12 月 31 日前新办的、根据相关政策规定享受企业所得税"两免三减半"优惠的交通、电力、水利、邮政、广播电视企业，其享受的企业所得税"两免三减半"优惠可以继续享受到期满为止。
根据《通知》规定，西部地区包括重庆市、四川省、贵州省、云南省、西藏自治区、陕西省、甘肃省、宁夏回族自治区、青海省、新疆维吾尔自治区、新疆生产建设兵团、内蒙古自治区和广西壮族自治区。湖南省湘西土家族苗族自治州、湖北省恩施土家族苗族自治州、吉林省延边朝鲜族自治州，可以比照西部地区的税收政策执行。

算外资金的流向、流量，以实现调节区域发展的目的。三是财政补贴。它是通过财政转移的形式直接或间接地对某一特定区域内的企业、居民实行财政补助，以达到预期的经济协调发展和社会安定稳定的目的。

2. 财政转移支付政策

该政策也称财政转移支出，是指分级预算财政资金转移或转让。我国政府间的财政转移支付，大体上可以分为三种：第一种是中央财政与省级财政之间的转移支付；第二种是中央财政对贫困县的转移支付；第三种是发达省市对不发达省区的财政转移支付。第一种是区域财政转移支付政策的主要内容。

1978年改革开放之前，我国没有真正意义上的财政转移支付。从1979～1993年，我国实行了财政大包干的政府间关系制度。地方政府成为一级政府一级预算，享有财政上的剩余权力。在这个制度下，中央政府给予某些省级行政区的补贴，大于它从后者缴纳的收入，其中差额部分具有真正的中央对地方转移支付的性质。1994年的分税制改革，使包括转移支付在内的中国的政府间财政关系发生了革命性的变化（张光，2009）。1994年，中央政府的本级收入占整个政府收入（不含债务）的比重，从过去的30%左右提高到56%左右，地方政府自有收入的比重降到44%左右；中央本级支出占整个政府支出的比重为31%，地方政府本级支出的比重约占整个政府支出的69%。中央对地方政府的财政资金净转移额占地方政府全部支出的比重已达到45%左右。

中央政府依靠自己的征收机构，征收税基大、流动性强的国内税种收入的制度，实现了较高程度的收入集权，同时，也让地方政府承担了比财政包干制时期更多的支出责任。转移支付成为填补垂直不平衡的基本手段。主要包括：①填补垂直不平衡、维持既有的地方利益格局为主要目的的税收返还。②中央政府以执行中央政策目的的专对省级的各类专项拨款。③年终结算补助。

目前，我国的财政转移支付主要存在四大问题：一是各级政府的职责和事权尚未明确划分，转移支付不规范，缺乏科学的标准和方法。中央对省级政府的转移支付，是采用实行一省一率、一省一额的办法，常常出现"跑部钱进"的违法乱纪、行贿受贿等不正常现象。二是我国的中央财政仍有限，使转移支付制度缺乏充足的财力支持，常常出现把教育、农业等专项资金临时"抽调"为政府的应急性转移支付。三是对既得利益者的调整难度和力度过大，现行的转移支付基本上是有利于发达省市，而不利于欠发达省区，不利于缩小省区市差距。四是由于体制、经济结构、自然环境和人口状况等因素影响，地区间经济发展水平相差很大、发展能力存在极大差别，致使对支付对象的基础数据统计有难度，通过转移支付实现地区均衡难以在短期内实现。

3. 区域投资政策

区域投资政策是政府通过对固定资产投资进行宏观调节或宏观管理的政策，或直接投资，或改善投资环境，引导区域内外的社会资本投入，从而促进区域经济发展。它涉及投资领域、投资方式、投资质量标准、投资财务标准等基本内容。

国家区域投资政策是将政府预算内投资分为按主体功能区安排和按领域安排两个部分，实行二者相结合的政府投资政策。前者主要用于支持国家重点生态功能区和农产品主产区特别是中西部国家重点生态功能区和农产品主产区的发展。后者是要符合各区域的主体功能定位和发展方向。逐步加大政府投资用于农业、生态环境保护方面的比例。

在优先和重点开发区域内，其投资政策首先是选择投资重点产业领域。首先，应按照国家、省级总体规划内容，对区域内的重点产业实施"断链拉链"、"缺链补链"、"细链壮链"和"弱链强链"战略。其次，制订招商引资、选商选资的优惠政策，从税收、土地、产业配套等方面实施优惠。最后，营造良好的软硬件投资环境。硬件环境主要是指交通运输业、通信业、水电煤气供给等，这些产业一般具有正外部经济和规模经济的特点，投资规模大、投资周期长，应由政府通过投融资来实现。软环境包括区域发展战略，完善的法规、法律、优良的政府服务等，这些能够有效地维护市场秩序，保障生产者和消费者的权益（刘秉镰，2007）。

鼓励和引导区域内外社会资本按照不同区域的主体功能定位投资。对优化开发和重点开发区域，鼓励和引导民间资本进入法律法规未明确禁止准入的行业和领域。对限制开发区域，主要鼓励民间资本投向基础设施、市政公用事业和社会事业等。积极利用金融手段引导社会投资。引导商业银行按主体功能定位调整区域信贷投向，鼓励向符合主体功能定位的项目提供贷款，严格限制向不符合主体功能定位的项目提供贷款。

专栏 11 -3

告别"双轨"内外资企业所得税率统一

长期以来，我国执行《中华人民共和国企业所得税暂行条例》和《外商投资企业和国外企业所得税法》两套税制，对外资颇为照顾。从1994年税制改革之后，"两税合并"的呼声便此起彼伏。

两税合并具体方案已多次讨论，对纳税人、税率、税收优惠、反避税等方面的问题也都做了充分论证。多数意见倾向于将法定税率水平确定在24%～27%，对外资企业的过渡期设定在3～5年，并将税收优惠转向以产业优惠为主。

2006年十届人大会表决通过企业所得税法，即同意将两部法律法规统一成一部所得税法，根据新税法，统一后的内外资企业所得税率将定为25%。在税率等方面对内外资企业一视同仁。统一内外资企业所得税，这意味着在中国全面对外开放之后，中外资企业真正迎来公平竞争的新元年，将极大地激发出国内经济活力，中国社会经济发展由此将进入一个新的历史时期。

此前，税负不均造成了中外企业的不公平竞争。因为内资企业盈利年度所得税率为33%；而外资企业则有"两免三减半"的优惠政策，即头一两年的所得税为零，而第三至第五年的所得税率为15%。按照新税制，2008年1月1日起内外资企业的所得税率将统一为25%。也就是说，在盈利年度，内资企业的所得税率降低了8%；而外资企业的所得税率则有所提高，以"减半"年度计算，则提高了10%。

分析人士普遍认为，这对于内资企业来说无疑是利好消息。其中，一直执行较高税率的银行业、通信服务业及批发零售等行业受益突出。"两税合并"后，目前实际所得税率较高的银行业受惠程度将十分突出，净利润增长幅度可能超过10%。所得税率降至25%后，根据我国上市银行2005年的财务报表计算，如果不考虑税前扣除项变动及递延税款调整的影响，其业绩将平均提升17.41%。其中，提升幅度最大的分别是中国银行、招商银行、浦发银行和工商银行。

除了银行之外，电信行业也是受惠最突出的一个行业。有关人员认为，本次内外资企业所得税并轨对通信行业整体的业绩影响不太大。以2005年业绩测算，行业整体影响应该小于3%。对通信行业来说，在税率影响方面，目前主要影响因素不是两税并轨，而是高新技术企业的所得税优惠税率政策。不过对处于电信运营业的中国联通来说，其影响相对要大于通信行业。以2005年业绩测算，如果两税并轨，其业绩提高将超过10%。

同时，我国批发零售业是典型的薄利、重税行业，全行业的平均净利率为2.13%，在所有行业中排名倒数第4位；实际所得税率为31.28%，在所有行业中排名第3位。据统计，2005年，17家外资零售企业在华销售额达1400亿元，而我国沪、深两市71家零售类上市公司的销售额仅为1800亿元。由于内外资企业在所得税率、税前扣除、退税等政策上存在差异，这71家上市企业比该17家外资企业多缴纳税额15亿元。因此，"两税合一"之后，内外资企业所得税率统一为25%。届时，内资零售商业上市公司将获益匪浅。经测算，批发零售类上市公司的整体净利润将提高14.47%。此外，不同企业所获得的收益也不尽相同。

作者根据相关资料整理：《告别"双轨"：内外资企业所得税率统一》，http://www.sl8801.com/ztlm.aspx? ztseq=753；王珍：《中资家电企业迎两税合一，外企称不影响在华战略》，http://finance.sina.com.cn/chanjing/b/20070314/03573403944.shtml；孙立云：《两税合一：内资企业谁最受惠》，http://finance.sina.com.cn/g/20061225/06233192669.shtml。

四、区域金融政策

金融是现代经济活动的核心，区域金融发展与区域经济增长存在着密切的联系，也是金融与经济发展的关系在空间上的具体化。在国家金融政策目标的前提下，区域金融政策是对某些特定区域内的金融运行或某个特定领域的金融运行作为调控对象，它是宏观金融政策调节的分解和具体化，采取区别性相机抉择原则，对发展程度和经济条件不同的地区采取不同的政策和措施。它既受制于宏观目标，又具有相对的独立性，其目标的确立要根据全国宏观决策目标的范围和内容而制订。区域金融政策与一般金融政策不尽相同。一般金融政策即宏观金融政策，是政府、中央银行和其他相关金融部门制订和实施的所有与金融相关的一切措施，旨在影响整个金融系统的发展促进全国金融效率的提高和金融结构的优化。而一般金融政策在执行过程中，由于各区域经济发展水平不同，会产生明显的区域影响。显然，同等的政策传递对较发达的区域而言比欠发达区域更为有效，因为发展水平较高的区域具有更多的资源和手段。因此，一般性的金融政策会使社会经济发展水平在区域间的差距扩大。区域金融政策的突出特点就是以区域为调节对象，它的出发点是区域差异，它的必要性是纠正市场机制在资源配置方面的不足。区域金融政策所影响的地域范围，要小于一般金融政策，它是国家宏观金融政策在地方尺度上的延伸和补充（吕鹏博，2004）。

1. 区域金融发展对区域经济的促进作用

实践证明区域经济发展水平越高，越需要强大的金融做基础，金融的作用就越强。区域金融活动的主要作用在于分配资金，其运作机制就是金融活动影响储蓄和投资，储蓄和投资影响资金流量结构，再影响生产要素的区域分配结构，最终影响到区域经济增长。如果是区域金融体系较完善，金融发展水平较高，则对本区域经济增长与发展必然起到促进作用，进而通过优化金融资源配置，提高资本的使用效率，调整区域产业结构，促进区域经济增长，达到金融体系和经济发展的良性循环（雷新芳，2009）。

区域金融发展有利于促进区域资本的形成。区域资本在经济发展中发挥着至关重要的作用。金融系统越发达、金融机制和金融工具提供的选择机会就越多，金融服务越便利全面，人们从事金融活动的欲望就越强，一些非生产性的或暂时闲置不用的资金就可以被吸引到生产性用途上来。同时，健全的金融制度降低了信息和交易费用，影响了储蓄水平、投资决策、技术创新以及长期经济增长速度。

区域金融发展有利于改善和提高资源配置。发达的资本市场可以使企业资产通过证券化形式，借助使用权的转让，引导企业资源从一个行业或企业转向利润率更高的行业和企业，改变资源配置结构，从而实现产业结构的优化和调整。同时，以股票、债券等金融工具为主的资本市场，作为一种直接融资机制，进入区域内的优势产业、新兴产业，促进当地经济快速发展。当然，借助资本市场的虚拟化资产具有较高流动性的特点，可使资金向不同地区，不同所有制，不同行业间的流动与组合，拓展金融政策的调整空间。

区域金融发展具有引致其他资源要素流动和聚集的作用。金融是现代经济的核心，在经济运行中是联系其他部门的纽带，它通过资金这种特殊资源的流动，起着引导和配置其他资源在区域内和区域间的流动，从而获得本地区稀缺的资源。例如，由于物随钱走，伴随着资金在区域内的流动，相应就会带来技术、信息等要素。同样劳动力资源要素的流动也受经济利益的驱动，哪里有资金有项目，劳动力就往哪儿流动。

区域金融发展促进了区域的分工与合作。金融通过区域性的信贷、区域性的资本市场及引进外资等手段，合理支持地区性优势产业的发展，并使各地区形成不同的主导产业部门，从而促进了区域分工的形成。在区域分工过程中，必然产生区域合作，而是否具有区域协作统一的、开放的金融体系是区域合作的重要保障。

2. 区域金融政策的主要手段

作为区域经济政策的重要组成部分的区域金融政策，从区域经济差异出发，发挥区域经济金融比较优势，为区域经济和社会发展营造良好的金融环境。其总体目标是通过的金融政策实施，促进经济欠发达地区的发展，或者培育发展新的经济增长极引领区域发展，并使区域经济协调发展。按照区域金融政策的目标和职权，分为一般性区域金融政策、选择性区域金融政策、直接区域金融政策和间接区域金融政策（吕鹏博，2004）。

（1）一般性区域金融政策。一般性区域金融政策是中央银行的再贴现政策、存款准备金政策、公开市场业务。再贴现政策是中央银行通过调整再贴现率对不同区域采取不同的再贴现政策来干预和影响市场利率以及货币的供给和需求，从而实现对货币供应量的调控。准备金政策是通过区域差异存款准备金政策，来调节区域内的货币信贷活动和货币量。公开市场业务是中央银行在区域金融市场上买进或卖出有价证券从事公开市场业务也可以达到调节区域信贷活动和区域货币量的目的。

（2）选择性区域金融政策。中央银行有选择地对各部门、各区域的信用进行调节，主要包括消费信用政策、证券市场信用控制、不动产信用控制、优惠利率等。消费信用控制是指商业银行为消费者分期付款提供信贷，进而影响区域总需求量和区域信贷活动。证券市场信用控制是指中央银行为防止过渡的证券投机，对各商业银行办理的为证券担保的信贷，有权随时规定保证金比率和第一次付款额度。不动产信用控制是中央银行对金融机构在房地产方面的放款的限制性措施。优惠利率政策是中央银行对国家重点扶持的产业或地区采取较一般利率水平高的优惠措施，借以优化资源配置，调整区域产业结构，防止区域产业结构趋同。

（3）直接区域金融政策。中央银行运用行政命令或其他方式，直接对商业银行的信用活动进行直接控制，主要包括利率最高限、信用配额、流动性比率和直接干预等。利率最高限是中央银行在不同地区存在不同的利率管制，使资金在不同的区际间流动，投机套利的活动使资金源源不断地流向高收益地区。信用配额是中央银行根据经济状况对区域商业银行的资金用途进行区域信用分配，限制区域信贷活动。流动比率是指中央银行为了限制商业银行创造信用货币的能力，规定商业银行全部资产中流动资产的比重，保持其维持某种程度的流动性。根据区域发展的"冷"、"热"差异，不同地区的商业银行可设不同的流动性比率来保持区域信用的创造能力。直接干预是指中央银行直接对某一特定区域进行行政干预和控制，只要是直接限制区域商业银行的放款额度，规定商业银行的最高贷款限额，规定商业银行放款及投资方向，与当地投资者组建投资开发基金，直接参与区域投资开发。

（4）间接区域金融政策。间接区域金融政策是中央银行利用各种间接性手段对区域金融发展产生影响，最终作用到区域经济和社会发展上，主要包括道义劝告、金融检查和舆论宣传。道义劝告是指中央银行利用其在金融体系中的特殊地位和威望，通过对商业银行及其他金融机构发出口头或书面劝告的形式，影响金融机构放款与投资。金融检查是指中央银行对各区域下一级央行和各商业银行的各项指标进行检查，如贷款的偿付能力、呆坏账比例、备付金比例等，监督各银行执行各项金融法律法规。舆论宣传是指中央银行利用各种形式宣传实施区域金融政策的现实意义，并征得各方面的协调配合和支持，更有利于系统地建立区域金融政策体系。

专栏 11 –4

天津滨海新区外汇管理政策支持

为贯彻落实党的十六届五中全会精神和《中华人民共和国国民经济和社会发展第十一个五年规划纲要》，根据《国务院关于推进天津滨海新区开发开放有关问题的意见》（国发〔2006〕20号），就进一步推动天津滨海新区（以下简称新区）外汇管理改革试点政策批复如下：

1. 提高部分新区试点企业经常项目外汇账户限额至100%

可选择部分符合规定条件的新区企业试点，自主余定经常项目外汇账户保留外汇的期限、数额。新区试点企业服务贸易管理，从事前监管向事后监管转变，只需提供合同、发票或其他商业单据中任意一项材料，即可办理服务贸易购付汇手续。新区试点企业经常项目外汇收支、结售汇等纳入外汇账户管理系统。

2. 改革进出口核销制度

新区可作为货物贸易进出口核销制度改革试点地区。经与当地海关、税务部门协商一致后，符合条件的新区试点企业不再到你分局办理逐笔核销手续，改由你分局对其货物贸易进出口收付汇实行总量核查。你分局商当地税务部门制订具体方案后，可向当地税务部门提供出口收汇核销电子信息，作为办理出口退税依据。

3. 整合各类海关特殊监管区域优惠外汇管理政策

整合各类海关特殊监管区域的优惠外汇管理政策，统一保税区、出口加工区、保税物流园区等特殊区域外汇管理，加快管理模式创新，放宽限制，简化手续，促进新区国际物流中心建设。

4. 有序放开新区企业集团外汇资金集中管理和运作

（1）新区企业集团可以集中办理境内关联公司与境外关联公司资金结算中心的进出口收付汇，并在委托贷款的法规框架下实行境内成员公司外汇头寸集中管理。

（2）在新区设立财务中心或者资金中心的企业集团，可在经主管部门批准办理离岸业务的境内银行开立离岸账户，集中管理其境外成员公司外汇资金和其境内成员公司经批准向境外放款的外汇资金。但其吸收的境外成员公司资金应当纳入外债统计，且其境内成员公司不得将该离岸账户内资金调入境内使用，如该离岸账户向境内其他账户汇入资金，视同从境外汇入资金管理。

（3）符合条件的新区企业集团可在核定的境外放款额度内购汇向境外关联公司或境外投资企业放款，境外放款资金在核准的额度内周转使用，并可在天津具有相应业务资格的银行办理人民币对外币远期结售汇和掉期业务。

5. 改革外汇指定银行结售汇综合头寸管理

允许在天津注册并在新区经营的银行、农村合作金融机构的总行（部）及外资银行分行实行结售汇综合头寸正负区间管理。

6. 改进新区外商投资企业外债管理方式

商当地发展改革委和财政部门同意后，将外商投资企业中长期外债按余额纳入"投注差"管理。

7. 放宽个人持有境外上市公司股权外汇管理

新区试点企业员工经批准后，应当集中委托境内机构，按照试点企业股权激励计划以自有外汇或者购汇购买、持有与所属企业相关联的境外上市公司的股权或股票期权，出售股票的外汇收入调回境内后，可以存入银行或结汇。

资料来源：《国家外汇管理局关于天津滨海新区外汇管理政策的批复》（汇复〔2006〕242号），天津滨海新区参观考察网，http://www.bhswjl.com/newsread421.html，2009年12月3日。

五、区域科技创新政策

区域科技创新是国家和地区经济增长的主要根源和动力源泉。区域科技创新是指在一定区域内、一定区域背景下由科学、技术、教育、经济等诸要素形成的一体化的发展机制，是一个以企业为主体，地方政府、教育科研单位、中介机构构成的区域系统。它依托区域科学技术创新实力，有效地利用区域科技创新资源，协调区际间的科技合作与竞争，实现区域内科技创新资源（人才、知识、投入）的高效配置与结构优化，促进区域科技创新活动的广泛开展和创新成果的应用、推广和普及，从而创造和发展区域的竞争优势，保证区域经济发展（方旋等人，2000）。区域科技创新既涵盖科学创新又涵盖技术创新，是科学与技术等相关因素互动的结果。

区域科技创新是一个动态过程，它不仅仅是技术发明、技术进步，而是将发明首次引进工业生产体系并产生利润，进而在科学的指导下，使技术商品化。区域科技创新是在科技推动或需求拉动的作用下，产生新技术或新产品的构思过程，是经过研究开发，进行中间试验，再使产品商品化生产，最终商品化的过程，区域科技创新经历了基础研究——应用研究——技术开发——商品化——产业化等几个阶段（谷国锋、滕福星，2003）。

1. 区域创新体系的构成

区域科技创新是国家科技创新与企业科技创新的桥梁与纽带。区域创新体系是一种开放式的系统，是国家创新体系中的子系统。从构成要素上看，区域创新体系由以下要素构成[①]：

（1）主体要素。即创新活动的行为主体，主要为企业、高等院校、科

[①]　谷国锋、滕福星：《区域科技创新运行机制与评价指标体系研究》，载《东北师大学报》（哲学社会科学版）2003年第4期。

研机构、各类中介组织和地方政府五大主体。其中，企业是技术创新的主体，也是创新投入、产出以及收益的主体，是创新体系的核心。作为由五大行动主体构成的网络型组织，存在着清晰的区域创新网络，区域创新体系的形成要依赖各个参与者在创新活动中所结成的网络关系。区域创新体系的参与者借助产业网络和社会网络或者遵循共同的技术范式形成了一个创新网络，在这个网络中企业运用所掌握的创新资源开发新的产品和技术，形成区域创新体系的产出。

（2）功能要素。即行为主体之间的关联与运行机制，包括制度创新、技术创新、管理创新的机制和能力。第一层次是各主体的内部运行机制，主要是激励机制；第二层次是在主体之间构建联系紧密、运行高效的"管道"机制，关键是解决好信息、知识存量的高效流动、创新合作和技术外溢等问题，形成企业、科研机构与学校、政府以及中介机构之间的信息高效流动、资源合理分配、能够发挥各自优势的机制。

（3）环境要素。即创新环境，包括体制、基础设施、社会文化心理和保障条件等。环境要素是企业创新活动的基本背景，是维系和促进创新的保障因素。环境要素一般可以分为硬环境和软环境两个方面，其中硬环境主要是指科技基础设施；软环境包括市场环境、社会历史文化和制度环境。处理好要素与要素、要素与系统的结合关系，对于发挥区域创新系统的功能、提高区域创新体系的效率至关重要。

2. 区域科技创新政策主要手段

区域创新政策是从技术发明到产业化过程中，设计、生产、管理和销售的各个环节的国家和地方科技政策的总和，其目的是促进创新活动的大规模涌现、创新效率的不断提高、创新能力的不断增强而采取的各种公共政策。科技创新政策不是孤立存在的，它与经济政策、产业政策、财政政策、税收政策、金融政策等密切相关。

按照科技创新的流程，区域科技创新政策在不同阶段发挥不同的作用。在绝大多数基础研究阶段，由于没有直接收益，企业一般不会从事没有直接经济收益的基础研究，这就需要中央和地方政府承担组织、资助基础研究的责任。在产业化阶段，如电子信息、新能源、新材料等主导产业或者战略新兴产业的创新，它们的创新将会极大地促进区域经济发展，中央和地方政府都应积极促进这些领域的创新活动。

区域科技创新政策主要有四个手段：一是资助的地域研究与开发项

目。从 20 世纪 80 年代以来，欧美等国家对研究与开发项目给予直接资助，虽然各国的 R&D 经费近年来在一国财政支出中的比例不尽相同，但都呈现上升趋势。他们或拨款给公共研究开发部门，或通过建立政府研究所、实验室，或资助大学研究，使创新活动普遍化。在这方面，我国政府的 R&D 投入远低于国际平均水平，还有较大上升空间。二是政府对科技创新产业和产品的扶持。这种扶持包括直接投资和各种优惠政策，如贷款优惠等。完善的金融政策对推动科技进步、提高要素生产率具有重大作用。一方面，为整个社会的技术创新提供更强的资金支持；另一方面，帮助科技成果迅速传播、普及，加速向现实的转化。三是政府采购创新产品或服务。一方面，政府部门需求构成了一个强大市场，政府采购将对科技创新产品提供很大的需求，从而促进科技创新产品的市场份额的扩大。另一方面，政府部门的购买起着需求拉动的作用，特别是对落后地区和产业初创阶段，通过政府采购可以保证其一部分市场。使得企业降低风险和成本回收，有利于再研发和再创新。实践已经证明，政府采购其中推动作用要比政府对落后地区的 R&D 直接资助大得多。四是资助创新基础设施建设。图书馆、教育、交通、通信和城市基础设施等是科技创新活动必要的环境基础。由于这些公共设施具有公共产品的性质，因而需要政府投资建设，为区域科技创新提供保障。

专栏 11 -5

提高区域创新能力的几点思考

2006 年 4 月 25 日，在北京召开第二届中关村创新峰会，探讨企业如何在国家政策环境支持下，推进国家科技领域重大政策在中关村园区的贯彻落实、推动以企业为主体的自主创新体系建设。出席会议的主要人士有《实施〈国家中长期科学和技术发展规划纲要（2006～2020）〉的若干配套政策》的主要参与人，时任科技部政策法规与体制改革司胡志坚副司长，时任中科院计算机研究所所长李国杰院士，原外国专家局局长马俊如教授，国务院发展研究中心技术经济研究部郭励弘研究员，以及北京中关村企业界、京津教育界人士。本书作者张贵教授受邀参加峰会，就区域科技创新政策做了如下几点思考：

1. 制订科技创新政策的目的是什么

从宏观上讲：一是营造激励创新的经济社会环境；二是强化创新的自主性。从微观上讲：一是给予自主创新更优惠的政策；二是着力培养自主创新能力。

2. 应该制订什么样的科技创新政策

从宏观上讲：政府宏观政策的直接作用点在公共知识生产阶段（科学发明及发现）；急需通过政府政策避免出现"死亡之谷"（技术开发或工程放大），或者通过政策作用填平"达尔文之海"，使公共知识生产通畅地过渡到私有知识生产；政府政策间接作用点在私有知识生产阶段（商业化运作）。具体的科技创新政策需求如图 11 – 1 所示。

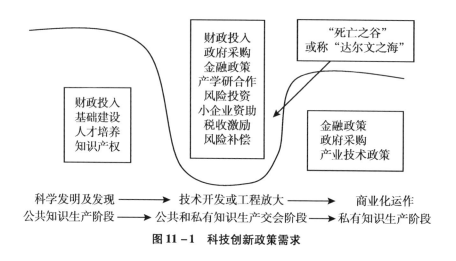

图 11 – 1　科技创新政策需求

在这一过程中，政府政策的作用核心：一是把自主创新作为转变经济增长方式，即从粗放式向节约式转变，调节产业结构的中心环节；二是利用经济政策营造有利于创新环境，包括财政政策、税收政策、金融政策、产业政策，以及市场竞争政策等。从微观上讲：一是利用科学技术政策和创新政策消除市场失效的障碍；二是把技术创新作为一种"私有"知识产权生产，这样才可调动企业的积极性。

3. 我国科技创新政策的主要问题是什么

在公共知识生产阶段（如图 11 – 1 所示）：一是自主创新未摆在国家宏观政策的重要地位；二是激励企业成为创新主体和支持自主创新的政策十分薄弱；三是经济政策和科技政策在促进创新方面不协调；增强自主创新能力的政策体系远未形成。总之，难以形成创新型国家的战略要求。

在公共和私有知识生产交会阶段（如图 11 - 1 所示）：一是小企业在种子期和起步期难获得资本金支持；二是中小企业贷款渠道不畅；三是缺乏支持创新创业的多层资本市场；四是税收激励度不够，税制本身存在矛盾；五是产学研合作缺乏工具支持；六是科技中介服务机构政策缺位；七是高新技术企业扶植政策有待加强。

在私有知识生产阶段（如图 11 - 1 所示）：一是政府采购没有支持自主创新；二是知识产权保护不力；三是技术引进缺乏有效管理；四是鼓励创新产品出口政策缺位；五是激励创新的消费政策缺位等。

第二节　规划的实施机制

规划的实施机制是规划编制完成后的实施程序和过程。它要求制度内部各要素之间彼此依存、有机结合和形成自我调节的运行机制。

一、强化的规划实施主体

1. 规划的实施主体的时代变化

随着社会经济背景的整体变化，区域规划的实施主体也相应发生了变化。在计划体制下，区域规划（笔者注：严格地讲是"计划"，而不是现代意义上的规划）的编制体系是与整个经济资源的分配、再生产体系相一致的，因而规划编制的主体与规划实施主体是重合的。区域规划是一种集权行为，由国家领导、自上而下开展的。这反映了适应于特定历史时期经济生产需求的区域规划的内在规律。目前，区域规划的编制主体与实施主体都呈现出多元化的趋向，不仅是政府职能部门专职的事情，而且广大群众、社会团体、专家学者也介入规划的编制，更深入到规划的实施当中，并真正对区域经济乃至整个宏观经济的发展起到了应有的作用。

2. 强化政府在规划中的作用

社会主义市场经济体制的日益完善，要求建立健全与之符合的规划实施机制，强化规划的实施力度，确保全面顺利实现规划目标，为此要建立

"责任明确、行之有效"的规划实施机制。

采取有力措施，确保规划的规范、有效实施。创新规划实施机制，切实解决规划工作中存在的重编制、轻实施的问题。采取经济、法律和必要的行政手段，合理运用财政、投资、产业、价格等经济政策，切实发挥规划在履行政府职能中的作用，确保各级各类规划的贯彻落实。

加强规划与政府投资的有机结合。按照政府职能从微观管理转向宏观管理、从项目管理转向规划管理和完善宏观调控体系的要求，在建设项目决策和投资安排时应坚持能编制规划的领域，先编规划，后审项目，再安排投资。积极引导民间资本投向规划鼓励和支持的领域。

发挥年度计划和目标管理责任制。进一步发挥年度计划和目标管理责任制在规划实施中的作用。按年度分解落实规划提出的发展目标和任务。制订国民经济和社会发展年度计划，加强对规划实施的目标责任制考核，及时分解落实具有可操作性的发展任务，并将其列入政府目标责任制考核。

二、健全监督和评估制度

规划实施要有明确的规划监督主体。政府发展改革部门要加强对本规划实施情况的跟踪分析，总体规划纲要由同级人民代表大会监督实施，专项规划由规划主管部门监督实施。

加强对规划实施情况的监测，跟踪分析相关领域的规划实施情况，对实施中发现的问题，及时研究解决。自觉接受上级或同级人民代表大会及其常务委员会对本规划实施情况的监督检查。组织开展对规划实施情况的中期评估，形成中期评估报告，提交同级人民代表大会常务委员会审议。经中期评估需要对规划进行修订的，应当提出修订方案，报同级人民代表大会常务委员会批准。

同时，规划由同级政府组织评估，重点专项规划和行业（部门）规划由规划主管部门组织评估，并根据形势变化和规划实施进度，进行必要的修订，报请人大常委会审议批准后实施。原则上对各级各类规划的实施中期和后期都应进行评估。评估工作可由规划编制单位委托有资质、独立的社会中介机构承担，评估报告经论证后由规划编制单位报规划审批机关。

另外，在政府的组织协调下，动员社会各界共同参与规划实施工作。进一步提高规划的透明度，除法律法规另有规定或涉及保密内容外，规划审批机关或编制单位应及时公布规划文本或摘要，并采取多种形式进行宣传，促使社会各界统一思想、形成共识，使实施规划成为社会公众的自觉行动。

三、加强和改善调控管理

规划实施还需要转变政府职能，加强和改善调控管理、有效地引导社会资源、合理配置公共资源。大力发展社会主义民主政治，扩大公民有序政治参与，加强法制建设，推进依法行政，完善权力制约监督机制，建设服务政府、责任政府、法治政府和廉洁政府。

加快行政管理体制改革，持续推进政府职能转变。按照转变职能、权责一致、强化服务、改进管理、提高效能的要求，进一步深化行政管理体制改革。优化政府机构设置、调整政府职能定位。建立职能有机统一的大部门体制，健全部门间协调配合机制。加快推进政府与市场中介组织分开，开展政府部分职能向行业协会转移的改革试点，规范发展行业协会和市场中介组织。按照政事分开、事企分开和管办分离的原则，推进事业单位分类改革。

创新行政管理方式，着力建设服务型政府。推进决策科学化、民主化，增强决策透明度和公众参与度，健全科学民主的决策机制，建立重大决策责任追究制。健全行政执法体制和程序，规范行政执法行为，完善行政复议、行政赔偿、行政补偿、行政裁量权和相对集中行政处罚制度。加快推进行政许可职能整合与集中改革，加快非行政许可审批事项规范清理。完善投资项目审批联动机制，推广行政审批服务全程代理制和网上审批制。深化公共财政体制改革，调整和优化财政支出结构，规范财政转移支付制度，健全公共财政体系。

相信和依靠人民群众，深入推进政务公开。相信和依靠人民群众，寓管理于服务之中。坚持把提高政府工作透明度作为政府管理创新的一项基本制度，深入推进政务公开。各类行政管理和公共服务事项，除涉及国家秘密外，都应向社会公开。及时准确发布政务信息，畅通人民群众了解公共信息的渠道。加快电子政务建设，充分利用现代信息和通信技术，推进公共管理和服务的信息化、现代化。

完善制约监督机制，加强民主监督。建立健全决策权、执行权、监督权既相互制约又相互协调的权力结构和运行机制。健全组织法制和程序规则，坚持把提高政府工作透明度作为政府管理创新的一项基本制度，深入推进政务公开，及时准确发布政务信息，提高政府工作透明度和公信力。建立政府绩效评估指标体系和评估机制，健全党政领导干部问责制度。认真贯彻党内监督条例和实施办法，严格执行领导干部述职述廉、个人重大事项报告、经济责任审计等各项制度。认真落实党风廉政建设责任制，完善巡视制度和党内询问质询制度。支持人大及其常委会依照宪法法律开展法律监督和工作监督，支持人民政协按照章程开展民主监督，充分发挥民主党派民主监督作用。加强政府层级监督，积极发挥司法机关和行政监察、审计等部门的监督职能。加强和改进舆论监督，畅通群众监督渠道，充分发挥社会监督作用，增强监督合力和实效。

专栏 11 –6

规划为什么需要实施机制？

　　规划的实施机制的建立根源于以下三个方面的原因：一是交换的复杂性，交换越复杂，建立实施机制就越有必要；二是人的有限理性以及机会主义行为倾向；三是合作者双方信息不对称，容易导致对契约的偏离。

　　2011 年 9 月 1 日，《广东省实施珠江三角洲地区改革发展规划纲要保障条例》正式施行。这是广东以地方立法的方式，确保作为国家行政指导性文件的《珠江三角洲地区改革发展规划纲要（2008～2020 年)》顺利实施和推进。

　　作为指导珠江三角洲地区当前和今后一个时期改革发展的行动纲领，规划纲要的内容有两个鲜明特点，一是强调区域协作发展，二是强调改革创新。

　　从区域协作发展来看，规划纲要涉及基础设施建设、产业布局、城市规划、环境保护、基本公共服务等重要和关键领域的一体化。从改革创新来看，规划纲要涉及富县强镇扩权等行政、经济、社会管理各方面改革。推进规划纲要这两方面内容落实，既需要突破行政区划界限的统筹协调，又需要突破现有体制机制的创新勇气。

　　理论上，规划应该是具有刚性约束力的，经过科学程序制订的规划应该"一张蓝图绘到底"。对《珠江三角洲地区改革发展规划纲要（2008～2020 年)》这样的基础性规划来说，"一张蓝图绘到底"不仅需要加强执行力度，避免规划纲要内容被随意更改，更需要地方、行业在编制各项专业规划时严格以其为依据或者与之相衔接，使规划纲要各项精神能够在实践中得到贯彻落实。

然而，现实中一些规划常常得不到严格执行，规划的刚性约束受到严重影响，也使得一些中长期决策被种种短期行为所干扰。

应该承认，有些规划的前瞻性不够，没能预见到经济转型时期某些变量的迅猛变化，是规划得不到严格执行的原因之一。例如，前些年一些城市的交通规划，很少准确预见到私人轿车发展如此之快，造成城市交通拥堵，这些规划也不得不屡屡作出调整。一些城市的空间规划，没有准确预见到城市人口的扩张速度，造成原先预留的农业用地、生态建设用地逐渐被蚕食，规划内容也随之被"无奈"地更改。

而更多的情况下是人为因素在影响规划的执行。例如，一些地方的领导人换届之后喜欢"创新思路"，不管原先的思路科学不科学都另起炉灶搞一套，变成"一任领导一张蓝图"，规划内容被随意更改。或者由于受各自"领导意志"的影响，各地各行业的专项规划之间、专项规划与基础性规划之间互不衔接、互不配套，让具体执行者无所适从，规划约束也就无从谈起。

规划的刚性约束力需要制度"撑腰"。这种制度不应是简单地强化规划的约束力，而是要在尊重科学的前提下，"一张蓝图绘到底"来落实重大的中长期战略决策。尊重科学的含义至少应当包含两层意思：一是当现实变化已经超越了规划前瞻的时候，应该通过严格的、法定的程序来重新修订规划；二是科学制订的规划要严格执行，随意更改规划的行为应该被追究相应的责任。

广东通过地方立法，施行《广东省实施珠江三角洲地区改革发展规划纲要保障条例》，正是为规划的刚性约束力提供了制度保障。规划有了刚性约束，实施规划所必须推进的改革创新举措也有了法律"保驾护航"。这样一来，这份区域中长期改革发展规划，应能不折不扣地得到贯彻执行，珠三角地区的改革创新也会朝着既定的目标坚定前行。

2011 年是"十二五"开局之年，我们也期望正在陆续编制完成的各项规划，能够真正发挥好各自的刚性约束作用，用以指导各自领域的中长期可持续发展。

资料来源：《规划刚性需要制度"撑腰"》，《经济日报》2011 年 9 月 2 日。

四、推进招商引资和项目落实

按照规划程序批准的发展建设规划是投资项目的重要依据。有关部门在决策建设项目和安排投资时应坚持"规划带项目"的原则，按照规划确定的发展战略和任务研究安排建设项目，并积极引导民间资本投向规划鼓励和支持的领域。

1. 构建多渠道招商引资体系

以商招商。充分借助落地企业的力量，引导企业人员对规划区域政策、环境、资源等方面优势进行宣传，通过以一传十、以十传百提高规划区域在外的知名度和美誉度，引导企业与外商之间的合作，提高直接洽谈、签订项目和引进资金的成功率。

以园招商。积极落实规划区域产业园区的建设，继而通过以园招商承接产业转移。还可以引进战略投资者来本地建设产业园区，形成一个客商带来一群客商建设产业园区的模式，从而带动整个产业链条的发展。

项目招商。紧紧抓住国内外产业转移的机遇，按照规划凝练项目，瞄准有转移意愿的知名企业，重点引进能耗低、产业关联度强、投资规模大、科技含量高的企业。

集群式招商。通过集群式招商可以有效解决企业和产品配套问题，对于集群中的核心企业，要通过多项优惠政策吸引和引导企业转移，以此塑造投资环境；对于配套企业，通过产业链的拉长，形成产业集群。

高规格招商。由规划区域政府职能部门牵头，组织一支招商引资队伍，进一步加大招商引资力度，同时对于有转移倾向的企业进行深入的可行性研究，做到知己知彼，提高招商引资的成功率。

激励招商引资者。鼓励规划区域内的各级政府部门、个人为本区域招商引资。引进项目建成投产后，政府对招商引资部门、个人给予一次性奖励，奖励标准按固定资产实际到位总金额的一定比例（目前常为3‰）计奖。

2. 招商引资的新方式：产业地图招商

根据规划区域的产业特点，结合区域规划和发展要求，寻找和锁定潜在目标企业、机构或领军型人才，实施产业地图招商。产业招商地图是在摸清本地区产业优势和产业缺失的情况下，根据区域战略规划和产业发展需求，绘制出潜在的招商目标图系。它描绘了区域发展所重点关注的产业和技术在全球的分布与趋势，解构出细分技术领域的关联图谱，结合区域现有产业基础与优势，分析出亟须解决的关键技术瓶颈和所需引入的配套或互补性产业环节，并能够根据需求实现全球范围的产业与技术搜索，最终锁定潜在目标企业、机构或领军型人才。

"地毯式招商"转变为"地图式招商"。避免"人海战术"和"全民招商"，有计划地实施"产业招商地图"。

"单独招商"转变为"国际共建"。吸引领军型跨国公司与国际投资促进机构共建"国际产业基地"和"500强虚拟办公室"。

"点线式招商"转变为"网络式招商"。构建"官、产、学、研、介、资、贸"招商网络，即由政府引导，形成企业、大学、研究机构、中介机构、资本金融机构和贸易机构等招商战略联盟。

"国内招商平台（阵地）"为主转变到"国外招商平台（阵地）"为主。"平台跨海"、"阵地前移"，由国家级投资促进机构牵头，联合开发区、高新区和地方投资部门共同在各地设立"招商驿站"。

3. 夯实项目落地：产业园区

目前，我国区域规划中涉及的项目，其空间落地主要集中在各级各类园区内。所以，夯实产业园区建设关系到区域规划是否能实现预期目标的重要环节。

（1）提升园区发展力。规划区域的产业园区发展应转变工业区功能，即以产业协同招商、产业生态发展、自主创新建设为主导方向的可持续发展。土地资源驱动的低级开发阶段→品牌竞争力驱动的中级运营阶段→创新驱动的高级运营阶段。

（2）提升园区竞争力。规划区域的产业园区应从以自然资源为依托发展的开发区向具备市场竞争力的生态型产业集聚的综合性新城区发展。逐步实现以下转变，依托自然资源、优惠政策实现产业集聚，围绕主导产业形成有序产业组合，产业协同作用强化→通过发挥绿色生态优势，促进服务业集聚，实现产业组合升级→具备市场竞争力的综合性新城区。

（3）推进园区间协同力。规划区域的产业园区在市场选择和本地区经济、自然、社会等资源禀赋的相同或相似性决定了相同或相似的产业结构，进而决定相同或相似的产品或服务。适度的结构趋同有利于通过市场竞争，从而提高整体竞争力。因此，制订重点产业应坚持协同发展、有序竞争的思路。

（4）增加产业群落植根力。区域经济群落是促进区域经济发展的独特资源。世界上最成功的区域都培育了由高质量经济基础支持的具有竞争力的公司群落。所以，规划区域的产业园区内的企业之间既要形成合作和竞争的机制，形成良好的经济群落；又要富有经济活力的区域拥有支持群落企业的灵敏的经济基础，这是企业赖以竞争的资源。

（5）拓展园区综合力。规划区域的产业园区要以一个或几个主导产业为核心所形成的地域生产综合体，从总体上来看应具有丰富的层次，以某一生产循环为基础建立起来的专业化生产体系，以及与其技术经济上相关产业形成地域生产综合体的主体，推进"生产—学习—研发—生活—服务"一体化发展。

（6）做好园区产业承接力。规划区域的产业园区的发展要走从单城市为核心的模式转变为区域性城市集群模式，要从更大区域范围做文章，如河北省的发展就要做好自身的沿海经济隆起带的文章，也要融入京津冀、环渤海、东北亚等大区域内做文章，做到技术"入链"、企业"入群"、产业"入带"，实现产业转化和结构优化升级两个目标。

专栏 11-7

波音787电子设备制造商落户滨海空港经济区

滨海新区快速发展的航空产业正产生磁力强大的产业聚集效应。2011年10月27日，为波音和空客提供配套的跨国航空电子设备制造企业——飞朗技术集团（FTG）在亚洲首个项目落户空港民航产业化基地。至此，运营仅一年多的空港民航产业化基地厂房出租率已超六成，预计年底前入住企业将达9家，其中，8家与航空产业相关联。

作为空港经济区航空产业重要发展区域之一，民航产业化示范基地定位于民航高技术产业化的示范基地、世界民航高科技产业转移的重要承接基地和中国民航科技研发平台。基地一期项目规划建设5万平方米标准厂房，并已于去年全部建成投用。随着空客A320和中航直升机基地的落户，加上基地为投资方提供从企业注册到产品国内市场认证的全程"保姆式"服务，该基地产房很快受到国内外航空配套企业的青睐。

此次落户的飞朗技术集团，从 2008 年开始与空港经济区接触，曾到国内山东滨州等地考察选址，最终因空港成熟的产业优势而落定。该集团主要为波音 787、空客 A380、空客 A350、贝尔 429、庞巴迪等知名客机、商务机提供电子设备配套，包括照明开关、仪表框盘、电路板等。飞朗技术集团首席执行官布莱德·波恩表示，预计 5 年后，该集团在空港的项目未来最大年产值可达 1500 万美元。

　　资料来源：《天津：波音 787 电子设备制造商落户滨海新区空港经济区》，中华人民共和国商务部驻天津特派员办事处，http://tjtb.mofcom.gov.cn/aarticle/y/ab/2011 11/20111107810323.html，2011 年 11 月 2 日。

第三节　规划的管理体制

　　目前，多元、分散、网络型以及多样性的管理体制（有的学者也称"管治"）日渐盛行。与传统的以控制和命令手段为主、由国家权力机构纵向分配资源的治理方式不同，管治是指通过多种集团的对话、协调、合作以达到最大程度动员资源的统治方式，以补充单一政府调控模式之不足，最终达到"双赢"的综合社会治理方式。区域规划中的"管治"是以自下而上结构，用新生的区域合伙及代理方式逐步取代原有的单一中央集权的形式。从机构设置看，多数国家的区域规划都在国家一级设部管理，各级行政部门和地方政府都设有专管职能机构，有的还在议会设有相应的立法部门（如德国、瑞典）。部一级职能主要制订全国性政策，提出法案，掌握部分资金以推动政策执行。少数国家设立部级机构负责规划审批（如英国、苏联、日本、匈牙利等）。①

　　对于我国而言，还需要进一步健全规划的管理体制，既涉及管理体制的创新，又包括招商引资和规划项目的落实，还要营造良好的社会环境。

一、加快规划管理体制创新

　　健全完善区域规划管理体系是完善国家宏观调控、促进区域经济协调发展的客观要求。

---

　　① 刘秉镰、韩晶：《区域经济与社会发展规划的理论与方法研究》，经济科学出版社 2007 年版，第 255~256 页。

1. 健全完善区域规划决策体系

目前，我国规划体系分为国家规划、省级规划、市县级三级规划和总体规划、专项规划、区域规划、城市规划四类。国家、省、市县三级都在编制的五年规划，包括总体规划和专项规划。

（1）构建全局性总体战略规划。规划是一项庞大而复杂的系统工程，必须有一个总体规划来协调各方的行动，才能取得良好的效果（孙久文，2004）。国家总体规划由国务院提出，国务院发展规划主管部门具体负责编制。总体规划带有方向性、全局性和战略性，是专项规划的依据，它体现的是对整个区域发展的纲领性概括，各专项规划是总体规划的延伸和具体化，两者是一个完整的有机系统。

（2）做深做实专项规划。省市县各级总体规划分别由对应的各级人民政府发展规划部门具体负责编制。由于我国幅员辽阔、区域发展不平衡、地区性差异大，按照总体规划、专项规划的功能定位，在增强总体规划的调控和约束功能的前提下，做深做实专项规划。

（3）完善规划编制的协调衔接机制。加强规划的审批和颁布管理，建立健全科学化、民主化的规划编制程序，形成各类规划定位清晰、功能互补、统一衔接的规划体制。充分发挥规划在履行政府职能中的作用，按照规划要求合理确定各级各部门的职责和工作重点，明确分工、各司其职、密切配合，确保规划的顺利实施。

2. 健全完善区域规划修编体系

规划修编是依据一定法律程序，对原来的规划做出的进一步整理、改写、编制。规划是对未来整体性、长期性、基本性问题的思考、考量和设计未来整套行动方案，但是，随着社会经济的发展，原有的规划暴露出问题和矛盾，这时就需要对规划进行调整和改编。

目前，规划修编从转变单一由部门编制的方式，转变为政府组织、专家领衔、部门合作、公众参与、科学决策、依法办事的方式。在规划修编前，一般都应有相关专题研究，由相关领域的资深专家领衔担任专题负责人。规划的修编过程中要广泛吸收包括政府部门、社会组织、企业、个人等各方意见，要采用咨询、交流、公示等方式，促进公众对规划修编的参与。

规划修编原则主要有：规划内容要体现经济、社会、生态的可持续发展等重大问题；要突出规划的控制性，明确规划强制性内容，规划禁止、限制与适宜建设地区；要统筹考虑区域基础设施建设、生态环境保护；要重视市域城镇体系规划，促进城乡协调发展；要重视对历史文化和风景名胜资源的保护；要明确近期建设规划的发展重点和建设时序。

规划修编主要步骤有：对原有规划实施情况进行评估；通过公开的方式对规划涉及的重大课题进行招标；编制规划专题；民主讨论；专家审议；人大代表审议。

区域规划的不断修订过程就是"补丁升级"的过程。一方面，应通过法律对规划修编的合法性进行保护；另一方面，通过法律严格修订成员、修订组织的组成，对修订行为进行保护和约束。只有这样才能使规划体系不断得到完善（刘秉镰，2007）。

3. 健全完善区域规划运行机制

规划的运行机制包括规划制订、实施、协调、研究四种核心行为，并派生出编制、审批、策略、管理、调校、跟踪、信息和目标等八个工作环节，构成了规划工作全过程的复合型"操作环"（王富海，2010）。

规划制订是指从规划的编制到规划文本审批全过程。这一过程是集技术、行政和法律行为的集合。规划制订时应建立责权明确、统分结合、各尽其用的新体系。

规划实施包括制订实施策略、管理与促进、反馈与调校等环节。实施策略与资源、财政、发展计划紧密相关，既含有公共投资导向，又有各项设施发展政策。管理是把规划变成对建设项目的具体要求。促进是通过政策性倾斜、项目策划与推动等方式。反馈是在规划实施过程中各种信息的反馈，在此基础上，制订部门要遵循一定的程序进行相应调校。

规划协调是对各级各类规划按照权限、职能或其他依据进行合理的调整，使各种规划之间形成统筹有序、相互衔接、分工合作的格局。当然，这种协调行为贯穿于规划工作的整个过程，分为规划编制的协调、管理的协调、实施的协调。

规划研究是贯穿于整个规划工作过程的重要行为，包括规划实施跟踪、规划信息收集与处理、目标和规划原则确定等内容。这是由规划的复杂性和多变性决定的。

上述四种行为是规划运行机制的核心圈，在其基础上，演化为具体操作的八个工作环节，这些环节又可以形成完整的"操作环"，成为规划运行机制的实质内容。该"操作环"的结构性过程为：

　　→编制→审批→策略→管理→调校→跟踪→信息→目标—……→

　　这个由八个环节构成的"操作环"，是规划运行机制内部组织的完整体系。在运作中每一环节都必不可少；每个环节的工作目的、范围和相互关系都有明确界定；各个环节的工作内容和守则；每个环节的操作机构和人员。

4. 健全完善区域规划组织体系

　　合理有效的组织设计是区域规划管理强有力的组织保障。区域规划组织体系的总体思路是：内部组织结构调整和外部组织保障并重，纵向和横向的规划相协调的机制，重点建立以区域规划主管机构为主导，以中介组织为依托的区域规划组织体系（周杰，2005）。

　　区域规划的主管机构主要有：战略规划部门，这是规划调控的核心部门，主要职能是组织拟订区域经济发展战略，编制区域规划；综合协调部门，主要是协调规划与财政、金融等综合经济部门之间的关系，研究分析全社会资金平衡状况和财政、金融等运行形式并提出政策建议；项目管理部门，立足于推动规模较大、综合性较强的跨区域重大项目，参与重大项目的立项、招投标监督，通报项目进展情况，解决项目实施过程中的主要矛盾；政策法规部门，负责组织起草区域经济与社会发展规划管理法规和规章、地方行政法规和规章。

　　区域规划依托体系是规划制订和实施过程中的重要组织形式及相应的规划信息来源与智力支持，主要包括信息监测中心、市场中介组织、学术研究机构和民间组织。规划部门依托规划体系，加强对各类经济主体的联系和政策指导，沟通规划部门和各界人士的联系，使之在区域规划的研究、论证、组织、实施中发挥相应的作用，从而提高公众参与度。

　　可见，区域规划不仅是政府行为，也是社会行为。规划既要体现国家利益，也要反映公众利益。规划的编制和实施管理，不仅要靠政府的组织协调，还要靠广大社会各界的共同努力。因此，要创造条件让社会各界广泛参与，提高透明度和公众的参与度，要充分引入专家咨询和公众参与机制，提高规划的科学性和民主性（刘秉镰，2007）。

专栏 11 -8

滨海新区规划管理体制的改革与创新

滨海新区纳入国家发展战略，使滨海新区的发展迎来难得的历史机遇，这也给规划管理工作提出了新的要求。《国务院关于推进天津滨海新区开发开放有关问题的意见》（国务院 20 号文），明确将滨海新区确定为国家综合配套改革实验区，要求通过体制机制创新，在金融、土地、对外开放、税收管理等方面先行先试，取得突破，并形成统一、协调、精简、高效、廉洁的管理体制。其基本构想是：

建立滨海新区一五三规划管理体制模式，即一个新区主管部门，指滨海分局，组建塘沽、大港、汉沽、东丽和津南区五个规划局，在天津经济技术开发区、天津港保税区和天津港设立规划处作为市规划局的派出机构。

新区规划工作实行两级管理，滨海分局受市规划局和滨海委双重领导，依托市局的支持，作为新区规划管理行政主管部门，对滨海新区规划管理的业务工作实施领导，在分局领导下各区规划部门按权限行使行政许可审批和规划审批。①强化规划系统统一领导。建议各区规划局党政主要领导由市规划局任命和管理，规划业务工作受滨海分局和区政府双重领导，以滨海分局为主。②强化规划工作统一管理。开发区和保税区的规划管理，纳入滨海新区统一的规划管理体系，在开发区、保税区和天津港原规划机构的基础上，改制为天津市规划局的派出机构。东丽区、津南区规划部门内设立滨海新区规划管理科。③理顺大港油田和八个功能区的规划管理关系。按照滨海新区总体规划，将新区划分为七个功能区，在分局统一领导下，各功能区设立规划管理部门。对大港油田和七个功能区划定重点管理区域，其规划管理责任由滨海分局负责。④创新规划工作管理机制。一是创新决策机制。在市规划委员会统一领导下，成立滨海新区规划委员会，审议滨海新区重要规划和城市建设与市政交通建设方面的重大工程项目，审议规划管理政策、法规。二是创新领导机制。明确滨海分局与各区局的管理权限，实现分局对各区局的业务领导。三是创新协调机制。各区规划局局长兼任滨海分局副局长，建立滨海分局长联席会议制度。四是创新联系机制。建立京津冀乃至环渤海地区规划部门联系机制，通过定期交流，形成有效的沟通与协调。五是创新监督机制。制订滨海新区规划编制审批办法，完善并规范规划编制、规划审批及规划管理程序，逐步完善滨海新区规划管理监察制度体系。

资料来源：霍兵：《统一、协调、精简、高效——滨海新区规划管理体制的改革与创新》，载《求知》2007 年第 9 期。

二、建立健全规划管理机制

1. 多渠道投资融资机制

在区域规划中，主导产业或优先发展部门的成功与否，决定着整个区域发展的好坏，决定着规划的成败与否，所以，必须对主导产业或优先发展部门给予资金扶持和优惠的融资税费。这就要求：

（1）政府财政扶持。政府财政进一步加大对主导产业资金扶持，逐步增加专项资金，年增长速度不低于经常性财政收入增幅。综合开发资金、科学技术经费、中小企业发展专项资金等项目资金，要重点用于扶持产业化经营。

（2）金融信贷支持。优化贷款投向，把投资重点向基地建设和龙头企业倾斜，促进产业结构优化调整。

（3）社会资本支持。鼓励外来资本、工商资本和民营资本振兴企业，建立生产加工基地，在项目审批、土地供应、银行贷款、财政资金安排等方面给予大力支持。对投资规模较大、带动能力较强的，优先安排主导产业或优先发展部门的项目资金。

（4）积极推进中小企业担保信用体系建设。鼓励金融机构为企业提供金融服务，拓宽企业融资渠道。对企业技术开发、技术转让和与之相关的技术服务及技术咨询取得的收入免征营业税；对企业高级研发人员的奖金免征个人所得税，允许企业按当年实际发生的技术开发费用的一定比例（目前我国是 150%）抵扣当年应纳所得税。

2. 人才智力培养激励机制

区域发展包括区域规划的制订人才是关键。要完善人才优先发展的战略布局，构筑更具竞争实力和创新活力的人才"洼地"，使规划区域成为优质人才资源的集聚区。

（1）大力培养和开发人才。一是大力加强人力资源能力建设；二是突出培养造就创新型科技人才；三是挖掘高等教育潜力；四是大力发展职业教育。

（2）强化人才引进和人才发展。一是加强高科技创新型人才、高技能实用型人才引进工作；二是加快培养引进科学发展急需专门人才；三是创新人才柔性引进政策和服务方式。

（3）健全完善竞争激励机制。一是调整规范各类人才奖项设置；二是完善落实国家资助开发的科研成果权利归属和利益分享机制；三是推进机关和事业单位社会保障制度改革。

（4）加强人才市场建设。一是建立统一开放、面向国内外的区域人力资源市场；二是完善政府人才公共服务系统，建立政府购买公共服务制度。

（5）积极营造良好的人才环境。一是营造实施规划的良好社会环境；二是加大对人才发展的投入；三是完善人才创业环境。着力优化用人环境，建立上下衔接、相互协调，比较完整的人才政策体系。

3. 建立和完善开放的市场机制

充分发挥政府政策和市场机制的"双轮驱动"作用。充分发挥政府在规划工作中的组织和指导作用，综合运用财政、税收、金融、土地等政策，加强服务、搭建平台、沟通协调、提供政策和组织保障。以市场运作为主线、以利益共享为纽带，不断完善和健全市场机制。建立健全市场中介机构；加强行业协会对政府和市场的关联纽带；加强市场制度建设以规范市场行为、增强市场各参与方的行为自律、严格市场监管控制等。

专栏 11 - 9

完善企业融资机制，解"民贷依赖症"

"民间借贷热"的背后，不仅是实体经济投资机会的匮乏，更是部分中小企业融资渠道的狭窄、生存空间的逼仄。

从温州到鄂尔多斯再到江苏泗洪县石集乡，日前，全国各地频频曝出的高利贷链条断裂个案，把"民间借贷"推到风口浪尖，更让后金融危机时代的金融风险问题浮出水面。

以滚雪球方式过度膨胀的民间借贷，之所以让人胆战心惊，是因为一旦长长的资金链在任何一点上断裂，就会引发中小企业倒闭潮，更会让卷入其中的普通民众血本无归——1997年亚洲金融危机导致第一次温州民间借贷的崩盘，出口外向型中小企业大范围倒闭的悲剧，至今让人心有余悸。当前的情况也不容乐观。据浙江投资研究机构的分析，浙江小企业约80%都靠民间借贷维持经营；而在江苏石集乡，根据央视调查，高达98%以上的村民参与到高利贷游戏中。

民间借贷的"风生水起"，暴露的正是当前中小企业艰难的生存困境。从资金供给方看，在资本市场剧烈波动的当下，中小企业创业艰难、利润偏低，"放贷谋利"自然成了民间资本的一个选择。以鄂尔多斯为例，在煤炭与房地产之外，民间借贷几乎成了民间资本的唯一出路。半数以上的居民热衷于放贷的资本活动，凸显了民众对于投资实业尤其是创办中小企业的信心缺失。

就资金需求者而言，为应对通胀而收紧的银根，加之扶持力度的不均衡，部分本就贷款困难的中小企业雪上加霜，"付息借贷"往往成了饮鸩止渴的无奈。在温州，普遍5%左右的利润率的现状，使得部分中小企业难获银行信贷，而民间高利贷又进一步压缩了利润空间、放大了违约几率。

可见，所谓的"民间借贷热"，一方面折射出实体经济投资机会的匮乏；另一方面反映出了部分中小企业融资渠道的狭窄。生存空间的逼仄，不利于中小企业发挥吸纳就业的"社会稳定器"作用，也不利于我国经济增长由政策刺激向自主增长的有序转变，背后隐藏着的巨大金融风险更令人惊心。

应当承认，民间借贷发展到今天，对盘活民间资本市场、服务中小企业发展、繁荣地方社会经济，做出了积极的贡献。当务之急，不在于否定民间借贷，而应给予其必要的制度规范、适度的风险控制。尤为重要的是，在宏观调控既定方向不变的条件下，应尽快出台审慎灵活、针对性强的具体措施，依靠"区别对待、有保有压"的政策传统着力解决部分中小企业的融资困难。

正如英国电信集团董事长利万基在2011年夏季达沃斯论坛上所言："中小企业是整个经济的引擎。"关心中小企业就是关心国民经济整体，就是关注就业、关爱民生。只有帮助中小企业从"民间借贷依赖症"的无奈困境中走出，才能迎来企业和民间借贷的春天。

资料来源：《时评：解企业之难方能治"民贷依赖症"》，中国新闻网，http://www.chinanews.com/cj/2011/09-21/3342182.shtml，2011年9月21日。

三、加强区域规划法律法规体系建设

近10年，我国城市的发展速度和规模举世瞩目，正在兴起一股卷全国的造城运动狂潮。据统计，全国200多个地级市中有183个正在规划和建设中把自己定位成现代化"国际大都市"。诚然大广场、大马路、大建筑鳞次栉比，但大量占用土地，大范围拆迁的粗放城市化，远离国情、远离民心、远离可持续发展，面临种种困境和挑战。

1. 我国规划立法的主要历程

为了使区域规划做到有法可依，我国在1990年颁布实施了《城市规划法》，城市规划开始正式纳入法制的轨道。同年，为了确定城市的规模和发展方向，实现城市的经济和社会发展目标，合理地制订城市规划和进行城市建设，适应社会主义现代化建设的需要，制订了《中华人民共和国规划法》。1995年建设部关于印发《城市规划编制办法实施细则》，细化了城市规划中的内容，在此基础上，针对《细则》中暴露出来的问题和新的情况，2005年重新修订了《城市规划编制办法》。为促进小城镇健康发展，规范村镇规划编制工作，2000年制订了《村镇规划编制办法》。为了加强城乡规划管理，协调城乡空间布局，改善人居环境，促进城乡经济社会全面协调可持续发展，2007年制订了《中华人民共和国城乡规划法》。为规范土地利用总体规划的编制、审查和报批，提高土地利用效率，2009年制订了《土地利用总体规划编制审查办法》。为加强规划环境影响评价规划审批、规划编制、重点污染物控制等，2009年国务院颁布了《规划环境影响评价条例》。城市综合交通体系规划是城市总体规划的重要组成部分，为了规范城市综合交通体系规划编制工作，2010年制订了《城市综合交通体系规划编制办法》。为了规范城市、镇控制性详细规划编制和审批工作，2011年实施了《城市、镇控制性详细规划编制审批办法》。目前已有部分省市颁布了地方性法规和条例，从立法上对城市规划进行规范。但是总体来看，我国目前的城市规划立法仍然比较滞后。

2. 区域规划法律法规体系建设的主要内容

（1）做好综合、总体规划的立法。确立规划综合、总体规划的法律权威性，划分中央和地方规划管理权限。中央规划统领区域规划，发展战略服从规划设计，专项规划服从总体规划，年度规划细化总体规划等。关于规划权限的规定。

（2）做好专项规划的立法。各专项规划要从当地的经济社会发展的实际情况出发，要体现行业特色和发展趋势，避免盲目攀比和照抄照搬其他地区。

（3）做好规划实施细则的法规和相关解释。在规划实施中，要对规划内容、思路、战略、重点、手段等，通过实施细则给予细化和规范化，具有可执行性、可操作性，对异议之处要及时做出相关解释。要凸显相关部门对规划的执行力，包括规划与财政、金融等其他调节手段的关系。

（4）严格的规划决策程序。规划决策程序必须对区域经济与社会发展规划的调查研究、论证和审批、审核和批准各个阶段相关部门的权限做出明确的规定。

（5）在城市规划中应积极动员和吸收社会各界广泛参与。通过征集提案、召开座谈会和听证会等形式，集思广益，使城市的规划更科学，更好地为促进当地社会经济的发展服务。

（6）明确规划各种参与者的法律责任。参与规划决策、运行和协调的单位，都应依法在自己的职权范围内所采取的相应的措施保障规划的编制和实施。对于规划法律责任者，根据情节轻重和所造成的损失的大小，依法追究其相应的法律责任。

 专栏 11 - 10

国内首次立法规范编制发展规划

2011 年 9 月 26 日，《新疆维吾尔自治区发展规划条例（草案）》（以下简称《条例（草案）》）提请新疆维吾尔自治区十一届人大常委会第三十一次会议审议，这就意味着新疆全区的发展规划将有法可依，发展规划不能再随意修改。

据了解，尽管国家从 2002 年就开始进行发展规划体制改革，但立法仍是空白，对新疆来说，此次也是一次积极的地方立法尝试。

新疆自治区人大常委会法制工作委员会副主任李建新介绍："在我们此前进行的调研中确实发现不少问题，如有的小县城专门请来专家做规划，三五个月过去了，花了数万元，规划做出来了，可在执行中却很随意，甚至有'换一任领导就换一套思路'的情况发生。"

《条例（草案)》规定，发展规划经批准后，未经法定程序不得调整或者修订，有上一级发展规划调整或者修订的，经过中期评估需要调整或者修订的，国家和自治区发展战略、发展布局进行重大调整的，经济社会情况发生重大变化的，法律、行政法规规定的其他情形等之一的，发展规划可以调整或者修订。调整或者修订发展规划，要由发展规划编制部门提出调整或者修订方案，并经过衔接协调、征求意见以及专家论证后，按照条例规定进行审核、批准和公布。

发展规划草案在报送审核或批准前，发展规划编制部门应当通过公布规划草案、举行听证会等形式，广泛听取社会公众的意见。发展规划草案未经衔接、征求意见及专家论证的，不得报送审核、批准。同时，发展规划经依法批准后，法律、行政法规另有规定或者涉及国家秘密的除外，应当在20个工作日内由发展规划编制部门向社会公布。

《条例（草案)》同时明确了相关法律责任，规定应当编制发展规划而未编制、违反法定权限和程序编制发展规划，擅自调整、修订发展规划，违反发展规划限制性、禁止性规定的，由县级以上人民政府责令改正；情节严重的，对直接负责的主管人员和其他直接责任人员依法给予行政处分。负责发展规划论证、评估的单位或者个人在论证、评估中弄虚作假的，由上级主管部门或者行业管理部门责令改正，并给予警告；情节严重的，依法暂停直至取消执业资格；发展规划编制、实施和管理部门的工作人员，在发展规划工作中，徇私舞弊或者有其他渎职、失职行为的，依法给予行政处分；公民、法人或者其他组织从事经济社会活动，违反发展规划要求的，由相关主管部门责令改正；有违法所得的，没收违法所得，可以并处违法所得五倍以下罚款。上述构成犯罪的，都将依法追究刑事责任。

资料来源：潘从武、吴娜纬：《新疆首次立法规范编制发展规划，不能再"朝令夕改"》，法制网讯，http://www.xbfzgc.com/2011/0927/5926.html，2011年9月27日。

四、营造经济社会发展的良好环境

1. 加强社会治安综合治理

依法严厉打击各种犯罪，妥善处理和化解各类社会矛盾，全力维护社会政治稳定。深入开展严打整治斗争，切实解决社会治安热点、难点问题，为广大群众生产、生活、工作、学习营造安宁的社会治安环境。高度重视做好人民来信来访和人民调解工作，积极开展法律援助和法律服务工作，认真做好民族宗教工作。贯彻落实妇女、儿童发展纲要，加强青少年权益保护，支持残疾人事业发展。加强安全生产的综合治理，标本兼治，立足当前，着眼长远，建立安全生产的长效机制。进一步强化企业安全主体责任，完善安全生产的监管机制，切实加大安全生产的执法力度，实现我区经济社会的安全稳定发展。

2. 完善社会保障体系

统筹劳动就业和社会保障、统筹城镇社会保障和农村社会保障、统筹公平和效率、统筹政府作用与市场效率，要建立健全覆盖城乡居民的社会保障制度。主要包括：一是社会保险制度。涉及城镇职工医疗保险、新型农村合作医疗补助保障水平。二是社会救助体系。主要包括城市低保工作、加强农村特困救助工作、农村五保供养政策、特困群众医疗救助制度。三是社会福利事业。主要包括公共福利设施建设、老龄事业发展、福利彩票发行管理工作、社会慈善组织形式。

3. 加强文明和法治建设

大力加强社会主义精神文明和民主法治建设，增强广大群众的凝聚力和创造活力，努力保持社会稳定，为区域发展提供强有力的思想保证、精神动力、智力支持和法制保障。

（1）加强理想信念教育。坚持用邓小平理论和"三个代表"科学发展观重要思想武装全党、教育人民，努力使科学理论成为人们团结奋斗的共同思想基础和精神支柱。加强和改善思想政治工作，创新方法，增强实效。加强以诚信为重点的公民思想道德体系建设，进一步加强和改进未成年人思想道德建设。加强科学知识普及，繁荣和发展哲学社会科学，推动理论创新。

（2）广泛开展精神文明创建活动。发挥民智，提炼独具特色、内涵丰富的区域人文精神。巩固和发展军民、军政团结，为区域经济社会发展提供精神力量支撑和思想保证。广泛开展群众性精神文明创建活动。以创建各具特色的和谐文明小区、文明学校、文明单位、文明家庭活动为载体，抓好各项工作，推进管理有序、治安良好的和谐社区、和谐村镇建设，努力提升以社会风气、公共秩序、生活环境为主要标志的社会文明和谐程度。

（3）深入做好群众工作。一是以党心凝聚民心，建立党员服务群众的有效载体。使规划区域的党员自觉参与到服务社区、服务群众的工作中来；二是充分依靠群众，丰富做好群众工作的有效途径。引导规划区域的群众强化自我教育、自我管理。深入关怀困难群众，丰富街道救助的服务内涵，扩展爱心救助形式，建立便民服务网络。

（4）加快法制化建设进程。加强执法、普法、法律监督工作，推进科学立法，民主立法。深入开展法制教育，加强普法工作，创新普法宣传教育，提升法律援助和法律服务水平，营造文明法治的社会环境，提高全体人民特别是各级领导干部的法制观念。推进政府工作法制化，从严治政，依法行政。健全和完善执法责任制、行政管理公示制、行政评议考核制和错案追究制。加强执法队伍建设，提高执法水平。深化司法改革，健全法律服务体系，促进司法公正。做到政府依法行政，司法机关公正司法，企业依法经营，基层民主自治，公民知法守法，社会和谐稳定。

4. 维护社会稳定和谐

从解决人民群众最关心、最直接、最现实的利益问题入手，努力构建社会主义和谐社会。进一步完善化解人民内部矛盾的工作机制，健全社会利益协调机制，加强和改进信访工作，畅通群众诉求渠道，引导群众通过理性合法形式表达利益要求。坚持工作重心下移，抓好维护社会稳定的基层和基础工作。进一步加强社会治安综合治理和治安防控体系建设，积极推动治安防范的市场化、职业化和社会化，严厉打击各种刑事犯罪活动，坚决扫除"黄赌毒"等社会丑恶现象。加强人口综合管理，保持人口规模与城市资源环境的承载能力相适应。大力推进和谐社区、和谐村镇建设。建立健全社会预警、突发事件应急、社会动员和稳定保障机制，提升装备技术水平，提高气象、地震、消防、地质监测的准确应急服务能力，全方位推进社会公共安全体系建设，切实保证人民生命财产安全与社会和谐稳定。

专栏 11 – 11

顺利实施"十二五"规划需要稳定的社会环境

据新华社北京 2011 年 3 月 6 日电（记者崔清新、徐博）中共中央政治局常委、中央政法委书记周永康 6 日上午来到他所在的十一届全国人大四次会议黑龙江代表团，同代表们一起审议。

周永康强调，要顺利完成今后5年各项目标任务，必须有一个稳定的社会环境，否则，什么事情也干不成，已经取得的成果也会失去，更不可能实现又好又快发展。维护社会稳定，关键是要把我们自己的事情办好。工作中既要立足当前，又要着眼长远；既要注重治标，更要重视治本。周永康特别强调：一要通过推动科学发展促进社会稳定。加快转变经济发展方式，提高发展质量和效益，切实解决发展中不平衡、不协调、不可持续的问题，为保持社会稳定奠定坚实基础。二要通过改善民生促进社会稳定。把民生优先的要求落实到具体的计划和行动中，拿出更多的精力财力，解决好群众反映强烈的基本民生问题。三要通过维护社会公平正义促进社会稳定。既重视做大"蛋糕"，更注重分好"蛋糕"，尤其要加大对困难地区、困难群众的帮扶力度，加快缩小发展差距和收入分配差距；执法司法机关要坚持依法行政、公正司法，切实维护社会公平正义。四要通过加强和创新社会管理促进社会稳定。适应经济社会发展新形势，转变管理理念、完善法律政策、健全体制机制、强化管理措施，提高社会管理效能。五要通过加强思想教育引导促进社会稳定。用中国特色社会主义理论体系武装人民头脑，坚定全国人民走中国特色社会主义道路的信心和决心，珍惜取得的改革发展成果；加强形势政策、法制观念教育，使每个公民深刻认识到"稳定是福、动乱是祸"，深刻认识到社会稳定是全体人民根本利益所在，形成人人珍惜稳定、人人维护稳定的良好氛围。

资料来源：《周永康参加黑龙江团审议时强调顺利实施"十二五"规划要有一个稳定的社会环境》，《北京日报》，http：//bjrb. bjd. com. cn/html/2011－03/07/content_376185. htm，2011 年 3 月 7 日。

□ 思考与练习题

1. 国家和地方区域政策的主要任务分别是什么？

2. 以政策的属性和职能为标准可以将经济政策划分为几种类型？每种政策的主要手段分别是什么？

3. 规划经济政策设计主要考虑哪些因素？

4. 如何完善规划实施机制？

5. 规划的运行机制的"核心圈"和"操作环"分别是什么？

6. 健全规划管理机制主要包括哪些方面？

7. 区域规划法律法规体系建设的主要内容有哪些？

8. 如何营造经济社会发展的良好环境？

□ 延伸阅读文献

1. 刘秉镰、韩晶：《区域经济与社会发展规划的理论与方法研究》，经济科学出版社 2007 年版。

2. 孙久文：《区域经济规划》，商务印书馆 2005 年版。

3. 陈秀山、张可云：《区域经济理论》，商务印书馆 2003 年版。

4. 周杰：《区域规划管理体系创新研究》，载《特区经济》2005 年第 2 期。

5. 张可云：《区域经济政策》，中国轻工业出版社 2001 年版。

6. 张敦富主编：《投资环境评价与投资决策》，中国人民大学出版社 2001 年版。

7. 方创琳：《区域发展战略论》，科学出版社 2002 年版。

8. 李国平等：《区域科技发展规划的理论与实践》，海洋出版社 2002 年版。

9. 张翰卿、戴慎志：《城市安全规划研究综述》，载《城市规划学刊》2005 年第 6 期。

10. 张沛：《区域规划概论》，化学工业出版社 2006 年版。

11. 崔功豪、王兴平：《当代区域规划导论》，东南大学出版社 2006 年版。

主要参考文献

1. 阿尔弗雷德·韦伯：《工业区位论》，商务印书馆 1997 年版。

2. 安虎森：《空间经济学教程》，经济科学出版社 2006 年版。

3. 安虎森：《区域发展理论研究》，东北朝鲜民族教育出版社 1996 年版。

4. 安虎森：《新区域经济学》，东北财经大学出版社 2012 年版。

5. 白志鹏、王珺：《环境管理学》，化学工业出版社 2007 年版。

6. 彼得·霍尔：《城市和区域规划》（原著第四版），中国建筑工业出版社 2008 年版。

7. 彼得·萨伦巴等：《区域与城市规划》（讲稿及文集），城乡建设环境保护部城市规划局编，1986 年。

8. 庇古著，陆民仁译：《福利经济学》，"台湾银行经济研究室"编印，1971 年。

9. 荼洪旺、李建美：《区域经济管理概论》，中国人民大学出版社 2006 年版。

10. 陈鸿宇：《区域经济学新论》，广东经济出版社 1998 年版。

11. 陈修颖：《区域空间结构重组——理论与实证研究》，东南大学出版社 2005 年版。

12. 陈秀山、张可云：《区域经济理论》，商务印书馆 2003 年版。

13. 程道平：《现代城市规划》，科学出版社 2004 年版。

14. 程胜高、张聪陈：《环境影响评价与环境规划》，中国环境科学出版社 1999 年版。

15. 程水源、崔建升：《建设项目与战略环境影响评价》，中国科学环境出版社 2008 年版。

16. 崔功豪、王兴平：《当代区域规划导论》，东南大学出版社 2006 年版。

17. 崔功豪、魏清泉、刘科伟：《区域分析与区域规划》（第二版），高等教育出版社 2006 年版。

18. 党耀国、刘思峰、王庆丰：《区域产业结构优化理论与实践》，科学出版社 2011 年版。

19. 邓清华：《城市色彩探析》，载《现代城市研究》2002 年第 4 期。

20. 丁成日：《城市空间规划——理论、方法与实践》，高等教育出版社 2007 年版。

21. 丁钟浩：《环境规划与管理》，机械工业出版社 2007 年版。

22. 杜肯堂、戴士根：《区域经济管理学》，高等教育出版社 2004 年版。

23. 杜能：《农业和国民经济中的孤立国》，商务印书馆 1986 年版。

24. 方创琳：《国外区域发展规划的全新审视及对中国的借鉴》，载《地理研究》1999 年第 18 卷第 1 期。

25. 方创琳：《区域发展规划论》，科学出版社 2000 年版。

26. 方在农：《区域科技创新的理论实践和政策研究》，东南大学出版社 2003 年版。

27. 高宏彬：《县域经济发展及其评价研究》，中国财政经济出版社 2007 年版。

28. 高洪深：《区域经济学》，中国人民大学出版社 2010 年版。

29. 高甲荣、齐实：《生态环境建设规划》，中国林业出版社 2006 年版。

30. 高进田：《区位的经济学分析》，上海人民出版社 2007 年版。

31. 耿丽萍、陈念平：《经济地理学》，机械工业出版社 2006 年版。

32. 顾朝林：《中国城镇体系——历史、现状、展望》，商务印书馆 1992 年版。

33. 郭怀成、张天柱：《环境规划学》，高等教育出版社 2001 年版。

34. 郭怀成：《环境规划学（第二版)》，高等教育出版社 2009 年版。

35. 郭淮成等：《环境规划学》，高等教育出版社 2001 年版。

36. 国家环境保护局计划司：《环境规划指南》，清华大学出版社 1994 年版。

37. 海热提、王文兴：《生态环境评价、规划与管理》，中国环境科学出版社 2004 年版。

38. 海热提：《城市生态环境规划理论、方法与实践》，化学工业出版社 2005 年版。

39. 郝寿义、安虎森：《区域经济学》（第二版)，经济科学出版社 2004 年版。

40. 郝寿义、安虎森：《区域经济学》，经济科学出版社 1999 年版。

41. 郝寿义：《区域经济学原理》，上海人民出版社 2007 年版。

42. 何芳：《区域规划》，百家出版社 1995 年版。

43. 贺桂梅：《区域科技规划研究：渭南》，科学出版社 2000 年版。

44. 胡佛：《区域经济学导论》，经济出版社 1989 年版。

45. 黄本笑、张雪平、赵修卫：《科技进步与区域发展》，武汉大学出版社 2002 年版。

46. 霍尔：《城市和区域规划》，中国建筑工业出版社 1985 年版。

47. 建设部：《城镇体系规划编制审批办法》1994 年颁布。

48. 江世银：《区域产业结构调整与主导产业选择研究》，上海人民出版社 2004 年版。

49. 蒋选、杨万东、杨天宇：《产业经济管理》，中国人民大学出版社 2006 年版。

50. 金碚：《产业组织经济学》，经济管理出版社 1999 年版。

51. 金鉴明等：《环境科学大词典》，中国环境科学出版社 1991 年版。

52. 金经元：《近现代西方人本主义城市规划思想家：霍华德、盖迪斯、芒福德》，中国城市出版社 1998 年版。

53. 金相郁：《中国区域经济不平衡与协调发展》，上海人民出版社 2007 年版。

54. 科学技术部农村与社会发展司、中国 21 世纪议程管理中心、中国科学院地理科学与资源研究所：《中国地方可持续发展规划指南》，社会科学文献出版社 2006 年版。

55. 克里尔编著，金秋野、王又佳译：《城镇空间——传统城市主义的当代诠释》，中国建筑工业出版社 2006 年版。

56. 李秉毅：《构建和谐城市——现代城镇体系规划理论》，中国建筑工业出版社 2006 年版。

57. 李国平：《京津冀区域科技发展战略研究》，中国经济出版社 2008 年版。

58. 李国平等：《区域科技发展规划的理论与实践》，海洋出版社 2002 年版。

59. 李习彬：《规范化管理——管理系统运行设计方法论》，中国经济出版社 2005 年版。

60. 李小建：《经济地理学》，高等教育出版社 1999 年版。

61. 李晓冰：《环境影响评价》，中国科学出版社 2007 年版。

62. 李悦、李平、孔令丞：《产业经济学》（第二版），东北财经大学出版社 2008 年版。

63. 李悦、李平：《产业经济学》，东北财经大学出版社 2002 年版。

64. 厉以宁：《区域发展新思路》，经济日报出版社 1999 年版。

65. 梁蓓：《区域经济规划与投资环境分析》，对外经济贸易大学出版社 2011 年版。

66. 林德金：《适用省市地县现代规划——理论、政策、方法、模型、案例》，光明日报出版社 1990 年版。

67. 凌耀初：《县域经济发展战略》，学林出版社 2005 年版。

68. 刘秉镰、韩晶：《区域经济与社会发展规划的理论与方法研究》，经济科学出版社 2007 年版。

69. 刘康、李团胜：《生态规划——理论、方法与应用》，化学工业出版社 2004 年版。

70. 刘利、潘伟斌：《环境规划与管理》，化学工业出版社 2006 年版。

71. 刘天齐、黄小林等：《区域环境规划方法指南》，化学工业出版社 2001 年版。

72. 刘易斯·芒福德：《城市发展史——起源、演变和前景》，中国建筑工业出版社 1989 年版。

73. 隆少秋：《县域经济发展及结构优化的理论与实践》，华南理工大学出版社 2006 年版。

74. 陆玉麟：《区域发展中的空间结构研究》，南京师范大学出版社 1998 年版。

75. 路甬祥：《中国科技规划、计划与政策研究》，山东教育出版社 2007 年版。

76. 罗斯托：《经济成长的阶段》，商务印书馆 1963 年版。

77. 马东辉、郭小东、王志涛：《城市抗震防灾标准实施指南》，中国建筑工业出版社 2007 年版。

78. 马晓明：《环境规划理论与方法》，化学工业出版社 2004 年版。

79. 迈克尔·波特：《国家竞争优势》，华夏出版社 2002 年版。

80. 毛玉如：《环境保护调查方法》，化学工业出版社 2010 年版。

81. 聂华林、李光全：《区域规划导论》，中国社会科学出版社 2009 年版。

82. 牛文元：《中国城市化与区域可持续发展研究》，新华出版社 2004

年版。

83. 欧阳志云、王如松：《区域生态规划理论与方法》，化学工业出版社 2005 年版。

84. 彭震伟：《区域研究与区域规划》，同济大学出版社 1998 年版。

85. 钱易、唐孝炎：《环境保护与可持续发展》，高等教育出版社 2000 年版。

86. 饶会林：《城市经济理论前沿课题研究》，东北财经大学出版社 2001 年版。

87. 山鹿诚次：《都市地理研究のあゆみ》，载《地理学评论》1973 年第 7 期。

88. 尚金城：《城市环境规划》，高等教育出版社 2008 年版。

89. 尚金城：《环境规划与管理》，科学出版社 2009 年版。

90. 申金升、徐一飞、雷黎：《科技规划方法论研究》，中国铁道出版社 2001 年版。

91. 盛洪：《分工与交易——一个一般理论及其对中国非专业化问题的应用分析》，上海三联书店、上海人民出版社 2006 年版。

92. 盛连喜、曾宝强、刘静玲：《现代环境科学导论》，化学工业出版社 2002 年版。

93. 施祖麟：《区域经济发展：理论与实证》，社会科学文献出版社 2007 年版。

94. 史同广、王慧：《区域开发规划原理》，山东省地图出版社 1994 年版。

95. 宋永昌、由文辉、王荣祥：《城市生态学》，华东师范大学出版社 2000 年版。

96. 苏东水：《产业经济学》，高等教育出版社 2000 年版。

97. 孙久平：《区域经济学》，首都经济贸易大学 2006 年版。

98. 孙久文、叶裕民：《区域经济学教程》，中国人民大学出版社 2003 年版。

99. 孙久文：《区域经济规划》，商务印书馆 2004 年版。

100. 泰勒：《1945 年后西方城市规划理论的流变》，中国建筑工业出版社 2006 年版。

101. 谭纵波：《城市规划》，清华大学出版社 2005 年版。

102. 王传民：《县域经济产业协同发展模式研究》，中国经济出版社

2006 年版。

103. 王柯敏：《泛珠三角区域科技创新合作专题战略研究》，湖南科学技术出版社 2006 年版。

104. 王庆海：《现代城市规划与管理》（第二版），中国建筑工业出版社 2007 年版。

105. 王述英：《现代产业经济理论与政策》，山西经济出版社 1999 年版。

106. 王新、沈新军：《资源与环境保护概论》，化学工业出版社 2009 年版。

107. 魏后凯：《现代区域经济学》，经济管理出版社 2006 年版。

108. 吴传清：《区域经济学原理》，武汉大学出版社 2008 年版。

109. 吴殿廷：《区域分析与规划》，北京师范大学出版社 2001 年版。

110. 吴正：《风沙地貌学》，科学出版社 1987 年版。

111. 武友德、潘玉君：《区域经济学导论》，中国社会科学出版社 2004 年版。

112. 徐苏宁：《城市设计美学》，中国建筑工程出版社 2006 年版。

113. 徐学强、周一星、宁越敏：《城市地理学》，高等教育出版社 1997 年版。

114. 亚当·斯密：《国民财富的性质和原因的研究》（上卷），商务印书馆 1981 年版。

115. 燕乃玲：《生态功能区划与生态系统管理：理论与实证》，上海社会科学院出版社 2007 年版。

116. 杨建文：《产业经济学》，上海社会科学院 2008 年版。

117. 杨筠：《生态建设与区域经济发展研究》，西南财经大学出版社 2007 年版。

118. 叶南客、李芸：《战略与目标——城市管理系统与操作新论》，东南大学出版社 2000 年版。

119. 叶堂林：《小城镇建设的规划与管理》，新华出版社 2004 年版。

120. 约翰·利维：《现代城市规划》，中国人民大学出版社 2003 年版。

121. 张承中：《环境规划与管理》，高等教育出版社 2007 年版。

122. 张敦富：《区域经济学》，中国轻工业出版社 2003 年版。

123. 张敦富：《区域经济学原理》，中国轻工业出版社 1998 年版。

124. 张敦富主编：《投资环境评价与投资决策》，中国人民大学出版社 2001 年版。

125. 张合平、刘国云：《环境生态学》，中国林业出版社2002年版。

126. 徐新阳、于庆波、孙丽娜：《环境评价教程》，化学工业出版社2004年版。

127. 张洪军：《生态规划——尺度、空间布局与可持续发展》，化学工业出版社2007年版。

128. 张金锁、康凯：《区域经济学》（第二版），天津大学出版社2003年版。

129. 张京祥：《西方城市规划思想史纲》，东南大学出版社2005年版。

130. 张可云：《区域经济政策》，中国轻工业出版社2001年版。

131. 张明顺：《环境管理》，中国环境科学出版社2005年版。

132. 张沛：《关中"一线两带"城镇群发展规划研究》，西安地图出版社2004年版。

133. 张沛：《区域规划概论》，化学工业出版社2006年版。

134. 张秀生：《区域经济学》，武汉大学出版社2007年版。

135. 赵伟：《城市经济理论与中国城市发展》，武汉大学出版社2005年版。

136. 郑长德、钟海燕：《现代西方城市经济理论》，经济日报出版社2007年版。

137. 周春山：《城市空间结构与形态》，科学出版社2007年版。

138. 周南森：《城市交通规划》，机械工业出版社2011年版。

139. 周起业等：《区域经济学》（第二版），中国人民大学出版社1989年版。

140. 周天勇：《城市发展战略：研究与制订》，高等教育出版社2005年版。

141. 周一星：《城市地理学》，商务印书馆1995年版。

142. 朱传耿、沈山、仇方道：《区域经济学》，中国社会科学出版社2007年版。

143. 朱国传：《区域经济发展》，人民出版社2007年版。

144. 朱国传：《区域经济发展——理论、策略、管理与创新》，人民出版社2007年版。

145. 朱照宏、杨东援、吴兵：《城市群交通规划》，同济大学出版社2007年版。

146. ［奥］C. 西特著：《城市建设艺术》，仲德昆译、齐康校，东南大学出版社 1990 年版。

147. ［美］E. 沙里宁著:《城市: 它的发展衰败与未来》,顾启源译,建筑工业出版社 1986 年版。

148. ［美］郭彦弘:《城市规划概论》,中国建筑工业出版社 1992 年版。

149. ［美］约翰·利维:《现代城市规划》,中国人民大学出版社 2003 年版。

150. ［日］原觉天:《经济发展与社会资本》,亚洲经济研究所 1974 年版。

151. ［英］彼得·霍尔:《城市和区域规划》,中国建筑工业出版社 1985 年版。

152. ［英］迈克尔·布鲁顿、［英］希拉·布鲁顿,于立、胡伶倩译:《英国新城发展与建设》,载《城市规划》2003 年第 12 期。

153. A. S. Hornby: Oxford advance learner's dictionary, The Oxford University Press, 1997

154. Albrechts L. & Mandelbaum S. (eds.). The Network Society: A New Context for Planning. London: Routledege, 2005.

155. Bailey R. G. The factor of scale in ecosystem mapping. Environmental Management, 9 (4): 271–275.

156. Bertaud Alain. 2003. World Development Report 2003: Dynamic Development in a Sustainable World Background Paper: The Spatial Organization of Cities: Deliberate Outcome or Unforeseen Consequence [R]. World Bank.

157. Chudacoff, Howard P. and Smith, Judith E. The Evolution of American Urban Society. Upper Saddle River: Prentice-Hall, Inc., 2000.

158. Corrado D, Bruno Z. Planning the urban sustainable development: The case of the plan for the province of Trento, Italy. Environmental Impact Assessment Review.

159. Daily, G. E. Nature's Services—Societal Dependence on Natural Ecosystems [M]. Island Press, Washington, 1997.

160. Demsetz, H., The Private Production of Public goods, Journal of Law and Economics, 1970, 13 (October).

161. Fischel, William A. The Economics of Zoning Laws: A Property Rights Approach to American Land Use Controls. Baltimore: The Johns Hopkins

University Press, 1985.

162. Forman R. T. Some general principles of landscape and regional ecology. Landscape Rcology, 1995, 10 (3).

163. Friedmann J. R. . A General Theory of Polarized Development. Growth Centers in Regional Development. New York, 1972.

164. Friedmann J. R. . Regional Development Policy: A Case of Venezuela. Cambrige: MIT Press, 1966.

165. M. R. G. Conzen, Alnwick, Northumberland: A study in Town-plan Analysis of British Geographers Publication, No. 27, London: George Philip, 1960.

166. Marshall A. , Principles of Economics, London: Macmillan, 1920.

167. Michael Hough. City Form and Natural Progress. The MIT Press, 1984.

168. Nadin V. The Emergence of the Spatial Planning Approach in England. Planning, Practice & Research, 2007, 22 (1).

169. Robert B. Ekelund, Jr. , The Foundations of Regulatory Economics, Vol. 1 – 3, Published by Edward Elgar Publishing, Inc. , 1998.

170. Seiler H. Legal questions of safety planning. International Journal. Environment and Pollution, 1996, 6 (2).

171. Steier F. , Kenneth B. , Ecological Planning: A review. Environment Management, 1981, 5 (6).

172. Steven K. , Vogel Freer Markets, More Rules: Regulatory Reform in Advanced Industrial Countries, Cornell University Press, 1996.

173. Steven K. , Vogel Freer Markets, More Rules: Regulatory Reform in Advanced Industrial Countries, Cornell University Press, 1996.

174. Toll, Seymour L. Zoned American. New York: Grossman Publishers, 1969.

175. Wong C. , Qian H. , and Zhou K. In Search of Regional Planning in China: the case of Jiangsu and the Yangtze Delta. Town Planning Review, 2008, 79 (2 –3).

176. Wong C. Baker M. and Kidd S. Monitoring of Spatial Strategies: the case of local development documents in England. Environment and Planning C: Government and Policy, 2006, 24.